云南省社会科学院
中国（昆明）南亚东南亚研究院 研究文库
何祖坤 主编

日本对大湄公河次区域合作的参与及其对中国的影响

RIBEN DUI DAMEIGONGHE CIQUYU HEZUO DE
CANYU JIQI DUI ZHONGGUO DE YINGXIANG

赵姝岚 著

中国社会科学出版社

图书在版编目（CIP）数据

日本对大湄公河次区域合作的参与及其对中国的影响／赵姝岚著.—北京：中国社会科学出版社，2018.7

（云南省社会科学院、中国（昆明）南亚东南亚研究院研究文库）

ISBN 978-7-5203-2807-4

Ⅰ.①日… Ⅱ.①赵… Ⅲ.①湄公河-流域-国际合作-经济合作-研究-日本 Ⅳ.①F131.35

中国版本图书馆 CIP 数据核字（2018）第 154719 号

出 版 人	赵剑英
责任编辑	任　明
责任校对	李　莉
责任印制	李寡寡

出　　版	中国社会科学出版社
社　　址	北京鼓楼西大街甲 158 号
邮　　编	100720
网　　址	http://www.csspw.cn
发 行 部	010-84083685
门 市 部	010-84029450
经　　销	新华书店及其他书店

印刷装订	北京君升印刷有限公司
版　　次	2018 年 7 月第 1 版
印　　次	2018 年 7 月第 1 次印刷

开　　本	710×1000　1/16
印　　张	22
插　　页	2
字　　数	399 千字
定　　价	98.00 元

凡购买中国社会科学出版社图书，如有质量问题请与本社营销中心联系调换

电话：010-84083683

版权所有　侵权必究

云南省社会科学院 中国(昆明)南亚东南亚研究院 研究文库 编纂委员会

主　　任：何祖坤

副 主 编：王国忠　杨正权　边明社　王文成　陈利君

委　　员：(按姓氏笔画排列)

马　勇　　王文成　　王国忠　　石高峰　　边明社
任仕暄　　孙　瑞　　杜　娟　　李向春　　李汶娟
李晓玲　　杨　炼　　杨　宪　　杨正权　　何祖坤
陈利君　　郑宝华　　郑晓云　　饶　琨　　洪绍伟
黄小军　　萧霁虹　　常　飞　　董　棣　　谢青松
樊　坚

执行编辑：任仕暄　　马　勇　　袁春生　　郭　娜

目　　录

序论 ……………………………………………………………… (1)
 一　问题的提出与研究意义 ……………………………………… (1)
 二　主要研究内容 ………………………………………………… (4)
 三　理论假设、基本观点与章节架构 …………………………… (8)

第一章　日本对大湄公河次区域合作所提供的区域公共产品 …… (10)
 第一节　国际公共产品理论探索与日本所提供的区域公共产品 … (11)
  一　公共产品相关理论与国际公共产品的供给特点 ………… (11)
  二　区域公共产品与区域合作 ………………………………… (15)
  三　日本的区域主义与区域公共产品的供给 ………………… (17)
 第二节　亚洲开发银行与日本的影响力 ………………………… (20)
  一　亚洲开发银行的设立 ……………………………………… (20)
  二　亚洲开发银行各个基金与日本的作用 …………………… (27)
  三　日本能否借助亚行持续保持在 GMS 的影响力 ………… (33)
  小结 ……………………………………………………………… (38)
 第三节　日本与越老缅柬合作机制 ……………………………… (38)
  一　从日本的"区域政策"看 CLMV 合作机制 …………… (39)
  二　2008 年以前通过双边和多边援助推动的 CLMV 发展 … (46)
  三　2008—2013 年 CLVM 合作机制对 CLMV 4 国发展的促进 … (53)
  小结 ……………………………………………………………… (57)
 第四节　大湄公河次区域东西经济走廊与南部经济走廊 ……… (57)
  一　GMS 经济走廊建设的发展方向 ………………………… (58)
  二　三条经济走廊的推进与建设现状 ………………………… (62)
  三　东西经济走廊与南部经济走廊对越南的影响 …………… (65)
  四　南部经济走廊对柬埔寨的意义 …………………………… (70)

五　东西经济走廊对沿线地区发展的带动 …………………… (71)
　　小结 ………………………………………………………………… (85)
第二章　日本对大湄公河次区域国家的经济外交——官方发展援助 … (86)
　第一节　国际发展援助理论与日本官方发展援助 ………………… (87)
　　一　国际发展援助的演变：基于南北合作的视角 ……………… (87)
　　二　国际发展援助面临的困境 …………………………………… (90)
　　三　国际发展援助对大多数受援国的意义 ……………………… (98)
　　四　国际发展援助体系中的日本官方发展援助 ………………… (100)
　第二节　日本对泰国的官方发展援助 ……………………………… (107)
　　一　泰国缘何成为日本的重点援助对象 ………………………… (108)
　　二　日本对泰国援助的几个阶段及其特点 ……………………… (110)
　　三　案例研究 ……………………………………………………… (117)
　　小结 ………………………………………………………………… (120)
　第三节　日本对越南的官方发展援助 ……………………………… (121)
　　一　日本援助越南的必要性 ……………………………………… (122)
　　二　1992年以前的日本对越南的援助 …………………………… (124)
　　三　1992—2000年日本对越南的援助 …………………………… (125)
　　四　2000—2009年日本对越南的援助 …………………………… (131)
　　小结 ………………………………………………………………… (136)
　第四节　日本对缅甸的官方发展援助 ……………………………… (136)
　　一　1955—1988年援助推动日缅关系迅速发展 ………………… (137)
　　二　1989—2009年间日本对缅援助 ……………………………… (142)
　　三　2010年以后日本对缅援助 …………………………………… (145)
　　小结 ………………………………………………………………… (148)
　第五节　日本对柬埔寨的官方发展援助 …………………………… (149)
　　一　日本援助柬埔寨的目的 ……………………………………… (149)
　　二　1990年以前日本对柬埔寨的援助 …………………………… (150)
　　三　1990—2000年日本对柬埔寨的援助 ………………………… (154)
　　四　2000年以后日本对柬埔寨的援助 …………………………… (161)
　　小结 ………………………………………………………………… (167)
　第六节　日本对老挝的官方发展援助 ……………………………… (168)
　　一　日本援助老挝的目的 ………………………………………… (169)

二　1990—2000年间日本对老挝的援助 …………………… (169)
　　三　2000年以后日本对老挝的援助 …………………………… (175)
　　小结 …………………………………………………………………… (180)
第三章　日本对大湄公河次区域国家的文化外交 ……………………… (182)
　第一节　文化外交与日本的文化外交 ……………………………… (183)
　　一　关于软实力与文化外交 …………………………………… (183)
　　二　文化外交对日本的意义 …………………………………… (186)
　　三　日本文化外交的内涵 ……………………………………… (187)
　　四　日本文化外交开展的历史背景与内涵变化 ……………… (190)
　　五　日本文化外交的效果及近年来日本文化外交的开展 …… (195)
　第二节　日本对泰国的文化外交 …………………………………… (200)
　　一　泰国人赴日本留学情况 …………………………………… (200)
　　二　日本语推广 ………………………………………………… (203)
　　三　传统文化与流行文化的影响力 …………………………… (208)
　　四　在泰国日本企业的社会活动 ……………………………… (212)
　　五　案例分析：泰国广告中的日语 …………………………… (213)
　　小结 …………………………………………………………………… (215)
　第三节　日本对越南的文化外交 …………………………………… (215)
　　一　越南的日语教育推广 ……………………………………… (216)
　　二　日本研究 …………………………………………………… (220)
　　三　日本文化在越南的传播 …………………………………… (222)
　　四　文化援助：对越南文化遗产保护的救助——以DUOLAM村
　　　　为例 ………………………………………………………… (227)
　　小结 …………………………………………………………………… (229)
　第四节　日本对缅甸的文化外交 …………………………………… (230)
　　一　日语推广 …………………………………………………… (230)
　　二　留学生交流、人才培养和青少年交流 …………………… (233)
　　三　日本研究及知识界交流 …………………………………… (234)
　　四　古迹与文化遗产保护 ……………………………………… (235)
　　五　日本流行文化在缅甸的传播 ……………………………… (236)
　　六　日本饮食文化在缅甸的传播 ……………………………… (237)
　　七　运动方面的交流 …………………………………………… (238)

八　媒体之间的交流 ………………………………………………（238）
　　小结 ………………………………………………………………（239）
第五节　日本对柬埔寨的文化外交 ……………………………………（239）
　　一　日语推广 ……………………………………………………（240）
　　二　对柬埔寨的古迹与文化遗产保护 …………………………（242）
　　三　流行文化的传播 ……………………………………………（244）
　　四　其他文化外交活动 …………………………………………（245）
　　小结 ………………………………………………………………（245）
第六节　日本对老挝的文化外交 ………………………………………（246）
　　一　日语推广 ……………………………………………………（246）
　　二　"老挝日本人才开发中心"开展的系列活动 ………………（251）
　　三　以日本大使馆为中心开展的交流活动 ……………………（252）
　　四　以日本国际交流基金为主开展的艺术合作与援助 ………（254）
　　五　民间组织和 NGO 开展的技术交流与合作 ………………（255）
　　小结 ………………………………………………………………（256）

第四章　日本对大湄公河次区域的介入对中国的影响
　　　　　——基于调查问卷数据的实证分析 ……………………（258）
第一节　政治影响力 ……………………………………………………（258）
　　一　GMS 国家民众是否愿意与中日两国互动 ………………（259）
　　二　GMS 国家民众如何看待中日两国在该地区的国际发展
　　　　援助 …………………………………………………………（265）
　　三　GMS 国家民众如何评价中日两国与 GMS 国家的关系 ……（270）
　　小结 ………………………………………………………………（276）
第二节　经济影响力 ……………………………………………………（278）
　　一　GMS 国家开展对外经济合作的意愿 ……………………（278）
　　二　GMS 5 国民众如何看待与外部的经济交往 ……………（281）
　　三　GMS 国家民众对中日两国产品的认可度 ………………（285）
　　小结 ………………………………………………………………（288）
第三节　文化影响力 ……………………………………………………（289）
　　一　GMS 国家民众对中日影视作品的关注度 ………………（290）
　　二　GMS 国家民众如何看待媒体报道 ………………………（294）
　　三　GMS 国家民众对中日传统文化的认知 …………………（298）

  四　GMS国家民众对中日流行文化的认知 …………………… (301)
  五　GMS国家对中日两国的文化认同度 ……………………… (304)
  六　GMS国家民众对中日两国形象整体评价 ………………… (307)
  小结 ……………………………………………………………… (311)

结论 ………………………………………………………………… (315)
  一　本研究的主要内容 ………………………………………… (315)
  二　本研究的基本观点和创新之处 …………………………… (317)
  三　本项研究的局限性和纵深研究的建议 …………………… (327)

参考文献 ……………………………………………………………… (329)
后记 ………………………………………………………………… (344)

序　论

一　问题的提出与研究意义

400多年前，马基雅维利（Niccole Machiavelli）曾说过：为君之道，让人心存畏惧比让人对你满怀热诚更为重要。① 这种看法在过去的时代似乎可以当作真理。所谓让人心存畏惧的力量，可以理解为硬实力，即可以通过军事或经济的实力让对方屈服。人们普遍认为只要拥有绝对的硬实力，就可以通过武力威胁、军事打击、经济制裁等强硬手段达成一切目标。但随着全球化不断加深，国际政治经济关系日趋复杂，采取军事打击或经济制裁，往往牵一发而动全身，不仅代价巨大，而且后果难测。而通过互惠互利的经贸合作、外交、文化渗透等温和手段反而能取得更好的效果。这种能让人对你满怀热忱并心向往之的魅力就是软实力。目前，软实力的使用正在发挥着越来越大的效用。当然软实力是构建于硬实力之上的，但是软实力可以使国家的硬实力得以更充分的发挥。

日本就是一个重视软实力，并能灵活娴熟使用硬实力与软实力的国家。虽然由于历史原因，日本的硬实力由于缺乏强大的军事支持并不完整，但其依靠雄厚的经济实力，巧妙运用软实力为国家利益服务，使如今日本的国际影响力不容任何国家小觑。对于我国而言，无论是全球战略还是周边外交，日本都是我们无法回避的一个"竞争对手与合作伙伴"。这个对手，在二战结束后的短短几十年内，从一个战败国变为世界最发达国家。进入21世纪以来，日本甚至逐步构建起了"致力于国际社会和平"的形象，这一转变值得关注与研究。

东南亚国家是二战后日本对外关系拓展的重点地区。东南亚国家中的老东盟国家（泰国、马来西亚、菲律宾、印度尼西亚、新加坡），从20世纪60年代开始，都与日本保持着密切的经济合作关系，日本总是优先给它们提供官方发展援助。比如马来西亚、泰国的制造业的飞跃式发展与日本的援

---

① ［意大利］马基雅维利：《君主论》，张亚勇译，北京出版社2007年版。

助与投资密不可分。所谓的"具有可塑性的国家"一词,常用来概括日本对东南亚国家的评价。这个词既是对二战后日本在东南亚地区战略意图的概括,也体现了日本在这个地区扩大影响力的决心。[①] 日本对东南亚国家的经济外交主要以援助、贸易及直接投资"三位一体"展开。马来西亚、印度尼西亚、泰国和菲律宾目前仍是日本官方发展援助的主要对象国。仅以2010—2014年的日本官方发展援助为例,日本对印度尼西亚和菲律宾所提供的双边援助在东亚国家中均排在前列。

东南亚的半岛国家,即越南、老挝、缅甸、泰国和柬埔寨,除泰国外都是东南亚国家中的欠发达国家,在冷战结束前一直是世界战乱多发地。1988年泰国总理差猜春哈旺 (Chati chai Choon havan) 提出要将这个地区从"战场变为市场"。随着越南与柬埔寨战乱的结束,联合国等国际机构和组织开始讨论如何让这个地区获得发展。由于各种原因,日本对这几个国家的影响力很有限,因此当1992年由亚洲开发银行(Asian Development Bank,以下简称亚行)提出大湄公河次区域(Greater Mekong River Sub-region,以下简称GMS)合作机制后,日本就积极参与其中。日本不仅成为亚行的最大出资国,还积极为亚行针对GMS的合作提供项目建议。同时,也运用双边援助和日本与东盟的经济合作基金,深度参与GMS的合作。

GMS国家[②],在二战时期几乎都饱受日本蹂躏。在二战结束后的一段时期内,这个地区民众对日本缺乏好感。比如,20世纪70—80年代,泰国和柬埔寨就出现过反日浪潮。1997年缅甸民主变革中还出现日本记者被杀事件。但是,随着日本参与并尝试主导亚行实施的GMS合作,日本与这五个国家的关系发生了变化。

通过援助、贸易与直接投资"三位一体"的经济外交手段,日本与GMS国家建立了紧密的经济关系。如今,日本是GMS国家的最大援助国。仅以2010—2014年为例,日本对泰国的日元贷款数额为21986.21亿日元,对越南的为23404.25亿日元,对缅甸的为7512.49亿日元,对柬埔寨的为

---

① Takeishi Shiraishi and Takaaki Kojima, *An Overview of Japan—Asean Relations*, in Takeshi Shiraishi and Takaaki Kojima edited, Asean-Japan Relaitons, Institute of Southeast Asian Studies Publications, 2014, p. 3.

② 1992年由亚行发起的GMS合作,覆盖中国云南省、中国广西壮族自治区、老挝、缅甸、越南、泰国和柬埔寨这六个国家和地区,但是日本对大湄公河国家的援助仅针对老挝、缅甸、越南、泰国和柬埔寨。本书主要讨论日本对大湄公河次区域的参与,因而以下所提GMS国家仅包括老挝、缅甸、越南、泰国和柬埔寨这五国。

883.2亿日元，对老挝的为381.65亿日元。① 这期间，日本对以上五国的无偿援助数额分别为：泰国1705.09亿日元，越南1437.24亿日元，缅甸2571.38亿日元，柬埔寨1785.65亿日元，老挝1451.78亿日元；同一时期，日本对以上五国提供的技术合作项目的援助数额分别为：泰国2486.87亿日元、越南1537.98亿日元、缅甸647.17亿日元、柬埔寨797.08亿日元、老挝707.14亿日元。② 不仅如此，日本与GMS国家的经贸关系也极为紧密。以2014年为例，泰国对日出口数额为23566.8126亿日元，进口数额为34197.4319亿日元，日本对泰国的直接投资额为51.7457亿美元；越南对日出口数额为167544.834亿日元，进口数额为1811.0790亿日元，直接投资为13.4830亿美元；缅甸对日出口数额为937.6412亿日元，进口数额为1369.9092亿日元；柬埔寨对日出口数额为924.1192亿日元，进口数额为293.1832亿日元；老挝对日出口数额为122.2602亿日元，进口数额为1424.41亿日元。③

同时，在这些国家中也随处可以感受到日本开发援助与文化的影响力。日语不仅成为泰国中学的选修课程，还成为越南和缅甸大学入学考试的可选科目。泰国东部海岸的开发带有很深的日本开发烙印，越南城市书店中随处可见日本的漫画，泰国各地随处可见7-11便利店、万象机场至市区日本援建的道路，甚至在吴哥窟的保护中都可见到日本人的身影。更不用说这些国家街头充斥的日本二手车。这幅图景让人不禁会问，日本为何重视GMS国家，又是如何改变这些国家对日本的认知并持续扩大在这些国家的影响力？

日本之所以重视GMS地区，主要有以下四个因素。第一，GMS国家是日本开启战后全球外交的关键区域。二战结束后，日本通过对包括GMS国家在内的东南亚地区的赔偿外交，开启了二战后日本全球外交的大门。第二，日本经济上的"脆弱性"决定其对GMS国家在经济上的需求，因此这个地区一直都是日本官方发展援助的主要目标。第三，日本在二战后一直是美国在亚洲地区的"前哨"，需要分担美国所承担的亚洲安全责任。如果能够借助官方发展援助，稳固日本在GMS的政治影响力以及安全防卫能力，将对遏制中国、扩大日本在整个东南亚乃至亚太地区的影响力发挥关键作

---

① 政府開発援助（ODA）国別データブック2015（東アジア地域）、2015年、2-5ページ。http://www.mofa.go.jp/mofaj/gaiko/oda/files/000142125.pdf.
② 同上。
③ 政府開発援助（ODA）国別データブック2015（東アジア地域）、2015年、2ページ。http://www.mofa.go.jp/mofaj/gaiko/oda/files/000142125.pdf.

用。第四，与中国争夺 GMS 的贸易与投资市场。亚行在 1992 年提出 GMS 合作时，并不包括区域外国家日本。但是，日本看到 GMS 重要性的不断上升，以及中国在该地区影响力的不断扩大，特别是中国与 GMS 国家之间日益密切的合作，激起了日本"参与合作"甚至"介入"该地区的意愿。于是，日本开始通过对次区域合作提供区域公共产品、运用经济外交主要手段——提供官方发展援助和开展文化外交这三种方式，不断扩大在 GMS 地区的影响力，实现日本在 GMS 的利益。然而，一直以来，国内外学界都缺乏从以上三个方面综合考察日本对 GMS 的介入及效果。本研究尝试从这个方面进行理论探索和实证研究。

与此同时，GMS 对于中国的战略价值不言而喻。对中国而言，与 GMS 国家保持长期稳定的关系，不仅有利于促进中国与该地区的经济合作关系，而且对于巩固中国西南的周边安全具有十分重要的作用。因此，一直以来中国积极参与次区域的各种合作。习近平总书记 2015 年提出把云南建成中国面向南亚、东南亚开放的辐射中心以后，意味着中国参与次区域合作需要迈上新台阶。而日本为了保持在东南亚地区的传统优势，阻止中国影响力的扩大，运用官方发展援助、区域公共产品和文化外交等多重手段，加强对 GMS 地区的介入力度。基于此，研究日本介入 GMS 合作的战略措施及其对中国发展与周边国家的全方位关系所造成的挑战，就具有相当的借鉴意义。

二 主要研究内容

本研究分别从区域公共产品、经济外交—官方发展援助和文化外交这三个维度考察日本对 GMS 的介入。

（一）日本为 GMS 所提供的区域公共产品

冷战结束后，随着经济全球化的推进，国家间相互依赖与依存度的增强，国际公共产品的供给已经成为处理跨国问题、应对全球共同面临的问题以及地区问题的一个不可或缺的协调工具。因此，国际公共产品和区域公共产品理论成为分析区域与全球问题的另一个理论视角。日本能在全球治理以及区域合作中发挥逐步扩大的影响力，与从 20 世纪 70 年代就开始思考并尝试提供区域以及国际公共产品密不可分。但是，由于日本的全球战略及区域战略受限因素过多，造成其在提供区域和国际公共产品方面所具备的优势在近年摇摆不定的对外战略中逐渐被损耗。尽管其在战略层面出现了问题，但不可否认的是其战术层面仍有可圈可点之处，即日本为区域发展所提供的公共产品，从合作机制、区域合作机构到具体项目，在一段时期内发挥了极大的积极影响力。特别是其为 GMS 的发展所提供的区域公共产品，产生了不可忽视的影响。

为践行日本的区域主义，日本政府和学者很早就开始了对区域公共产品的研究。吉田和男提出，为取代美国所提供的国际公共产品，日本等国应该共同提供国际公共产品的供给。① 梶山直己认为，地区性汇率安排可以成为区域公共产品，因为它有助于实现区域内经济的均衡增长。② 有学者还提出，在东亚共同体构建中亚洲货币机构、气象观测机构、防灾机构、信息网络等区域性机构可以作为区域性公共产品的中间形态发挥作用。③

在日本对外经济合作中，虽然日本的区域主义政策的内涵有了很大变化，但是在各个时期，区域公共产品的提供一直是各个时期实施日本区域主义的主要工具。如20世纪80年代所提供的公共产品，主要为产业转移；20世纪90年代所提供的公共产品，成为地区商品的"最终吸收者"；在进入21世纪以后，在提供促进经济合作的公共产品之外，更加注重提供环境领域的区域公共产品。总体而言在国际合作中，日本所提供的纯粹的区域公共产品较少，"俱乐部产品"较多。④

日本参与并推动GMS合作，属于构建"东亚共同体"的一部分。通过提供机构产品，如积极参与"亚行"的建立与建设。从整合基础设施的角度积极推动GMS"东西经济走廊"和"南部经济走廊"的建设。为缩小发展差距、改善学校教育、开放劳动市场，提出并推动了"越老缅柬"次区域合作机制。这些产品的提供，让日本稳步扩大在GMS的影响力。本研究第一章在梳理国内外现有区域公共产品研究现状后，尝试归纳日本所提供的区域公共产品的特点，并讨论日本向GMS所提供的区域公共产品及其成效。

（二）日本对GMS的经济外交——官方发展援助的实施

二战以后，特别是20世纪70年代后，经济外交似乎成为各国外交的主

---

① 吉田和男：「国際公共財試論-パックス=アメリカーナから国際協調時代へ-」，载大蔵省财政金融研究所：『フィナンシャル・レビュー』，1989年12月號，第1—20頁。转引自贺平《区域公共产品与东亚的功能性合作》，《世界经济与政治》2012年第1期。

② 梶山直己：「東アジアにおける成長のための為替制度は何か－地域公共財としての為替制度－」，载『開発金融研究所報』，2005年3月第23号，第56—74頁。转引自贺平《区域公共产品与东亚的功能性合作》，《世界经济与政治》2012年第1期。

③ 毛里和子：「「東アジア共同体」を設計する－現代アジア学へのチャレンジ」，载山本武彦、天児慧編『東アジア共同体の構築（1）新たな地域形成』，東京：岩波書店2007年版，第26頁。转引自贺平《区域公共产品与东亚的功能性合作》，《世界经济与政治》2012年第1期。

④ 贺平：《区域公共产品与东亚的功能性合作》，《世界经济与政治》2012年第1期。

要内容。国际发展援助①作为经济外交的主要实施工具,被各国广泛采用,并且作为外交的经济杠杆发挥着越来越大的作用,在冷战结束前它是政治结盟的工具,冷战结束后则成为影响国家间关系的主要政策工具。对于日本而言,官方发展援助(Official Development Aid,ODA)可以说是实践日本外交政策、实现大部分外交战略目标的政策工具。ODA 的实施依托日本的经济实力,扩大了日本在全球的国家影响力。

一直以来,由发达国家主导的援助体系,因无法让受援国得到切实发展而都饱受学者及国际机构的诟病。国际发展援助也在 20 世纪 80 年代末期出现"援助疲劳",造成发达国家的国际援助规模迅速缩小。然而,日本却在 1992 年成为全球最大援助国。不仅如此,还让 ODA 在冷战后成为日本扩大对外经济、政治及文化影响力的绝佳战略工具。这源于日本通过 ODA 与受援国之间构建了一种相互需求的关系,在实现自身利益的同时,还得到了受援国的认可。其实,无论是援助还是合作,都需要在援助方与受援方之间建立相互需求,并保持某种平衡才能长期存在。而日本 ODA 不同于其他国家的独特就在于,日本的援助模式能与受援方的需求形成某种契合。这从日本对 GMS 国家的援助可窥见一斑。

20 世纪 90 年代以前的日本对外援助饱受批评,因为其缺乏对受援国需求的关注,缺乏与国际援助体系援助目标的融合,缺乏对贫困削减方面的援助。但是,随着 1992 年日本颁布了新《ODA 大纲》后,特别是进入新千年以来,日本 ODA 发生了很大的变化,开始更多关注受援国教育和医疗水平提高、文化中心建设、城市卫生系统的建立等社会发展方面的问题,日本 ODA 开始发生了很大变化。②比如日本针对缅甸金融体系的无偿援助与技术合作,通过"石川项目"为越南建立市场经济体制提供无偿援助与技术合作,为柬埔寨的公务员提供的技术培训,以及为非洲国家修筑道路、机场、车站、上下水道、水井等基础设施,无一不是在改善这些国家的整体投资与居民生活环境。这些项目已经"从上至下"对受援国产生影响。一旦各种条件具备,日本政府及日本企业在这些国家所能发挥出的影响力或将超出想象。而这些项目在实施结束后,几乎都实现了援助的既定目标,即通过援助

---

① 关于国际发展援助的界定在第二章中详细讨论。本研究中出现的国际发展援助与官方发展援助的基本内涵一致。但是,官方发展援助更能体现日本援助的特点,因此,提及日本的国际发展援助时,就使用已经在学界得到普遍认可的官方发展援助。以下统一使用 ODA,这是官方发展援助的英文缩写。

② David Arase, Japan's Foreign Aid, *Old Continiuties and New Directions*, Routledge Taylor and Francis Group, 2005, p. 268.

促进了与受援国之间的政治、经济和文化关系,并且依托数额巨大的ODA直接推动了双边关系的发展。同时,日本ODA也成为日本发展双边关系的主要工具。① 从受援国的角度看,能否接受到日本大额的日元贷款,以及日本对其在教育和卫生方面的援助规模,已经成为衡量一国与日本关系远近亲疏的主要标准。本研究第二章将在讨论国际发展援助理论的演变及日本ODA研究现状的基础上,提炼日本ODA的主要特点。并依据此分析日本对GMS国家的双边援助,讨论日本如何使用ODA这个开展经济外交的战略工具,发展与受援国双边政治关系、经济关系和文化关系。

(三) 日本对GMS的文化外交

随着文化外交研究的推进,许多国家开始对已有的文化外交进行研究与总结。其实,构建国家形象、展示国家文化影响力的文化外交在国家间交往中一直都存在。比如,法国早在大革命期间就尝试越过外国政府首脑,以推行其革命意识形态来直接吸引对象国民众。② 英国和德国则从一战爆发后就为塑造国家形象而在美国开展宣传活动。近年来,开展文化外交的条件发生了变化。一是政治与社会制度之间的冷战模式对国家对外宣传的影响力不再重要。二是公众对宣传越来越敏感,宣传问题中可信度成为关键。这些变化催生公共外交或文化外交理论兴起与演变。西方国家根据本国的历史文化传统和不断变化的国际形势,调整并形成本国的公共外交发展战略。不仅如此,经过多年的探索,还逐渐形成了自己的公共外交模式。如二战后初期,为了改变国家形象,德国政府采取了防御型的公共外交发展战略。③ 美国政府在冷战结束后开展公共外交的范围更加宽泛,指向全球所有角落,并且内容也从政治层面扩散到宗教、哲学、普通社会价值观、思维方式等领域。④ 与此相类似的概念还有文化外交。这两个概念虽相似但侧重点不同。文化外交更接近于通过一种潜移默化的力量,得到对象的认同。不同国家根据自己的不同需求,实施文化外交或公共外交,以构建并不断提升本国的国家形象,扩大国际影响力。日本在开展文化外交方面已经得到了很多国家的认可,如遍布全球的日本餐厅,席卷世界各地的动漫浪潮,以及在很多发展中国家随处可见的日本汽车。这些都在潜移默化地扩大着日本对全球文化的影

---

① David Arase, Japan's Foreign Aid, *Old Continiuties and New Directions*, Routledge Taylor and Francis Group, 2005, p. 270.
② [美] 约瑟夫·奈:《软力量:世界政坛成功之道》,吴晓辉、钱程译,东方出版社2005年版,第111页。
③ 廖宏斌:《公共外交:国际经验与启示》,《当代世界与社会主义》2009年第1期。
④ 李智:《文化外交:一种传播学的解读》,北京大学出版社2005年版,第85页。

响力。本研究第三章在评述文化外交理论演变的同时,辨析与之相接近的几个概念,如公共外交、人文外交等。根据本研究界定的文化外交的内涵,按照国别分析日本如何开展对 GMS 国家的文化外交。

三 理论假设、基本观点与章节架构

本研究主要探讨日本在 GMS 如何通过区域公共产品、ODA 与文化外交介入 GMS,拓宽研究日本对外关系的分析视角,并提出假设:区域公共产品、ODA 与文化外交是日本重要的外交政策工具,对日本介入 GMS 发挥了关键作用。但是,日本并未有意识地将以上三个工具形成一个有机体,也缺乏将这三项战略工具整合使用的战略设计与具体规划,这从一定程度上限制了日本介入 GMS 的成效。但从战术层面而言,区域公共产品、ODA 和文化外交,在各自领域发挥的效果不容忽视。这些战术成果汇总起来会形成新的战略成果,这对中国在该地区的影响力或将造成冲击。比如,近年来日本与 GMS 国家的防务合作与交流日益增多。日本以防务合作和人员培训为名,介入柬埔寨的和平与民主化进程、中国与周边国家的南中国海问题及缅甸民族和解进程。不仅如此,当 2015 年 7 月日本修改相关安全法案时,并未遭到 GMS 国家的明确反对。这与日本在 GMS 的"深耕细作"紧密相关。最后,通过大量的文献分析及调查问卷数据,对上述假设进行验证,即日本对 GMS 的介入将对中国造成什么样的影响。

本研究的基本观点是:日本通过各种手段加大对 GMS 合作的介入力度,这对中国发展与 GMS 国家关系和参与次区域合作造成了挑战。日本娴熟运用单个战略工具,如区域公共产品、ODA 和文化外交,所发挥的成效最终指向建立日本主导的东亚乃至亚洲秩序。因此,中国应该多加借鉴日本在战术层面所取得的成绩,并保持足够警惕,预防日本在战略层面对中国对外战略造成巨大挑战。

基于以上任务,本书分六个部分阐述,日本在 GMS 如何通过提供区域公共产品、实施 ODA 以及开展文化外交,深度介入 GMS 合作中,及其对中国所造成的影响。

序言,首先说明研究的背景,GMS 对于中国和日本的战略意义。日本一直以来都是中国开展周边外交的竞争对手与合作伙伴,因此研究日本对 GMS 的介入及其对中国所造成的影响很有必要。随后,简要概述日本如何从区域公共产品、官方发展援助以及文化外交这三个角度扩大对 GMS 的影响力。

第一章,首先梳理区域公共产品的理论变迁与日本所提供的区域公共产品的特点。然后讨论日本对 GMS 合作所提供的区域公共产品:一是日本为推进东南亚和亚洲地区合作而成立并在其中发挥了重要影响力的亚洲开发银行；二是日本对 GMS 提供的制度类的区域公共产品，越老缅柬合作机制；三是 GMS 东西经济走廊和南部经济走廊的提出、建设以及发展现状。

第二章，首先梳理国际发展援助的理论变迁与日本 ODA 的特点，然后讨论日本对 GMS 实施 ODA 的背景和进程，并归纳出日本对 GMS 的援助特点。由于日本对整个区域的 ODA 是由日本对 GMS 国家的 ODA 组成的，故本章通过分别讨论日本与泰国、越南、缅甸、柬埔寨和老挝的 ODA 实施状况，归纳出日本对 GMS 的双边援助特点。

第三章，首先梳理文化外交的理论变迁以及日本文化外交的特点，然后讨论日本对 GMS 文化外交的实施及特点。因为日本对整个区域的文化外交是由日本对 GMS 国家的文化外交组成的，所以，本章通过分别讨论日本与泰国、越南、缅甸、柬埔寨和老挝文化外交的实施特点，最终归纳出日本对 GMS 文化外交的特点。

第四章，根据以上分析，依据问卷数据，通过比较中日两国在 GMS 的政治影响力、经济影响力和文化影响力的差异，讨论日本对 GMS 的介入对中国所造成的影响。本部分包括：(1) 中日两国在 GMS 国家的政治影响力比较分析；(2) 中日两国在 GMS 国家的经济影响力分析；(3) 中日两国在 GMS 国家的文化影响力分析。

结论，评价日本的介入对中国发展与 GMS 国家关系的影响：(1) 基本内容和主要观点；(2) 主要结论和贡献；(3) 研究局限与今后的研究建议。

第一章

日本对大湄公河次区域合作所提供的区域公共产品

冷战结束后，随着经济全球化的推进、国家间相互依存度的增强，国际公共产品的供给已经成为发达国家处理跨国问题不可或缺的工具。日本在全球治理及区域合作中影响力日渐扩大，与20世纪70年代就开始思考并尝试提供区域及国际公共产品密不可分。特别是其为GMS所提供的区域公共产品，对该地区的发展产生了不可忽视的影响。

本章主要讨论日本对GMS合作所提供的区域公共产品。一是日本为推进东南亚区域合作积极支持的亚行。二是日本对GMS提供的制度类区域公共产品。三是日本对GMS提供的区域间公共产品，GMS东西经济走廊和南部经济走廊。

亚行这个多边合作机构，按照公共产品的外溢范围划分属于区域间公共产品，按照收益外溢范围和产品种类划分属于俱乐部产品。由于其外溢范围是整个亚太地区，因此严格来说，亚行属于国际公共产品。亚行的资金主要来自美国和日本，在亚行的实际决策中美国和日本发挥着关键性作用。故亚行有被美国和日本"私物化"的倾向。亚行对GMS从资金支持到发展规划与项目援助都提供了相当支持。同时，日本通过亚行对GMS提供了大量多边援助，因此，本研究依然将亚行视为日本为GMS提供的区域公共产品。本章第二节讨论日本如何通过亚行推动GMS合作。

柬埔寨、老挝、缅甸、越南（Cambodia Laos Myanmar Vietnam）合作机制（以下简称CLMV合作机制），如果按照收益外溢范围和产品种类划分属于准公共产品，如果按照不同的外溢范围划分属于区域间公共产品。日本政府最初提供这个公共产品是服务于日本的区域主义战略的。由于这个机制与GMS合作机制、日本—东盟合作机制，存在重复、无法吻合甚至互相矛盾的地方，造成最终"越老缅柬合作机制"并未能发挥出预期的效果。本章第三节主要讨论这个区域公共产品对GMS合作的影响。

GMS东西经济走廊和GMS南部经济走廊，按照公共产品的外溢范围划分属于区域间公共产品,如果按照收益外溢范围和产品种类划分属于准公共产品。这种类型公共产品的特点是,有明确的主体提供贷款或担保,多边援助机构对此产品感兴趣,供给国外溢效应可增加。但缺陷是外溢效应受益者在地理上分散,缺乏管理机制。① GMS 东西经济走廊和南部经济走廊得到亚行以及日本的援助,同时它们的外溢效应在加大,因此得到了 GMS 国家民众的支持。其缺陷是缺乏协调管理机制,即虽然在道路建设以及海关边检等通关基础设施方面得到了加强与更新,但由于无法要求各个国家对经济走廊的投入都相同,并交由某个国家统一管理与协调发展。如今这两条经济走廊依旧未能建成,仅仅是 GMS 东西交通走廊和南部交通走廊。本章第四节主要讨论这两条经济走廊的推进过程,成效与局限。

在具体讨论日本对 GMS 提供的区域公共产品前,需要梳理国际公共产品的理论变迁。

第一节 国际公共产品理论探索与日本所提供的区域公共产品

"公共产品"原本是国内产品概念,由查尔斯·金德尔伯格引入国际关系理论中后,逐渐发展出了"国际公共产品"、"全球公共产品"以及"区域公共产品"等概念及相关理论。

一 公共产品相关理论与国际公共产品的供给特点

首先界定公共产品的内涵,然后从国际关系学的角度讨论国际公共产品的定义、特征与效用。最后区别几个在讨论中容易出现混淆的概念。

(一)区域公共产品的概念与特征

公共产品的概念源于公共经济学。亚当·斯密最早在《国富论》中就对公共产品的性质和供给问题做了论述。他认为,公共产品对于一个社会当然是有很大利益的,但就其性质而言,如果有个人或少数人办理,那所得利益绝不能尝其所费,所以这种事业不能指望个人或者少数人出钱来创办或者维持。② 保罗·塞缪尔森(Paul Smuelson)从消费的视角出发给公共产品下了定义:"公共产品是这样一些产品,无论每个人是否愿意购买它们,它们

---

① Scandler, Todd, Regional Public Goods, Aids and Development: Talbe 3, Paperdelivered in the Seminer Workshop on Cross-Boreded Infrastructure: Managing Regional Public Goods, 2007. 转引自樊勇明、薄思胜《区域公共产品理论与实践——解读区域合作新视点》,上海人民出版社 2011 年版,第 30 页。

② [英] 亚当·斯密:《国富论》,王亚南译,商务印书馆 1974 年版,第 284 页。

所带来的好处不可分割地散布到整个社会里。"① 也就是说所谓"公共产品",是相对于"私人产品（private goods）和公害产品（public bads）的概念,② 指供给的对象和消费的主体应该是集体,而非个人,这个概念中强调的是公共的。因此,有学者提出"集体消费性"（collective consumption）是公共产品的特征,如塞缪尔森定义过,所谓公共产品就是,个人对某一产品的消费都不会因别人的同时消费而发生效用上的降低。③ 也就是说人人都能享受这个产品,即非竞争性。有学者则从非排他性方面界定公共产品,如曼库尔·奥尔森从非排他性方面定义公共产品,他认为"公共产品是指集体中的任何人对该产品的消费都无法被有效阻止和排除"。④ 也就是说所有的使用者无论付费与否都可从中获益。⑤ 西方学界一般根据以上两个特征,即非排他性和非竞争性,界定一种产品是否为公共产品。

但是,并不是所有的公共产品都完全具有非排他性和非竞争性,因此,出现了所谓的纯公共产品（pure public goods）和非纯公共产品（impure public goods）。一个产品如果只是部分具有以上两种特征,就属于"非纯公共产品"。在国际公共产品的实际供应和消费中难以找到绝对非排他性和非竞争性的产品,因此"非纯公共产品"占据国际公共产品的绝大多数。这其中又可以划分为三类,具有非竞争性但可以进行排他性消费的产品为"俱乐部产品"（club goods）,具有非排他性却具有竞争性的产品为"公共资源"（common pool resource）,⑥ 无法用非排他性和非竞争性加以划分、但具有一定公共性收益的产品为"混合产品"（joint products）。

如前所述,公共产品具有非排他性,形成了与公共产品紧密相连的一个概念是"搭便车"（free rider）。所谓搭便车是指,公共产品具有非排他性,就出现每个人都相信即使不付费也可以享受公共产品的状况。这就出现了

---

① 陈瑞莲:《区域公共管理理论与实践》,中国社会科学出版社 2008 年版,第 40 页。
② 樊勇明、薄思胜:《区域公共产品理论与实践——解读区域合作新视点》,上海人民出版社 2011 年版,第 25 页。
③ Paul A. Smuelson, "The Pure Theory of Public Expanditure", *Review of Economics and Statistic*, Vol 36. NO, 4, 1954, p.387. 转引自庞珣《国际公共产品中集体行动困境的克服》,《世界经济与政治》2012 年第 7 期。
④ Mancur Olson, *Logic of Collective Action*: Public Goods and the Theory of Groups, Cambridge: Harvard UniversityPress, 1965, p.14.
⑤ [澳] 欧文·E. 修斯:《公共管理导论》,张成福等译,中国人民大学出版社 2007 年版,第 92 页。
⑥ Inge Kaul, Isabelle Grunberg and Marc A. Stern, "Defining Global Public Goods", in Inge Kaul, Isabelle Grunberg, and Marc A. Stern, eds., *Global Public Goods: International Cooperation in the 21st Century*, New York: Oxford University Press, 1999, pp.4-5.

"搭便车者"。"搭便车者"的存在造成公共产品的供给存在成本问题,导致供给不足。① 从以上讨论可知,公共产品的概念原本是用来讨论一个国家内部如何通过公共产品的提供,来应对市场造成的某些消极影响。

(二) 国际关系研究中的国际公共产品

随着经济的发展与技术的进步,特别是国与国之间相互依存度的提高,在国际社会中也出现了通过公共产品的提供以共同解决无法依靠单一国家的力量克服的问题。国际公共产品主要被用于从公共产品的视角研究全球治理的国际问题。在国际问题层面,对"公共产品"关注的增加,主旨是期待创造出不具私人财产特征(即竞争性与排他性)的产品。但是,国际关系格局中存在一个悖论,即尚不存在任何一个超越国家的权利机构可以管理国际公共产品。也就是说,没有现成的体制工具可以用于处理全球各国共同面临的关键问题。1999 年,英格·考尔主编的联合国开发计划署文件重新发起了从国际公共产品的角度探讨国际合作必要性的讨论。这一提议也得到了很多发展中国家的支持。

当然,最早将公共产品研究引入国际关系领域的是曼库尔·奥尔森。他在题为《联盟的经济理论》的论文中,从公共物品供给的视角分析了美国在二战后不计成本筹划国际新秩序的原因,并于 1971 年在《增进国际合作的激励》一文中正式提出了"国际公共物品"的概念。②

有学者指出,国际公共产品从受益者范围看已经突破了国家、地区和集团等界限,全球任何一个国家的国民都从中受益,且是非竞争和非排他的,并且受益人群不仅仅局限在当代人,未来数代人都能从中受益。③ 世界银行的相关文件中,将国际公共产品定义为一种跨国界的产品,包括物品、资源、服务、规则或者政策体制,对促进发展和削减贫困发挥重要作用,并且需要发达国家和发展中国家合力提供,才能保证充分供给。④ 在其他文献中,有学者使用全球公共产品的概念。但是从实际内涵而言,国际公共产品和全球公共产品并没有实质性区别,因此,本研究都使用国际公共产品这个概念。

---

① 樊勇明、薄思胜:《区域公共产品理论与实践——解读区域合作新视点》,上海人民出版社 2011 年版,第 41 页。

② 蔡拓、杨昊:《国际公共物品的供给:中国的选择与实践》,《世界经济与政治》2012 年第 10 期。

③ Kaul, Gruberg and Stern, "The Future of Development assistance: Common pools and international public goods", *ODC Policy Essay*, No. 25, 1999. 转引自李新、席艳乐《国际公共产品供给问题研究述评》,《经济学动态》2011 年第 3 期。

④ 李新、席艳乐:《国际公共产品供给问题研究述评》,《经济学动态》2011 年第 3 期。

按照以上分类划分基础,即非排他性和非竞争性,国际公共产品可以划分为国家自用产品、跨国自由产品、跨国俱乐部产品和跨国公共产品。[①]

国际公共产品的供给,可以用两种不同的方式来进行诠释。一种方式是有助于维持不对等的关系,维持仅有一个超级大国对国际公共产品进行定义的国际强权局势,即现实主义的霸权稳定论。这个理论由查尔斯·金德尔伯格、罗伯特·吉尔平等提出。他们认为,一个具霸主地位的自由国家的存在,是世界市场经济充分发展的必要条件;国际自由经济的存在少不了霸主,在经济领域、政治领域的国际体系需要霸权国家,霸主的存在为国际经济贸易提供了必要的国际公共产品,为国际合作的开展提供了必要的条件。[②] 国际体系中的霸权国家提供国际公共产品以实现国际秩序的稳定。[③] 在这种情况下,容易出现两种状况,一是霸权国家将国际公共产品私物化,二是其他国家"搭便车"现象会造成霸权国家提供国际公共产品的成本上升。

另一种方式是自由主义的国际机制论,这个机制可以重新定义南北之间的相互依存关系。国际机制论认为,当各国相互交流发展到形成复合性依赖关系的时候,可以通过建立有效的国际机制来管理这种相互依赖关系,从而促进国际秩序的稳定。[④] 但是,在相互依赖的国际机制建立过程中存在诸多困难,无法建立一个能够真正提供国际公共产品的国际机制。即使能够建立,也会因为成本分担不均、相对获益等问题难以为继。因此,国际公共产品的供给存在严重不足的问题。

(三) 国际发展援助与国际公共产品、区域公共产品的关系

在很多研究中,将国际发展援助不做区分直接归类为国际公共产品或区域公共产品,这种划分值得商榷。众所周知,国际发展援助根据援助方的类型可以划分为双边援助与多边援助。援助国提供给受援国的援助都是双边援助。援助机构提供的援助,一般而言都是按照分类提供的援助,受援国一般为多个,这种援助被称为多边援助。此外,援助国提供给一个地区的援助,也应该划分为另一种类型的多边援助。

---

① 保健云:《国际区域合作的经济学分析:理论模型与经验证据》,中国经济出版社2008年版,第28—31页。
② [美] 罗伯特·吉尔平:《国际关系政治经济学》,杨宇光等译,上海人民出版社2006年版,第314、348页。
③ 樊勇明、薄思胜:《区域公共产品理论与实践——解读区域合作新视点》,上海人民出版社2011年版,第47页。
④ 同上。

双边援助中，无论是援助国提供援助还是受援国接受援助，都存在竞争关系，且都存在排他性。根据公共产品的定义，只有具备非竞争性以及非排他性的产品才是公共产品。尽管在国际交往中的确不存在纯粹的公共产品，但是，双边援助不具备公共资源的属性，可以被受援国独占。比如，日本已经提供给缅甸的援助，不可能再提供给柬埔寨，缅甸在接受到日元贷款后，这笔日元贷款就具备了排他性和不可分割性。同时，为了得到更多的援助，受援国间存在竞争关系，因此双边援助具备竞争性。由此可知，国际发展援助中的双边援助不能视为国际公共产品或区域公共产品。

然而，多边援助，无论是多边援助机构提供的援助还是援助国提供给一个特定区域或者次区域的援助，由于这些援助产品一般具备非竞争性和非排他性，因此，本研究认为可以划分为国际公共产品或区域公共产品。

本研究第二章讨论的日本对大湄公河次区域的援助，主要是指日本对GMS五国的援助，这种援助属于双边援助，因此不属于区域公共产品范畴。本章主要讨论日本对GMS提供的区域公共产品，这些产品既包括通过援助形式提供的基础设施整合，如"GMS东西经济走廊"和"南部经济走廊"，也包括日本为次区域在社会发展方面提供的区域公共产品"越老缅柬合作机制"，以及机构类区域公共产品"亚洲开发银行"。

二 区域公共产品与区域合作

区域主义是由语言和政治文化差异所促成的。区域主义通过创造概念、隐喻和类比，决定如何界定地区；这些实践有助于界定那些为地区所包括（或排除）的行为者，从而使得地区实体和认同的出现成为可能。[①] 简言之，"区域主义是由处于一个或者多个国际区域或次区域中的各种行为主体，为推动区域间实现制度化合作而提出的各种思想、观念、计划以及实践过程"[②]。在实现区域合作的过程中，需要稳定的机制、充足的经济援助等产品的提供来实现，比如金融机制、贸易机制、安全机制。"区域中各个行为体通过合作提供出这些产品，增进区域间各个行为体之间的联系，可以促成区域发展与合作。与此同时，对这些制度性产品、资金等区域公共产品的消费，就是区域的规模经济收益。而对这种效用的追求就形成了对区域公共产品的需求。"[③]

---

① Kanishka Jayasuriya, "Singapore: The Politics of Regional Definition", *The Pacific Review*, Vol 7, No, 4 (1994), pp. 411–420.
② 郑先武：《区域间主义与国际公共产品供给》，《复旦国际关系评论》2009年第6期。
③ 黄河：《区域性公共产品：东亚区域合作的新动力》，《南京师大学报》（社会科学版）2010年第3期。

"区域公共产品是指其利益惠及一个确定区域的公共产品。"① 即某项产品所能带来的利益是否惠及一个特定的区域，是否跨越单个管辖主题的管辖范围是判断其能否成为区域公共产品的主要标准。② 也就是说区域公共产品其实是根据公共产品的外溢性范围不同而划分出来的一种公共产品的类型。③ 这是从公共管理学角度对区域公共产品的解读。

从国家关系的角度看，区域公共产品作为介于国家公共产品与国际公共产品之间的一种新型公共产品，随着区域合作成为国际关系中的"新现象"受到关注，并已迅速成为介于国家、区域与全球之间的一种新的研究层次。④ "在全球性国际公共产品供应严重不足或者无法满足其个性化需求的情况下，共同需求和共同利益将会驱使区域内国家和国家集团联合起来，共同设计一套安排、机制或制度并为之分摊成本，这些适用和服务于本地区、其成本由区域内国家共同分担的安排或机制或制度称为'区域公共产品'。"⑤

区域公共产品，除具有公共产品的特点，即非竞争性与非排他性外，还具备自身的一些特点，主要表现在以下三个方面。

一是具备包容性，具有比国际公共产品更加灵活的整合性。⑥ 由于区域公共产品的需求方是比国家更为广泛的群体，因而需要更加具有包容性的整合力；同时，需要面对和处理更加具体的问题，满足比国际公共产品更加具体的需求，因而需要更加具有灵活性。

二是具备更加多元的供给制度安排。一方面要提供针对性强的区域公共产品，需要兼顾各方的需求，同时也需要各方担负相应责任。⑦ 但即便面对再小的次区域，都存在不同的国家行为体，国家之间的绝对差异决定各个行为体在确定为提供公共产品所承担责任方面，面临着激烈的讨价还价。另一方面，不同的国家行为体都会考虑提供产品的利益与成本问题，因此在确定各个政府的责任与义务之间需要有更为多元灵活的供给制度安排，避免陷入

---

① [西班牙] 安东尼·埃斯特瓦多道尔等：《区域性公共产品—理论与实践》，张建新等译，上海人民出版社2010年版，第12页。
② 张士威：《区域公共产品：概念、特征及分类》，《中共南京市委党校学报》2011年第2期。
③ 王再文、田祥宇：《区域性公共产品的内涵及其供给不足的影响》，《西北农林科技大学学报》（社会科学版）2010年第2期。
④ 郑先武：《区域间主义与国际公共产品供给》，《复旦国际关系评论》2009年第6期。
⑤ 樊勇明：《区域性国际公共产品》，《世界经济与政治》2008年第1期。
⑥ 张士威：《区域公共产品：概念、特征及分类》，《中共南京市委党校学报》2011年第2期。
⑦ 黄河《区域性公共产品：东亚区域合作的新动力》，《南京师范大学学报》（社会科学版）2010年第3期。

"囚徒困境"。① 综合以上因素，多元灵活的供给制度建立非常关键。

三是更具开放性。开放性是指，一方面与国际公共产品相比，需要在区域合作成员方面放开限定。因为随着区域一体化的发展，会有新的主体希望加入区域合作中，那么区域公共产品所能提供的范围就会逐步扩大。另一方面是，为了增加区域内各个合作主体之间的联系，基于公共产品的"外溢效应"，很有可能一些次区域公共产品能对整个区域发挥影响力。不限制区域合作成员的条件，能让区域公共产品的"外溢效应"发挥到最大，从而加强区域内各个主体之间的联系。

区域公共产品的以上特征，使其与国际公共产品相比具备了一些优势。即区域公共产品主要由强大的区域政府组织和大国通过平等的集体对话与合作机制供给，既避免了让公共产品"私物化"，成为某个大国维持霸权的工具，在让大国的作用得以体现的同时，也让较弱的成员国从更为紧密的合作互动中得到实惠，避免了区域公共产品供给过程容易出现的领导者缺失现象。②

这些优势使区域公共产品不仅成为国家、区域和全球三种国际公共产品之间的沟通的桥梁，③ 而且也能避开国际公共产品的某些缺陷，因而成为推动区域发展与合作的有效工具。

三　日本的区域主义与区域公共产品的供给

冷战结束后，日本对东亚地区主义的形成和发展发挥过积极作用。这从二战结束后日本区域主义政策的变化中可窥见一斑。但是，日本的区域合作政策缺乏一致性与长期性，因此成果有限。尽管如此，日本在区域公共产品提供方面仍有其特点与优势，值得关注。本节在梳理日本区域主义政策变迁的背景下，讨论其东亚区域主义的特征。随后讨论日本为构建东亚地区主义所提供的区域公共产品。日本在 GMS 地区所提供的区域公共产品，属于推进东亚区域主义所提供的产品的一部分。

（一）二战后日本区域主义政策的变迁

二战后日本区域主义发展，主要可以划分为几个时期。从战后日本首相岸信介访问东南亚到在东京召开首次东南亚开发部长会议为第一阶段。④ 这个阶段日本区域主义政策的特点为，以东南亚为重点区域，通过战后赔款与

---

① 张士威：《区域公共产品：概念、特征及分类》，《中共南京视乡党校学报》2011 年第 2 期。
② 郑先武：《区域间主义与国际公共产品供给》，《复旦国际关系评论》2009 年第 6 期。
③ 同上。
④ 王少普：《战后日本区域主义方针的形成与发展》，《日本研究》2004 年第 2 期。

东南亚国家建立起密切关系；通过"经济外交"的方式推动与东南亚地区的合作；以美国为中心，保持与美国亚洲战略的一致性，在确保出口市场的同时，站在维护自由与和平的高度来研讨东南亚合作，并坚持对"社会主义国家"进行排挤的地区主义。① 第二阶段是从三木武夫提出"亚洲—太平洋构想"至冷战后日美安保条约新定义的完成，可以称为"亚太区域主义阶段"。这个时期日本区域主义政策的特点为，经济合作向亚洲太平洋地区扩展，谋求在亚太地区经济合作中的主导地位，以松散的合作推动亚太地区发展，淡化政治色彩强化经济合作。② 第三阶段是从日本提出关于建立亚洲货币基金组织至小泉首相提出建立"东亚共同体"的东亚区域主义阶段。这个阶段区域主义政策的特点为，从新加坡、韩国这些东亚发达国家入手，争取与中国合作的同时，防止中国在东亚区域经济合作中占据主导，希望逐步建成以东亚区域经济一体化为基础的多层经济合作框架；同时，增强日本在东亚地区的军事存在感，坚持开放的地区主义，争取美国的支持推进东亚地区合作。③

  自二战结束以来，日本一直极为关注与东亚地区的合作。日本在完成战后经济复苏、实现高速增长后，在区域合作方面的主要努力为，对东南亚国家的援助、投资及与它们发展经贸关系。④ 冷战结束后，日本越发认识到东亚地区的意义，因此积极推进与这个地区的合作。主要努力有，1997 年日本提出了建立亚洲货币基金的建议。⑤ 1998 年在东盟—中日韩领导人会议上成立了"东亚展望小组"，规范了东南亚合作长远计划。⑥ 2000 年，东亚展望小组日方代表东京大学的田中明彦教授在《中央公论》上提出了建立"东亚共同体"的主张。⑦ 2003 年在日本与东盟国家特别峰会上发布的《东京宣言》里，写入了建立"东亚共同体"的主张。在随后的几年中，日本学界诸多学者围绕这个问题展开研究，出版了系列研究报告，作为这一领域研究成果，"东亚展望小组"于 2009 年提出了《东亚共同体宪章草案》并

---

① 王少普：《战后日本区域主义方针的形成与发展》，《日本研究》2004 年第 2 期。
② 同上。
③ 同上。
④ 唐永亮、白纯如：《新东亚地区主义"探索、挫折与出路——简论日本在东亚区域合作进程中的政策摇摆》，《东北亚学刊》2014 年第 6 期。
⑤ 黄梅波、朱丹丹：《亚洲货币基金建设及其与 IMF 的关系》，《亚太经济》2013 年第 2 期。
⑥ 王少普：《战后日本区域主义方针的形成与发展》，《日本研究》2004 年第 2 期。
⑦ 田中明彦：「新しい東アジアの形成日本外交がめざすもの」、載『中央公論』，第 115 卷第 7 号，2000 年 6 月。转引自贺平《区域公共产品与东亚的功能性合作》，《世界经济与政治》2012 年第 1 期。

公开出版,草案中提出了共同体成员国合作的重点领域,即地区安全保障、国际犯罪、公共卫生和自然灾害、粮食合作、缩小发展差距和缓和贫困、市场构筑、货币和金融合作、能源合作泛亚网络、统计、环境合作、科学和教育合作、人员流动、司法合作、共同关心的其他事项等。①

就在日本积极推进"东亚区域主义"的同时,中国—东盟自贸区成立,并迅速取得了卓越成果。同时,中国与韩国之间的经济关系已经得到迅速发展。当中国提出大力推进中、日、韩+东盟的合作机制时,日本表示需要放缓,但不拒绝提议。这个态度表明,日本不希望中国成为东亚地区的主导者。

为了阻止中国成为东亚地区主导者,日本采取了很多遏制措施。除进一步加强与美国在军事方面的合作外,不仅突破了"专守防卫"的理念,还在 2015 年实现了安保法案的改革。与此同时,让美国在更大范围内介入东亚区域合作中。最为突出的表现就是,日本完成了与美国在加入跨太平洋战略经济伙伴关系协议(Trans-Pacific Strategic Economic Partnership Agreement, TPP)协定方面的谈判。日本希望由此获得美国继续提供的战略庇护和政治支持。② 这无疑会形成与中国竞争东南亚区域合作主导权的态势。如何将这些合作保持良性发展,是未来东亚区域合作亟须解决的问题。

(二) 日本为区域合作所提供的区域公共产品

为日本区域主义的实践服务,日本政府和学者很早就开始了对区域公共产品的研究。吉田和男提出,为取代美国所提供的国际公共产品,日本等国应该共同提供国际公共产品。③ 梶山直己认为,地区性汇率安排可以成为区域公共产品,因为它有助于实现区域内经济的均衡增长。④ 有学者还提出,在东亚共同体构建中亚洲货币机构、气象观测机构、防灾机构、信息网络等区域性机构可以作为区域性公共产品的中间形态发挥作用。⑤ 由此可知,在

---

① 贺平:《区域公共产品与东亚的功能性合作》,《世界经济与政治》2012 年第 1 期。
② 唐永亮、白纯如:《新东亚地区主义"探索、挫折与出路——简论日本在东亚区域合作进程中的政策摇摆》,《东北亚学刊》2014 年第 6 期。
③ 吉田和男:「国際公共財試論-パックス=アメリカーナから国際協調時代へ-」,载大蔵省财政金融研究所:『フィナンシャル・レビュー』,1989 年 12 月号,第 1—20 頁。转引自贺平《区域公共产品与东亚的功能性合作》,《世界经济与政治》2012 年第 1 期。
④ 梶山直己:「東アジアにおける成長のための為替制度は何か—地域公共財としての為替制度—」,载『開発金融研究所報』,2005 年 3 月第 23 号,第 56—74 頁。转引自贺平《区域公共产品与东亚的功能性合作》,《世界经济与政治》2012 年第 1 期。
⑤ 毛里和子:「「東アジア共同体」を設計する—現代アジア学へのチャレンジ」,载山本武彦、天児慧编:『東アジア共同体の構築(1)新たな地域形成』,東京:岩波書店 2007 年版第 26 頁。转引自贺平《区域公共产品与东亚的功能性合作》,《世界经济与政治》2012 年第 1 期。

日本政府和学者的研究中,已经提出了各种区域公共产品的供给形式。

在日本对外经济合作中,如前所述,日本区域主义政策的内涵经历了三个阶段的演变。20 世纪 80 年代所提供的公共产品,主要为产业转移;20 世纪 90 年代所提供的公共产品,主要是地区商品的"最终吸收者";在进入 21 世纪以后,在提供促进经济合作方面的公共产品之外,更加注重提供环境领域的区域公共产品。在国际合作中,纯粹的公共产品较少,日本所提供的区域公共产品多为"俱乐部产品"。①

日本参与并推动 GMS 合作,属于构建"东亚共同体"的一部分,通过提供机构产品,如积极参与"亚洲开发银行"的建立与建设,从整合基础设施的角度积极推动 GMS "东西经济走廊"和"南部经济走廊"的建设。从缩小发展差距、改善学校教育、开放劳动市场的角度,提出并推动了"越老缅柬合作"次区域合作机制。这些产品的提供,使日本稳步扩大在 GMS 的影响力。

第二节 亚洲开发银行与日本的影响力

冷战时期,在建立以及参与国际组织方面,日本一直显得不是太主动。这一状况似乎正在改变。冷战结束后,日本开始出现在大量国际组织中,并在很多领域,诸如健康问题、难民救助以及文化交流等方面承担更多责任。随着日本在这些组织中参与度的增加,其存在感和经济影响力开始扩大。亚行由日本发起倡议而成立,故日本在机构的多个方面都发挥了主导性。日本在这个多边银行中的影响力,让亚行部分成为服务于日本外交的工具。亚行的建立,使日本整合其双边和多边外交成为可能。本书将考察日本在亚行中不断扩大的影响力。

一 亚洲开发银行的设立

亚行的设立是 1965 年 3 月召开的第 21 次联合国经济合作组织在亚洲与远东地区经济委员会(以下简称亚太经济委员会)会议上被提出的。在得到全场一致同意后,美国总统布什发表了正式声明支持其组建,日本发表了积极参与声明。两国迅速推进亚行组建。

之所以提出设立亚行,主要有以下几个因素:第一,为了实现整个亚洲地区的经济发展,亚洲欠发达国家在马尼拉讨论地区经济合作的推进时,都感到地区发展银行发挥着重要的作用,应该在亚洲成立类似银行;第二,为

---

① 贺平:《区域公共产品与东亚的功能性合作》,《世界经济与政治》2012 年第 1 期。

了世界经济的协调发展，积极解决南北问题，日本发现需要对亚洲经济合作的必要性重新认识；第三，20世纪60年代美国以越南为中心的亚洲政策中，表现出了要积极推动亚洲国家民众生活安定和民主化、积极推动亚洲地区经济援助的姿态。在这个背景下，亚洲欠发达国家和西方发达国家双方的目标是一致的，都是谋求经济发展。

日本在亚行创立时出资2亿日元，在整个亚洲地区占到了1/3的比重，表现出了对亚行积极参与的态度。

（一）银行的起源

为了能更好地理解日本在银行中的特殊作用，很有必要追溯这个银行的成立历史。如前所述，建立地区多边银行是1963年由亚太经济委员会提出的。这个委员会设在曼谷，后来被重新命名为亚洲和太平洋经济与社会委员会。根据相关专家的研究，亚行的建立是为了满足三个目标。第一是为本地区的援助项目提供额外的财政援助。第二是为了援助没有有效得到财政部门支持的项目。第三是为了发挥地区经济合作中心协调者的作用。[①]

创立这个机构还有一个宗旨，即形成地区经验，形成制订地区发展计划的能力，并能为解决地区问题提供建议，而不是受制于世界银行。当时，这个局势被视为更倾向于援助印度、巴基斯坦等被视为特别亲西方的政府及缺乏财政来源的国家。

如果与非洲开发银行和美洲开发银行相比，亚行已经向工业国家打开资本吸纳大门。在工业化的大国中，日本期待发挥领导作用。因为当时日本是亚洲唯一已经实现工业化的国家。如果能借助亚行进一步推进其援助政策能扩大日本在东南亚的经济和政治利益，故日本对亚行投入了大量资金。加之，受惠于日本的经济增长经验和技术方面的巨大影响力，日本立即在这个地区组织中占据主导地位。

同时，日本也了解需要在创立多边银行的讨论中保持低调、避免引人注意。1963年亚行成立的草案中包括了美国在内的多方建议。美国赞同增加对越南的投资项目，因为他们需要被迫迁就日本盟友，还需要给予其地区额外的发展资源。在得到美国的支持后，日本宣布日美两国已对该项目的财政问题达成共识。于是亚行在1966年成立。渡边武当任了亚行第一任总裁。此后的亚行总裁均由日本人出任。这表明日本在这个地区金融组织中发挥着绝对影响力。

---

① Kappagoda, N., The Asian Development Bank, *The Multilateral development Banks*, Vol. 2. p. 14, London: Intermediate Technology Publications, 1995.

亚行的一个外号是"半个世界的银行"。这是由于其在地理位置上覆盖了一个广阔的区域，包括了东亚、南亚和中亚及太平洋的广阔地区，共有48个国家。另外，欧洲和北美的19个国家也为这个组织提供资本。亚行成员国涵盖了67个国家，包括日本、美国、中国这些银行的主要资助者及印度、澳大利亚和德国等。决策投票的数量大致就是分享决策席位的国家数，其投票数量决定着银行内部的权利平衡问题。从决策合法性角度而言，日本和美国在银行中拥有相同的地位。但是日本对银行投入的资金和其他方面实质的贡献，让日本所能发挥的作用远远超出了银行的其他资助者。

尽管美国和日本在银行中拥有相同的投票比例和资本投入，但是，日本额外的资助赋予其实际的主导权。如前所述，总裁的位置总是被日本所占据。日本对亚行的控制已经涉及管理部门和决策层面。日本控制着大量的高层决策，包括银行内部的人力资源变化。大部分受雇于银行的日本人，都是从日本财政部招募的。2005—2013年的总裁，黑田东彦是小泉纯一郎首相的特别顾问，日本大藏省国际事务部的副部长。被委派至亚行工作数年的日本政府官员，都表示完全没有感觉到他们被委任的是海外工作。对于他们而言，仅仅是工作地点在海外。这似乎可以从一个侧面表明日本在亚行的决策以及发展方面都发挥着绝对影响力。亚行还帮助日本起草多边发展援助政策。这些政策由于新千年计划的开始而得到新定义。因此，对日本的双边和多边援助而言，亚行可视为一个扩大日本地区影响力的工具和一个发展援助的实习基地。

（二）亚行的战略计划

目前亚行的援助目标是消灭地方贫困。这个战略计划包括三个援助原则。一是为实现稳定和持续发展创造条件，诸如控制无节制的使用自然资源、避免造成的过度污染等。这已经成为亚行的基本援助原则。二是将援助的战略计划集中在社会发展方面。三是"良治"。这也是银行的基本援助原则，即提供健康的管理与治理，消灭腐败，并为公平发展寻找道路。

为了实现战略目标，亚行确定了自己的发展原则。首先，依赖于"私营企业发展"。亚行对私营企业有着不可否认的偏好。因为与公共部门相比，私营企业被视为善类。公共部门被视为缺乏效率又需要消耗很多资本的部门。亚行经常因为太过偏重于私营企业而饱受诟病。

"地区合作"是亚行的第二大贡献，它是亚行的特点。促进地区合作是这个组织存在的最大理由。亚行章程中提出，地区合作必须被视为亚行的使命。为了实现亚行的行为与地区发展倡议一致，亚行需要协调各个成员国相关政策。为了实现地区发展，最基本的原则就是通过亚行推动各个国家改革。特别是各个需根据地区发展转型的国家。对于欠发达国家而言需要双重转型。第一个转型是从半自足的农业变为更加多样化的市场经济，第二个转型是从计划经济向市场经济转型。亚行的倡议，对欠发达国家的转型有极大的影响力。亚行尝试在地区中扮演一个"可靠代理人"的角色，推动欠发达国家改革。

亚行发展倡议中的第三个原则是环境保护。具有讽刺意味的是，亚行自我标榜其援助项目是"环境友好"型的，但是多个项目都遭受了国际环保NGO 的抨击。NGO 们指责其环保工作不到位，没有对未来生态以及人类疾病负责。为了确定和实施合适的政策，要求亚行接受国际援助项目的环保规范。

尽管西方国家在亚行有强烈的存在感，亚行还是竭力与国际金融机构诸如世界银行和国际货币基金组织（International Monetary Fund，IMF）保持一定距离。因为这些机构代表着西方的利益，特别是美国的利益。亚行期望构建一个未处于西方控制下的组织，却落入日本之手。日本希望在亚行的文化中刻下深深的日本印记。通过确保总裁是日本人，在关键职位占据绝大多数席位，并将所谓的"日本式管理"带入银行内部，让亚行遵循日本的管理模式。客观而言，亚行的工作文化是混合型的，也受到了其他国家的影响，包括印度的，以及其他高层行政人员所带来的来自东南亚国家的影响。比如菲律宾人，在亚行职员中占据50%的比例。他们也占据高级管理职位。因而，菲律宾在亚行中的影响力也不能忽略。即便如此，也无法否定日本在亚行内的绝对影响力。

（三）亚行概况

1. 基本结构

亚行是为削减亚洲和太平洋地区的贫困而成立的国际金融开发机构。亚行基于各个加盟国的发展战略，制定了该组织的援助项目和计划。为了实施这些援助项目和计划，通过募集资金、提供实施援助项目的政策帮助发展中国家发展。

日本与美国同为亚行的最大出资国，出资比率占到15.6%，拥有投票权均为13.6%。日本籍职员人数在专业人员中占到14%的比例。亚行的组织机构概况如表1-1所示。

表1-1

设立	1966年12月，开始各种项目
所在地	本部位于菲律宾马尼拉，银行驻各国事务所有24个，位于发达国家的加盟国内的代表事务所有3个，分别为东京、法兰克福和华盛顿。亚洲开发银行研究所位于东京

续表

设立	1966年12月，开始各种项目
加盟国	67个国家地区内有48个亚太国家（如日本、澳大利亚、新西兰以及发展中国家），地区外国家有19个，如美国、德国、英国、法国和加拿大等
出资比率	日本和美国各占15.6%，中国占6.5%，印度占6.3%，澳大利亚占5.9%，印度尼西亚占5.5%，加拿大占5.2%，其他
职员人数	共2500名，专业人员大约有900名，其中包括120名日本人，其余从60多个加盟国中招聘一般工作人员，大约1600人，主要是菲律宾人

2. 业务概要

亚行的主要业务：一是利用一般资本来源开展的项目；二是利用亚洲开发基金开展的项目；三是技术援助项目。

其中，一般资本来源，主要是指债券市场发行的股票，从市场调配中得到的资金，由经济较为发达的国家提供。利息与市场利息一致，还款时间最长为25年。主要的借债国有印度、中国、菲律宾、印度尼西亚、巴基斯坦等国。

亚洲开发基金项目，主要向极为贫困的加盟国提供优惠融资项目，利息每年1.0%—1.5%，返还期限为24—32年。主要借债国为巴基斯坦、孟加拉国、阿富汗、印度尼西亚、越南和尼泊尔等国。

技术援助项目，主要为援助项目的实施提供指导，包括为推动援助项目有效实施，培训受援国相关人员。项目资金由加盟国的任意支出建立的技术援助特别资金、日本出资建立的日本特别基金和一般资金来源这三部分组成。

此外，还有无偿援助、协调融资、"多笔融资"实施的项目。无偿援助，是由日本出资建立的"贫困削减日本基金"等组成，为贫困国家实现贫困削减提供援助。此外，协调融资是指，其他的公共机关及民间机构一起实施的融资项目。"多笔融资"所指的是，以长期的或者大型的项目的一部分为对象，根据项目推进提供融资的新金融手法。为了满足发展中国家的需求，从2005年开始引入这个融资方式。后来利用这个渠道，融资规模得到扩大。

3. 所取得的成绩

从亚行的业绩看，2008年融资额为105亿美元，其中一般性资本来源为87亿美元，亚洲开发基金为18亿美元。此外，主权国家基金（各国中央政府保证提供的资金）与非主权国家基金融资（地方政府、国营企业和民间企业等的融资）来看，主权国家融资额为87亿美元，非主权国家融资额为18亿美元。此外，无偿援助资金为8亿美元，技术援助项目资金为3亿美元，协调融资项目为17亿美元。

2008年的国别融资额，一般资本来源中，印度为28.7亿美元，中国为17.5亿美元，菲律宾为9.4亿美元。亚洲开发基金中，巴基斯坦为5.2亿美元，孟加拉国为5.1亿美元。此外，无偿援助项目中，阿富汗为2.6亿美元，尼泊尔为1.5亿美元。

4. 长期战略方针

2008年5月，亚行以2008—2020年为对象提出了新的长期战略框架。这个战略框架提出了面向2020年亚行的业务和机构改革方向以及项目等内容，主要内容如表1-2所示。

表1-2

1. 实现"亚洲和太平洋地区的贫困削减"	1. 实现所有人都能享受的经济发展；2. 与环境协调实现可持续发展；3. 地区援助和地区融合的促进
2. 提高开发效果的5个途径	1. 培育民间部门；2. 改革政府，提高政策制定和实施能力；3. 为了提高女性地位开展援助；4. 加强知识援助；5. 强化与其他援助国、相关国际机构和团体的关系
3. 2012年时向8个借贷项目中的5个优先领域集中提供贷款	1. 基础设施；2. 环境保护；3. 地区协调与统一；4. 开发金融机构；5. 扩充教育机构

5. 亚行的决策机制与日本影响力

亚行的决策机构由67个加盟国的代表即67名理事组成理事会，决定重要的议题。几乎所有的决定都需要得到理事会过半数的票数才能通过。个别融资项目需要得到所有理事的认可。依照亚行的相关章程，国际机构中，各个主权国家都有各自的主张，即便作为最大的投资方，也不可能让所有的决议都按照日本的意愿做出。尽管日本拥有13%的决定权，也不意味着所有的决议都能完全反映日本的意志。但很多时候日本在亚行中发挥着欧美国家与亚洲国家间调停者的作用。有些问题上日本会与欧美国家采取相同意见，比如环境标准和投标标准方面。有的问题日本的意见与欧美国家不同，选择支持亚洲发展中国家。比如，提高贷款利息方面，日本采取中立态度。因为一旦提高利息容易失去来自发展中国家的支持，同时亚行的援助效果也会降低。总体而言亚行的决策会受日本较大影响。

6. 亚行对亚洲金融危机的应对

亚行面向政府的借贷，不仅有主权国家项目，也有针对民间的项目。2008年认可额度中，主权国家投入额为97亿美元，非主权国家投入额为25

亿美元，共计 122 亿美元。亚洲开发基金用于低收入国的援助项目。与此相对应的是，一般财政资源项目主要用来支持印度和中国等发展中国家的基础设施建设。

2008 年的金融危机让亚洲国家受到较大冲击。亚洲经济从 2009 年开始出现复苏迹象。但是，在南亚和太平洋岛屿上，未从经济危机中复苏的国家还很多。亚行在 2009—2010 年的两年间，为这些国家提供了共计 100 亿美元的援助。其中，贸易金融援助项目有 10 亿美元，提供给亚洲各个国家应对危机的财政援助有 30 亿美元，亚行内部还提供了 4 亿美元用于支持亚洲开发基金。

7. 长期战略与未来展望

2008 年银行公布了"2020 战略"。这个战略为了提高援助效果提出了五个重点援助领域：一是民间部门的培育；二是公共部门负责接受双边援助，提高政府执政能力和决策实施能力；三是提高女性地位；四是在智力援助方面给予更多投入；五是提高援助项目的效果，将更多的资源集中到基础设施、环境保护、地区合作与融合这些需要得到优先援助的领域。关于基础设施，在电力、能源和交通之外，还包含了上下水道和灌溉设施的建设。环境问题方面，包含了对气候变化问题的关注。这个领域在 2008 年以来 3 年总投入中占四成。关于能源，包含了节省能源、绿色能源、碳排放等在内的项目对能源部门的投入增加了 55%。关于交通，以道路建设为中心，对铁路、都市交通系统方面投入更多，所有的项目都考虑如何应对水位上升等气候变化影响，并采取对策。此外，还要协调发展与其他援助国、国际机构和 NGO 之间的关系。这方面日本发挥了重要作用。日本积极协调亚行与日本援助机构和日本协力银行之间的关系，让日本双边援助尽量与多边援助协调。

亚行自创立以来，一直都对地区合作发挥影响力。代表性的事件是，对东盟 10+3 的金融合作发挥推动作用。特别是在 1997 年金融危机之后，为解决短期资金困难，发布了清迈倡议和培育亚洲债券市场的倡议，并给予了足够的支持，得到了各国的好评。在铁路基础设施方面，主要为将 GMS 五个国家实现互联互通的项目提供援助，并为扩大 GMS 合作提供了便利。

8. 在亚行的决议中总裁所能发挥的作用

总裁在亚行事务局中处于最高位置。亚行总裁与世界银行和 IMF 一样都是理事会的议长。根据亚行的章程，议长是没有投票权的，但能在有效推动议事的方向发挥作用。重要的项目需要得到理事会所有理事的认可。虽然会出现各种不同意见，但通过理事会投票后被否决的问题不多。当出现意见分歧时，一部分理事弃权后，还可以通过协商达成共识。意见分歧多出现于预算和利益分配存在利益冲突的时候。在组织运营方面，欧美国家和发展中国家存在利益冲突，但是都在尽力协商，大多数时候，只要得到51%投票率的决议就能被认可。

二 亚洲开发银行各个基金与日本的作用

亚行以融资、无偿援助项目、技术合作项目以及担保和出资的方式向加盟国中的发展中国家提供援助。到目前为止已经对该地区融资20124.1亿美元。

日本自1966年加入亚行以来，投入的特别资金有126.7亿美元。1967年以来，日本企业对亚行提供项目援助基金达到56.0113亿美元。2013年的融资额为131.9亿美元，项目101项；其外还提供了1.5561亿美元用于实施248个技术援助项目，提供了8.4902亿美元用于实施23个无偿援助项目。另外，在公共融资及有附加条件贷款方面，为了转移风险，在平行贷款和亚行金融贸易项目中，以提供协调融资等民间协调融资的形式，提供了66.5亿美元的直接附加值的融资。

从2009年1月1日至2013年12月31日，亚行年平均融资额为121.9亿美元。此外，同期实施的技术援助项目中，亚行以特别资金来源实施的无偿援助与技术援助，年平均额分别为8.017亿美元和1.6566亿美元。

2013年12月31日时，除开协调融资外，累计总共对44个国家实施的2629个项目提供了2034.1亿美元的融资，239个无偿援助项目融资64.1亿美元，对技术合作项目和地区的技术合作项目提供了42.5亿美元。

（一）特别基金财源的支出

日本是亚洲开发基金、亚行研究所特别基金以及技术援助特别基金等亚行的特别基金的最大出资国。

对亚行本身的出资额：包含浮动汇率在内的出资额为119.6亿美元；对亚行研究所特别基金的出资额为2.1203亿美元；对技术援助特别基金的出资额为4.9574亿美元。

（二）信托基金

信托基金是为技术援助等无偿援助项目提供资金的外部调配重要手段。日本对以下信托基金出资。

1. 贫困削减日本基金

贫困削减日本基金是2000年设立的基金。贫困削减日本基金，是日本提供常规的技术援助和无偿援助的最为重要的来源。该基金是亚行中最大的单一投资方基金。

贫困削减技术合作援助无偿项目，包括以下目标：其一是促进实施机构和其他开发伙伴的能力提高及项目实施和运营能力增强；其二是提高开发战略、计划以及项目的设立、调整及各个部门之间的政策协调的能力；其三是促进亚洲太平洋地区开发问题相关知识的普及，全人类实现全方面的发展、环境方面的可持续发展，以及发展中国家加盟的贸易顺畅化，并推进地区合作、实现融合；其四是完善发展项目的设定、形成以及实施准备。

贫困削减日本基金中的无偿援助项目目的：向贫困层以及社会经济弱者提供直接援助实现贫困削减，援助该地区的社会发展活动；促进贫困层逐步具备自助能力；在地区社会的层面促进更多的相关人士参与其中；为持续的贫困削减通过无偿援助提供更多援助。

截至2013年12月30日，可以使用的贫困削减日本资金的总额为6.154亿美元，总共有161个无偿援助项目、资金4.64亿美元，以及147个技术合作项目、融资1.585亿美元。

2. 亚洲绿色能源基金

2008年设立的亚洲绿色能源基金是关于绿色能源融资合作基金。绿色能源基金也是单一资金来源信托基金，是为了让亚行中的欠发达国家开发绿色能源而设立的，资金提供方为日本。截至2013年12月30日，日本的出资额达到了5710万美元。

3. 投资环境完善基金

投资环境完善基金是为实现地区统一于2008年设立的基金。投资环境改善基金也是资金提供方较为单一的信托基金。截至2013年12月31日，可利用的资金额为3220万美元。基金的设立为了促进欠发达国家的投资环境完善、提高发展能力、促进良政的形成，最终为推动地区合作与融合提供资金支持。

4. 日本奖学金制度基金

日本奖学金制度基金是1998年设立的为欠发达国家的优秀人才提供学习机会的基金。援助方式是在亚洲和太平洋地区的优秀研究机构中开设经济、经营管理、科学技术及其他相关领域的研究生课程。

日本奖学金制度基金由日本提供资金，亚行管理运营。截至2013年底已经有10个国家的29个机构申请了这个项目。1988—2013年，日本政府为日本奖学金制度基金提供了1.448亿美元。共有35个发展中国家的学生得到了3104个项目的援助。其中，2758名学生完成了研究生课程。此外，针对女性的奖学金项目有1101项。过去10年间，年均新增150个奖学金项目。

（三）主权国家业务

亚行发挥民间融资的作用，针对主权国家公共设施以及民间设施的项目，采取直接投资、股份投资、担保、附加条件贷款、贸易金融等形式提供资金援助。亚行自创立以来，认可的主权国家融资为 171 亿美元，其中有 152.3 亿美元为民间部门对 292 个项目提供的资金。截至 2013 年 12 月 31 日，亚行提供的主权国家融资数额达到了 69 亿美元。

表1-3 亚行中参与主权国家业务项目投资的日本公司的投入金额和比例

企业名	项目	融资或者投资额（百万美元）
国际协力银行	越南的 2 个电力项目，泰国的 3 个电力项目和 3 个基金投资	1072.8
独立行政法人日本贸易保险	泰国以及越南的 2 个电力项目	252.0
瑞穗银行	泰国的能源项目，地区基金项目，以及印度的基金投资项目	157.0
三井住友银行	泰国以及菲律宾的两个能源项目，印度尼西亚的基础设施方面的私募股权项目	151.6
三菱东京 UFJ 银行	泰国的能源项目，中国的私募股基金项目	115.0

（四）协调融资

协调融资是对亚行项目基金追加资金的方式。2013 年实施的协调融资项目有 216 个，总额 66.5 亿万美元。其中 63.7 亿万美元为 53 个投资项目，另外 2.7815 亿美元是针对 163 个技术援助项目的协调融资。1970—2013 年，协调融资累计 2233 个项目 455 亿美元。这其中 438.8 亿美元是针对 638 个投资项目的融资，另外的 16.2 亿美元是针对 1595 个技术援助项目的融资。

日本参与的协调融资成绩如下（2009 年 1 月 1 日—2013 年 12 月 31 日）。

项　　　　目：　　　74 项，36.2 亿美元；
公　共　资　金：　　15 项，21.8 亿美元；
民　间　协　调　融　资：　　7 项，2.365 亿美元；
技术合作无偿援助：　　185 项，2.149 亿美元。

（五）亚行的调配协议所占比例

亚行在发展中国家加盟国中实施的项目中必要的融资项目、物品的调配及协调服务，每年都有数十亿的调配协议金额。比如 2012 年为 75.8 亿美元，2013 年为 65.7 亿美元。截至 2013 年 12 月 31 日协调金额累计达

1266.6 亿美元。

亚行每年都在日本召开"商业合作研讨会",以便让日本进一步发挥协调的作用。驻日本的亚行代表事务所协调日本的双边和多边援助。

表 1-4　　2012—2013 年日本政府调配协议金额比例、融资（项目及计划的合计）、无偿援助以及技术援助业务的成绩

项目	2012		2013		累计额	
	金额（百万美元）	比率（%）	金额（百万美元）	比率（%）	金额（百万美元）	比率（%）
商品、工程以及相关服务	44.90	0.59	14.09	0.21	5181.19	4.09
协调调配服务	21.70	3.72	9.78	1.94	459.94	4.89

（六）亚行项目中雇用的项目承包者

1966 年 1 月 1 日—2013 年 12 月 31 日共有 1221.1 亿美元的亚行融资项目与 18.878 万个项目的承包者之间缔结了协议。其中的 51.3955 亿美元的 5483 个融资项目是日本承包者的项目。

表 1-5　　亚行融资项目中所雇用的日本承包者
（2009 年 1 月 1 日—2013 年 12 月 31 日）

承包者	领域	协议金额（百万美元）
住友商社	能源	43.67
久保田·AUTEX 财团	农业和天然资源	43.25
伊藤忠商社	运输与 ICT	33.85
小川精工机械	能源	33.53
三菱商社	能源	23.50

1966 年 1 月 1 日—2013 年 12 月 31 日,总共有相当于 45.4 亿美元的亚行无偿援助项目实施,其中 8894 个项目是与承包者缔结协议实施的。这其中有相当于 4164 万美元的共 23 个无偿援助项目由日本承包者实施。

表 1-6　　亚行的无偿援助项目的日本承包者
（2009 年 1 月 1 日—2013 年 12 月 31 日）

承包者	部门	协议金额（百万美元）
北野建设公司	运输和 ICT	17.16
丸新志鹰建设公司	运输和 ICT	13.22

续表

承包者	部门	协议金额（百万美元）
联合国项目服务机构	卫生设施和社会保障	0.65
ATOBARYU	能源	0.64
NPO法人道普请人	卫生设施和社会保障	0.42

（七）参加亚行项目协调的公司

2009年1月1日—2013年12月31日亚行的融资项目中雇用的日本协调公司（个人咨询公司以及咨询企业）如表1-7。

表1-7

咨询公司名称	协议次数	协议金额（百万美元）
片平工程相关咨询公司	1	19.17
日本工营公司	1	9.17
ORIENTARU工程咨询公司	4	8.77
BADEKO	1	7.68
长大公司	1	6.92

1966年1月1日—2013年12月31日，总共投入了约8.265亿美元的亚行无偿援助基金，大概有2433个项目签署了协议。其中有约2089万美元的17个无偿援助项目是由日本咨询公司实施的。2009年1月1日—2013年12月31日亚行的无偿援助项目雇用的日本咨询公司（个人咨询公司以及咨询企业）如表1-8。

表1-8

咨询公司名称	协议次数	协议金额（百万美元）
日本空港咨询公司	1	5.38
日本公营	1	3.61
电源开发	1	2.36
日本海外咨询公司	1	1.30
建设技研咨询公司	1	0.83

1966年1月1日—2013年12月31日，共实施了约33亿美元的亚行技术援助项目，大致28709个项目通过协议缔结被承包。其中的8391万美元

的共 331 个技术援助项目与日本的咨询公司签订了协议并实施。

表 1-9

咨询公司名称	协议次数	协议金额（百万美元）
BADEKOU	11	8.02
ORIENTARU 工程咨询公司	2	1.64
ARUMAKKU	3	1.62
片平工程相关咨询公司	1	1.49
日本工营公司	1	0.77
个人咨询	83	4.48

（八）亚行的历任总裁与相关职务

渡边武　　　　1966 年 11 月 14 日—1972 年 11 月 24 日
井上四郎　　　1972 年 11 月 25 日—1976 年 11 月 23 日
吉田太郎　　　1976 年 11 月 24 日—1981 年 11 月 23 日
静冈真佐夫　　1981 年 11 月 24 日—1989 年 11 月 23 日
垂水公正　　　1989 年 11 月 24 日—1993 年 11 月 23 日
佐藤光夫　　　1993 年 11 月 24 日—1999 年 1 月 15 日
千野忠男　　　1999 年 1 月 16 日— 2005 年 1 月 31 日
黑田东彦　　　2005 年 2 月 1 日—2013 年 3 月 18 日
中尾武彦　　　2013 年 4 月 28 日至今

1. 日本的亚行总务长

日本的亚行总务长由财务大臣麻生太郎担任。

2. 日本的亚行总务代理

日本的亚行总务代理由日本银行总裁黑田东彦担任。

3. 日本的亚行理事

日本的亚行理事由小口一彦担任。

4. 亚行后补理事

青竹俊英和竹林杨子，作为理事、理事代理和合作的技术援助建言者，同时作为日本与亚行联络的日本相关方面的联系人提供援助。

5. 各种顾问会议中的成员

藤填昌久，日本经济产业研究所所长，亚行研究所咨询委员会委员。

岩泽雄司教授，东京大学法学部教授，国际法市民及政治权利相关国际规则人权委员会副委员长，担任亚行运营审判所的副所长。

6. 亚行的日本职员

截至 2013 年 12 月 31 日，亚行里全职职员的 13.76%，即 1149 人为日本职员，其中男性 1106 人，女性 43 人。

7. 协调融资事务室

佐东一司，作为上一级的财政合作专员承担与日本相关的基金协调工作。

（九）日本在资金方面的份额

1. 日本在公共出资方面的影响力

作为与美国并列的第一出资国，在 502 亿美元的一般财政资源中，出资 79 亿美元，占到总比例的 15.7%。

在 223 亿美元的亚洲开发基金中，出资 86 亿美元，占到了 38.5% 的比例。

此外，日本特别基金每年出资 30 亿美元，贫困削减日本基金每年出资 20 亿美元。

2. 日本如何发挥决算影响力

最高决策机构是年度总务会，决定运营预算等事宜。

认可项目以及政策的是理事会，理事会每周召开三次，由 12 个人组成的理事会中，有一名日本代表，这位日本代表在理事会中享有 12.8% 的投票权。日本大藏省的国际开发机构科审核项目，告知马尼拉的日本理事国内的审核意见。

3. 日本人事影响力

现有 8 名总裁全部都是日本人，除一人之外，其他总裁都是日本大藏省官员出身。

885 人的亚行人事局专职人员中，有 115 人是日本人，此外，亚行的预算、人事局长、战略与政策局长以及南亚局长等关键职位都由日本人担任。

4. 日本的民间资金影响力

日本市场是亚行证券发行的主要资金调配场所。

价格认定、信用基础都是由经合组织国家和各国通过决议达成的。

在银行，保险公司和投资信托运营公司等机构的投资和个人投资方面，都由日本负责。

三 日本能否借助亚行持续保持在 GMS 的影响力

（一）聚焦在湄公河地区的新地缘政治"大游戏"

20 世纪 90 年代早期，作为地缘政治概念大湄公河"地区"或者"次区域"还比较模糊。但是，把位于湄公河两岸的这些国家聚集起来的想法已经成型。尽管此时这个地区的印支战争还未结束,但是,这个次区域内的国家已经开始了商讨。由于泰国处于中心位置,其他国家没有反对泰国的提议。成员们都认为关键在于实施项目计划,如果没有项目合作将无法开展。地理位置与文化上的相似性等因素推动中国融入次区域。在整个流域内各个国家都有自己的规范、影响力以及个人的外交影响力,比如卡威特(Cesar Virata)这位菲律宾前总理、东盟成立之父,就提出中国应该在次区域中发挥核心作用,也致力于中国能被次区域国家和组织所接受,但是相关会议召开后,确定了新的方式。这个方式就是中国的云南省被纳入次区域中,而不是整个中国成为成员。后来中国政府建议增加中国广西壮族自治区为大湄公河次区域的成员。这个提议最后在2005年被接纳。这或许是中国外交的一个胜利。

GMS的合作模式受到两个不同的案例的启发。一个是"湄公河委员会"(Mekong River Commissions, MRC),另一个是东南亚国家联盟(Association of Southeast Asian Nations,以下简称东盟)。[1] 尽管国际组织对地区政治稳定有巨大贡献,但其建立的过程是否影响地区稳定,则一直受到怀疑,因此,湄公河区域内的国家将更多的精力集中在经济合作方面。当不同的参与者站在不同的立场,都从维护自己国家的利益来决定地区利益时,传统的协商往往无法发挥作用。

湄公河委员会提供了水问题的合作方式。它的运营过程不仅反映出参与国外交行政部门水问题协调工作的复杂性,而且由于中国和缅甸不参与其中,仅作为观察员国家,造成了这个机构的局限。这个委员会不久就成为讨论湄公河流域水资源问题的论坛。[2]

日本竭力在多边和双边保持着外交平衡,以确保在这个地区的活跃度。日本提出的中南半岛上各个国家经济部长要定期在柬埔寨、老挝、缅甸和越南之间举行会议,即"越老缅柬合作机制"。这些会议围绕着日本商业届对这个地区的需求,为日本商人提供他们感兴趣的投资机会。日本之所以提出"越老缅柬合作机制",主要是应对在世界多个地区经济影响力迅速扩大的中国。尽管2001年时整个东南亚的60%的援助是由日本提供的,但日本依然对中国在这个地区不断扩大的影响力保持极高关注。由于中国在该地区影响力的扩大,日本开始思考如何恢复在该地区失去的影响力。值得关注的

---

[1] Taillard, C., "Laos at the Crossroad of the Corridors of the Great Mekong Subregion", *The Laos Sweet and Bitter*, D. Gentil, P. Boumard (dir), pp. 71-73. CCL: Karthala editions, 2005.

[2] Luc lacroze thesis, "The Development of the Mekong River 1957—1997", *The Failure of a Great Ambition> L'Harmattan*, Paris, 1998, p. 254.

是，在新千年伊始，中国就开始实施第十个五年计划。这个五年计划包括了发展贫困的西部地区的战略，以减少国家内西部地区和沿海地区的差距。根据这个新的战略，湄公河地区的发展已成为中国发展的优先地区，中国采取了很多步骤进一步改善与周边国家的关系。自 2002 年以来，中国已经降低或者废除了针对老挝、柬埔寨和缅甸的超过 600 种商品的关税。不仅如此，还与四个 GMS 国家签署了系列协定，覆盖了交通运输、医疗健康、贸易、电信和环境保护。

中国参与湄公河地区合作地理上的优势大于日本。中国总理温家宝在昆明峰会上就强调"远亲不如近邻"，温总理强调中国的发展不仅是对中国 10 亿民众有利，也将为周边其他国家提供发展机会，特别是接壤国家，因此，也能对地区繁荣与稳定做出贡献。中国参与到 GMS 合作中，使区秩序出现了反转。正如 Christian Taillard 所说这些伙伴关系，如东盟 10+3，中国东盟自由贸易区，促进了大湄公河次区域的合作。这些都在展示中国新地区战略的基础，并展现出了一个与之前仅聚焦于双边关系的外交政策所不同的全新局面。

（二）日本的经济援助与开发银行——如何结合发展

二战结束后，多个亚洲欠发达国家，希望得到发达国家的援助，20 世纪 60 年代经济合作与发展组织（Organiation for Economic Co-opeartion and Development，以下简称经合组织）提出为缩小南北差距，北方国家需要为援助南方国家做出努力。日本为改善与亚洲国家关系并扩大日本影响力、增强话语权，开始了 ODA。

到 20 世纪 70 年代中后期为止，日本对缅甸、菲律宾、印度尼西亚、越南等都实施着以战争赔偿为主体的援助。通过世界银行对印度、巴基斯坦等国家提供政府贷款和民间投资。随着赔偿援助的结束，日本开始了以综合安全保障为目的的援助。并对援助规模的确定与援助对象的选择建立了自己的规则。从这个意义上可以说，援助帮日本打开了亚洲外交的大门，并已经成为日本亚洲外交不可或缺的部分。

此时，日本开始思考对东南亚经济援助，是应该重视各个国家的发展计划，还是应该重视以整个地区为开发对象。换句话说援助应该更多关注双边国家关系，还是应该从多边角度推动地区合作的推进。

对于亚洲欠发达国家而言，新兴独立国家出现的民族主义，与发达国家间的双边援助，都会影响它们的经济发展计划。如果仅仅依赖双边援助，可能会不利于亚洲欠发达国家市场的扩大。有学者提出日本需要从整个区域的工业化推进的角度进行反省，需要更加关注亚洲整个区域的发展出路。在此背景下，日本对亚行提出了积极参与的意愿。

亚行的设立及未来的运营，是为实现亚洲人运营亚行的愿望，并且确保能够持续从发达国家得到基金支持。这需要协调好欠发达国家与发达国家这两者之间的关系。日本认为作为亚洲的一员，同时也是地区内的发达工业化国家，需要在亚行中发挥绝对影响力。

一方面，日本需要积极推动地区内各国对亚洲主义的理解。同时，日本还要与欧美发达国家协调，避免它们对亚洲欠发达国家的轻视，让地区之外的发达国家对亚洲国家的经济发展充满希望。

另一方面，随着亚行的成立，为了共同推进世界经济的发展，在提高亚洲地区生活水平和购买力的同时，日本需要协调国家利益与地区利益。很多亚洲国家期待日本不应该局限于其自身利益以及亚行的短期受益，应该从长期发展为亚洲国家的经济发展发挥作用。但是这个期望显然无法实现。

（三）亚洲货币基金问题

亚洲货币基金组织的问题在1997年9月由日本作为一种补救施提出。日本想借助这个提议进一步扩大在亚行的影响力。亚洲货币基金组织的提议一经提出立即被美国拒绝，中国也不支持日本的提议。2005年日本再次提出这个倡议。2005年亚行做出一个决定，要加强对东盟10+3各国的经济状况的监测。目的是推动亚行识别错误决断，并阻止实施。另外，成立亚行经济一体化部门，作为未来建立亚洲货币基金组织的秘书处。日本政府认为鉴于中国和日本在财政事务和货币储备等方面的共同点多于分歧，日本提出的亚洲货币基金组织将极大利于扩大其在该组织以及地区内的影响力。西方国家反对这个提议，特别是美国。美国代表甚至在亚行的官员会议上直接表示提议不明智。因为美国认为日本在亚行中的影响力不能继续扩大。1997年亚洲金融危机爆发以来，亚行与世界银行的并存与发展，已让亚行削弱了后者的存在感。这个问题引发了激烈的论战。美国反对亚行的这项倡议，是因为这提供了一个比IMF和世界银行更有优势的选择。亚洲成员内部的认知是，亚行似乎更能灵活地把握局势，并且至少在亚洲地区有能取代世界银行和IMF的趋势。这是美国所不能接受的。尽管最终这个提议被否决，但是日本在亚行的影响力已经得到充分展示。事后有学者提出，亚洲货币基金组织的事务是在日本政府计划之中，通过亚行内制造一个热点问题让日本的影响力得到认可。

与此同时，中国（2006年得到了16亿美元）和印度（2009年得到了25亿美元）从亚行得到的贷款增加，加之中印两国都能及时还款，这让它们逐步成为组织中的关键"财富持有者"。目前，中印两国已经拥有大部分的资金。部分亚行成员国和学者提出，银行应该在中短期内调整资本分布，新兴国家应该承担更多和更大的份额。考虑到中国所拥有的巨大外汇储备，这个是完全可能的。但这会相应扩大中国在亚行中的影响力。这又是日本不愿意看到的。

（四）亚行能否成为地区结构的重构者

目前，在所有的地区发展合作项目中 GMS 合作项目比较突出，因为它集中于地区发展和进步。从亚行对 GMS 合作所实施的项目可知，日本在亚行中发挥的影响力，一方面是为扩大日本在该区域贸易服务的，另一方面带有展示其所谓"软实力"色彩，欲通过对亚行施加影响力而成为地区领导。日本在亚行中的影响力，能让其改变这个地区的结构吗？

GMS 项目的第一个实施阶段在 2003 年结束，目前第二阶段项目也刚结束，即 2004—2014 年。随着项目的结束，GMS 将有可能成为亚行的地区发展实验室。抛开所遭受的大量批评，GMS 的地区发展模式似乎取得了成功，因为 GMS 合作在推动中南半岛的合作方面发挥了很好的功效。很明显，亚行已经成为比东盟更为有效的地区组织。亚行在中南半岛推行 GMS 发展倡议以及所实施的各种项目，都推动了 GMS 的发展。作为地区组织，东盟与亚行之间存在着明显的差距。但亚洲金融危机后，随着东盟对中南半岛发展的引领作用的扩大，这个差距正在缩小。有学者已经提出希望亚行扮演东盟的银行。这就表明亚行在某些方面是成功的。加之，日本对东盟和 GMS 地区的期待以及日本与东盟国家的双边外交的推进，日本希望亚行成为一个对东盟有影响力的地区组织。

尽管亚行在这个地区所推行的发展理念被指责与很多地区组织的发展原则相悖，但有一点必须承认，作为多边银行在整合中南半岛国家方面是成功的，特别是让中国参与到 GMS 以及整个亚洲地区的合作中。从这个角度而言，亚行在促进 GMS 地区发展方面所取得的成绩，应该视为地区内各国合作的成绩，而不仅仅是日本的成绩。如前所述，随着中国在亚行中发挥着越来越大的影响力，日本有可能重新评估日益活跃的中国在亚行内部的作用。因为日本已不再能将亚行视为自己的私有物品。这很有可能让亚行打上更深的日美共同控制的烙印，而事实上日本也一直是在北美国家联盟的监督下在亚行发挥作用。

在过去十年中，中国已经扩大了在东南亚的绝对存在感和影响力，也包括被认为是日本绝对控制的领域。但是日本不希望在任何方面削减自己影响力。很显然这不是一个"胜者全赢"的游戏中的单边游戏。

东亚的地区融合，很有可能是东亚和东南亚这个整体的发展。如东盟10+3 的成立，发挥的其实是东亚共同体开始地区建构的作用。亚行在支持 GMS 合作中发挥了关键作用。如果银行持续在中南半岛发展的过程中发挥主导的作用,会让这里成为东南亚、东北亚甚至南亚的神经中枢,这里将成为经济合作和地缘政治的前沿地区,并有可能推动两个(或者三个)地理实体融合为一体。这个地区内竞争的过程,从一开始就依赖具有影响力成员的积极支持,如日本、中国和现在的印度,以及这3国与它们的东亚邻国关系的迅速发展。这也完全依赖于每个东亚地区行为体有一致的愿景。而诸如亚洲货币基金组织的失败,标志这个地区的行为体之间存在的结构性分歧。因此,亚行是一个少有的地区合作的实验田。日本会继续在亚行中发挥巨大影响力。但日本仅依靠亚行对 GMS 发挥绝对影响力已面临来自中国和印度等国的挑战。

小结

本节梳理了亚行成立的背景、亚行的概况、亚行的组织机构、日本如何通过援助发挥推动亚行在推动 GMS 合作中所发挥影响力。毋庸讳言,由于日本对亚行所提供的绝对的资金数量,以及在各个组织机构中的人员任职,日本在亚行中间发挥着关键的作用。如果不受其他因素的影响,日本原本可以通过这个全球公共产品,在 GMS 合作中让亚行能够成为一个区域公共产品。但是,受限于两个因素,日本未来通过亚行所发挥的作用会受到很大限制。一是美国因素,由于需要与美国保持一致,日本丧失了通过亚行提出亚洲货币组织的机会。二是中国因素,如果日本无法抛开对中国的警惕以及竞争心态,随着中国影响力在这个多边机构中的扩大,而日本又无意愿与中国合作,那么今后日本在亚行这个机构中的影响力或受到很大限制。在目前亚太地区的战略格局下,亚行未来更容易成为美日联合遏制中国的一个战略工具。但这是区域内很多国家都不愿意看到的。

其实,就目前的发展状况而言,日本已经在战术上取得了成果,即通过亚行已经对 GMS 合作发挥了关键且积极的影响力。但是,其战略上的限制,即对美国的依赖和对中国的忌惮因素,会让这些战术上的胜利无法形成战略上的成功。

第三节 日本与越老缅柬合作机制

在日本的对外政策中,"湄公"这个地区进入视野,并不是很久的事情,而是最近的变化。作为日本的传统外交地区的概念,这片地区是狭义上的"印度支那"。其地理范围是指"湄公河区域"的一部分,由柬埔寨、老挝和越南三国组成。今天围绕这片地区,日本开展了系列外交活动,如"GMS"即是扩大的湄公河流域被称为"大湄公河次区域"。"湄公河流域""东盟新成员国""CLMV合作机制"则有各自不同的地理范围,呈现出相互交叉的图景。①

本节首先从日本"区域政策"的角度,讨论日本提出的"柬埔寨、老挝、缅甸和越南合作机制"形成的背景与过程。随后从两个时期讨论日本为促进CLMV合作机制的发展所做出的努力。

一 从日本的"区域政策"看CLMV合作机制

(一)柬埔寨、老挝、越南合作机制的提出

所谓的"区域政策"指的是,包含多个主权国家在内的区域或者次区域,发现其共同性,并将这几个国家视为一个组织或者划分为一个系列,采取相同的政策开展相同的活动的意思。

日本对印度支那地区的区域政策,在法国殖民时期至第二次世界大战期间就被提出。

"法属印度支那"解体后,从第二次世界大战结束至冷战期间,"印度支那"这个地区概念依然存在,但日本以此为基础的区域政策开展的空间不大。越南战争结束后,从印支3国社会主义政权诞生到冷战时期,日本明确提出以印度支那作为次区域并针对此提出了"福田主义"政策。但是即便此时,还是未能实施具体的区域政策。

冷战结束后的整个20世纪90年代,出现了将印度支那地区作为整体推进区域政策的契机。日本将传统的"印度支那"地区概念作为一个整体,提出了合作倡议,并召开了印度支那综合发展论坛(Forum for Comprehensive Development of Indochina, FCDI)。

但是,以印度支那为对象的日本的区域政策,在20世纪90年代后半期地区形势发生变化前,一直受挫停滞不前。其原因至少有三。第一,宫泽喜一首相提出的FCDI的开启阶段1993年1月,对越南援助的国际会议和柬埔寨重建国际委员会(International Committee on Reconstruction of Cambodia, ICORC)都没有开始,仅仅发挥了唤起国际社会对印支3国开展援助的热潮。但此后,随着对老挝援助的圆桌会议的召开,为了把针对越南和柬埔寨等国的国际援助集中协调,之前成立的协调国际援助、将印支3国视为整体的FCDI,就成为重复设置。② 第二,随着东盟的成立与迅速扩大,要将印支3国与其他东南亚国家割裂开来,作为单独的次区域对待已经不合时宜。如果能将以上3国加上缅甸的CLMV视为一个整体,提出区域政策还更合适。第三,亚行GMS合

---

① 白石昌也,《日本の対インドシナ・メコン地域政策の変遷》,『アジア太平洋討究』No. 17, October 2011, pp. 1—39.

② 不仅如此,从具体的成员国构成看,还被指责FCDI完全是多余的组织,因此实际运行时面临重重困难。

作发展倡议的提出,即以"大湄公河次区域"为对象的合作发展战略开始实施。GMS 所涉及的国家与 CLMV 合作机制所涉及的国家重合。总体而言,与印度支那相类似的次区域概念开始大量出现,柬埔寨、老挝、越南合作机制的存在价值并不突出。

(二) 柬埔寨、老挝、缅甸、越南合作机制取代柬埔寨、老挝、越南合作机制

柬埔寨、老挝、缅甸、越南(以下简称柬老缅越)或者"新东盟成员国"这个称呼,在 20 世纪 90 年代后半期尚未成为通用概念。而此时,1995 年日本通产省提出的倡议对"南南合作"提供援助,就使用了"印度支那+缅甸"产业合作工作会议这个更为易懂的名称。但是,由于亚洲金融危机的爆发以及"东盟国家"的出现,地区形势进入新阶段。柬老缅越和"新东盟成员国"这两个用语,就开始被包括外务省和经产省在内的日本政府机关普遍使用了。

以柬老缅越各国为对象开始的援助,目标是实现经济发展,包括基础设施完善、市场经济制度改革和培养人才等。此外,为了缩小东盟发达国家与东盟新成员国之间的差距,需要推进东盟地区融合。进入 21 世纪以来,日本政府采取了一些措施,比如以东盟为主题的"南南合作"框架和以"东盟一体化倡议"为框架实施了援助。

日本着手开展的南南合作,一般是以东南亚+日本,以及随后的东盟+日本的形式实施的。如与通产省相关的有"日本—东盟经济部长、贸易产业部长会议"(The Asean Economic Ministers and the Minister for Economy Trade and Industry of Japan, AEM-MITI) 框架下的印度支那产业合作工作会议组和"日本—东盟经济合作委员会"(ASEAN Economic Ministers and Minister of Economy, Trade and Industry of Japan Consultations-Economic and Industrial Cooperation Committee, AMEICC) 这两个合作机制。[①] 此外,外务省推进的对"东盟一体化倡议"的援助,还特别设置了日本·东盟整合基金,[②] 通过这个基金提供援助。

(三) 与中国竞争 GMS 地区

GMS 合作机制,即以东南亚大陆地区的五个国家加上中国西南地区为

[①] 日本—东盟经济合作委员会是在"日本—东盟经济部长和贸易产业部长会议"框架下成立的机构,它的全称是"日本—东盟经济部长和贸易部长协调会议·经济产业合作委员会",以下简称为"日本·东盟经济合作委员会"。

[②] "日本·东盟整合基金"(Japan-ASEAN Integration Fund, JAIF),基金设立的目的是推进东盟一体化,为东盟安全共同体、经济共同体、文化共同体建设提供援助,促进日本与东盟合作。

合作对象开展合作。这个合作的中心主题是，以1998年提出的"经济走廊"构想为主轴，通过跨境交通基础设施（交通、电力和通信）的完善，加强相关国家间的交流与产业合作，也就是广义上的跨境合作。

针对GMS合作框架，日本外务省提出了让"GMS整合发展构想"等提议，关注如何实现次区域的整合。但是，日本政府特别是以外务省为中心的部门里面，依然对大湄公河次区域范围中包含了中国西南地区，抱有某种顾虑。这个问题从1998年提出了GMS"经济走廊"构想时，日本政府所采取的措施中可以看出。在亚行规划的多条"经济走廊"中，日本提出了比较容易实施的路线。日本政府对横贯东南亚大陆地区、将各国联系起来的"东西经济走廊"和"南部经济走廊"进行积极的援助。但另一方面，对将中国西南地区与东南亚大陆地区各国相连接的"南北经济走廊"却明显表现出抵制。① 也就是说，日本所谓的以GMS为对象进行援助，是除中国之外的次区域，即仅对东南亚大陆地区进行广义上的跨境援助。由于对缅甸的基础实施援助因西方国家对缅甸的经济制裁没有取消也未推进。实际上对所谓的"东西经济走廊"援助项目也仅是对印度支那国家的项目提供援助。

随着中国经济的快速发展，中国已经开始实施"东盟+中国"和"湄公河+中国"这种形式的地区合作。这似乎表明，围绕地区内的合作倡议，中国和日本在这个地区的"竞争关系"已经逐步明确。② 比如，2002年11月中国在金边举行的东盟10+3首脑会议上，与东盟签署了"一揽子经济合作框架协定"。针对此，2003年12月日本在东京举行了与东盟国家的特别首脑会议。也就是说，中国和日本开始了自己的"东盟+1"合作框架，不仅如此，日本有日益明确的与中国竞争的倾向。中国参加了在金边举行的第一次GMS首脑会议后，日本立即在东京举行的会议上提出了"湄公河地区发展的新概念"这个政策文件。

尽管对东南亚地区（或者说东盟地区）而言，无论是中国还是日本都是以"域外国家"身份参与的。但是，在GMS这个地区，中国则是"域内国家"，而日本依然是"域外国家"。也就是说，中国有作为GMS内部成员国这个优势，更容易与东南亚大陆地区的5个国家构建合作关系。日本则不具备地缘优势。

为了减少劣势，"域外国家"日本确定了与"湄公河地区各国"的定期

---

① 不过作为双边援助实施的对越南交通基础实施完善的项目，客观上让越南北部与中国西南地区的互联互通更加完善。Masaya Shiraishi, *Japan and the Reconstruction of Indochina*（前揭）pp. 144-145, 153-156。

② Masaya Shiraishi, *Japan and the Reconstruction of Indochina*（前揭）pp. 151-156。

对话机制。不仅如此,在开启了"日本·湄公河外长会议"对话机制后,次年就召开了首脑级会议和经济部长级会议等多种形式的会议。日本建立了与 GMS 国家间的多重沟通机制。

中国和日本之间在 GMS 的"竞争"态势也日渐明晰。为了有所缓和,从 2008 年开始中日举行了两国间"湄公河区域"相关的"政策对话"。2008 年 4 月举行了第三次 GMS 首脑会议后,第一次"中日湄公河政策对话会议"召开。2009 年 6 月在东京举行了第二次会议,2010 年 4 月在云南省的景洪市举行了第三次会议。与此同时,日本加速发展与 GMS 国家的关系。在外务省各司司长会议中强调,GMS 的宗旨是围绕对"湄公河地区(柬埔寨、老挝、缅甸、泰国和越南)"的"状况了解""交换意见",通过说明不同的"对湄公河国家"相关政策,以实现"日本与湄公河国家信息共享并促进合作"的目的。① 也就是说,日本已经表现出围绕"湄公河"设置沟通渠道,并以中国为"对手"的强烈意识。

21 世纪初期,日本政府推进印度支那区域政策的好时机再次出现。柬埔寨、老挝和越南提出了"发展三角"构想。这个构想的实施主体虽然是"印支三国",但是从实施内容,即以贫困削减和跨境联系的建立为主要目标的南南合作看,对于日本政府很有吸引力。随后,以援助"发展三角"为中心议题,2004 年日本与印度支那国家间开始了合作对话。对于日本而言,"发展三角"构想可以说是让日本以印度支那地区为对象的区域政策的复活。

但是,以 2008 年 1 月 第一次"日本·湄公河外长会议"为主要转折点,日本不再是以印度支那地区,而是以"湄公河"为对象,作为日本对东南亚半岛国家区域政策的中心。对于日本而言,所谓的"湄公河次区域"不是指"大湄公河次区域",而是除中国之外的,东南亚大陆地区的 5 个国家。日本想以即东南亚的大陆地区,替代"湄公河区域"这个地理概念。为了与中国争夺在 GMS 的主导权,日本有让印度支那地区的合作超越 GMS 的意图。

---

① 外務省,http://www.mofa.go.jp/mofaj/area/j_mekong_k/taiwa01.html; http://www.mofa.go.jp/mofaj/press/release/21/6/1193108_1100.html; http://www.mofa.go.jp/mofaj/press/release/22/4/0416_04.html。此外,2011 年 9 月 11 日第四次中日湄公河对话会议在东京召开。日本方面就第二次湄公河首脑会议的成果及其后续实施做了介绍,中国方面则就大湄公河次区域框架的具体合作措施进行了说明。同时中国提出了在"环境保护、医疗卫生和人才培养方面"中日合作共同促进湄公河地区开发的可能性。http://www.mofa.go.jp/mofaj/press/release/23/9/0901_06.html。

（四）日本与湄公河次区域合作机制的梳理

日本最为常用的地区概念是"印度支那"，以及以此为对象的"日本·柬埔寨、老挝、越南（以下简称CLV）"合作，并在此基础上扩大为"CLV+缅甸"，即"CLMV"。同时，原来对"GMS"的援助政策，实质上是以除中国之外的大陆东南亚地区五国作为日本的区域政策的覆盖范围。虽然冠以"日本·湄公河"这个名字，并引入了多层级会议的合作协调机制，具体推动这个区域合作。但实际更为重视"CLMV"。1990年以来日本着手开展各种合作，比如缩小地区差异、南南合作（包括CLV发展三角在内）的援助，还有针对广义的跨境联系的援助。"日本·湄公河"合作计划将以上内容都包括在内。

此外，"日本·CLV"合作和"日本·湄公河"相同，都是采取与该地区各国+日本的模式。实际上，采取东盟+日本的形式运营的日本东盟经济合作委员会（AMEICC）和日本东盟整合基金（JAIF）都是日本与各东盟国家合作的双边模式。

在"日本·湄公河"合作开展过程中产生的最引人注目的部分，或许是与"日本·湄公河流域"的相关合作。

在日本区域政策的演变中，"湄公河流域"这个地理概念比"湄公河地区"这个概念出现得要早。湄公河流域（实际是湄公河下游），作为一个地理概念在日本的对外援助中出现是在冷战时期。日本对这个地区处于萌芽状态中的组织提供了援助。但是，随着印度支那地区形势的恶化，除个别援助项目外，几乎没有实质进展。

围绕湄公河流域的援助，日本进行援助协调是从1995年湄公河委员会成立以后开始的。湄公河委员会的中心议题是，湄公河水系的和平与可持续性开发，此外就是流域的环境保护。对湄公河委员会的参与，在20世纪90年代后半期到21世纪初期，日本政府并不是很积极。

但是，在2009年初召开的"日本·湄公河首脑会议"上，由于相关国家已经提出了"绿色"湄公河这个概念，日本政府对湄公河委员会的应对发生了变化。具体而言，围绕湄公河水系的环境保护，水资源管理与湄公河委员会之间的"合作加强"进一步具体化。

由此观之，在"CLMV"合作机制、日本·湄公河合作以及日本与湄公河流域合作中，在2010年以前，日本最为重视的是"CLMV"合作机制。

（五）日本如何协调"湄公河地区"内部的合作

目前日本与湄公河地区的合作中有以下两个问题值得关注。

第一，未来日本以东南亚大陆地区的五个国家为对象的日本对湄公河区域政策中,"湄公河流域"处于什么位置。

日本对"湄公河地区"的援助目标是缩小发展差距。援助项目集中在对东西经济走廊和南部经济走廊的跨境交通基础设施的建立和完善。随着湄公河流域环境的变化,在湄公河上游地区的大规模的电力开发会对下游地区产生影响。跨境交通基础设施完善后会出现过度开发所引发的问题。这些都会对环境造成压力,需要采取措施。CLV发展三角地带的发展问题、贫困削减问题、环境问题也成为需要关注的问题。加之近年来美国对这个地区的积极介入,促使日本思考如何开展作为日本对湄公河地区合作一部分的"湄公河流域"合作。

此外,由于公共水系的管理及城市地区的水污染问题,与官民合作的"水商业"都紧密相关。欧洲国家对这个领域的参与不太积极。因而,对日本而言,湄公河流域水问题的合作事业出现了"新的商机"。

第二,缅甸在日本对湄公河地区合作中的处境。缅甸从2010年才开始民主进程。之前外界都怀疑其是否能稳步推进民主化进程。美国从2008年再次扩大对湄公河流域的介入。但在2010年前都是将缅甸排除在湄公河流域对话国家之外的。此外,缅甸与中国一样,都不是湄公河委员会的正式成员,仅仅是作为观察员国参与其中。

对于日本政府而言,相对于东南亚大陆地区5国+中国组成的GMS合作框架,加入缅甸的东南亚大陆5国+日本这个合作框架更为重要。日本认为只有将缅甸加入其中,日本才能在这个区域发挥关键作用。

日本在"日本·湄公河"相关会议中,提及了缅甸民主化等问题。这是出于的确想推动缅甸的民主化进程,还是单纯作为不评判合作伙伴的角度做出某种姿态,从外部难以估计。但是,从其他方面看,为今后考虑(这可能是一种缓和对缅甸经济制裁的方式①)在"绿色湄公河"倡议提出的过程中,日本想促进缅甸与湄公河委员会(Mekong River Commission,以下简称MRC)的合作扩大,如果日本能够推动缅甸正式加盟MRC,就能为日本打开各种与缅甸合作的渠道。

---

① 2011年7月国务卿希拉里·克林顿主持的"湄公河下游官员会议",允许缅甸作为观察员国参与,就是一种改变对缅政策的前兆。此外,2011年6月日本外务政务官菊田真纪子访问缅甸的新闻,仅在外务省的英文网站上才有报告,日语网站就没有。这可以视为日本低调发展与当时的缅甸在野党"缅甸全国民主联盟"关系的佐证。2011年8月后,当时的缅甸总统开始与缅甸全国民主联盟党首昂山素季会谈。日本外务省网站对此表示这是促进国家民主化与民族和解的举措,并对当时缅甸执政党的努力表示赞赏。「外務報道官談話:ミャンマー情勢(テイン・セイン大統領とスー・チー女史の対話)」2011年8月22日:http://www.mofa.go.jp/mofaj/press/danwa/23/dga_0822.html。

(六) 从区域公共产品的角度分析日本的 GMS 政策

从"区域公共产品"的角度观察可以进一步了解日本的态度。

所谓公共产品，其特点就是无论谁都可以使用，谁都可以成为受益者，即具有非竞争性的特点。此外，关于公共产品的建设与维护的经费，受益者们（即便是部分受益者）都要承担相关费用。问题的关键是，谁来承担这个公共产品提供和维护的费用。

"国内公共产品"的情况下，该国政府（或者作为纳税人的全体公民）来承担是最常见的。但是，该国政府不具备财政与技术能力的情况下，就会出现依赖外国政府和国际组织提供援助的情况。只是在这种时候受援国政府就在监督、管理和运营方面存在建设、维护公共产品并承担最终责任的义务。

与此相比，"国际公共产品"或者"区域公共产品"的情况就更为复杂。由于受益者超越了一个国家的范围，因此责任主体就变得模糊不清，同时，为了提供公共产品，经常需要付出极大的成本，需要多个国家同意并达成共识。[1] 国际政治学当中的"霸权理论"，霸权国家（主要是在经济、发展和安全保障方面）作为国际公共产品的主要提供者，经常受到指责。

关于"区域公共产品"的提供，需要这个地区内的各个国家政府和民众相互合作与协调，各自在相关领域都有担当。这是最常见的一种形式。但是，包括国内公共产品在内，从外部得到援助的情况都很常见。因此，区域公共产品能够充分供给的可能性不足。此外，由于地区内国家间缺乏必要的相互协作与援助，"区域公共产品"经常会由第三方提供财政和技术方面的援助，同时，地区内的相关国家间也为了相互帮助，发挥配置、协调和推动的作用。比如，在 GMS 合作援助中，亚行就发挥了这个作用。

之前，日本仅通过两国间的合作，对各个国家内部的公共产品供给提供援助。20 世纪 90 年代以来，日本为了实现广义上的跨境合作，通过开展两国间援助和提供区域公共产品做出了贡献。但是，日本政府认为"日本·湄公河"合作方面，更加需要提供覆盖范围广泛的区域公共产品。同时，

---

[1] 佐々木隆生，『国際公共財の政治経済学：危機・構造変化・国際協力』，岩波書店，2010年；飯田幸裕・大野裕之・寺崎克志『国際公共経済学：国際公共財の理論と実際』，創成社，2010年；インゲ・カール他編（FASID 国際開発研究センター訳）『地球公共財：グローバル時代の新しい課題』日本経済新聞社，1999年；Marco Ferroni and Ashoka Mody eds., *International Public Goods: Incentives, Measurement, and Financing*, Kluwer Academic Publishers, Boston, 2002; Antoni Estevadeordai et al. eds., *Regional Public Goods: From theory to Practice*, Inter-American Bank & Asian Development Bank, Washington DC, 2004.

作为国际河流的湄公河水资源管理与环境生态问题,就需要通过国际公共产品进行协调。此外,在经济走廊中推进跨境交通基础设施完善的经费也是以区域公共产品的形式提供。

日本政府期待"日本·湄公河"对话机制能成为区域公共产品。此时日本认为需要关注的是如何立足于新地区理念提供区域公共产品。新地区理念就是,包含日本和"湄公河地区"在内的"东亚共同体"这个地区概念。这与第二次世界大战期间日本试图构建的大东亚共荣圈所不同的是,这是在摸索中的尚未明确边界的地区共同体。[1]

日本建立"东亚共同体"的具体构架目前还不清晰。可以确定的是日本与湄公河地区各国都包含其中。作为日本所规划的地区共同体一部分的"湄公河地区",日本要向该地区提供公共产品,需要改变目前的关系结构。目前的援助国与受援国的关系,会影响区域公共产品的供给。

此外,还不能忽视日本内政对区域政策的影响。从短期视角看,日本政府对"湄公河地区"的态度,受到日本国内政治变化的影响,故经常被批评缺乏政策延续性。特别是近些年日本政权频繁更迭,这个特征就更为突出。自民党政权与民主党政权,以及民主党政权鸠山内阁与菅内阁之间,对"日本·湄公河"对话与援助所持态度、合作意愿强烈程度及合作方式上都存在极大差别。今后,当政权再次出现变化或政局不稳定时,如何减少政局变化对"日本·湄公河"关系的影响是日本需要解决的问题。无论政权如何变化保持对外政策的一致是很必要的。如 2011 年 3 月发生东日本大地震和福岛核电站泄露事故后,日本国内出现猜测,日本或许将在很长一段时间内保持"内向型"发展。这个时期,日本对湄公河地区的关注度,无论是财政还是心理上都在降低。从长远考虑,日本要保持在国际社会和东亚的影响力,需要一个有相对一致性的"区域政策"。

二 2008 年以前通过双边和多边援助推动的 CLMV 发展

在 GMS 国家中,柬埔寨、老挝、缅甸和越南(以下简称 CLMV)的人均 GDP 都不满 1000 美元。随着 GMS 发展项目的推进以及这四国的发展,2002—2006 年越南、柬埔寨和老挝实现了 6%—9% 的经济增速。

亚行 2002 年发布的《未来 10 年 GMS 经济合作战略框架》将"南北经济走廊""东西经济走廊"和"南部经济走廊"确定为"旗舰"项目。伴随着这三条经济走廊的推进与交通基础设施的健全,印度支那半岛的交通运输成本已经得到了大幅降低。运输成本下降后,东亚地区内生产网络就会逐

---

[1] 小原雅博,『東アジア共同体』,日本経済新聞社,2005 年。

步向 CLMV 4 国转移。日本企业已经开始向这几个国家转移制造业。2008 年 1 月召开了第一次"日本·湄公河"外交部长会议。随后，举办了"日本·湄公河"首脑会议与官员会议。日本与湄公河的系列会议机制被视为日本对 CLMV 4 国双边 ODA 的补充。主要讨论双边 ODA 如何与日本企业对这四国的贸易与投资实现有机结合。

2008 年 4 月 14 日日本与东盟 10 国签署了包括 CLMV 在内的"日本·东盟一揽子经济合作协定"。由此可知，所谓的 CLMV 合作机制经常与日本与大湄公河次区域合作和日本·东盟合作重合。从合作的推进度而言，无论是日本·东盟合作还是日本·GMS 的重要性，明显大于日本与 CLMV 合作。日本与 CLMV 合作机制就处在一个较为尴尬的境地。在实际的合作推进中，日本对 CLMV 合作的推进，2008 年前主要通过"日本 CLMV"系列会议，日本对 CLMV 4 国的双边援助以及日本对其他地区组织的多边援助实施。

（一）日本与 CLMV 合作机制的由来

日本政府自 20 世纪 80 年代末参与柬埔寨和平进程之后，开始积极参与对印度支那 3 国的发展项目。当时的背景是，日本为推进以东盟合作为基础的亚太安全保障对话，需要让 CLMV 4 国加入东盟，同时谋求缩小这些国家与老东盟国家的发展差距。1993 年 1 月在泰国曼谷访问时，宫泽喜一首相提出为了实现 CLV 3 国的经济复苏与社会重建，需要举办以 CLV 3 国为对象，并吸纳国际援助机构参与的 FCDI。1995 年 2 月在东京举行了 FCDI 第一次官员会议。日本表现出要以人才培养和联合国发展计划为主导推进 CLV 发展的意愿。

日本政府对 CLV 的 ODA 数额，在日本对 GMS 项目援助总额中占到了较大比重。2002 年以后，在"经济合作协定"的框架下，强化与东南亚各国经济关系再次成为日本经济外交主导，CLV 的发展方针也随之发生了变化。

2004 年 11 月日本与 CLV 第一次首脑会议举行。时任首相小泉纯一郎就表示，重视 CLV 3 国的运输、电力和 ICT 等基础设施及东西经济走廊推进，同时，依托两国间日元贷款项目强化日本与这些国家的关系。2005 年 12 月日本与 CLV 第二次首脑会议上提出，3 年间提供 15 亿美元的援助，并且强调重视民间与东盟先进国家间的投资、贸易促进以及经济合作。2007 年 1 月的第三次 CLV 外长会议上，提出以湄公河地区为经济合作的重点，发布了日本与这些地区贸易与投资合作体制具体化的"日本·湄公河地区伙伴关系项目"。2008 年 1 月，在 CLV 的基础上增加了缅甸后，才形成了 CLMV 合作机制。"日本·湄公河"首次外长会议上强调，继续援助东西经济走廊、南部经济走廊，并提高物流的效率，在此后的 5 年中招募超过 4000 名 CLMV 青少年赴日本交流，并将 2009 年定为"日本·湄公河交流年"。

（二）日本与 CLMV 的新关系构建

2008 年 4 月 14 日，日本政府与包括 CLMV 在内的全体东盟国家签署了"日本·东盟一揽子经济合作协定"。这个经济合作协定，在货物贸易自由化的基础上，增加了促进服务贸易和投资、促进人员流动、保护知识产权以及在各个领域构筑合作机制，在更广阔的范围内加强经济关系。由这个协定开始，日本与尚未签署两国间协定的 CLMV 国家的经济关系进入了新时期。

为了加深日本与 CLMV 国家的贸易与投资关系，除越南之外的 3 国，需要思考如何实现日本与它们的经济合作。从日本与东盟国家的贸易、直接投资和相互滞留人数看，除了越南，CLM 3 国与其他东盟国家在与日本合作程度上有很大差距。比如，CLM 对日本的总出口额为 240 亿日元，这仅相当于泰国对日出口的 1%。直接投资方面也存在同样的问题，日本对 CLM 的投资额仅有 24 亿日元，在这 3 国长期滞留的日本人总共不到 1000 人。

日本应该如何与 CLMV 4 国构建全新的经济关系，日本学者认为还需要政府与民间共同努力。目前大约有 7000 家日本公司集中在泰国曼谷，民营公司在这个方面所发挥的作用得到了日本学者与政府的关注。比如，曼谷的日本工商协会就在湄公河地区积极开展调查活动。这个工商协会下属的湄公河调查委员会开展了很多调查。如在 2002 年 9 月调查了东西经济走廊，2003 年 9 月调查了南北经济走廊，2004 年 2 月调查了南部经济走廊，2004 年 11 月调查了东西经济走廊，2006 年 12 月调查了东西经济走廊，2008 年 3 月调查了南部经济走廊。此外日本贸易振兴会与日本国际协力银行在曼谷的事务所，也对 CLMV 4 国信息情报搜集发挥了积极作用。同时，在曼谷的日本企业，为 GMS 项目的推进和扩大投资机会，扩大与泰国的经济合作等问题进行了研讨。

CLMV 国家间在跨境运输协定方面手续的简化与高效化，生产基地的基础设施完善（电力、上下水道建设与仓库设立等）、保证人才开发等问题已经堆积如山。唯一让人感到希望的是，随着经济走廊的发展，CLMV 的投资环境已开始出现变化。但是由于 CLM 3 国的投资环境改善缓慢，它们很难在短期内成为日本企业转移投资的对象。

（三）通过双边援助推动 CLMV 发展

20 世纪 90 年代以后，随着冷战的结束及该地区局势日趋稳定，全球对湄公河次区域的关注度有所提高。比如，由亚行倡导的"GMS 经济合作项目"开始实施。随着 FCDI 的举办，湄公河委员会在 20 世纪 90 年代前半期成立，日本外务省也开始重视对该地区的援助，JICA 从成立初期就积极支持这个地区的复兴与市场经济改革。1997 年遭遇亚洲金融危机后，虽然发达国家对这个地区的援助力度有所减小，但是东盟成立后，为了缩小发展差距，湄公河次区域得到了越来越多的关注。20 世纪 90 年代以前，特别是 20 世纪 60 年代，日本已经开始对该地区进行援助，但是日本对柬埔寨、老挝、缅甸和越南四国的援助在 20 世纪 90 年代前后存在很大的差异。

20 世纪 60 年代至 70 年代，日本向南越提供了日元贷款，无偿援助修建了 Cyoura 医院等；对柬埔寨提供了日元贷款（purekutometto 发展计划）和无偿援助（用于提供金边公共运输大巴）；对老挝提供了日元贷款（用于 mamugumu 水坝的建设）和无偿援助（瓦岱机场的改造）；对缅甸提供里大量日元贷款（用于巴龙江水电站建设）和无偿援助（诸如都市饮用水发展计划）；等等。此外，日本首次派遣海外青年援助队是 1965 年派往老挝，随后也向柬埔寨和南越派遣过。

但是，印度支那半岛的内战及随后出现的纷争，导致日本的援助除缅甸外几乎全部停止。对缅甸提供的日元贷款和无偿援助项目，也在 1988 年缅甸政变后停止。表 1-10 是截至 1990 年日本对 CLMV 4 国的援助额，表 1-11 是 1990—2003 年的援助额。[①]

表 1-10　　　　　　1990 年以前日本对 CLMV 4 国的援助额

单位：亿日元

	日元贷款	无偿援助	技术合作	合计
越南	404.30	312.92	24.49	741.71
柬埔寨	15.17	26.37	17.06	58.60
老挝	51.90	232.14	46.13	330.17
缅甸				

表 1-11　　　　　　1990—2003 年日本对 CLMV 4 国的援助额

单位：亿日元

	日元贷款	无偿援助	技术合作	合计
越南	8849.63	779.39	533.05	10162.07

① 小泉幸弘：第五章　CLMV、『東南アジア地域援助研究会報告書』、独立行政法人国際協力機構国際協力総合研究所、2006 年 3 月。

续表

	日元贷款	无偿援助	技术合作	合计
柬埔寨	41.42	928.72	288.66	1258.80
老挝	79.14	757.12	311.34	1147.60
缅甸	0	770.34	144.35	914.69

从表 1-11 可知，日本对越南、柬埔寨和老挝的援助额在大幅增加，用于支持这些国家的复兴和市场经济化，这是日本的最大成绩。值得注意的是，无偿援助的提供额，日本对 CLMV 4 国都差不多，但是日元贷款则有很大差异，越南成为最大的贷款对象国，每年提供的日元贷款都超过了 500亿—1000 亿日元。比如 2003 年时，对柬埔寨和老挝的日元贷款分别为 1250亿日元和 1150 亿日元，但是对越南的日元贷款已经高达上万亿日元。

JICA 对 CLMV 4 国的双边援助项目如下。

JICA 首先在 CLMV 4 国设立事务所，并在泰国设置了亚洲地区援助事务所。援助开始时，根据外务省制订的各个国家援助计划，针对不同国别援助项目细化实施计划，在实施计划中划分出援助重点领域和项目，根据计划与步骤推进。

1993—2004 年日本针对 CLMV 各国及针对东盟其他国援助的主要成绩和领域存在差异。针对东盟其他国的援助，对社会领域的援助（如公益事业、交通运输、社会基础设施和通信与电视业）占到 25%，对农林水产业占到 20%，对行政部门和计划制定部门的援助占到 17%。

但是，日本对 CLMV 4 国的援助分配则与此不同。在越南和柬埔寨，对社会发展领域的援助所占比例最大，而且超出对东盟其他国家社会领域援助的平均比例。因而社会领域的援助也成为日本对这两国援助的重点领域。对老挝的援助中，对人力资源培养的援助占到 20%，此外，对老挝的社会发展领域和农村发展领域的援助也是重点领域。对缅甸的援助，主要集中在人类基本需求方面，比如医疗卫生和教育方面。此外，对缅甸最大产业农业领域的援助也比较大，对农林水产业的援助在总援助中占到 34%，相当于总援助额的 1/3，对经济发展领域的援助不足 5%。

JICA 不仅开展两国间援助，还通过南南合作开展多边援助。JICA 的南南合作援助主要以 1975 年开始实施的"第三国进修活动"、1995 年开始的派遣"第三国专家活动"为中心开展。1994 年日本和泰国之间缔结了"日本—泰国伙伴合作项目"协定，并在这个框架下推进南南合作。依据日本与泰国之间缔结的合作伙伴关系，两国共同开展了 CLM 人员赴第三国进修的项目。截至 2000 年，已经开展了 15 次 CLM 人员第三国进修项目，并取得了一定的效果。但是，在实施南南合作项目时，援助国的控制欲过于强烈，未充分满足受援国的需求，因此这类项目遭到多方批评。JICA 根据这些反馈重新确定项目并实施，按照更接近受援国需求的模式实施援助。为了有效开展援助，还成立了 JICA 东盟地区合作会议（JICA-ASEAN Regional Cooperation Meeting，以下简称 JARCOM）机制。

2002 年 7 月，第一次 JARCOM 召开后，在老挝、柬埔寨和越南轮流举行。JARCOM 的主要关注点是，缩小东盟内部地区差异，推动南南合作和地区合作，但并没有限定援助项目必须以赴第三国进修和派遣第三国专家的形式开展。

为了积极推进南南合作，JICA 还从以下四个方面做了努力。

第一，让援助与受援国的要求和发展禀赋吻合；第二，着重保护地区内多样化资源；第三，在跨境地区开展合作；第四，针对地区课题尽量活用本国资源。2005 年上半年 JAROM 的活动主要有：一是在越南召开的第四次 JAROM 上，提出了 49 个多边合作项目；二是根据国别项目的策划经费确定项目调查团为 10 个；三是根据受援国需求提出了援助项目 21 个，其中援助国与受援国达成共识的有 17 个项目。此外，还有 IAI 基础设施工作会议，以及后面统计的关于东西经济走廊等与世界银行协商的 JAROM 说明会议和宣传会议。同时，还将援助项目上传网页，并做成宣传小册子在受援国发放。

（四）通过多边合作机制推动 CLMV 发展

如前所述，在日本的区域政策中，日本与东盟地区合作是最受日本重视的，其次是日本参与 GMS 合作，最后才是日本与 CLMV 的合作机制。但由于这个合作又被包含在日本与湄公河合作以及日本与东盟合作中，因此，日本对这个合作机制提供的多边援助并不多，多半是包含在日本对东盟的援助和日本对 GMS 合作，以及日本与 CLMV 4 国 的双边援助中。

冷战后十年的发展，CLMV 4 国的经济基础得到了加强。但是东盟国家内部的差距日趋明显，特别是 CLMV 4 国与老东盟国家间差异日益扩大。在东盟国家内部日本的影响力相对缩小，中国和印度等国对东盟的影响力增大。为了保持日本在东盟内部的影响力，2003 年 12 月举行了 "日本—东盟特别首脑会议"，在会议上日本提出了对 GMS 的新发展倡议，即三年内援助 15 亿美元，推进地区一体化、实现可持续发展和与环境协调发展这三大主题，以及实现经济合作、搞活贸易与投资、加强与国际组织以及东盟各国合作的三大发展支柱，并在此基础上提出了 "湄公河次区域发展新概念"。特别在推动湄公河次区域国家可持续发展方面，依据各个国家的发展计划提出了加强次区域国家间的一体化。为了实现这个目标日本提出从推进跨境地区的发展实现整个区域的发展。会议结束后，截至 2004 年 12 月的 1 年间，大约投入了 5 亿美元，实施了多个项目。

湄公河地区在 1992 年亚行提出"GMS 的经济合作"的倡议后得到了迅速发展。GMS 国家提出了"促进人员、物品和资本灵活流动、针对不断加速的经济一体化、通过提高基础设施、加强产业竞争力、削减贫困"的发展目标。2001 年第十次 GMS 的官员会议上，提出了未来 10 年的战略框架，并确立了 11 个优先援助领域。即：（1）南北经济走廊；（2）东西经济走廊；（3）南部经济走廊；（4）通信设施稳定化与信息情报技术发展；（5）地区间电力的融通和交易；（6）跨境贸易与投资的促进；（7）民营部门的参与和竞争力的提高；（8）人才培养；（9）战略环境的构筑；（10）洪水问题与水资源的管理；（11）GMS 旅游业的开发。

对湄公河次区域的开发，多个国家通过成立多边合作机制形成了很多援助机制。日本的独特之处在于，提供高效的援助，并在现有的机制中进行协调和推动。最突出的成绩就是，最大限度使用亚行对 GMS 合作项目的援助框架推进 GMS 合作发展。在此框架下推动了越南的海防隧道的建设项目、越南铁道修缮项目、柬埔寨的湄公河大桥建设项目、老挝的国际通信设施的完善，以及老挝的万象国际机场建设项目。

此外，日本还通过援助其他地区合作机制推动 CLMV 的发展。东盟一体化倡议（Initiative for ASEAN Integration，IAI）是 2000 年 11 月在第四次东盟非正式峰会上提出的，旨是实现东盟国家内部差距缩小。2002 年，在东盟一体化工作会议上，日本和相关国家达成共识，提出了 2002—2008 年的六年工作计划。优先发展领域为：一是基础设施发展，17 个项目；二是人才培养，42 个项目；三是情报通信，17 个项目；四是地区经济融合，24 个项目，围绕这四个领域总共开展了 100 个项目。到 2005 年 5 月底，这 100 个项目中的 80 个项目的款项已经到位，44 个项目已经实施完毕。日本成为仅次于韩国的对"东盟一体化"项目提供援助最多的国家。

MRC 是 1995 年正式成立的地区国际组织，制订了以湄公河水资源可持续开发、水利用、管理和保护为目的的，与流域开发、洪水治理、水利资源开发、农业、灌溉、渔业和旅游业相关的发展计划。根据 MRC 的发展要求，日本实施了水资源利用和生态系统保护等项目的。MRC 的年预算是 1200 万美元，包括日本在内的 13 个加盟国及世界银行为其提供经费。

与日本直接相关的多边合作机制还有，1998 年成立的日本—东盟经济产业合作委员会（AEM-METI Economic and Industrial Cooperation Committee，AMEICC）。该委员会提出要为加强东盟竞争力、推进产业合作，对新东盟成员国进行援助。该委员会提出了人才培养、中小企业发展、纺织产业、东西经济走廊这4个优先发展领域。在东西经济走廊发展方面，提出了"东西经济走廊一揽子产业发展计划"，确定2004—2006年为项目实施期，提出了以构建东西经济走廊的产业与物流网络为目的，进行湄公河地区跨境产业合作调查、湄公河地区实现有效物流路线调查等项目。此外，还提出了产业培育援助计划，在村落地区提高当地企业加工技术项目、提高国际商业能力等，旨在提高CLMV 4国的贸易便利化。如前所述，JICA成立了JARCOM，并积极利用这个平台开展合作，提出了缩小东盟内部发展差距，活用地区内资源，推动南南合作的项目。

三　2008—2013年CLVM合作机制对CLMV 4国发展的促进

2008年"日本·湄公河"对话机制启动后，日本政府借助日本·东盟融合基金①对"柬埔寨·老挝·越南发展三角地带"（以下简称"发展三角地带"）实施了系列援助。② 日本·东盟融合基金所实施的援助项目包括：第一，"日本·东盟融合基金会"对"发展三角地带"依照合作备忘录提供的援助；第二，日本·东盟融合基金会实施的其他项目；第三，2008—2013年，日本湄公河官员会议以及首脑会议达成共识的项目。③

（一）基于2008年备忘录实施的援助

1. 2008年1月的备忘录

2008年1月16日，日本与湄公河五国外长在东京举行了第一次外长会议。利用这个机会，日本与CLV 3国的外长签署了"利用日本·东盟整合基金援助'发展三角地带'的相关备忘录"。④ 内容如下："对包含'发展三

---

① 日本·东盟融合基金（Japan ASEAN Integration Fund），是小泉纯一郎首相在2005年12月日本东盟首脑会议上提出的构想，2006年3月由日本出资成立。目的在于缩小东盟内部差异和促进地区统一，资金委托东盟事务局使用。

② "日本·东盟融合基金"设立的目的如下：为实现东盟政治一体化提供援助；为建立东盟安全保障共同体提供援助；为建立东盟经济共同体提供援助；为推动日本与东盟之间的合作；为援助相关的地区以及次区域地区组织提供援助 http://www.mofa.go.jp/mofaj/area/asean/j_asean/jaif.html。

③ 日本·东盟融合基金会，是日本出资75亿日元（相当于7000万美元）于2006年成立的基金会，目的在于缩小东盟地区间差距和促进地区统一。此外，在此基础上2007年日本追加了58亿日元（相当于5200万美元）。这个基金的使用模式，在东盟事务局里建立了基金会，通过东盟事务局实施管理。

④ 白石昌也：カンボジア，ラオス，ベトナム国境「開発の三角地帯」に対する日本政府の支援事業：日本ASEAN統合基金（JAIF）を通じての支援（2008～2013）、『アジア太平洋討究』No. 24，March 2015。

角地带'在内的湄公河次区域的发展,日本需发挥重要作用。为了实施附件中的'发展三角地带'援助项目,使用日本·东盟融合基金 2000 万美元。其中的 150 万美元用于柬埔寨、老挝和越南的道路改善和扩充,其余的 1850 万美元用于实施附件上列出的各个援助项目。"①

2. 备忘录中列出的援助项目

在备忘录附件中列出的项目有:柬埔寨 10 个项目 750 万美元;老挝 5 个项目 750 万美元;越南 7 个项目 352.8 万美元以及针对 3 国一起实施的项目 1 个 150 万美元,共计 23 个项目 2002.8 万美元。平均每个项目 87 万美元。

3. 备忘录中确定项目的资金分配

2008 年 7 月 22 日,在新加坡召开的日本·CLV 外长会议上,日本高村正彦外相针对日本对 CLV 的援助做了如下发言:2007 年利用两国间 ODA 实施约 29 亿日元的援助,2008 年将运用日本·东盟融合基金继续投入 2000 万美元开展援助。

2009 年 11 月举行的第一次"日本·湄公河"首脑会议采纳了"日本·湄公河地区行动计划",确定了继续对 CLV 实施援助。

2010 年 10 月在河内召开第二次"日本·湄公河"首脑会议时,在"日本·湄公河行动计划"② 中写道,截至 2010 年 3 月,通过日本·东盟融合基金对 CLV 提供的所有项目经费都已经执行完毕。③

通过梳理日本对 CLMV 提供的各类型援助项目可知,CLMV 已经与"日本·湄公河"之间的相关发展计划重合,并没有出现单独针对 CLMV 的发展项目。从某种程度而言,CLMV 多边合作机制未能得到预期发展。

(二) 2013 年"日本·湄公河"各会议达成的协议

2013 年以来召开的"日本·湄公河"的主要会议达成的协议和共识如下。

---

① Memorandum for Cooperation on the Cambodia-Lao PDR-Viet Nam Development Triangle Using the Assistance by Japan through the Japan-ASEAN Integration Fund(http://www.mofa.go.jp/region/asia-paci/mekong/meet0801-2.html);「日本アセアン統合基金を通じた日本の支援を使用するカンボジア_ラオス_ベトナム「開発の三角地帯」に関する協力のための覚書(仮訳)」(http://www.mofa.go.jp/mofaj/area/j_mekong/0801_clvo.html)。

② 「日メコン行動計画 63(仮訳)」2009 年 11 月 7 日(http://www.mofa.go.jp/mofaj/area/j_mekong_k/s_kaigi/j_mekong09_63_ka.html)。

③ 「日メコン首脳会議フォローアップ:我が国の取組」2010 年 10 月現在,第 1 頁(http://www.mofa.go.jp/mofaj/area/j_mekong_k/s_kaigi02/pdfs/jm_fu_jp.pdf)。

1. 第六次日本·湄公河外长会议

第六次日本·湄公河外长会议，2013年6月30日于第46次东盟外长会议后，在文莱首都斯里巴加湾市召开。会议主席是岸田文雄外相，此外柬埔寨外长、老挝副外长、缅甸外长和泰国外长以及越南的外长都出席了会议。会议的主要内容如下。

（1）岸田外相表示，湄公河地区经济发展有利于缩小东盟之间存在的发展差距，今后将继续支持湄公河地区的发展事业。本次会议，为了深化日本与湄公河的合作，提出了很多新的倡议。随后，讨论了今后日本与湄公河合作的主要方向。岸田表示，基于2012年会议采纳了《东京战略2012》、"为实现《东京战略2012》行动计划"和"日本·湄公河"援助方针，除签署了在缅甸设立迪洛瓦经济特区合作开发备忘录之外，还有一些切实的推进。这些援助项目要在2015年持续推进。此外，为应对变化中的亚太地区所出现的各种问题，日本和湄公河地区需要更紧密合作。

（2）各国外长表示需要在湄公河的互联互通以及缩小东盟国家间差距方面进一步扩大合作，并希望日本企业对该地区增加投资。近年来，日本和湄公河各国之间的游客数量大幅增长，日本针对东盟国家的签证制度也进一步放宽。此外，各国表示需要进一步加强在生态和减灾方面的合作。

（3）这次会议的"主席声明"中明确了今后"日本·湄公河"的合作模式。外长们基于2012年的"日本·湄公河"合作方式，提出了《东京战略2012》以及"为实现《东京战略2012》的行动计划"和日本对湄公河国家的援助方式。外长们认为有必要提出"日本·湄公河"经济合作的中长期战略。外长们还表示，需要就促进"日本·湄公河"的人文交流，"日本·湄公河"之间的投资需加强合作。

2. 第五次"日本·湄公河"经济部长会议

第五次"日本·湄公河"经济部长会议，2013年8月20日在第45次东盟经济部长会议后举行。泰国的瓦拉帖·叻达那功（Varathep Rattanakorn）总理部部长，日本的经济产业省大臣茂木敏充，还有柬埔寨的商业部长占蒲拉西（Cham Prasidh）、老挝的工业贸易部长南·维亚吉（Viyaketh），缅甸的国家计划部经济发展部长甘佐（Kan Zaw），越南的商务部副部长陈国庆（Tran Quoc Khanh），以及东盟秘书长黎梁明（Le Luong Minh）出席了会议。此外，参加了第六次"日本·湄公河"产业对话的6个国家的商业界代表及亚行的代表都参加了此次会议。

会议结束后虽然发布了由7个项目组成的共同声明，但没有涉及CLMV的内容。同时，在"日本·湄公河"经济部长会议上肯定了，2010年10月

29日在"日本·湄公河"首脑会议上正式采纳的"日本·湄公河经济产业合作倡议"行动计划以及2012年8月30日召开的第四次"日本·湄公河"经济部长会议上采纳的"基于MJ-CI行动计划提出湄公河发展路线图"。以上两个合作方案均未有涉及CLMV的项目。

3. 第五次"日本·湄公河"首脑会议

第五次"日本·湄公河"首脑会议，2013年12月14日以日本·东盟特别首脑会议的形式在东京召开。打破了每三年召开一次"日本·湄公河"首脑会议的惯例，2014年4月21日举行的第四次首脑会议在东京召开。[①] 主办国首相安倍晋三作为会议主席，柬埔寨首相洪森，老挝总理通辛，缅甸总统吴登盛和越南总理阮明哲和还有泰国的副总理尼瓦塔隆·汶颂派汕参加了会议。

第五次首脑会议，对2012年制定的2015年实施的"日本·湄公河"援助方针、《东京战略2012》及"行动计划"的后续活动进行了中期评价。安倍首相表示，在2012年的"日本·湄公河"外长会议上提出了，从2012年后三年中共提供6000亿日元的ODA援助，项目正在稳步推进。并表示继续提供总额约2000亿日元的援助，扩大对湄公河地区的援助。湄公河各国都表达了为在2015年实现东盟共同体，须增强湄公河国家间的联系，并缩小发展差距，期待日本持续提供援助。[②] 此次会议中安倍首相的发言没有提及CLMV。以下简要梳理在本次会议中被采纳的《东京战略2012》的中期评价和为实现《东京战略2012》修订版而制订的"日本·湄公河行动计划"。

《东京战略2012》的中期评价，与标题不相符，其实是对在2012年4月举行的第四次首脑会议上采纳并已经实施了1年半的《东京战略2012》进行评价的文件，关于援助项目实施方面的材料不够充分。整个文件其实都在表达日本对湄公河地区国家提供援助的意愿，并表明湄公河地区国家对日本的感谢，以及双方都认为目前实施的援助非常重要。

《东京战略2012》的中期评价，将日本针对湄公河国家援助的所有项目分成三个部分，即其一为加强湄公河国家间联系的项目，其二为实现共同发展的项目，其三为人类安全保障和环境的可持续发展的项目。以上三个部分是"日本·湄公河"援助实施的主要内容。第二个部分由五个项目组成，

---

① 白石昌也「日本・ベトナム間の『戦略的パートナーシップ』：その経緯と展望」『アジア太平洋討究』22号，2013年，第315—316頁。

② 「第5回日本・メコン地域諸国首脳会議（概要）」2013年12月14日，http://www.mofa.go.jp/mofaj/area/page23_000701.html；"The Fifth Mekong-Japan Summit Meeting", December 14, 2013, http://www.mofa.go.jp/s_sa/sea1/page3e_000144.html.

其中有大量涉及 CLMV 的发展的援助项目。中期评价关于这个部分的内容主要包括：日本表明要继续对 CLMV 发展提供援助，这个表态得到了湄公河地区国家的欢迎。

"日本·湄公河"行动计划是 2012 年 7 月 10 日第五次"日本·湄公河"外长会议上采纳的《东京行动计划》的修订版。其中，实现共同发展的项目共 7 个，最后一个项目是"为了促进 CLMV 提供援助"。

小结

20 世纪 90 年代初期日本为了进一步扩大在中南半岛地区的影响力，继 GMS 合作提出后又提出了 CLMV 合作机制。进入 21 世纪后，为了应对中国在该地区不断扩大的国际影响力，分别从双边援助及多边援助的角度，增加对 CLMV 合作机制的投入。但是，CLMV 合作机制中一直存在几个问题。一是 CLMV 合作机制与 GMS 合作机制在主旨和合作内容等方面大量重合，CLMV 合作机制所能发挥的作用极为有限。二是无论 CLMV 合作机制还是 GMS 合作机制，都有一个明确的竞争对象，即中国。三是日本无意对湄公河流域事务做更多介入，但受美国压力不得不涉足其中。以上三个问题容易产生以下两种倾向。一是在区域政策中出现竞争假想国，严重限制了区域公共产品所能发挥的影响力。二是日本原计划仅是针对东南亚大陆国家扩大影响力，但是受到美国影响必须兼顾湄公河流域问题，分散了投入。当一个国家对区域政策所能发挥的影响力是一个固定值时，对湄公河流域问题的兼顾必然削减日本对其他问题的关注度与影响力。以上两个因素的存在，造成 CLMV 合作机制的发展，更多是在双边关系的框架下开展，即便在 GMS 多边合作中被兼顾，但收益很小。因此，CLMV 合作机制并未能发挥出一个区域公共产品本该发挥出的功能与影响力。不仅如此，由于日本与 GMS 合作机制以及日本与东盟合作机制存在重叠，在日本区域政策中处境尴尬，日本政府自 2008 年以后就没有再实施仅针对 CLMV 合作机制的项目。

第四节 大湄公河次区域东西经济走廊与南部经济走廊

1991 年《巴黎协定》签署后，亚行开始为中南半岛地区的经济复苏做努力。根据亚行的倡议，1992 年湄公河次区域 6 个国家的经济官员共同参加了大会，启动了 GMS 经济合作项目。该项目在实施过程中规模逐步扩大，发挥推动了 GMS 经济合作的作用。同时，日本政府以外务省为中心，从 1993 年 1 月宫泽喜一首相访问东盟开始，提出了举办印度支那开发论坛（FCDI）的倡议。1995 年 2 月在东京举办了第一次 FCDI。这个会议有 24 个国家、7个国际机构参与其中。2008年第一次"日本·湄公河"外长会议举办后，取代了FCDI。

与此同时，越南、老挝和缅甸以及柬埔寨分别于1995年、1997年和1999年加入了东盟。1995年12月的东盟首脑会议上，马来西亚总理马哈蒂尔首次提出推进湄公河流域国家的合作，新加坡总理李光耀提出了东盟—湄公河流域发展合作倡议。根据后者提议，东盟首脑们决定修建从新加坡至昆明纵贯中南半岛南北的铁路，并将此线路的建设作为该区域的重点发展项目。2000年11月，在新加坡举行的东盟非正式首脑会议上，为了缩小新加盟的东盟4国与老东盟国家间的发展差距，提出了东盟一体化倡议。这也对促进GMS发展有积极意义。

为了进一步推动日本通产省与东盟经济官员之间政策对话的体制化，援助东盟国家中的欠发达国家"越老缅柬"，1994年9月召开的日本东盟经济官员第三次会议上成立了"印度支那产业合作工作委员会"（简称IC-WG）。"印度支那产业合作工作委员会"在1995年越南加入东盟后明确了援助对象为"柬老缅"3国。柬老缅3国与日本的共同工作组在1997年"印度支那产业合作工作委员会"高级事务会议上成立。1998年11月日本东盟经济官员会议被改组为日本东盟经济产业合作委员会。同年12月，主办东盟首脑会议的越南，提出了建立东西经济走廊构想。随后日本在日本东盟经济产业合作委员会下面设置了东西经济走廊工作委员会。东西经济走廊建设，旨在推动越南中部、老挝境内湄公河流域中下部、柬埔寨东北部以及泰国东北部等几个国家内相对贫困地区发展，并确保得到更多发展资金资助。不久后，为加强越南、柬埔寨和泰国之间的经济联系，日本提出了建立南部经济走廊的构想。这两条经济走廊建设都得到日本与亚行的资助。

以下首先概述GMS东西经济走廊和南部经济走廊建设的发展方向，随后梳理GMS东西经济走廊和南部经济走廊发展的现状，最后讨论东西经济走廊和南部经济走廊对沿线国家城市和地区的带动。

一　GMS经济走廊建设的发展方向

（一）从自贸区掀起的自由贸易发展趋势

湄公河区域的柬埔寨、老挝、缅甸、泰国、越南和中国，因签署了自由贸易区协定，国家间关税都比较低，减少了6国间贸易的壁垒。在东盟自贸区中柬埔寨、缅甸和越南这3个国家，2015年以前相互免除机动车的进出口关税。此外，根据东盟与中国达成的一揽子经济合作协定，从2005年7月开始，中国与老东盟国（文莱、印度尼西亚、马来西亚、菲律宾、新加坡和泰国）之间的整车进口的关税在2010年前降至0，柬埔寨、老挝、缅甸和越南在2015年前也降至0。此外，在2020年前，新东盟四国的敏感产品的关税也会逐步降低到5%。2015—2020年，湄公河地区的货物贸易自由化程度将突飞猛进。

为了提高关税削减的效果，完善运输体系，扩大运输量，降低运费，简化贸易手续等消除国家间壁垒的措施十分必要。为了发挥日本在GMS次区域合作中的主导作用，根据亚行的倡议日本提出了一系列GMS经济合作项目。

(二) 硬软环境方面的物流基础设施改善

在硬件方面，建设东西经济走廊、南北经济走廊和南部经济走廊这3条经济走廊。这3条经济走廊建设中发展较为迅速的是东西经济走廊。2006年12月日本援建的老挝沙湾纳吉与泰国的穆达汉府之间的第二座湄公河大桥完工。第二座湄公河大桥的建成让老挝与泰国之间的物流不再依赖湄公河上的轮渡，从泰国进口到老挝的商品也不再是杂货类产品。此前从日本企业在曼谷工厂，运输产品到河内工厂海运与空运时间成本过高。海运虽然价格成本较低但是需要至少两周时间。陆路运输的路线为，从泰国东北部的廊开，经老挝的万象，过第一座湄公河大桥，然后进入老挝的沙湾纳吉。自从第二座湄公河大桥建成后，从曼谷至河内的陆路距离只有1500公里，运输时间从原来的4天缩短为3天。运输时间的缩短，给物流发展带来巨大便利。运费、客车租金、油耗以及驾驶员的成本都缩减了一天，仅这几项就相当于原来成本的3/4。

东西经济走廊全长1450公里，泰国段有777公里。泰国境内段在2009年之前是两车道，现已扩充到4车道。泰国境内作为南北经济走廊的一部分的国道1号线，也已经扩展成为国道4号线。东西经济走廊与南北经济走廊交叉处的泰国彭世罗和东西经济走廊与万象方向的老挝国道2号线交叉处的孔敬，都成为交通要塞。南北经济走廊中国段内，从小勐养到思茅之间的71公里与磨黑至昆明的412公里国道已经完成，从4车道升级为6车道的改造也在2007年底完成。从这3条经济走廊开始建设以来，湄公河地区交通基础设施迅速得到改善。

软件方面正在完善制度建设。引入了诸如"一站式海关检验检疫"和"卡车执照通关"制度等跨境交通便利化制度。GMS各国已经在2003年达成共识，从2005年7月开始部分国家推进跨境交通运输协定。"一站式检验检疫"，让原本在进口国和出口国各自要进行两次通关和检验检疫手续，变为在进口国和出口国方面各自完成一次海关相关手续，节省时间与人力，非常便利。此外"卡车执照"制度正在推进中。所谓"卡车执照"是指运送货物出口的卡车进入他国时，在边境地区凭借卡车执照省略所有边检手续的制度。但这个制度的推进非常缓慢。比如，2015 年前曼谷至河内的卡车运输，从泰国进入老挝再从老挝进入越南时，需要进行 4 次通关手续，加之由于边检制度不透明对通关造成了很大的困难。这就造成了卡车运输毫无比较优势。如果能实现"一站式通关"和卡车执照通关、通关手续方面软环境的改善，物流成本能得到极大改善。目前，从曼谷至越南的物资运输，老挝路段的通关手续简化以及卡车执照通关手续的便利化的制度协商已经结束，进入实施环节。

（三）经济走廊产生的波及效应

物流基础实施的软硬件得到改善后，加之关税的调低，跨境贸易运输的费用就会大大降低，由此会产生如下变化。

第一，随着三条经济走廊的推进，边境贸易壁垒的消除可以推动产业集约化发展。以泰国的曼谷为中心形成的机动车，家电以及电子产品的集散地和以中国华南地区为中心形成的产业集散地，将得到更大的发展。此外，这两大产业集散地之间（相距 2500 公里）的越南河内产业集散地和老挝的产业集散地也将得到发展。同样的，连接曼谷、金边、胡志明市的南部经济走廊能得到发展。消除了边境壁垒后，在人口迅速扩大的地区，处于产业发展上游的城市，与所有处于产业发展中游的城市，以及少数处于产业发展下游的城市，理论上就能够形成产业城市发展分层。[①] 因而，柬埔寨、老挝及在缅甸所蕴藏的产业集群潜在优势都会得到体现。这些国家的劳动力价格不到泰国的 1/3，日本企业在泰国或者中国建立的工厂就能移植到新的产业发展地区。实际上，老挝已经有东京线圈公司和蓄电池公司等电子产业企业设厂，日本有名的鞋厂已经将在泰国的部分工厂转移到缅甸的大其力。

如果未能推进通关便利化，湄公河地区的产业发展分层依然难以形成。现代贸易，特别是日资企业在贸易网络的搭建中，为了缩短物流时间，会以产品为中心，从海上运输向空运过渡。目前从泰国至越南的海上运输需要花费两周的时间，产品库存时间长直接影响总体收益。因此，亟须提高生产与运输的效率。从泰国至越南的陆路运输如果能缩短至 3 天，比海上运输时间更短，陆路运输需求量才会增加。同时，在这个过程中，如果泰国开始发展资本集约产业，越南发展劳动力集约产业，推进这种国家间产业分工，产业附加值较高的产品从泰国通过卡车向越南运送就能形成产业循环链。但是从

---

① Masahisa Fujita, Paul Krugman and Tomoya Mori, "On the evolutiaon of hierurchical urban system 1", *European Economic Review*, 1999, Vol. 43, Issue 2, pp. 209-251.

海上运输到陆路运输的替换,依赖相关国家在边检和通关政策方面做出更大改进。特别是处于泰国和越南之间老挝的作用非常关键。目前老挝的通关手续不够简化及老挝国内卡车运输时间长等相关问题,都成为制约因素。如果运输时间无法缩短,运输成本无法降低,从泰国至越南间陆地运输与海上运输相比就毫无优势。因此,日本企业界认为在 GMS 东西经济走廊建设中,如何推动老挝实现通关手续简化和卡车执照通关问题成为关键。

第二,老挝和柬埔寨两国会否沦为运输通道。日本学者认为如果泰国的产业聚集力削弱,这个假设就成立。日本企业计划在东西经济走廊推广的商业模式为,泰国至越南的运输通过陆路使用卡车,增加泰国的产业集聚力。这样会出现泰国劳动力成本上升,导致在泰国投资的日本企业将投资的一部分转移至泰国周边有劳动力成本优势的老挝、柬埔寨或者缅甸,加工后再返回泰国,完成最终的产品检测工程。最后运送至越南港口销往发达国家。泰国的生产规模越大,生产工序就可以分化成多个层级,不同的层级就可在不同的国家开展。这就是所谓的"规模型经济"的全球化企业生产。这个商业模式是否能成型取决于老挝、柬埔寨或者缅甸对投资的吸纳能力。目前,在老挝进行调查的企业虽多,但是进行实际投资的企业几乎没有。这是由于老挝吸纳投资的基础设施和体制不够完备造成的。

第三,随着交通基础设施的建设与完善,假设随着跨境贸易成本的削减,可刺激边境地区跨境贸易平台的发展。夹在两个国家间的边境地区,随着道路和桥梁的建设和制度的完善,边境地区容易形成产业集散地,发展出具有较高竞争力的"跨境发展模式"。尽管在泰缅边境地区出现了利用缅甸较为便宜的劳工的劳动力密集型企业。但是,今后在经济走廊发展过程中,如何进一步提高劳动力、资本和技术利用率从而提高产能是关键。这与法德边境地区的产业发展相类似。在边境地区泰国工厂的工资每天为 142 泰铢。老挝、柬埔寨和缅甸工厂的工资每天仅为 50 泰铢。这个劳动力工资的巨大差异可以利用。如果能在老挝、缅甸和柬埔寨,与泰国和越南相邻的边境地区发展出具有竞争力的跨境企业,那么老挝和柬埔寨就能分享东西经济走廊和南部经济走廊建设的红利,而不再担心会沦为运输通道。

第四,作为经济走廊核心的泰国与中国的国内交通要道都必须有较大发展。这样才能带动东西经济走廊、南北经济走廊和南部经济走廊的沿线国家和城市实现发展。在这些交通要道上从原材料、运输条件到劳动力调配相当容易。经济走廊沿线城市凭借较为充分的劳动力资源可以建立工厂集群。随着工厂集群的形成,沿线城市市场会得到扩大,消费能力和就业机会增加,人员就容易聚集,就能在经济走廊沿线地区形成工厂集群。东西经济走廊和南北经济走廊在泰国交汇的彭世罗府,已经有日本企业建立了泰国矢崎工厂。以第二座湄公河大桥通车为起点,彭世罗府今后可能发展成为经济走廊上的工业城市。

二　三条经济走廊的推进与建设现状

推动 GMS 建设,一方面要完善此前战乱颇多的边境地区的道路、输电线和通信网络等基础设施。这需要建立各国之间对话机制,并确保地区的安全与稳定。另一方面,由于各国国内各股力量对峙,边境地区到目前为止很难成为发展前沿。因此,GMS 发展需要让边境地区分享地区发展的红利,实现发展。其中,边境地区的经济基础设施完善和不同国家之间法律与制度的协商协调,就成为搞活边境地区的人员和货物流动的关键。

近年来,中国与东盟国家的发展态势已经让人刮目相看。但是,能够得到经济发展红利的地区主要集中在沿海。无论是中国还是泰国的沿海地区与内陆地区的地区发展差异都很大。① 要将经济发展的红利带到更多地区,让 GMS 的内陆地区,比如老挝这些"陆锁国"得到经济发展的带动,就必须在边境地区使人员和物品的流动顺畅起来。因此,GMS 合作项目希望通过首先建成交通走廊,将交通走廊升级为经济走廊,带动沿线边境地区和城市实现发展,推动整个 GMS 的自由贸易发展。

(一) 从交通走廊到经济走廊

1. 设置优先发展点的交通走廊

亚行认为,由于长期的战乱破坏,中南半岛地区的道路基础设施亟须改善。在第三次 GMS 官员会议中各国就道路发展项目达成共识。主要道路建设如下所示:

R1 曼谷—金边—胡志明市—头顿市的南部经济走廊道路项目;

R2 泰国—老挝—云南的东西经济走廊道路项目;

R3 清莱—昆明的道路改善计划,属于南北经济走廊道路项目;

R4 昆明至腊戍的道路改善计划,属于南北经济走廊项目;

R5 昆明到河内的道路改善计划,属于南北经济走廊道路项目;

R6 老挝南部至西哈努克的道路改善项目,属于南部经济走廊道路项目;

R7 腊戍至 Loilem—景栋的道路改善计划,属于东西经济走廊道路项目;

R8 云南南部至泰国北部至老挝北部至越南北部的道路改善计划;

R9 泰国北部至老挝南部至柬埔寨北部至越南中部的项目。

---

① 参看石田正美编『大メコン圏 経済協力 実現する3つの経済回廊』アジア経済研究所,2006,第5—10頁。

道路部门的项目,公路项目都冠以首字母 R,铁路项目都冠以 RW 来表示。R1 项目属于南部经济走廊的主干道,R3-5 属于南北经济走廊的组成部分,R2 属于东西经济走廊的一部分,从泰国至老挝、越南的道路,连接了泰国的那空帕农、老挝的他曲和越南。其中越南的国道第 12 号线的 BIN 插入国道 8 号线的计划。东西经济走廊的路线,从泰国的莫达汉府通过老挝他曲的道路进入越南的东哈(Dongha),到达岘港市,也在 1996 年的第五次官员会议时通过。此外,R4、R6、R7、R9 都没有包含在 2010 年规划的经济走廊中。R6 从金边到西哈努克的柬埔寨第四号国道的部分,发挥连接南部经济走廊中线和 GMS 南部沿海地区次区域走廊的作用。这条线路在 2010 年后开始修建。

这些道路建成后并不能马上就形成经济走廊。因此 GMS 合作进入第二阶段的重点是,改善边境地区通关手续等非物理性障碍,消除货物与人员自由流动的障碍,将交通走廊升级为经济走廊。

2. 从交通走廊到经济走廊

1997 年亚洲金融危机对 GMS 地区造成了极大的冲击。这推动了 GMS 经济合作进入实质阶段。1998 年召开的官员会议中,从各国官员的发言中可以感到某种挫败感。次区域合作需要找到合作推动力。"经济走廊"就是作为次区域经济发展的推动力而提出的。经济走廊,随着交通基础设施的完善,将区域内经济节点联系起来的同时,还需要推进跨境手续的简化,形成充足的物流和人员流动才能真正建成。此外,交通项目所产生的便利,通过与生产活动相联系,能够让边远村庄受益,让南亚、东南亚、中国和东亚的潜力得到激发、从而带动这些地区的发展。

2000 年 1 月 GMS 第 9 次官员会议上,确定了经济走廊的具体路线。首先提出了,从缅甸开始,扩充包含中国和缅甸在内的经济走廊路线。依据这条路线,确定了 GMS 东西经济走廊,从越南岘港出发,到东哈后北上,经老挝的沙湾纳吉,跨过湄公河经泰国的莫达汉府、彭世洛府,到达缅甸的毛丹棉。南北经济走廊之一,从泰国的曼谷,经过彭世洛府、清莱、老挝或者缅甸、中国云南省的南部地区到达昆明。另一条南北经济走廊是从昆明经越南的河内、到达海防。另外,在 2005 年的第二次 GMS 首脑会议上,中国广西壮族自治区也成为 GMS 的一员。新增加了一条从河内到南宁的南北经济走廊。南部经济走廊是,从曼谷出发,经过泰国亚兰(Aranyaprathet)、柬埔寨的贝冈边境、洞里萨湖南部的马德望、金边、越南胡志明市,最后到达越南的头顿。这条线与从泰国的桐艾府出发,经过柬埔寨的贡布,过越南的河仙市最后到达老挝的南康的线路,并称"GMS 南部、南侧次区域走廊"。

另外，从柬埔寨的柏威夏沿洞里萨湖上行，由暹粒穿上丁市，经过腊拉纳基里省，到达归仁的"GMS 南部南侧走廊"。这三条路线在 GMS 第十次官员会议中被确定为 2010—2020 年战略规划的旗舰项目。

(二) 跨境运输协定的进展

陆路运输货物一般需要在离开本国和进入他国时分别进行两次通关和检验检疫。现在东西经济走廊逐步将相关手续简化成"一站式通关与检验检疫"，运输出口货物的卡车只需一次检验检疫就可以进入其他国。这种在边境地区省去繁琐的通关各种手续的"一站式通关"和"卡车护照"等制度的建立，都需要在次区域内相邻两国间达成协议，即跨境运输便利化协定（Cross-Border Transport Agreement，CBTA）。

GMS 合作中的 CBTA 问题从提出到解决经历了一个漫长的过程。1995 年 8 月 9—10 日召开的第二次 GMS 次区域交通论坛提出了，如何解决妨碍跨境运输中非物理性障碍的问题。1995 年 GMS 第五次官员会议上，就如何对相关问题进行调查达成了共识。1996 年 5 月 29 日"跨境货物与人员流动障碍消除"成为亚行与联合国亚太经合理事会的技术援助项目。相同的技术援助项目，亚行还委托了咨询公司，次区域内围绕跨境商品与人员流动存在的问题和各国已经有的协定与各国相关制度进行梳理，并发布了针对次区域内各国相关负责人的调研结果。1996 年 2 月 12—13 日，在昆明举行的 GMS 第三次次区域交通论坛上，对解决跨境运输壁垒问题达成了共识。1997 年 8 月 26 日，亚行与联合国亚太理事会共同实施了"GMS 货物与人员跨境流动"项目。这个技术援助项目，还得到了欧盟的支持。项目在调查世界范围内的跨境交通协定与规定的基础上，形成了 GMS 跨境运输协定的基本框架，这个框架在次区域的官员会议上发布。

在这个框架的指导下，1999 年 7 月 16 日在"推进 GMS 跨境商品与人员流动"项目的基础上，各国达成共识并开始制定跨境运输协定。1999 年 11 月 26 日，泰国、越南、老挝和柬埔寨在金边签署了跨境运输协定，2001 年 11 月以上 4 国分别在柬埔寨与中国签署跨境运输协定。2003 年 9 月，缅甸也在运输协定上签字，至此 6 个国家都对这一问题达成了共识。2005 年 7 月泰国的莫达汉府和老挝的沙湾纳吉，柬埔寨的波贝与泰国的亚兰，柬埔寨的巴域与越南的莫拜（Mochai）这几个国家的边境之间，两两签署了合作备忘录。

(三) 东西经济走廊的建设现状

东西经济走廊的标志性建筑，连通老挝沙湾纳吉与泰国的莫达汉府的第二座湄公河友谊大桥于 2006 年 12 月 20 日建成。同时，作为东西经济走廊组成部分的，以越南的岘港为起点，经泰国的湄索，到达缅甸的妙瓦迪大约有18公里道路的重新铺设已经开始。重新铺设的道路，不仅路况得以改善，而且让越南至曼谷的运输距离缩短了405公里。现在河内至曼谷仅有1500公里，岘港到曼谷的距离缩短为1000公里。目前，河内至曼谷的海上运输，由于没有直航，需要绕道西贡港或者中国香港或者新加坡，约花费两周时间。由于缺乏定期航线运输，如果东西经济走廊能尽快建成，将大大缩短物流时间，岘港等沿线城市可以得到快速发展。

东西经济走廊中越南的东哈（Dongha）到老保（LaoBao）段、泰国孔敬到彭世洛府段和来兴府到湄索段，路况较好，但是山脉很多，车辆行驶速度难以提高。此外，以越南与老挝边境的丹沙湾为起点的第13号国道与第9号国道重合的色弄段，得到了日本和亚行的援助后，开始建设直线路段且路面较为良好。泰国境内777公里的东西经济走廊段，2009年时已从两车道公路升级为四车道公路。莫汉达府到孔敬的路段，与3条双向两车道的国道相连接。这3条国道分别是途径古七莱县到莫达汉府之间的2042号国道，从Somde toh到Yantarato的第213号国道，经过加拉信的Yantarato到孔敬的第209号国道。此外，东西经济走廊的另一段，从沙湾纳吉出发大约500公里到达岘港市。这一段距离较短，但越南境内严格限速，每公里时速50公里，与时速80公里的泰国公路相比，运输成本较高。

从中部城市岘港到越南与老挝边境的老保，道路基础设施建设工程正在推进。2005年5月，日本援助的东南亚最长的隧道海防隧道贯通，让这段路程比原来缩短了40分钟。此外，通过海防隧道越南国道1号线可以与东哈相连，再向西与国道9号线相连的工程完工。从岘港至老保的路段5个小时就可以走完，除通关所需要的时间外，从岘港出发的货物当天就可以到达泰国的莫达汉府。

三 东西经济走廊与南部经济走廊对越南的影响

2001年日本企业开始在河内投资。越南由此开始成为日本企业投资东南亚的热点地区。2005年时新增投资额已达到43亿日元。这主要由于部分日本企业将投资从中国转移至越南。2001年以来，由于SARS的传染，加之中日关系的冷却、反日游行频发及人民币升值等问题，日本企业在中国的投资面临巨大风险。越来越多的日本企业开始关注越南。从1990年以来，越南经济保持着年均7%的高速增长，财政状况良好，对内直接投资也在增加，政府治理能力增强。越南正在成为投资成本较低，风险较小的地区。本部分首先概述东西经济走廊与南北经济走廊经过的越南北部和中部地区的发展潜力；接着讨论GMS项目和东西经济走廊的发展能够给越南带来的实惠；

最后讨论越南目前的陆路物流运输现状，以及随着 GMS 交通网络的完善，会给日本制造业投资和越南经济发展带来哪些变化。

（一）越南北部和南北经济走廊的发展潜力

2001 年中国加入 WTO 后，日本企业进一步扩大了对中国的投资。与此同时，随着越南接受的基础设施援助项目的完工，越南的投资吸引力也在扩大。2001 年时越南北部地区接受日元贷款和亚行融资的国道 5 号线河内友谊关段完工，岘港的建设和海防的建设等一系列基础设施项目都在顺利推进。另外，日本住友商社开发的河内 Tanglong 工业园区也刚刚完工，越南北部的投资环境得到极大改善。

佳能、电装、松下等大型日本企业对越南投资从 2001 年开始增加。到 2001 年为止，对越南的直接投资都集中在越南南部。以北部为中心建立工厂的日本企业从 2001 年开始逐步增加。从日本企业投资数额分析，北部的投资资金额度比南部大。越南北部国道沿线的农田都变成了工业用地，工业园区建设在不断推进中。

2004 年中越之间达成了建设经济走廊的共识，中国广西壮族自治区和云南省与越南凉山省和老街省展开合作，同时中国积极推进与河内、海防相连的南北经济走廊的中越段的建设。随着贸易投资需求的扩大，南北经济走廊今后会成为吸引外国投资，促进越南北部地区发展的推动力，物流量也会迅速增加。日本援助的东西经济走廊是针对越南、老挝、泰国和缅甸 4 国的。南北经济走廊和东西经济走廊在越南境内有重合区域，如果能实现两国卡车对开，简化通关手续，从软硬件方面都得到建立与健全，就能促进中越两国经济合作深化。越南北部地区与中国华南地区这个较大产业聚集地直线距离仅有 800 公里，只要能够在道路上连接贯通，加上外国投资企业的增加，南北经济走廊和越南北部的发展前景令人期待。

（二）越南中部和北部发展与东西经济走廊

1992 年亚行提出实施 GMS 开发项目时，这个地区国家间的经济往来非常稀少。因此，GMS 项目主要着眼于推动能源合作与运输服务的发展，增进这个地区国家间经贸合作。对于越南而言，当时最为紧要的是构筑与发达国家间的经济关系。如何参与 GMS 合作并不是最迫切的问题，因为越南还未找到参与 GMS 并让自己获取较大主导权的切入点。1998 年东盟首脑会议提出了河内行动计划后，为越南参与 GMS 合作提供了一个切入点。河内行动计划，认可将东西经济走廊建设视为东盟联通的课题之一。这条走廊经过岘港，与老挝和泰国东北部连接。与亚行提出的 GMS 构想的一部分重合。越南之所以积极参与这个计划，主要是想通过这个计划带动越南中部发展，并加强与邻国老挝的关系。① 加之1998年金融危机让越南实施革新开放以来在经济发展中遭遇了第一次重创，一度造成外国投资停滞。越南中部的开发亟须新动力和外国投资。东西经济走廊的发展，能够满足越南的发展需求。

越南与老挝陆路接壤，故两国贸易主要是陆路边境贸易。1995—2005年的越老贸易，越南一直处于入超地位。此外，贸易额中泰国产摩托车的进口在20世纪90年代后半期迅速增加，达到了约1亿台的数额。②

20世纪90年代后半期，日本的本田和铃木汽车企业相继在越南生产摩托车。日本制造业开始建厂后，由于越南政府禁止整车进口，只能进口零部件。当时越南的消费者，比起在越南组装的日本高价摩托车更加喜欢泰国产摩托车。2000年前后，本田和铃木及雅马哈在越南组装的产品才逐步得到了当地民众认可，经过老挝进口泰国摩托车的数量开始减少。同时，中国制造的摩托车CKD零部件③进口至越南的数量开始迅速增加，占到了越南进口摩托车数量的1/4。由于中国摩托车从零配件到整车出售的价格都便宜，因此中国摩托车风靡越南。在停止由老挝进口泰国摩托车后，中国造摩托车彻底抢占了越南市场。

1990—2000年间越南对老挝的进出口额变化都不大。越南对老挝的出口都保持在较低数额上。贸易结构也基本没有变化，这主要是因为：一是老挝市场狭小，二是越南与老挝之间的物流通道不完善，至泰国的运输渠道实用性相当低，三是越南中部地区基本没有外国投资的项目。比如日本企业即便对越南中部进行投资，也随着20世纪90年代中后期木材进口增加后，仅有几家生产管道用木片、蜡烛制造、水产品加工、日本酒制造的公司投产。

随着东西经济走廊的发展，如果与泰国市场的连接能够得到改善，那么，越南与老挝之间的陆路货物运输量就会迅速增加。老挝就不再是作为运输通道而存在。随着经济特区的建设与旅游业的发展，老挝将获得新的商机。现在的问题是经济走廊如何能推动越南与老挝之间的两国贸易结构改善。

---

① ［日］小笠原、高雪：《湄公河地区的国际合作与国际关系》，山影形主编《东亚地区主义与日本外交》，亚洲经济研究所，2003。

② 在泰国生产的日本品牌的摩托车部件，经过老挝进口至越南。从20世纪70年代后半期开始至20世纪90年代初期，越南方面遭受西方国家贸易禁运。因此，为了进口西方国家产品，都需要依赖从老挝进口。而越南与老挝的贸易路线被称为边境贸易路线。这条路线在1990年以前发挥了较大作用。主要就是icon从泰国经由老挝进口产品，然后再通过越南向外出口。主要的产品是摩托车以及零部件和家用电器。

③ CKD零部件，是全部散装零部件的意思。CKD即Complete Knock Down，意即全散装件。

目前，越南可以借助已成为产业聚集地的泰国，利用低劳动力成本让自己成为加工基地。此外，东西经济走廊建成后，运输通道的完善将有助于越南中部和北部地区的发展。从 2004 年开始日本万宝至马达（Mubuchi Motor）股份公司、大和精工股份公司、生产方便面的 Acecook 股份公司、AI 电子工业的工厂都在越南中部设厂。此后越来越多的日本制造企业开始在岘港投资。岘港港口的扩大，海防管道开通等交通基础设施的完善，加速了外资企业进入该地。此外，旅游方面，越南中部可以开发的地方还有海滩度假地、惠安遗址等世界历史文化遗产等丰富的旅游资源。实际上，从泰国来的旅游者，通过东西经济走廊就可以到访越南中部。越南的旅游大巴已经开通至沙湾纳吉，推动旅游业的发展。东西经济走廊建成后，可以让越南中部的旅游业与工业这两个方面都得到全新发展。从这几个方面而言，越南会增加对东西经济走廊的关注度。为了改善越南中部的投资环境，日本会投入更多资金让东西经济走廊开始发挥作用。

（三）越南北部的日本制造企业

越南北部地区，20 世纪 90 年代后半期开始接受外资进入。外资进入后工业园区建设得以不断推进，酒店和餐厅数量也在迅速增加。大大改善了这个地区的投资环境。受劳动力成本低廉的吸引，从 2000 年开始很多日本企业将越南视为仅次于中国的直接投资地。随着大量的出口加工型企业开始进入越南，零部件产品的新资金流增加。越南北部已经呈现出日本企业投资的热潮。2004 年日本企业对越南投资的 8 亿美元的 73%都集中在北部地区。这个趋势在 2005 年得到加强，9 亿美元投资中的八成集中在北部地区。如 2001 年决定投资的佳能公司，在河内增设了喷墨式打印机厂，激光打印机场建在处于河内与中国边境中间的北宁省。佳能还在越南北部地区建造了世界最大的喷墨式打印机的生产据点。此外，兄弟工业株式会社也从 2007 年春季开始在越南北部投资建设了单色激光打印机厂。2002 年 5 月佳能建厂时，到越南北部实地调查并投资的日本企业仅有 7 家。但两年后商品制造商都相继决定到越南北部投资建厂。2007 年时已经有 80 个公司在越南合作建厂。其中的大企业有，雅马哈的出口用机械工厂，松下电器的电冰箱、洗衣机和电话工厂，矢崎工业和住友电工都开设了工厂。

在越南北部投资的日本制造企业几乎都在中国华南地区设有工厂。由于在华南地区的剩余产能需要转移到越南北部地区，因此这个时期决定在越北设厂的企业迅速增加。这些制造商的投资动向改变，主要是受到中国投资风险增加的影响，欲向更加安全的地方转移投资。越南就成为取代中国的日本制造业投资地。实际上在越南投资建厂的零部件企业所面临的风险也不小。

对于零部件企业而言，越南的生产过度依赖进口。尽管越南的工时费的确比中国华南地区要便宜很多，但是进口零部件的运输费，再加上人工费成本，最终成本也与中国不相上下。不仅如此，零部件商品生产者，在华南地区时可以从自己的工厂和合作工厂中得到零部件的供给，但在越南工厂就没有这个优势，一旦得不到华南地区工厂的及时供给，生产就无法继续。对于零部件加工工厂而言，关键的是生产调度。必须确保当地工厂零部件的调配到位。仅依靠低廉的劳动力成本，但是缺乏相互协作的生产体系，即便东西经济走廊的基础设施再完善，依然无法促进越南制造业的发展。这同时也是东西经济走廊从交通走廊升级为经济走廊需要解决的难题。

（四）越南中部与日资企业发展

岘港作为零部件制造地，由于还未成长能为当地实现零部件配给基地，相当依赖对泰国的进口。东西经济走廊发展可以满足这个需要，依靠泰国产业集散地的优势在一定程度上满足越南中部发展的需要。因此，东西经济走廊的贯通对于将越南发展成为日本制造业的分支生产基地相当重要。

为了避免投资过分集中于中国，也为了将越南打造为仅次于中国的投资地，日本企业开始对越南增加投资。同时，部分以中国作为消费市场、产品调配地和生产基地的制造业企业，也对越南开始投资。为了让在华南地区投资和对越南投资形成相互协作的发展模式，需要进一步完善 GMS 的陆路物流网络。因此，日本制造商们相当期待日本政府加大力度推进东西经济走廊的发展，让这个地区的投资环境得到完善。

随着东盟自由贸易区（AFTA）和中国—东盟自贸区协议开始生效，东盟地区的经济圈逐步形成。依靠单一国家政策吸引外资难度增加。越南要能成为外国投资地，政府需要进一步改善投资环境。比如金融系统的构建、国企改革、减少国内保护政策等。

在越南开展直接投资的外国企业，需要关注越南城市间存在的巨大差异。越南政府也特别重视平衡发展、缩小国家内发展差距，因此会进一步推动对越南中部和北部的开发。到 2006 年为止，越南中部在吸引外资方面未展现出优势。有学者提出河内、岘港和胡志明市，可借助各自与中国和与东盟的良好关系，在吸引外资方面发挥不同的影响力。比如，北部与中国相邻的地区，需要发挥地理优势，在零部件调配和产品销售方面寻求中国的更多投资。随着从河内至华南地区的陆地物流线路的建立与完善，可以让越南的城市成为承接华南过剩产能的城市，成为承接产业转移的据点。

胡志明市作为越南南部外国投资最多的地方得到极大发展，到目前为止该市已经占据了越南所接受外国投资中的六成。目前，来自中国台湾、韩国以及日本中小企业的投资,很多都集中在越南南部。从外国投资的集聚程度以及工业园区的建设规模而言,胡志明市确立了无法撼动的越南第一经济城市的地位。这些产业集聚,正在吸引新一轮投资的进入,推动产业结构方面的进一步调整。

从今后越南的发展看,其在一段时期内将成为低工薪的加工基地。面临的问题是,在提高人工成本的过程中如何确保在自由贸易中提高竞争力。目前对越南投资的外国企业,开始向越南转移部分制造业技术。如果能进一步提高越南中部的交通运输优势,或许能推动更多制造业到这个地区投资,让越南中部地区也成为承接产业转移和过剩产能的地区。日本政府和企业界为让越南成为承接日本企业在中国和泰国产业转移的基地,非常重视东西经济走廊的建设。

四 南部经济走廊对柬埔寨的意义

所谓南部经济走廊,是经过柬埔寨连接泰国曼谷和越南胡志明市的经济走廊。以下介绍南部经济走廊的3条路线,及以亚行为代表的各个援助国和机构通过援助如何推动这条经济走廊的建设。

对于 GMS 整体而言,南部经济走廊交通基础设施的完善,可以有效降低从曼谷至胡志明市的物流成本。目前无论是陆路还是海陆,从曼谷至胡志民市都需要花 2—3 天的时间。陆路运输,一是两次过境的通关手续非常繁琐;二是运输途中货物容易积压,从柬埔寨经泰国到越南的货运量不够充足,因此运费成本较高;三是制度不健全造成陆路运输成本高于海运。海运运输一是运输周期较长,拉长了整个物流周期;二是受到各国行政手续的影响,特别是贪污腐败的问题造成通关成本高。如果南部经济走廊建成,陆路运输时间可以缩短至 2 天。但依旧需要推动三国制度层面的对接,特别是报税政策方面的对接,才能大量减少陆路物流成本,让在曼谷、胡志明市的企业发展分享红利。[①]

除曼谷至胡志明市外,南部经济走廊还要带动柬埔寨的发展。由于内战导致柬埔寨各类基础设施受损严重,因此国家的发展目标是国内产业复兴、国内市场的搞活以及地方贫困的削减。为实现以上发展目标亟须基础设施的完善。柬埔寨与世界各国的经济关系发展使其备一定的开发基础。柬埔寨的最大出口业是制衣业。美国和欧盟吸纳了柬埔寨制衣业出口额的 70%。制衣成品都是从与周边国家缺乏贸易往来的西哈努克港出口。原材料从中国

---

① 井田浩司、助川成也、福田规保、竹本正史、『特集メコン開発がインドシナの物流と変える』、『ジェトロセンサー』、2006 年 12 月。中村恭纪、『インドシナにおける物流インフラの現状と将来の展望について』、白石昌也、『インドシナにおける越境交渉と複合化回廊の展望』、早稲田大学大学院アジア太平洋研究科、2006 年,第 77—102 頁。

进口较多。由于柬埔寨与周边国家陆路运输成本较高，进口的产品没有价格优势。这也影响柬埔寨国内产业分工。一旦柬埔寨与周边国家的陆路运输成本降低，柬埔寨与周边国家的经济往来也能增加。

因此，对于柬埔寨而言南部经济走廊的建设意义在于，借助与泰国和越南之间较好关系为本国产业发展服务。同时，能利用柬埔寨便宜的劳动力推动边境地区的经济特区发展。柬埔寨为了推动经济特区发展，于2005年12月发布了"与次区域经济特区相关的部长会议令"推动这些计划的实施。并以南部经济走廊的建设为契机，优化调配周边国家的原材料，让国内产业实现均衡发展。也就是说柬埔寨期待南部经济走廊的建设。

五 东西经济走廊对沿线地区发展的带动

（一）3条经济走廊所带来的经济效果

GMS地区跨境运输基础设施以及经济走廊的开发为何能成为推动次区域发展的有效手段？2011年欧盟的发言人提出，GMS陆路跨境运输的意义，与欧洲的陆路连接的意义相似。从东盟10国的海上边界以及陆路边境的比例可知，东盟10国中只有新加坡和菲律宾是100%的海岸边界线，陆路国老挝是100%的陆地边界。GMS 5个国家的陆地边境的比例都超过了50%。在陆地边境的比例中，所占比例较高的国家依次是老挝、柬埔寨、越南。因此，陆地边境相对较长的国家，通过港口联通可以促进贸易。从这个意义而言，GMS的跨境交通基础设施的健全，能促进双边贸易发展，这些国家的经济发展的机会也能随之增大。

道路修建项目包括，铺设沥青道路，从两车道变为四车道，桥梁建设、隧道开通，在悬崖和峡谷较少的地方修路架桥等工程。在GMS的桥梁修建中以下几座大桥的建设发挥了突出的作用。首先是南部经济走廊中线柬埔寨的乃良大桥，让渡过湄公河不再依赖小渡船。这座大桥得到日本ODA的援助，于2015年完工。其次是2006年12月20日完工的东西经济走廊上泰国的莫达汉府至老挝的沙湾纳吉之间的第二座湄公河大桥。该桥在完工前，两岸需要依赖渡船才能往来。特别是在货物运输的时候，渡船运载货物时，出航时间不固定且出航次数很少，如果未在出航前准备好货物就需要等待至船只下次出航时才能过河。即便准备好货物还需要等待出航渡船满载后才能出发。因此时间成本很高。第二座湄公大桥完工后这些问题都迎刃而解。此外，南北经济走廊泰国清孔与老挝会晒之间的第四座湄公河大桥是泰国和中国合建的大桥，在2013年12月底完工。另外，南部经济走廊的北线，上丁大桥这个利用中国贷款兴建的工程已经在2015年按照计划完工了。

（二）经济走廊带动沿线城市的发展

本部分主要讨论经济走廊上成为生产据点的大城市。大城市的人口规模大、劳动力的调配也比较容易，生产需求与供给都比较容易被满足。特别是接近港湾、机场的东盟区域内大城市，都能得到多国企业的外来投资，吸引外资量在不断扩大。① 随着多国企业投资的增加，对劳动力的需求量也增大，出现了在当地雇用劳动力的需求，促进了当地的人口流动。

随着经济发展、收入水平上升能够提高消费能力，对摩托车和私家车的需求量会增加。同时，随着经济发展，制药业和服务业中对运送材料和制成品运输用机动车的需求也增加，这就容易造成交通拥堵的问题。但交通拥堵，不仅仅是因为摩托车和机动车增加。在没有外环路线时，从大城市的近郊工厂出发，穿越城市到位于相反方向的港口和工厂运送制成品和零部件的情况就会增多，道路运载量过于饱和容易诱发交通拥堵。加之，湄公河地区的主要城市，利用河流港口发展的城市不少。当横跨河流的大桥数量不够时，现存桥梁周边地区就容易形成交通拥堵。②

为了缓和交通拥堵，常见办法是在城市内部交通枢纽点建立立交桥，没有桥梁的地方就扩充道路面积，建设外环道路。但是，当这些硬件基础设施的发展难以满足发展需求时，未来的经济增长就会给交通拥堵带来负面效应。交通拥堵就会成为阻碍经济发展的因素。位于南北经济走廊和南部经济走廊的曼谷，东西经济走廊的海防与河内，南部经济走廊上的胡志明市与金边，这些作为生产据点与交通枢纽双重身份的城市都面临这个问题。

1. 曼谷近郊

湄公次区域内唯一相对发达国家泰国首都曼谷，人口大约有1197万人，是湄公河地区人口最多的城市。曼谷近郊的城市布局，从地图中心以西是南北向流淌的湄南河，湄南河西岸是吞武里区，东岸是怕那空区。曼谷就是依托怕那空区及吞武里区两岸发展起来的城市，港口、机场及工业园区，几乎都是在湄南河东侧。

沿铁路可以到达在湄南河东岸的克隆托依（Korontoi）港口。此外，林查班港在泰国湾的东侧沿岸。克隆托依港是内河货物港口，水深8.23米，可以容纳1.2万DWT、20英尺的集装箱500—800个。林查班港口是

---

① 石田正美，『ASEAN域内の物流ネットワーク—GMS経済回廊の現状と展望』、北陸環日本海経済交流促進協議会・アジア経済研究所編，『アジア経済の動向と北陸企業の適応戦略』、2014年3月、北陸日本海経済交流促進会、独立行政法人日本貿易機構アジア経済研究所。

② 同上。

深海港，水深达 16.5 米，是克隆托依港口吞吐量的 10 倍左右，仅 12 万 DWT 的大型集装箱可以容纳 7000 个。素万纳普机场，则在湄南河以东的地区。

位于巴吞他尼府的占地 1037.6 公顷的那瓦纳空工业园区，也属于曼谷近郊的工业园区，1971 年完工。日本最初考虑将这个工业园区与 1962 年完工的富士机械工业区共同开发。目前那瓦纳空工业园区是曼谷历史最长的工业园区。此后建成的还有，1976 年的曼谷市内拉多库拉邦工业园区，1977 年北榄府的板浦工业园区，1982 年曼谷市内的班强工业园区等。20 世纪 90 年代后半期，曼谷市内、巴吞他尼府、北榄府等与曼谷有地理优势的地方都有企业建立工业园区。造成工业园区都集中在曼谷周边。为了平衡工业园区在泰国各地的分布，泰国投资委员会 1987 年颁布了"地带制"（zone 制度）。这是一个鼓励机制，鼓励离开曼谷地区投资建立工业区。工业区距离曼谷越远、法人免税时间就越长。在这个机制的推动下建成的投资区多半都在相较于曼谷和北榄府区位优势较差的地区。此举推动曼谷近郊地区得到开发。比如巴吞他尼府北面的大成县，1988 年建了占地 1452 公顷的洛嘉纳工业区，1989 年建起了班巴英工业园区和高科技园区，1991 年建立了萨哈拉库塔纳工业园区。

此外，北榄府东面的春武里府，1988 年建设了贺马春武里工业园区，1989 年建设了总面积 2560 公顷的阿玛塔纳空工业园区，1992 年建设了林查班工业园区。在春武里府南部的罗勇府，有四个较大工业园区，即 1988 年建成的洛嘉纳·罗勇工业园区和 Hemaraji 东部工业园区，1995 年建成的东部沿海工业园区和 AMATA 城市工业园区。春武里府东部的北柳府，20 世纪 90 年代建立了工业园区。从巴吞他尼府、大成府、北标府、北榄府、春武里府到罗勇府，这片泰国沿海带状地区目前已工业园区林立。

曼谷近郊地区已经成为汽车产业、电子、电器及这些产品的零部件生产基地。因此，林查班港近郊的工业园区生产的零部件，运送至曼谷北部的大成府等地的情况开始增多。在大成制造的制成品从林查班港出口，没有高速公路相当不方便。为了满足这个需求，2010 年泰国建成了环线高速公路国道 9 号线。由此开始，从大成或者罗勇府等工业园区出发，不经过曼谷市内就可以很快将货物运输到港口和机场。同时，泰国北部、南部和东北部货物运输时，也使用环线高速公路，利用成放射状的高速公路线，就能避开市内拥堵的交通。加之工业园区、港口与机场都在湄南河的东侧，无论工业园区之间还是工业园区与港口和机场，都可以进行零部件和产品的买卖。只不过即便修建好了联系工业园区、港口和机场的高速公路，城市内街道的通行时间还是很长。曼谷市内的拥堵状况必须解决。因此桥梁的搭建就显得非常必要了。

2. 河内近郊

目前,已经在曼谷附近发展出了环线和放射线状的道路网络,越南目前也正处于城市内交通基础设施大发展的阶段。尽管目前取得了较大发展成绩,但是要成为像曼谷一样"道路设施完善条件很好的"外资投资地还需时日。

河内市与曼谷市相类似都有河流流经。曼谷市郊有湄南河,河内有红河。历史上,河内市就是从红河的西南岸向内陆发展起来的。工业园区也全部分布在红河东岸地区。港口位于红河对岸国道5号线的起点处。如果港口与城区同在一侧,就会出现红河大桥向港口运输的瓶颈。

河内近郊Thang Long工业园区,NoiBai工业园区和海防市的野村海防工业园区,都是从1997年才开始运营的。这比胡志明市1990年开始建设的工业园区晚了很多。在国道1号线的河内以北、面向中越边境的巴宁省,接近NoiBai机场地区,分别在2000年开始建设Tien son工业园区,2002年开建Que Vo工业园区,2005年Yen Phong工业园区,2007年的Daidon Hoanson工业园区,2008年越南与新加坡之间的巴宁工业园区。

沿着从河内的红河东岸开始前往海防港的国道5号线,2003年在海阳省建设了Phuc Dien工业园区和NamSach工业园区,2005年建设了Tan Truong工业园区。在海阳省附近2001年开建了DoSon工业园区,2004年建设了Cyanzue工业园区,2007年开建了PhoNoi工业园区和Namukauken工业园区,2008年建立了海防工业园区。随后逐渐有很多企业入驻,得到了迅速发展。此外,位于红河西岸地区HoaLac高新技术区1998年开始了第一期工程。越南河南省2000年开始了DongVan工业园区的第一期建设,2004年ChauSon工业园区也开始了第一期工程,2005年DongVan工业园区第二期工程启动。

巴宁省方向的国道1号线,国道5号线,从Tang Dong至NoiBai国际机场沿线的工业园区都得到快速发展。越南南部以及中部的物流都是依赖南部的国道1号线。河内,红河大桥一直都与位于国道1号线上的Ronbien桥以及Cyunzuan桥相连。此外,从市区前往机场的3号环线还必须经过Tuang Long大桥。红河东岸的企业制成品要运往国内,需由红河大桥穿越河内城。为了解决国道在河内近郊交汇后容易堵车的问题,同时为了迎接2010年河内城市诞生千年。越南政府开始在河内附近进行桥梁和环形路线建设。具体的改进路线是,在国道3号环线上修筑桥梁,在国道2号环线上修建Bintoui

桥，从国道 5 号可与河内市相通，穿越越南的中部和南部的国道 1 号线也可以进入河内城区。河内城市内环线、中环、城市外环线以及环状道路都逐渐修好后，河内近郊的放射状国道线附近都可以建设工业园区。从这个意义而言，今后还有继续建设工业园区的空间。截至 2008 年 7 月，河内市已经成为越南交通网络最为密集的地区。因此河内市附近已经建立了很多工业园区。

同时，出口品都是从海防港出境。海防港周边的交通网络的完善也被提上议程。为了提高海防港的吞吐能力，提高海防港与越南中北部地区的运输能力，2000 年开始建设海防港以及海港工业园区。同时还建设了海防连接越南中部的运输中心。这让海防接受外资的能力得到迅速提高。海防港本是内河港口，水深不足 10 米。但是日本企业有在此地投资的意向，并计划推进海防港、河内以及越北的工业化，因此，日本 ODA 开始大量投向这个地区。在 ODA 的帮助下，越南实施了将海防港改为深水港的建设项目，与港口相连的道路和桥梁建设也开工，预计 2017 年以上项目均可完工。与海防港同期开展的还有河内至海防的高速公路。在未来十年内，越南北部和中部的投资环境将得到根本改善。

3. 胡志明市近郊

胡志明市是以西贡河西岸的槟城市场与罗勇地区为中心发展起来的城市。西贡河西岸上，有西贡船以及西贡新船等多个港湾运输中心，距离槟城市场附近 7 公里的地方是新山国际机场。西贡新港公司建设了凯莱港，西贡港口公司开发了 Piepufokku 港口。这些港口中凯莱港口的集装箱吞吐量很大，成为胡志明市近郊最为重要的交通枢纽。由此可知胡志明市从市中心至近郊的运输基础设施都是健全的。

胡志明市及其周边的工业园区有多个。1992 年建成了 TanBinh 工业园区。这个工业园区中来自中国台湾的投资占总投资额的 70%。中国台湾地区的投资者在胡志明市人民委员会所属的 Tan Thuan 工业园区中占 30% 的投资比例。此外，1993 年中国台湾地区投资者还与越南政府合资建立了 Tan Thuan 出口加工区。河内至 Haiwee 之间的国道 1A 号线附近的 Linh Trung 工业园区于 1995 年开工建设。新山国际机场附近的 Vinh Loc 工业园区于 1997 年动工。西贡高新技术园区也于 2004 年开工。

在同奈省，属于该省人民委员会管辖的 Sonadezi 公司，1995 年与 Bien Hoa 第二期工业园区一起动工。与泰国的 AMADA 公司合资的 Amata 越南工业园区的开园仪式在 1995 年 12 月举行。此外，日本双日公司与越南合资的 Long Binh 技术园区于 1996 年开始投产。Sonadezi 公司在南越时期就开发的

Bien HoaI 工业园区于 2001 年得到重新开放。2003 年 Long Thanh 工业园区投产。最近计划建设新机场的 Long Thanh 地区，日本双日、日本大和房建工业公司以及 Long Duc 工业园区第 13 期工程都于 2013 年 9 月 10 日投产。①

在平阳省，贝卡麦克斯公司与新加坡的 Semcrop 公司在 1996 年联合投资的越南新加坡工业园区一期工程早已建成并有公司进驻。二期工程也在 2006 年开始投产。2002 年贝卡麦克斯公司开建 My Phuoc 工业园区后，该工业园区的二期、三期和四期工程也相继开工。隆安省的工业园区开发晚于同奈省和平阳省。

胡志明市的新山机场，距离市中心有 75 公里，只有两条长 3000 米的起降道。随着经济发展，起降航班迅速增加后，两条跑道难以满足发展需要。加之，机场离城市中心较近，周围住宅与工商业区密布，因此增建第三条跑道的难度加大。目前正在规划新建隆城国际机场，建在以市威（Thi Vai）河及其下游的盖梅（Caimep）河为中心的位置。如前所述，以胡志明市为中心位于西贡河下游东岸有很多港运枢纽，同奈河与西贡河的交汇点是凯莱港。此外，隆城新机场距离市威·盖梅港很近。市威·盖梅港是个内河港口，最深处达到 20 米左右，与曼谷的林查班港口的水深相当。由于有足够的水深，因此市威·盖梅港不仅有开往北美的船只停靠，还有来自金边的 5000DWT 的货船。目前市威·盖梅港已经成为越南北部面向北美地区的出口港。

从同奈省的隆城国际机场至市威·盖梅港之间的区域，很有可能成为新的工业中心。目前欠缺的是完善从隆城机场至市威·盖梅港口之间的交通基础设施。在胡志明市与同奈省之间的西贡河和同奈河，通过河内高速公路上的西贡桥和国道 1A 号线的平福大桥联通。2009 年 9 月连接西贡河与同奈河的第三座大桥，国道 2 号环线上的福米（Fuumii）桥建成。2011 年 11 月，日本 ODA 项目包含 Tondiemu 隧道在内的西贡东西高速公路完工，国道 51 号线也扩容成 4 车道公路。这个地区的交通环境得到很大改善。在环线道路修缮的基础上，为了能让货物经胡志民市通过国道 1 号线向越南的中部和北部等湄公河三角洲地点运输，还需要修缮通向柬埔寨的国道 22 号线和 13 号线、建成胡志明市至 Zauzai 高速公路以及胡志明市至 Kanto 高速公路。南部经济走廊的建成将对此地的发展有极大促进作用。

4. 金边

柬埔寨灵活运用了面向低收入国家的普遍特惠关税制度（Generalized

---

① 参看石田正美『新興経済回廊の開発整備』、アジア経済研究所、2013 年、第 157 頁。

System of Preference，GSP），因此出口导向的制衣业与制鞋业的生产非常发达。所谓的面向低收入国家的普遍特惠关税制度，是指工业发达国家承诺对来自发展中国家的某些商品，特别是制成品或半制成品给予普遍的关税减免优惠的制度。普遍性、非歧视性和优惠性是普惠制的三项主要原则。柬埔寨的制成品向美国、日本和欧盟进口时，享受比其他非发展中国家制成品向以上国家出口时的更低的关税特惠。灵活运用这个制度后，柬埔寨制成品比泰国的制成品享有更低关税，在日本的售价也低得多。比如，比起在泰国生产的制成品，优衣库柬埔寨工厂生产的衣服在日本的销售价就便宜得多。金边及其郊区，有很多类似的出口导向型缝纫制品和制鞋的外资加工厂。比如金边经济特区。金边经济特区是柬埔寨华侨林秋好占资78%，日本不动产企业大发占资22%，联合成立的合资企业。这个企业的 CEO 由日本人担任。经济特区在2006年成立后，2008年得到来自日本某鞋厂的第一笔投资。2009年有3家外国公司在此投资生产，2010年有5家，2011年9家，2012年有16家企业投产。截至2013年9月已经有38个工厂投产，其中20家工厂是日本制造企业。经济特区为了吸引更多外资，还设立了综合保税区。同样是经济特区，柬埔寨的工业特区近年来的发展速度超过了越南。比如金边经济特区周边的基础设施健全度较好。这在柬埔寨国内也是很少见的。日本学者认为这主要因为经济特区周边的排水设施及部分道路建设得到了日本 ODA 援助。值得注意的是，经济特区内还建有日本餐厅。据说是柬埔寨政府为吸引日本企业投资专门设立的。

在金边经济特区建设中，金边港及其周边基础设施的完善也至关重要。

金边港由于是内河港口，只能接受5000DWT 的船只，最大集装箱吞吐量为300—500TEU。目前能吞吐的多为100—200TEU 标准的驳船。2013年1月22日接受中国援助后，在金边港第二枢纽建造集装箱用码头。从金边港到新的交通枢纽城市之间的距离是44公里，从金边国际机场开始的连接道路大概有8公里的路段，路况良好。从越南的市威·盖梅港2009年建成投入使用后，金边港开始与盖梅港之间出现竞争。

西哈努克港口水深仅有11米，港口深度不够。从金边到西哈努克市有230公里的陆路里程。柬埔寨往北美出口制成品一般选择从西哈努克港用船只运输至新加坡，换装后运往北美。市威·盖梅港未建成时，出口路线是从金边运送至胡志明市后达新加坡，换装后运往北美。从2009年市威·盖梅港建成后开辟出了直达北美的航线，即便很小的驳船也可以通过湄公河航运将货物运至市威·盖梅港口换装，就没有必要再绕至新加坡。通过胡志明—市威·盖梅港口这条航线，制成品海运到北美港口的时间缩短至2—3天。

由于受到市威·盖梅港建成后的冲击，金边港的总吞吐量一直增长不大。但是西哈努克港的货物总吞吐量从 2009 年以后开始出现增长。

表 1-12

	2008 年	2009 年	2010 年	2011 年	2012 年
西哈努克港口总货物吞吐量（1000 吨）	2058	1874	2217	2439	2660
西哈努克港口集装箱吞吐量（吨）	1315	1032	1215	1442	1572
西哈努克港口 集装箱吞吐量（TEU）	258.755	207.861	222.928	237.941	255.378
金边港口集装箱吞吐量	47.507	43.312	62.256	81.631	95.333
金边港口集装箱利用率（%）	15.5	17.2	21.8	25.5	27.2

资料来源：Sihanoukwille Wutonomous Port、Phnom Penh Autounomous Port 港口资料统计编制而成。

（三）边境交叉点的产业据点发展状况

1. 边境地区的交通要道交叉点的优势

根据世界银行的统计数据，GMS 各国中，泰国属于收入水平相对高的国家，越南属于中等收入国家，柬埔寨和缅甸属于低收入国家，老挝正从最低收入国家向低中收入国家过渡。也就是说，泰国与越南、柬埔寨、老挝、缅甸之间已经形成了明显的收入差距。因此，这些国家之间以边境为界存在着明显的工资水平差异。柬埔寨、缅甸和老挝在联合国的评估中属于欠发达国家，它们拥有面向欠发达国家的普遍特惠关税制度这个优势。

中国和泰国与越老缅柬相比，在电力供给和交通基础设施完善度方面具有优势。此外，越南与柬埔寨相比较，电力供给以及交通基础设施的健全度也比较好。在边境地区，在相对所得收入较低的国家中建立工厂，具备低收入和普遍特惠关税制度的优势。很多国家的边境地区，不仅满足自身用电，还能向邻国供电。此外，完成其中一国的相关通关手续，到达邻国的港口前集装箱不能空箱运输，可以向第三国出口。因此，边境地区能在收入水平较高的国家与较低的国家之间形成产业互补性。

2. 巴域：经历出口热潮后投资环境恶化

位于南部经济走廊中线次区域走廊上的柬埔寨与越南之间的柬埔寨边境城镇巴域，作为边境地区外资制造企业聚集的地区很具代表性。巴域距离柬埔寨首都金边有 165 公里，越过边境与胡志明市之间还有 75 公里，距离新山机场有 70 公里左右，离胡志明市很近。巴域享有柬埔寨的普遍特惠关税制度的便利。2010年以前柬埔寨的劳动力成本一直保持在较低水平，比越南低很多。巴域的电费比越南高。2009年金边的电价是每千瓦时19.3美分，而越南则是每千瓦时12.65美分，土地的价格金边也比越南高出六成左右。此外，在经济特区内，相关行政机构能够提供一站式通关，从胡志明市的港口向第三国出国时，根据跨境报税通关制度，在经济特区内接受税收海关检查后，就会贴上标签（集装箱会打上标记），再次过境时越南的海关和边检机关都无须再开箱验货，直接可以将货物免税运至目标港口。此外，在巴域工作的外国人，越南政府也会颁发相关证件，工作人员可以在休息日跨境到胡志明市。

从巴域至胡志明港的交通设施比较健全，由胡志明市至北美、日本、韩国和中国内地和中国香港、中国台湾的物流时间，都比从曼谷出发要短得多。2006年2月巴域Manhattan经济特区中有中国台湾企业开始投资建厂。2008年巴域的Tainsen经济特区也得到了外资。从2012年9月至2015年已经有20家公司在Manhattan的经济特区投资。从2013年10月至2015年共有23个企业在Tainsen经济特区投资，其中日本企业有11家。

2012年2月13日Manhatan经济特区里的中国台湾地区自行车制造厂的劳动者要求提高薪资，增加每月健康费15美元、交通费10美元、补贴7美元。为提高薪资，1000名劳动者同时罢工，瞬间劳资关系恶化。在劳工运动的压力下，2013年5月1日，工厂同意将工资从最低的61美元调整为75美元，包括健康费用在内调整至80美元。随后，巴域附近的柬埔寨工会人员先后提出要提高最低工资。他们明确提出，工作日仅工作半天也应当发放全勤工资10美元，交通费13美元，技术工资5美元和午餐费13美元，最低工资调高至80美元。这样投资方每月必须支付给劳动者121美元，如果育有1—5岁幼儿的劳工还要给予每月5美元的保育费。在劳工罢工运动愈演愈烈的时候，到巴域的经济特区里投资的企业数量也在增加。但2013年柬埔寨边境地区劳动力的价格，相比越南已不再具有优势。

电力供应方面，随着投资企业数量的增加，电力供应已经稳定得多。2011年4月在这里的投资企业几乎没人再抱怨经常停电的问题，根据对巴域经济特区内其他企业的责任人的访谈可知，每月的停电时间有22个小时，每天当中会有200多次1—2秒的停电情况发生。

3. 波贝与戈共（kokkon）：泰国+1式的承接模式

位于南部经济走廊的柬埔寨与泰国边境的波贝·戈共经济特区于2002年11月建成。第一个进驻企业是现代公司的Kamuko摩托车组装场，于2011年4月开工。此外，南部经济走廊中位于波贝的Oonian经济特区，

2005 年 1 月 18 日得到 Cyaicyaiinbestment 公司投资。2008 年 9 月生产泰国珠宝箱的 Kamubakku 公司也在波贝的 Oonian 经济特区投资建厂。

2012 年 8 月泰国英拉证券公布了泰国的最低工资，每天不少于 300 泰铢。2012 年 4 月 1 日曼谷及其周边 5 省与 Pukketo 省都实施此规定。这项规定从 2013 年 1 月 1 日开始在泰国全国推广。戈共或波贝等与泰国接壤的地区，都出现了投资热潮。继 Kamuko 摩托车组装厂建立之后，泰国制衣企业在 2012 年 4 月建厂，2012 年 12 月 17 日矢崎企业的汽车用品 Waiyaahaanesu 工厂开业，生产排球等运动用品的日本企业 Mikasa 运动公司于 2012 年 4 月在当地设立法人机构，工厂于 2013 年 11 月完工。此外，泰国的电子制品工厂 HANA micro erekutoronikusu 公司的工厂于 2013 年开始筹建。在 Oonian 经济特区里波贝也有普遍特惠关税制度。与泰国 Kamubakku 公司有资本关系的生产珠宝饰品的 Simmers Inter 公司也开始投资。根据柬埔寨发展评议研究会发布的《柬埔寨投资手册》可知，泰国的高科技公司 Apareru 公司、ML 的 Indimeeto Apareru 公司和印度在泰国公司中生产电子产品的 Waiyaa Foumu Pureshijun Paatsu 公司都陆续成为 Oonian 经济特区的主要投资方。此外，日本电子产品公司 Esu Shii Wrold Compenent 于 2013 年 3 月在柬埔寨建厂，生产摩托车制造用的精密部件，并计划将工业用地扩展到 8 公顷。

波贝·戈共经济特区，距离曼谷 400 公里，距离金边 297 公里，距离泰国的林查班港 330 公里，柬埔寨的西哈努克港 233 公里。与至林查班港的距离相比，西哈努克港距离波贝近，可以省去跨境手续。但是林查班港的货船的发船频率多，开通的航线也比西哈努克港多，因此林查班港较西哈努克港拥有更多优势。此外，波贝·戈共经济特区到西哈努克港口的路段，2010 年 9 月—2013 年 11 月之间能够畅通通行。但是 2013 年以来道路破损很多，路况较差。矢崎产业，材料和设备方面由在泰国的同系工厂（Pangupuri 工厂及 Cyuensao 工厂）准备，组装的工序则在戈共完成，最终制成品运送至泰国的成品仓库从林查班港出口。晚间从泰国工厂运出，次日凌晨 9 点就可以到达戈共工厂，下午就可以最快速度从戈共出发，夜里就可以完成循环运输回到成品仓库。在戈共经济特区中的矢崎产业，享受经济特区的关税和边检与海关的一站式通关待遇。泰国的货车可以进入经济区，因此，制成品离开经济特区后过境时不需换装货物。无论是戈共还是波贝，都能使用泰铢，柬埔寨边境上的居民能使用泰语的人也有很多，完全具备推动在泰国的日本企业发展的所谓"泰国+1"投资模式的环境。只是，戈共地区由于一直以来在洞里萨湖周围就有很多 CYAMU 族的居民，所以这里的工厂还需要建礼拜场所。此外，今后位于柬埔寨与泰国边境的工厂，以泰国的技术者为中心管理运营,可每天让泰国的技术工人往返两国间,这给技术人员以很大的安全感。柬埔寨方面,也会吸引更多柬埔寨民众到此地工作。因此,泰缅边境地区被日本企业视为适合发展"泰国+1"模式。

4. 沙湾纳吉:东西经济走廊的要冲与"泰国+1"模式产业转移区

老挝很多族群的语言都与泰国东北部的语言相似。平时能看到泰国电视剧的机会也很多,被外派的作为技术指导的泰国技术人员,既可以在泰国的日本企业就职,也可以到劳动密集型泰国企业在老挝的公司就职。仅从语言相近及地理位置而言,沙湾纳吉具备成为"泰国+1"产业转移地区的条件。加之东西经济走廊横穿老挝,与老挝的国道13号线交叉,因而,日本企业期待沙湾拿吉能够成为一个物流交汇点。

沙湾纳吉成为物流交汇点的优势,在2006年老挝和泰国莫达汉府之间的第二座湄公河大桥完工后日益突出。2008年,泰国孔敬的白糖工业公司、泰国的精糖制造企业与老挝Mitopon白糖公司在沙湾纳吉郊外,沿东西经济走廊和老挝国道13号线,都开设了白糖工厂。Mitopon公司产出的部分白糖,2013年起开始向老挝销售。另一部分白糖从泰国的林查班港口出口至欧洲。此外,1997年成立的得到韩国投资的KORAO公司在沙湾纳吉设立工厂。工厂除生产自行车外,还翻新韩国二手车。自行车与二手车都销往老挝。

此外,沙湾纳吉省的沙湾·色农地区位于第二座湄公河大桥附近。2002年老挝颁布总统令在沙湾色农地区建立经济特区。这个经济特区分为A、B、C、D、E这五个区。其中A区还没有被开发,B区里日本的物流企业与老挝当地资本合资的Logitem老挝GLKP公司,已于2008年成立。这个合资公司位于东西经济走廊中的泰国货车与越南货车的换装地。由于泰国是左舵车,越南是右舵车,两国都不允许不同舵向的汽车入境,而老挝允许泰国车和越南车进入,故在此地开设合资物流公司有优势。B区大成的Rojana工业园区,开设了尼康相机辅助工厂。这是生产REFU相机的配件工厂,也在2013年投产。日本物流系统集团(Japan Logistic Systems Corporation)也在B区内建立公司。金边经济特区与老挝的合资企业也得到发展。整个B区未来可拥有350公顷的占地面积。马来西亚Pshifeika Sutoriimu Diberoppumento公司也在C区与老挝政府一起建立了合资公司,并于2008年投资建厂。总公司位于日本大阪的Ooemu公司在老挝建立了从锡矿中提取锡的精炼厂。这个工厂2010年开始建设,2013年投产。荷兰的Earowaakusu公司也在C区建厂,生产空中客车飞机的内部饰品。丰田纺织厂从2014年4月开始在C区生产汽车座位套等车内产品。D区在建劳工宿舍,E区,2014年日本旭科株式会社开始生产引擎部件等青铜制铸造品,泰国的公司计划为青铜铸造提供原材料。

从沙湾·色农的经济特区到越南岘港有 500 公里,到曼谷约为 670 公里,到林查班港大致有 730 公里。也就是说色农经济区距离岘港最近。但预定岘港和林查班港的空集装箱需要等待数日,时间成本较高。因此,色农经济区里的企业几乎不会考虑林查班港和岘港,而是把制成品运至曼谷港附近的科隆托伊港口。

老挝政府给予沙湾·色农的经济特区非常好的投资政策。经济区中 70% 的制造业与投资额达到 200 万美元以上的服务业企业,都享受免除 10 年的法人所得税的优惠政策。

(四) 临海型中等规模城市

最有优势成为生产据点的地方,都与大都市有很好交通基础设施联通的港口和机场。比如临海地区的中等规模城市,可以直接从外国进口铁矿、石炭、原油和天然气等,还可以从本地油田用油罐车将原油运输到沿海地区的钢铁厂和石油精炼厂。日本的铜铁炼制产业和石油化学产业,一般位于东京横滨工业地区和东京千叶工业地区。此外,在石油化学产业方面,在四日市和水岛等生产过程中出现的副产品可以交换使用,已经形成了从石油炼制到化学工场等组合集群。在湄公河地区,泰国的马普塔工业区、越南中部的 Iakuuatto 经济开发区、清化省的 Gison,还有又安省等地都已经形成了重工业区,今后日本企业开发缅甸土瓦时,也许需要建设类似的重工业区。

其他产业的工厂在临海地区建立时,会受到周边的沿海地区依靠捕鱼为生者的反对。此外,有旅游业开发计划的沿海城市,也不太希望吸引容易造成环境污染的重工业。此外,发展重工业需要大量的电力,在电力供给不充分的时候,要吸引重工业企业投资就相当难,只能选择其他产业。以下城市都是 GMS 东西经济走廊和南部经济走廊所经地区适合发展成为临海型中等规模的城市。其中越南的岘港是个典型案例。作为港口城市,位于南部经济走廊中线的西哈努克港口是另一个典型。

1. 岘港

岘港,如果从城市规模而言无法与越南南部中心城市胡志明市和北部中心城市河内相比。但是作为越南中部地区的城市,岘港拥有自己的优势。它拥有建设港口的优越条件。因此,岘港从 19 世纪初期就成为越南中部地区代表性港口城市。

法国 1902 年在 Han 河上建了松哈港口。越南战争爆发时,建了 Disensa 军事港口。松哈港口与 Diensa 港口目前已经成为商品中转中心。Diensa 港口，水深 12 米，拥有总长度为 965 米的泊位 5 个，可以接纳吨位为 45000DWT 和 2000TEU 的集装箱港口。在船运航线方面，从岘港出发，经过中国台湾地区的高雄与台中，可以到达日本的博多、水岛、神户和大阪，此外回程经过韩国的釜山、中国台湾的基隆和高雄。其他的航线还有，经海防、岘港和新加坡到达马来西亚的丹荣港口，返回时经中国台湾的高雄、台中和中国香港回到海防。但是，这些航线与从胡志明市和海防出发的航线相比，每周都要少很多。

2000 年岘港成为东西经济走廊的起点。2004 年日本企业开始对岘港投资。马自达和生产钓具的大和精工在 2006 年进驻岘港。2008 年 9 月，岘港市的日本商会，得到了岘港市人民委员会的许可后成立。2008 年商会成立时仅有 37 家日本公司。到 2012 年 12 月时已经发展至 56 家日本企业。岘港已建成 5 个工业园区：联照工业园区、Hoankain 工业园区、Hoakamu 工业园区、岘港工业园区和岘港·海产服务区。目前还在计划筹建岘港高科技园区和岘港 IT 园区。

日本企业界将岘港视为东西经济走廊沿线上重点支持发展的城市。目标是将岘港建成"泰国+1"的城市。

2. 西哈努克港口

西哈努克港口是柬埔寨最大的港口。距离首都金边 230 公里，国道 4 号线将两者连接。

西哈努克港口，1956 年建设了 290 米的栈桥，1960 年投入使用。目前得到日本官方援助，正在建设水深 10.5 米、总长度 300 米的集装箱中转站，长度为 350 米的一般货物港口和长度为 290 米的旅客中转港口这三个中转中心。目前，到达泰国曼谷的克隆托伊港口、林查班港、胡志明港、新加坡港和中国香港等亚洲各个主要港口的定期船班每周有 10 次左右。近期正在增加新的航运线。航空运输方面，西哈努克机场于 2011 年 12 月 14 日开通了西哈努克、金边和暹粒的环线。另外，从金边到莱胶省以及 Konboto 市等地都有货运列车。此外，电费价格较高，2011 年时的电价为每千瓦时 30 美分，比周边国家都要高出许多。

工业园区主要有西哈努克经济特区和西哈努克港口经济特区。西哈努克经济特区，距离西哈努克港口 13 公里，建在国道 4 号线。这个经济特区中柬埔寨投入资本占到 51%，中国无锡红豆集团投入资本占到 49%。2008 年进驻了第一家企业。截至 2017 年 4 月，已经有包括两家美国企业在内的 109 家公司生产经营。此外，已经与柬埔寨政府签署协议计划进驻的企业还有 17 家。西哈努克港口经济特区是在日元贷款的援助下于 2012 年 5 月 1 日建成的经济特区。经济特区内的排水设施和工业用水都按照日本基础设施标准建造。目前，除了王子造纸公司下属的吴哥啤酒用包装纸箱公司在这里建立工厂外，2014 年 11 月完工的化妆品厂已开工。西哈努克港口经济特区土地价格每平方米 65 美元为基准价格，因租用面积与租用周期的不同而异，每平方米的最低价格为 21 美元，最高达 65 美元。这个价格与西哈努克经济特区建筑租用 20 年每平方米 26 美元、租用 5 年每平方米 30 美元的价格相比相当高。但是，因为接近港湾物流成本几乎可以忽略不计。支付作为固定费用的土地价格之外，控制好变动费用后，对于依赖进口原材料和部件生产制成品的出口导向型企业而言，从中长期看可以将成本控制在较低范围内。因此，西哈努克港口经济特区依然比较优势。

东亚经济发展的最大特征是生产过程分工较细。这就容易造成国家间的条块分割。因此，对于东南亚国家而言，除了由企业利用全球化的力量，加速经济融合，缩小经济差距，实现经济发展之外别无他法。为了减小经济发展差距，企业如何利用全球化的力量，主要取决于发展战略。因此，很多日本学者提出极有必要将东亚工业化的经验理论化、体系化后，形成适合于东南亚国家的发展战略。在此基础上进一步讨论，企业如何通过利用全球化的力量，实现对国家经济的带动。日本学者认为 CLMV 国家的政策制定与实施者为实现发展，需要制定详细的措施，这些措施需要以 CLMV 发展战略为指导。2006 年 12 月，第二座湄公河大桥完工后，CLMV 各国对东西经济走廊的关注增加，都认为需要利用这条经济走廊，让 CLMV 各国尽快走上发展的快车道。

现在 CLMV 的发展瓶颈是，"虽然有企业投资但是对投资对象国的发展问题关心不足"。日本学者认为 CLMV 各国的政策制定者、决策者，以及政策的实施者，需要对如何能实现发展形成相互协调。政策制定、决策到实施都是由多人实施的。各环节中的实施者认知未达成一致，造成政策制定后实施难度很大。此外，CLMV 各国用于发展的资金不足，需要依赖外援才能实现发展。因此，CLMV 各国更容易依赖外国政府为其制订发展计划，并以此得到相应的贷款。

20 世纪 80 年代末期的经济学，对工业较为落后的国家如何通过产业发展消除经济差距没有给出明确的解决方案。但是，1990 年以后的经济学理论及发展实践，提出了消除经济发展差距的相关方案，让消除经济差距成为可能。

在 CLMV 国家间，越南和泰国在产业发展方面依靠低价格产品和集约型生产获得了发展优势。老挝首都万象和其他位于东西经济走廊上的地区已经开始承接部分产业转移。柬埔寨开始发展制衣业。南部经济走廊沿线地区也得到了带动，在近五年内柬埔寨将获得迅速发展。但是 CLV 3 个国家有个共通点，工厂都比较分散，难以形成集约型发展。对于企业而言，会考虑企业的投资与生产过程是否能得到保障，并根据生产过程的不同选择不同的投资地点，因此，企业的生产需要考虑从原料、部件到劳动力的调配，以及工厂所在地周边能否满足这些条件。也就是说需要在能够形成产业网络的地方投资建厂。这是日本推动东西经济走廊和南部走廊建设的出发点。希望能够通过东西经济走廊和南部经济走廊的建设，在健全 GMS 国家基础设施、推进这个地区发展同时，让 CLMV 地区成为"泰国+1"地区，即成为承接泰国的日本企业产能转移地区。

小结

日本通过双边援助和多边援助，推动亚行提出的 GMS 东西经济走廊和南部经济走廊建设。GMS 东西经济走廊和南部经济走廊的建设，能够直接推动 GMS 地区各国之间的互联互通，特别是道路沟通与经济合作。当然，如前所述，这两条经济走廊建设的根本目的在于，形成以泰国为中心的日本企业在 GMS 地区的生产基地。除此之外还有明确的指向，对抗中国在该地区日益扩大的影响力。如今，东西经济走廊和南部经济走廊所面临的问题是，日本无法缩小沿线国家经济发展差距，加之，部分国家投资环境尚未达到日本制造业进驻的条件，因此，即便东西经济走廊和南部经济走廊所覆盖地区已经建成了交通走廊，但难以升级为经济走廊。然而，目前这些国家的发展环境能满足中国企业的投资条件。如果中日能够开展在这个地区的合作，或许能推动东西经济走廊和南部经济走廊从交通走廊升级为经济走廊。

第二章

日本对大湄公河次区域国家的经济外交——官方发展援助

国际发展援助是以共济互助为原则，以促进南方国家实现发展、缩小南方国家与北方国家之间的差距、最终实现共同发展为目的，从北方国家及其相关组织向南方国家提供知识、技术、资金、物资等方面的赠予、转移或贷款。国际发展援助根据实施援助的行为体可划分为双边援助和多边援助。双边援助，即国家间援助。本书的国家间援助即官方发展援助。根据经济合作与发展组织（Ovganization for Economic Co-operation and Development，OECD以下简称经合组织）发展援助委员会 1969 年关于"官方发展援助"（Official Development Assistant，以下简称 ODA）的定义，是指官方机构为促进发展中国家的经济发展和生活水平的改善，向发展中国家和多边机构提供的赠与或贷款（其中赠与成分不少于 25%）。[①] 多边援助是以国际组织为主体开展的援助。

国际发展援助源于国际合作，初衷是通过共济互助的原则，减少国家间和地区间发展差异，最终实现共同发展。在南北合作背景下发展起来的国际合作，逐渐演变为今天以北方国家占绝对主导的国际援助体系。这个体系演变至今存在诸多不对等性和矛盾。之所以能长期存在，在于这个不对等的国际援助体系能满足受援方的某种需求。日本的 ODA 是这个方面的典范。本章首先梳理国际发展援助的理论变迁与日本 ODA 的特点。然后讨论日本对 GMS 地区的援助特点。日本对 GMS 地区的援助是由日本对泰国、越南、缅甸、柬埔寨和老挝的双边援助构成的。故通过讨论日本对 GMS 5 国的 ODA，把握日本对 GMS 援助的特点。

---

① 樊莹：《当前国际官方发展援助的若干新特点》，《外交学院学报》1998 年第 2 期。

第一节　国际发展援助理论与日本官方发展援助

国际发展援助源于国际合作。但是在南北合作背景发展起来的国际合作，已日渐演变为当今以北方国家为主导的国际援助体系。这个援助体系内部的各种悖论，已造成国际援助偏离初衷，即以推进受援国的发展为根本目的。因此，从20世纪末开始，国际援助体系饱受各方诟病。但在此背景下，日本却利用ODA打开了战后对外关系的大门，还实现了一个个战略目标。究其原因，日本ODA由于其诞生条件的特殊性，逐步形成了不同于其他援助国的特性。本部分从梳理国际发展援助理论入手，尝试归纳日本官方发展援助的特点。

一　国际发展援助的演变：基于南北合作的视角

首先从南北合作的视角考察，以平等协作为原则的国际合作如何演变为北方国家占绝对主导、南方国家被支配的不对等的国际援助体系。随后讨论这种以提供援助的北方国家为主导的体系，对接受援助的南方国家而言有何意义。最后讨论对于援助国和受援国而言，目前远远偏离援助初衷的援助体系的存在价值和意义。

（一）从国际合作到国际援助

国际援助起源于国际合作。合作源于人的相互依赖性，"合作"（cooperation）原指两个或两个以上的人或机构共同完成某项任务的行动。[①] 从理想状况出发，合作可以理解为各方协同完成依靠个人或单个组织无法完成的任务，并共同分享合作成果，从而让各个合作方建立起"共济互助"的关系。依托这种关系各方根据某个规则体系，共同实现更多的行动目标，建立起一种相互依存的关系。[②] 从这个角度而言，合作的结果预期应该是积极的，合作中各方的关系是对等的。

国家间的合作最初是为了维护和平而兴起的，并从最初双边合作逐步扩展到多边合作。随着多边合作的推进，很多国际组织开始涌现出来，如国际联盟（League of Nations）等。多边组织的发展也影响着国际合作内涵的变化。二战结束后，随着美国霸权的确立、布雷顿森林体系的出现、马歇尔计划的实施及联合国的诞生，逐步催生出了南北合作的理念，即北方国家应该

[①] ［法］让-雅克·加巴：《南北合作的困局》，李洪峰译，社会科学文献出版社2010年版，第3页。

[②] 同上书，第1—2页。

帮助南方国家获得发展，并解决一些共同面临的问题。

在国际大环境的推动下，南北合作迅速向国际援助转变，国际援助观也逐步确立。国际援助，本意是通过援助帮助发展中国家实现发展。但在实施过程中，似乎只有援助方在国际援助中所扮演的角色受到重视。因为国际援助的内在逻辑是，南方国家在很多方面落后于北方国家，需要按照北方国家的发展思路和路径获得发展，故在国际援助中北方国家掌握着绝对主导权，援助如何实施都由发达国家决定，而南方国家则从未真正拥有过权利。正如一句非洲谚语所言："接受之手总位于给予之手的下方"，这似乎准确地概括了国际援助中援助方与受援方不对等的现状。

随着南北合作逐步偏移为国际援助，原来国际合作中的"赠予"概念的内涵也变得极为单一。原本社会发展学中的"赠予"应该包括三个部分，即赠予、接收和偿还。这里面有援助方的意愿，也包含了受援国的选择。但是随着南北合作逐步等同于国际援助后，"赠予"的概念也被简化为仅仅包含"赠予"，而"接收和偿还"都被无视。也就是说，随着国际援助的理念确立为南方国家需要接受北方国家的援助，并按照北方国家的发展思路、路径和意愿实现发展时，原本包含"共同行动、共济互助"内涵的"赠予"，其内涵就萎缩为只有"赠予"。这使得以"共同行动、共同分享成果"为特征的国际合作，演变为今天国际关系中最为常见的"越俎代庖"式的国际援助，即被北方国家绝对控制的一种不对等行为。

（二）国际援助的现状

冷战结束时，当援助作为国际结盟的功能丧失后出现了一个问题，国际援助的额度开始迅速下降。从北方国家向南方国家输送的金融资源也随之缩减。这与公开场合各个援助国与援助机构的郑重承诺不相符。经合组织的23个成员国的所有 ODA 数额从 2005 年上升到 1068 亿美元之后，在 2006 年下降为 1039 亿美元；2007 年底，全球 ODA 额仅为 1037 亿美元。[①]

为了保证对南方国家有持续的援助投入，经合组织、发展援助委员会与联合国逐步确立了每个发达国家需要将其 1% 的国家收入用于援助发展中国家。[②] 但随后这个比例逐渐演变为 0.7%。可为何确定为 0.7% 无任何合理的解释。并且从实际援助额看，拟定援助协议的国家们也没有信守承诺，ODA 总额能达到该国国民生产总值 0.7% 的国家也极为稀少。2000 年以后，国际援助

[①] 李小云、唐丽霞、武晋编《国际发展援助概论》，社会科学文献出版社 2009 年版，第 195 页。

[②] [法]让-雅克·加巴：《南北合作的困局》，李洪峰译，社会科学文献出版社 2010 年版，第 14 页。

与该国国民生产总值的比率从 0.33% 降低为 0.28%。① 从 20 世纪 90 年代至 21 世纪的最初 10 年，北欧国家在援助方面的努力成为罕见的典范。但按照绝对数额来看，援助额排名靠前的分别是日本、美国、德国和法国。

与国际援助的数额逐步下降形成鲜明对比的是，自 20 世纪 90 年代以来，实际流向发展中国家的对外直接投资、证券投资和大量私人投资呈上升趋势，目前每年投资额达到 2500 亿美元，十年来增长了 5 倍。② 但这些投资并没有均衡地进入发展中国家。比如，亚洲和拉丁美洲的国家成为接受私人投资最多的地区，而非洲国家和南太平洋国家则基本上未受益。再研究流入这些发展中国家的私人资本会发现，这些资本的流动都是负面的，因为发展中国家回报给发达国家的，已超过它们实际所接受的援助与投资。如 1995—2000 年，受援助国仅支付利息就达每年 1000 亿—1200 亿美元。

国际发展援助对南方国家产生了哪些影响？以上这些数字与所谓的南北合作，即国际援助有何关系？发达国家和多边援助机构，通过借贷的方式向发展中国家投资。发展中国家往往没有能力偿还贷款。因为发达国家经常通过设置层层叠加的援助与贷款，让发展中国家陷入严重的经济危机中不能自拔。随后，发达国家就根据自己的需求，将发展中国家分成不同类型后提供国际发展援助，并强加给处于困境中的发展中国家不同的政治和经济附加条件。这些附加条件，无论是政治的还是经济的，都是所谓发达国家的专家提出的。但这些专家完全未与受援国的知识分子、公民社会代表和行政管理部门代表探讨过，甚至未考虑这些通过附加条件提出的各种发展要求是否适合受援国。也就是说，很少有人关注受援国到底需要什么。因而所谓的援助专家们能提供给受援国的各种改革建议，不仅不能解决这些国家所面临的问题，反而将这些国家推入万劫不复的深渊。从 20 世纪 80 年代开始至 90 年代末期，非洲国家所接受的双边与多边援助机构所提供的、以政治民主化改革和经济结构调整为附加条件的援助就是最好的例子。无论是援助政治附加条件还是经济附加条件，其实对受援国而言都是无法实施的。所实施的援助项目也不接地气，完全无法促进受援国实现发展。但由于受援国严重依赖国际援助的资金，离开援助和贷款难以为继，因而受援国不得不继续接受发达国家和多边组织的援助。当援助资金和贷款到位后，受援国政府就完全抛开援助方的要求，按照自己的意愿使用援助资源。由于受援国未按照援助国的

---

① 李小云、唐丽霞、武晋编《国际发展援助概论》，社会科学文献出版社 2009 年版，第 195 页。
② ［法］让-雅克·加巴：《南北合作的困局》，李洪峰译，社会科学文献出版社 2010 年版，第 18 页。

意愿使用援助金，就会遭到援助国的经济制裁。比如增加援助贷款利率或增加受援国的出口税等。由此可知，援助的有效性极低，可以说已经完全与最初所拟定的推进南方国家发展这个宗旨背道而驰，就更不用苛求能实现所谓的通过国际援助将北方国家关于发展的知识、理念和经验向南方国家输送，缩小发展差距了。

二 国际发展援助面临的困境

国际援助之所以陷入无效化的困境，源于援助的实施受到多方限制。从援助体系出现之时起，现有的国际援助体系就存在几组悖论：国际援助的初衷与实际援助动机之间的矛盾，国际格局的无序化与援助和发展概念需要协调一致之间的矛盾，援助体系内需要对等性与现实国际格局的非对等性，国际援助体系依然以主权国家为实施核心与非国家行为在国际援助体系中日益壮大的影响力之间的矛盾。以下分别从这四个方面论述国际援助所面临的问题与困境。

（一）援助的动机

如前所述，国际援助的初衷是"共济互助"，即通过援助推动受援国的发展。但在实际实施中，各个援助机构的动机并不单一，并非仅仅为了促进受援国的发展，更多是满足援助方的各种诉求。根据援助目标与援助国的不同诉求就可以将援助动机划分为不同类型。

1. 根据目标划分援助的动机

根据不同的援助目标，援助的动机可划分为出于宗教目的的援助、出于维护国家利益、出于传播普世价值观等不同的援助动机。

其一，出于心理和宗教目的的援助。私人援助或者宗教团体的援助，可能会出于满足集体或社会发展需求的考虑提供援助。如慈善机构和宗教NGO多半出于这些目的开展援助。

其二，国际关系领域中声称维护国际安全的援助，通常都期待着某种不言而喻的回报，如政治结盟、经济机遇、用于扩大在某地区的影响力以及政治交易等。正如罗伯特·基欧汉所言："国际合作并不一定来源于利他主义、理想主义、个人尊严、共同目标、国际规范或对所构成的某种文化的所有价值的共同信仰。与人类动机相关的这些因素可能在某一时刻或在世界上某一地区发挥过作用，但对合作的理解也可以不参照任何一个因素。"① 比如法国为了保证其政治和经济影响力，优先援助其前殖民地国家和地区。美

---

① ［法］让-雅克·加巴：《南北合作的困局》，李洪峰译，社会科学文献出版社2010年版，第34—35页。

国优先援助埃及、以色列和拉美地区。日本则偏重东南亚的国家。

其三,将普世价值观,诸如民主、人权和经济哲学价值等,向南方国家输送,推动其开始政治经济改革。如世界银行和国际货币基金组织都把政治民主化和经济自由化等作为对非洲国家提供援助的附加条件。

2. 根据援助国家划分援助动机

根据援助国家的不同,援助的动机又可以分为以下几类。

美国的援助理念和其他的援助国不同,其突出的特点是将国际援助的首要目标定义为"国家利益"。[①] 如何维护国家利益,通过不同的政策工具来实现。美国的国际援助类型包括发展援助、食品换和平计划、经济支持基金。利用这些政策工具,对不同国家提供援助的动机是,反对共产主义和控制亚洲。1961 年肯尼迪就任总统时就表示,援助是避免许多国家崩溃或落入共产主义集团的一种手段。[②] 这可以从经济援助的对象窥见一斑。20 世纪 50 年代,美国的主要援助对象为韩国、南越与中国台湾地区。60 年代初期至 70 年代中期,90%的经济援助基金都被用于南越。[③] 而 2010 年随着缅甸开始民主化进程,美国开始逐步恢复对缅甸援助,以助其实施"亚太再平衡"的战略。

日本的援助动机是接替美国成为亚太地区的最大援助国,为亚太的安全与防卫发挥美国所期望的作用。二战结束后,美国负责日本的防务,这对美国而言是个沉重的经济负担,但这一负担又不能转移给别人。故而,美国通过鼓励日本在国际援助方面有所表现,减轻自己的防务压力。美国的默许促成日本在 1992 年成为全球最大援助国。日本根据自己的国际政治经济发展的需求,自然而然地将援助集中在亚太地区。从 20 世纪 50 年代以来,日本对东南亚地区的援助,都在试图证明日本的援助动机是维护国际和平和国家安全。这个需求在 1992 年日本通过的《ODA 大纲》中得到强化。

中国等新兴国家的援助动机。中国最初的援助源于保障自身安全。21 世纪初的中国援助,特别是对非援助体现出一种真正的公共政策与提供国际公共产品的色彩。同时,中国对非政策遵守不干涉内政原则,打乱了世界银行或欧洲等援助方所提供附带政治和经济条件的援助步调。新兴援助国不同于北方国家的援助战略,给国际发展援助带来了新的可能。同时,也造成援助问题日益复杂,新兴国家的地位也在发生变化。

[①] 周弘主编《对外援助与国际关系》,中国社会科学出版社 2002 年版,第 165 页。

[②] Roger C. Ridell, *Foreign Aid Reconsidered*, Baltimore, John Hopkings University Press, 1985, p. 62.

[③] 周弘主编《对外援助与国际关系》,中国社会科学出版社 2002 年版,第 170 页。

北欧国家的援助动机，在于扩大其在国际关系中的话语权。北欧国家既没有前殖民地，也未与发展中国家相邻，但它们通过援助在减贫扶贫、可持续发展和良政等发展理念的提出以及实践方面发挥着重要作用。其目的在于通过援助扩大它们在国际格局中的话语权。

如前所述，国际援助的初衷是北方国家通过援助，向南方国家提供资本、技术、知识等，缩小南北差距，实现南方国家的发展。但援助的实施是无法脱离现有的国际关系格局的。因此，在更多情况下，各援助机构的动机并不正大光明。现有的国际格局与援助国的暧昧和复杂的动机经常导致援助的专断。这些冠冕堂皇又专断的援助，与受援国经济社会发展之间无正相关性，甚至可以说严重背离受援国的发展需求。如果说某些援助能与受援国的社会经济发展目标相吻合，那多半属于偶发事件。由此不难发现，理想化的援助初衷，已经与实际的援助动机完全背离。这个矛盾严重制约了国际援助所能发挥的功效。

（二）国际援助体系内部的复杂与无序性

对所谓"发展"问题理解的千差万别，造成援助体系内部的复杂与无序。世界各国和各个机构关于发展的定义千差万别，由此衍生出的援助理论也各有不同，造成援助体系内的无序化。各个援助机构根据不同的发展理念开展不同模式的援助。它们相互之间在援助推进方面缺乏协调。同时，受援国对发展的理解与援助国大相径庭，加之受援方无法整合目的不同、模式差异较大的援助，各种问题的出现就难以避免。

对援助和发展理论的分析一般分成两类，一类是从国际政治学的角度，另一类是从发展经济学的角度。

1. 从国际政治学的角度看待援助与发展

从国际政治学的角度而言，主要有三种理论影响国际援助理论的发展，即国家利益理论、超国家行为体理论和国家内部因素的外化理论。

汉斯摩根索和华尔兹都认为，在国际社会中，国家如同一个法人代表，其一切行为的根本目的都是为整个国家的利益服务。[①] 国际发展援助的本质是维护国家利益。这一点前文分析援助动机时已讨论过。美国在二战结束时对欧洲的援助，20世纪60—70年代对亚洲的集中援助；日本援助多倾向于亚太地区，特别是东南亚地区；法国对法语非洲的特殊情结；等等，无一不在说明国际援助是为促进和保护援助国的国家利益服务的。

---

① 李小云、唐丽霞、武晋编《国际发展援助概论》，社会科学文献出版社2009年版，第57页。

超国家行为体理论，针对因缺乏协调与配合，甚至出现援助国间相互竞争导致援助无效化的现状，提出了援助应该超越国家界限互助协调与整合。这个理论直接催生了多边援助机构——经合组织提出了援助"一致性"倡议，即援助国之间，援助国内部各部门间需要对援助政策进行充分的协调，从而实现受援国与援助国利益的最大化。①

国家内部因素外化理论则提出，在全球化的过程中，随着国家间联系日益密切，国际援助能够成为在全球化进程中推进各国价值观、社会文化与历史经验相互被接受的重要途径与工具。北欧国家的援助模式主要受这种理论的影响。如前所述，北欧国家通过在减贫扶贫和可持续发展中提供援助，将各个国家的发展理念和一些解决发展问题的模式向受援国推广，从而达到扩大自身影响力的目的。

从国际政治学的角度而言，无论是国家利益论、超国家行为体论还是国家内部因素的外化理论，都从根本上说明国际援助是最大限度为维护援助国的国家利益服务的，与受援国的发展问题并无直接或必然的联系。

2. 从发展经济学的角度看待援助与发展

发展经济学视角下的相关理论，可以说是对国际援助影响力最为深远的。从经济和社会发展的角度看，援助的目的在于帮助受援国实现发展。但是关于什么是发展，如何发展，以及如何通过援助实现发展则一直处于争论中。

从20世纪50年代以来，经济学界出现了各种各样的援助理论。罗斯托的增长理论认为，每个国家的发展会经历不同的阶段，而国际合作的功能在于为这些国家的起飞阶段提供资金。② 罗森斯坦·罗丹的"大推进论"（Big Push）则认为在所有领域同时投入大量援助可促发展。阿尔伯特·赫希曼和弗朗索瓦·培鲁的不平衡发展理论则认为发展应该从其中一个领域启动，援助也应该相应地投向这方向。60年代，斯特劳斯提出援助应该用来填补两个赤字：国内储蓄和外汇储备。1979年的诺贝尔经济学奖得主西奥多·舒尔茨特别关注农村贫困问题，他认为应该对卫生和教育领域进行援助和投资。

20世纪80年代以来的发展实践中，公共机构制度变迁和私人部门的制度变迁被认为是促进经济社会发展的重要议题，为此，国际发展援助中的很

---

① 李小云、唐丽霞、武晋编《国际发展援助概论》，社会科学文献出版社2009年版，第58页。

② 仲鑫：《对二战后发展理论及官方发展援助关系的思考》，《南京财经大学学报》2008年第2期。

多精力放在推动发展中国家的制度建设上。① 这个时期援助国集团开始奉行"华盛顿共识",即市场作用最大化、政府干预最小化、私有化和自由化等经济战略得以风行,并在受援国推行结构调整计划。② 于是,从 20 世纪 80 年代开始至 90 年代,各援助集团,特别是多边援助机构开始实施以非洲国家推进政治民主化与经济结构调整为附加条件的新一轮援助。众所周知,这一轮援助的效果相当不理想,对非洲国家经济和社会发展造成了毁灭性的打击,以至于整个 90 年代被非洲国家称为"逝去的十年"。

21 世纪初期出现了涵盖范围更加宽泛的援助理论与援助目标,即消除贫困。消除贫困被视为援助需要解决的根本问题。无论是双边援助方(指国与国之间)还是多边援助机构,都提出了各自对消除贫困的理解和解决方案。有人认为小型项目有助于削减贫困,有的提出需要改善社会保障来实现。新近提出的《重债穷国倡议》,则提出应该通过构建发展战略,通过援助使受援国融入世界经济体系促进发展实现减贫。这无疑将减贫与发展战略混淆。

以上对援助的不同理解,源于各个援助方关于发展主题的不同理解。

二战结束以来的几十年里,涌现出了各种不同的发展与援助理论。这些援助理念或援助模式都有如下几个特征。

一是为促进发展造成援助工作"涵盖"了一切。为了实现发展,所有方面都成为援助的重点。一旦所有问题都成为援助的重点,就意味着援助没有重点。那么援助的效果就可想而知了。

二是各个援助理论互不相同,都无法说服或者取代对方。这就形成双边与多边援助机构不同的援助体系。并且双边援助机构中,不同的援助国也因为各自援助的理念不同,存在很大差异。援助理念的非互融,造成各行为主体难以协调一致地实施援助,其援助效果也遭到怀疑。

三是虽然各援助方所依据的援助理论,在学界得到了广泛认可,但受援方对这些概念的理解却截然不同。比如,在不同人眼中消除贫困、政治民主化以及融入世界经济体系的标准是不同的。由此观之,援助工作开展不久就出现援助理念的可操作性与运用性问题。比如,20 世纪 90 年代非洲国家经济自由化改革和政治民主化改革中就出现了诸多问题。不同的援助机构,依据不同的衡量标准对非洲国家的政治经济改革评估后,开展模式完全不同的

---

① 李小云、唐丽霞、武晋编《国际发展援助概论》,社会科学文献出版社 2009 年版,第 67 页。

② 同上书,第 69 页。

援助。在双边与多边援助机构之间，因援助观念以及衡量非洲国家改革标准的不同而出现竞争，甚至争斗。不仅如此，还一度出现了双边援助机构持续援助非洲国家，而多边援助机构迅速减少，甚至暂停援助的状况。另外，类似世界银行与国际货币基金组织这些多边援助机构，将其对发展和缓助的理念，强加给受援国，并根据自己的衡量标准向非洲国家提供援助或制裁。在这样的背景下实施的援助，能在多大程度上推动受援国得到发展，一直是个未知数。

对发展与援助概念的不同理解，形成了不同的援助行为主体间的差异巨大的援助模式。援助体系内部各行为主体之间难以协调一致，导致援助体系的复杂性与无序性。加之受援国完全不具备协调与整合援助的能力，援助的有效性受到严重制约。

（三）援助体系的非对等性

围绕援助实施也存在系列问题。诸如，援助实施过程中的非对等性，指导援助实施的原则不对等，缺乏对等公正、有效的第三方评估体系，等等。

首先，援助实施过程中的非对等性。如前所述，在援助关系中援助方与受援方是完全不对等的。援助方决定着如何在受援国开展援助，援助计划也完全未与受援国的发展计划建立关联。出资者不仅不会考虑受援国的发展需求，不与受援国共同制定援助计划，反而直接决定所提供的援助将投向受援国的哪个部门。受援方为了得到援助这个当前国家发展中唯一的资金来源，① 当然不会对援助说"不"。在此背景下就出现受援国的"阳奉阴违"。即，很多受援国为了得到援助，表面上会答应援助国提出的各种援助计划、远景以及附加条件，一旦援助款项到手后，援助金并未如受援国的承诺被使用，而是用来解决受援国当时所面临的问题。援助实施过程中的不对等，造成国际援助体系的"异化"。因此，援助效果也难以得到一致的积极评价。这就不难理解，为何世界银行等多边机构的研究显示，援助对受援国宏观经济指数的增长所能发挥的促进作用可以忽略不计。

其次，指导援助实施的原则不对等。援助国经常想当然地将自身发展经验当成放之四海而皆准的发展模式强加给受援国，完全不顾及这些发展模式是否适合受援国。比如，学界经常讨论一个问题，即援助与"宏观经济指数"之间的关联。很多学者对世界银行的援助项目研究得出的结论是，需在有利的宏观经济条件下，援助才能对受援国的发展有效。但是，受援国大

---

① ［法］让-雅克·加巴：《南北合作的困局》，李洪峰译，社会科学文献出版社2010年版，第58页。

多缺乏所谓的有利宏观条件，或者说都处于亟须构建一个有利的宏观经济运行环境的时期。如果具备这些所谓的有利宏观条件，自然无须再接受援助。由世界银行这样的多边机构提出的所谓"放之四海而皆准"的荒唐的国际援助指导原则，显然与绝大多数受援国的发展需求背道而驰。这也从另一个层面说明援助体系的傲慢与"不接地气"。

再次，缺乏对等公正、有效的第三方评估体系。如何进行援助评估，涉及几个问题，一是对援助评估（作用、效率）以及对发展意义的理解需要形成相对一致的认知。二是评估者对援助在发展中国家所发挥作用的认知，需要与援助方、受援方对发展的认知相协调，能沟通对话。三是需考虑影响援助政策的外在因素对援助效果的影响。尽管越来越多的援助项目开始了评估，学界对援助评估的研究也有将近二十多年的历史。但是，由于以上这些非对等性问题的存在，真正客观的第三方评价体系难以建立。即便开展了援助评估，评估结果的可靠性也得不到保证。即使得出了相对公正的评估结果，也仅能在有限的范围内得到传播，不可能被其他的援助行为主体知晓与运用。实际状况是，即便到今天援助评估体系也并未得到广泛建立。各种援助机构在援助中存在的问题与教训，也远未被汲取。

（四）援助体系中非国家行为体的影响力

谈及援助效果一般分化为两种情况，仅满足援助方需求的援助与能同时满足援助国与受援国需求的援助。非国家行为体所开展的援助，容易出现第三类状况，与受援国内部体系形成竞争关系。这样的援助结果该如何评价？

1. 援助方形成的自主体系

在讨论援助的有效性的问题时，除推动受援国社会经济发展外，还会考察援助对受援助国的发展机制、规则与机构产生影响。一般认为构建机制是一个内在的过程，外力影响有限。因为构建机制需要通过社会联系产生作用。

如前所述，基于不同的发展与援助理论，出现了越来越多侧重点不同的援助模式。援助的模式与立足点日益多样化，也导致发展援助体系变得越来越复杂。而这种复杂性似乎正与国际社会本身的无序与复杂相关联。对于受援国而言，这个日益复杂和无序的援助体系变得更加难以应对。20世纪90年代，绝大多数双边援助机构都出现了"援助疲劳"①，援助数额大幅度减少。但与此同时，援助方在迅速膨大。这些援助方不仅持有不同的援助理念

---

① 所谓援助疲劳，是指援助国国内的领袖和民众都不太支持国际援助，对国际援助的投入开始迅速减少，国际发展援助总量停滞不前。

和模式，而且完全不关注受援国的发展需求，甚至仅仅依据自己的需求确定援助领域和优先项目。面对日渐庞大、无序和杂乱的援助方，受援国又缺乏管理各种援助项目的能力，更遑论协调与整合。在此背景下出现一种状况。比如，在很多非洲和东南亚国家可以看到，某个国家里负责实施扶贫计划的机构与当地的财政部脱钩，一国某机构内的研究团队得到的资助甚至比这个机构的负责人所掌握的资金要多出很多倍。于是，受援国的中央政府不仅面临无法协调国内各种各样的援助困境，甚至还要承受援助方对本国现有制度造成的挑战。援助不仅与当地的经济发展体系脱节，而且还形成一个自我维持与运转的"圈子"。目前私人企业资助的援助方以及非政府组织，似乎就正在形成独立于受援国能协调范围之外的、一股自成一体的援助力量，甚至是体系。

2. 非国家行为体在援助中的作用

诸如企业、银行、非政府组织，随着这些非国家行为体的逐步发展与壮大，用于发展南南合作的非传统渠道资金，即来自非国家行为体的资金和私人慈善基金逐渐增多。比如非国家行为体的经费和私人慈善基金 2006 年时分别增加到了 126 亿美元（占发展合作总额的 9%）和 148 亿美元（占 11%）。[①] 他们必然会"参与到国际游戏当中来"，参与各种政策制定的讨论，无论是国际援助政策还是受援国的政策。一方面援助行为体已经呈现多样化趋势。但另一方面国际体系中的政治对话格局似乎还没适应这种发展与变化。[②]

尽管目前的国际援助体系还是由国家行为体掌控。但是，在不远的将来，很有可能越来越多非国家行为体提供资金会成为主流。当前国际援助体系中，由国家行为体提供的基金、技术与国际社会资本的流动仅仅只是一小部分，南方国家为何还要继续与北方国家继续合作，而不选择与更加灵活与具有自主性的非国家行为体合作？在此背景下，由北方国家行为体所主导国际援助的有效性，也受到越来越多的质疑。

此外，数目不断增加的非国家行为体与主权国家之间似乎正在形成一个新的体系。由于对发展与援助的认知混淆，北方国家主导下的国际援助体系，根本不是根据受援国经济增长、社会发展、消除贫困、减少贫富差距、改善卫生条件、提高教育质量，衡量援助对发展的作用。这种主权国家行为

---

① 李小云、唐丽霞、武晋编《国际发展援助概论》，社会科学文献出版社 2009 年版，第 195 页。

② ［法］让-雅克·加巴：《南北合作的困局》，李洪峰译，社会科学文献出版社 2010 年版，第 64—65 页。

体间形成的援助体系,遭到受援国的批评。与此同时,非国家行为体似乎表现出能承担起越来越大作用的趋势。这两者之间的不协调,也在消解现有主权国家行为体主导的援助体系。

由此观之,国际发展援助在不断演变过程中出现了四个悖论,即国际援助的初衷与实际援助动机之间的矛盾,国际格局的无序化与援助和发展概念需要协调一致之间的矛盾,援助体系内需要对等性但实际情况中的非对等性,国际援助体系中以主权国家行为体为实施核心的影响力出现萎缩和非国家行为在国际援助体系中日益壮大的影响力之间的矛盾。这四组矛盾的存在,从根本上制约了国际援助在解决受援国发展问题方面的有效性。这个有效性的削弱,从某种程度而言,已经否定了国际发展援助存在的合法性。现存的国际发展援助体系能够长期存在,一方面是由于现有的国际关系格局正是各个援助国建立及主导的。另一方面不能忽视的因素是,在这个不对等的国际援助体系中,受援国也可以利用所接受的援助维护自身利益。

三 国际发展援助对大多数受援国的意义

尽管发展中国家对现有的国际援助体系有各种不满与抱怨,但是发展中国家从未脱离过这种不对称的援助关系。如前所述,主要原因是受援国需要援助资金来维持自身运转。一言以蔽之,无论实际情况如何偏离援助的初衷,援助方与受援国都接受了现状。因为各方都默认援助已逐步成为国际结盟和满足自身需求的工具。发达国家向发展中国家提供援助时所期待的回报是不言而喻的,比如政治结盟、经济机遇、确保在受援国的影响力不断扩大等。援助行动让援助国的私利在受援国得到保护。比如雅尔塔政治体系催生了雅尔塔援助体系。受援国也深谙这种政治经济关系背后的关键。

国际援助能长期存在的另一个因素是,受援国已形成对援助的依赖。援助依赖,指一国在没有外国资金和技术援助的情况下,其政府的很多核心功能无法正常发挥,比如机构的运转和维持、提供基本的公共服务等,[①] 尤其是援助方式从项目援助向预算援助转变的时候,援助依赖程度将会增强。[②] 本书所指的援助依赖,既包括受援国国内经济和政治社会发展对援助资金的依赖,也包括受援国在国际政治格局中对援助项目的依赖,即借助援助融入国际社会,并与不同国家建立关系。

---

① 孙同全:《国际发展援助中"援助依赖"的成因》,《国际经济合作》2008年第6期。
② 李小云、唐丽霞、武晋编《国际发展援助概论》,社会科学文献出版社2009年版,第193页。

（一）受援国政府对援助资金的依赖

受援国政府对援助的依赖体现在，由于无法实现"经济上的自立"，只能依靠援助才能勉强维持国家正常运转。由于长期经济发展乏力，国内各个产业发展水平较低，难以自给自足。很多受援国得到援助后都将援助资金迅速投入国家的各个部门，用于填补各个部门的资金空缺，或者偿还各种债务。特别对20世纪90年代的非洲国家而言，援助资金几乎成为本国经济赖以为继的"救命稻草"。比如，对于20世纪90年代的赞比亚政府，援助是政府得以运转的基础。[①] 尽管长期的贷款已经给很多受援国政府造成极大的债务压力，但由于一直无法实现经济上的"自立"，无奈只能继续依赖援助。东南亚国家中也存在这个问题。比如20世纪50—70年代，缅甸对日本官方发展援助的依赖极强。由于缅甸政府一直未实现经济发展的"自立"，因而对日本官方发展援助有超强依赖。这个时期日本对缅甸的援助总额，已经在缅甸官方总支出中占到1/3的比例。依靠日本持续提供日元贷款，缅甸才得以偿还之前所欠债务。20世纪60—70年代，保证缅甸政府正常运转的来源也是日本ODA。

（二）受援助国利用国际援助发展对外关系

众所周知，力都是相互的。当援助国给予受援国一个力时，也会得到受援国的一个反作用力。当援助国对受援国干预越来越大时，意味着受援国也能反过来利用这种力量。

随着"华盛顿共识"的实施，私有化、自由化、放松管制、减少国家支出等结构性调整被强加于越来越多的受援国。伴随经济结构调整而实施的援助，一直持续到21世纪初期。援助国对受援国的干预也越来越多，从受援国的经济到政治无所不包。这是国际援助所能存在的根本，即满足援助国的需求。通过援助干预受援国，实现对受援国的政治和经济控制，从而确保援助国的利益最大化。

同时，不能忽视受援国对援助的"反作用力"，通过接受援助能实现其对外关系的不同目标。比如，赞比亚从1990年开始被双边和多边援助机构控制了国家经济和多个政府部门。从表面上看，赞比亚这样的非洲小国，已经处于弱势地位，似乎完全丧失一个主权国家的行为能力。但是，小国似乎先天都具备"在夹缝中生存"的顽强能力。即便在这样的情况下，赞比亚政府利用接受双边机构的援助、拒绝多边机构的援助，为自己国内政治和对外关系发展争取到了回旋余地。缅甸在政治发展过程中也出现类似的状况。

---

① 赵姝岚：《当代赞比亚国家发展进程》，世界知识出版社2012年版，第254页。

比如，在 1988 年军政府执政后，"一边倒"向中国，接受了大量的中国援助。这对在 1988 年前一直是缅甸第一援助国日本造成不小的心理压力。让日本不得不通过减免债务和提供更多的无偿援助来保持日本与缅甸政府之间的密切关系。同时，这个时期缅甸所接受的中国援助及直接投资，都成为缅甸坚持自己政治发展道路，少受外界干预的保障。

由此可知，在不对等的国际援助体系中，尽管受援国处于绝对弱势地位，但并不意味着它们是完全被动的。当援助成为实现援助国对外战略的政策工具时，受援国接受或者拒绝援助，也能成为这些国家在有限条件下实现自身利益的工具。

四　国际发展援助体系中的日本官方发展援助

如果从援助的初衷衡量援助的有效性，主要看援助是否促进了被援助国的发展。但从援助体系的发展现状以及援助国的角度而言，衡量援助的有效性，实际在于援助是否能在最大限度上维护援助国的利益，同时也满足受援国的需求。如前所述，在目前的国际关系格局下存在着多个矛盾，其中的国际援助体系的无序性与国际关系格局的非对等性，从根本上决定着援助难以真正服务于受援国的发展问题。但为何援助能持续至今，关键在于一方面援助方能通过援助实现政治结盟、经济利益的最大化，乃至价值观的输出等。另一方面受援方援助已成为其保持现状的依赖。现有的国际关系格局，是由援助国中的发达国家所建立与主导的。这个由发达国家主导的国际关系格局，自然会最大限度为这些国家的利益服务。当然，还不能忽视在这个不对等的国际援助体系中受援国所扮演的角色。对于受援国而言，接受援助也是实现政治结盟的一种选择，加之援助是很多受援国维持国家正常运转的主要资金来源，以及在有限条件下实现局部利益的工具。因此，对于受援国而言，国际援助体系并非是有百害而无一利的。也就是说，尽管国际援助体系存在诸多不合理与局限性，但是由于能同时满足援助国与受援国的需求，故得以存续至今。

从 1992 年起，日本取代美国成为全球最大援助国。美国鼓励日本利用发展援助在亚太地区有所作为，与美国共同承担起在亚洲的防务重任。[①] 日本利用发展援助逐步扩大在亚太地区的影响力。日本的援助动机更多集中在避免冲突、寻找经济发展机遇、实现政治结盟，受援各国的发展问题并未成

---

① ［法］让-雅克·加巴：《南北合作的困局》，李洪峰译，社会科学文献出版社 2010 年版，第 39 页。

为日本追求的直接目标。① 但是，这种不对称的援助并未遭到受援国的反对，相反，成为援助国与受援国政治结盟的武器。比如，借助发展援助，日本逐步扩大了在亚太地区，特别是在东南亚的影响力。日本 ODA 之所以能够取得这些成效，一方面源于援助目标比较清晰，另一方面在于日本在援助实施过程中"放低身段"，寻找日本国家利益与受援国发展需求的结合点。在实现自身利益的同时，能够顺带满足受援国的需求。这或许是日本 ODA 区别于其他发达国家发展援助的特质。

（一）日本官方发展援助的开启

在二战后国际体系中，相对于西方发达国家而言，日本是一种弱势存在。战后日本战败国的身份，加之受到美国的监管，以及日美安保条约等协议的签署，都极大限制了其通过军事手段或者政治手段在国际格局中占据一席之地的能力，严重阻碍了日本战后崛起。这些因素，让日本在国际格局中成为一种相对弱势的存在，不能理直气壮地提出某些主张，只能通过迂回的形式实现自己的战略目标。故其倾向于放低姿态开展对外交往。这种由于先天不足造成的对外交往中的放低姿态，其实有利于日本与受援国形成某种契合，能够尽快消除隔阂，推进国家间关系发展。

由于在国际体系中日本完全不具备所谓"普通国家"所具有的一切。加之在诸多方面受到限制，日本能够使用的在国际格局中扩大影响力的媒介与手段极为有限。但是如果以经济援助的方式与周边国家建立经济关系，不仅有助于日本对外获取资源助其经济复苏，而且有助于拓展日本的国际空间。基于以上几方面因素，援助成为二战后日本实施其对外战略的主要政策工具。冷战结束后，在开展 ODA 时，为了实现国家利益的最大化，相较于西方发达国家，日本会更多考虑受援国政府的感受。故日本 ODA，似乎比西方国家的援助更容易得到受援国的回应。日本 ODA 也成为国际援助体系中的一个独特存在。

日本的发展援助项目是从亚洲邻国开启的，并在很长时间内都集中于该地区。随着1954年科伦坡计划的签署（里面已经包含了战后赔偿），日本开始了对东南亚国家的 ODA。与此同时，ODA 也逐步成为日本发展对外关系的支柱。② 截至1972年，日本对外援助金额的98%投向了亚太地区。到

---

① ［法］让-雅克·加巴:《南北合作的困局》，李洪峰译，社会科学文献出版社2010年版，第39页。
② Kyoko Hatakeyama, "Japan's Aid to Vietnam: Become an Intellectual leader?", *Japanese Studies*, Vol 28, No 3, December 2008, p.345.

1990年，日本对外援助的将近60%依旧投向亚洲。① 这主要是因为，将大量援助投给亚洲能让日本得到很好的经济回报。对亚洲国家的援助，不仅能扩大日本对这个地区的进出口贸易，还能为日本产品与亚洲国家的政府采购建立联系。同时，日本援助的战略责任也迫使日本将对外政策的慈善、经济和政策目标结合在一起，② 援助为日本实现了很多方面的战略利益。不仅让日本逐步与东南亚国家建立起了友好关系，还将日本塑造成一个向发展中国家提供帮助与发展模式的"援助大国"。

（二）日本官方发展援助的发展

日本 ODA 大致可以划分为两个阶段，即 1992 年以前与 1992 年以后。1992 年以前，由于缺乏国际政治地位，同时又为日本经济尽快实现复苏，日本 ODA 开始集中于通过经济援助消除二战中受日本侵略国对其的不良印象，换取经济利益和政治接纳，而无较多附加条件。

1992 年以前，日本对外援助表现出了对于基础设施建设资助的强烈偏好。这是因为，援助基础设施不仅能让日本公司通过政府采购获利，而且日本期待通过向受援国推广发展经验，提高自身的国际地位。基于对东亚经济发展的经验总结，日本认为大规模的建设基础设施是这些欠发达地区国家经济发展不可或缺的，基础设施建设能帮助受援国实现自立型发展。③ 尽管日本 ODA 投入巨大，但由于缺乏援助理念和明确的援助实施原则，一直得不到国际援助界的认可。从二战结束后至 20 世纪 80 年代初期，援助并未帮助日本扩大在安全领域的存在感，日本援助从援助政策至援助目标都被批评为其经济利益服务。④ 甚至一度被西方援助界批评为服务于其经济动物属性的功利型援助，缺乏普世价值观的推广。很多西方学者明确提出日本 ODA 由于缺乏真正意义上推进西方式的"普世价值观"，即"民主政治和自由化经济"，仅为本国国家利益服务，是在利用 ODA 这种经济战略工具，实现政治与经济利益。如 Severine Blaise 认为，日本对东南亚的援助是为其在该地

---

① Koppel, Bruce M. and Robert M. Orr, "A donor of consequence: Japan as a foreign aid power", in *Bruce M. Koppel and Robert M. Orr* (eds), Japan's foreign aid: Power and policy in a new era, 1993, p. 5.

② ［英］马丁·拉德纳：《日本对东南亚的官方发展援助》，《现代亚洲研究》1989 年 2 月，转载于《南洋资料译丛》1990 年第 2 期。

③ Rix, Alan, *Japan's Foreign Aid Challenge: Policy Reform and Aid Leadership*, London: Routledge, 1993, pp. 15-16.

④ 关于这方面的论文参看 Gilpin, "Where Does Japan Fit In?"; Lincoln, *Japan's New Global Role*; Samuels, Rich Nation, StrongArmy; Huntington, "Why International Primacy Matters"; Heginbotham and Samuels, "Mercantile Realism"; Hollerman, *Japan's Economic Strategy in Brazil*, pp. 1-31。

区的直接投资服务的,日本为东南亚各国修建的基础设施,就是为直接投资创造各种条件。① Kenneth King 和 Simon McGrath 都认为,日本企业之所以能够在东南亚迅速打开投资市场,得益于援助对其帮助。他们认为日本的援助已经并非是单纯地向全球欠发达国家提供知识与转移,而包含着比较复杂的商业利益在其中。② Carol Lancaster 认为日本的对外援助在确保日本扩大对外出口和获得原材料方面发挥了关键作用,商业驱动是日本分配援助和运用援助的主要驱动因素。③ Marie Soderberg 认为日本的 ODA 已为日本对东南亚的直接投资做好各种准备,因此,认为日本的 ODA 就是一桩生意。④ 以至于在很长一段时期内,日本发展援助已经成为"服务于其经济发展,致力于其经济复苏与发展"的工具。⑤ 此外,日本发展援助机构内部存在的问题也饱受诟病,研究者认为日本援助机构内部缺乏政治领导力,造成其内部援助各个部门之间无法协调工作。⑥ 因而日本发展援助一度被断定为难以成为国际援助领域的领导力量。⑦

1992 年,日本成为世界第一援助大国时,开始思考如何利用发展援助谋求更大政治回报,树立起负责任的大国形象。1992 年日本出台了《ODA 大纲》,提出日本的 ODA 将更加关注于推进普世价值观,这一变化直接影响之后的日本 ODA。

20 世纪 90 年代中后期,针对国际援助领域中提出要将援助重点放到"贫困削减"方面,日本认为其基础设施项目有助于贫困削减,因为通过提供日元贷款,促使受援国通过自身努力偿还贷款,这样的"有偿援助"能够刺激受援国经济发展并能增加就业机会。因此,日本深信具体削减贫困的项目,不仅不应该削减对社会设施的支持,比如教育、医疗和卫生设施,而且需要增加对经济部门,诸如在改善基础设施和法律体系及人力资源发展等

---

① Severine Blaise, Japanes Aid as A Prerequisite ofr FDI: The Case of Souheast Asian Countries, Australia-Japan Research Centre Crawford School of Economic and Government Anu College fo Asia and The Pacific, 2009.
② Kenneth King and Simon McGrath edited, "Japanese Aid Policy and Practice", in *Knowledge for Development: Conparing British, Japanese Swedish and World bank Aid*, HSRC Press and Zed Books, 2004, p. 190.
③ Carol Lancaster, "Japan: the Rise and Decline of an 'Aid Superpower'", in *Foreign Aid: Diplomacy, Development, Demestice Politics*, The University of Chicago Press, 2007, p. 110.
④ Marie Soderberg, The Business of Japanese Foreign Aid: Five Case Studies from Aisa, Routledge, 1996.
⑤ Hook and Zhang, "Japan's Aid Policy since the Cold War".
⑥ Takagi and Kawai, "Japan's Official Development Assistance".
⑦ Hirata, "New Challenges in Japan's Aid".

部门的支持。① 日本认为这些部门的发展，还需要通过外国直接投资、技术转移和扩大贸易来得到推动，只有这样才能逐步削减贫困。但是，这样的援助理念与国际主流援助理念相悖。因而，日本再次遭到国际援助界的批评。

一方面是国际援助领域的压力，另一方面是日本国内开支缩紧，以及日本民众对援助额度扩大反对。面对国内压力，日本政府不仅不再能够扩大援助数额，还必须大幅度削减援助金额。1998 年，首次出现了 1992 年后日本 ODA 预算同比下降 10.4%。自 2001 年以来的援助削减更加显著。小泉纯一郎政府改革了日元项目的财政投资后，传统意义上的被称为"贿赂基金"的日元贷款开始出现困境。②

日本开始寻求在有限的援助数额中获得更大收益的援助模式。2002 年初小泉纯一郎首相提出举办"亚洲国家发展倡议"论坛。③ 这是日本官方第一次将其对于本地区经济复苏所做出的贡献与经验进行全方位宣传。这次会议向全球推广日本关于经济复苏的理论，即以建设基础设施、发展人力资源、加强公共机构能力、建立贸易与投资之间的关系作为经济恢复的四大支柱。日本希望这些理念能为亚洲和非洲国家短期内实现复苏提供指导。

2002 年的"亚洲国家发展倡议"表明日本开始思考如何影响全球援助理论。援助、贸易、投资和发展理念模式的结合，构建起了四位一体的模式，不仅让援助成为日本最为重要的战略工具，而且有可能让亚洲国家通过援助接受并采纳日本提出的复苏模式。日本期待通过实施与发展理念相结合的援助，让亚洲国家领导人将日本视为经济领域的发展核心。日本援助机构认为，日本提出的所谓"亚洲发展倡议"提供了一个改变现有援助体系的可能。尽管这个理念当时未能在全球范围内产生影响力，但是日本并没有放弃，开始在越南等东南亚欠发达国家的援助中践行这些援助理念。

"9·11"事件后，全球援助体系出现较大变化，反恐怖主义成为主题。日本由于自身财政状况的限制，无法像其他发达国家一样通过资助多边机构和双边援助来表示支持。为了缓解来自其他援助机构和国家增加援助金额的压力，日本希望通过掀起一场全球性的援助理念的讨论来解决困境。即广泛宣传自己在全球的关于经济发展经验与援助模式，并围绕援助理念和内容的变革引发讨论，从而达到扩大自己在援助体系内影响力的目的。在这次关于

---

① MOFA, ODA White Paper 2002, http://www.mofa.go.jp/policy/oda/white/2002/part1_1.html#sub_c（accessed July 2005）.

② 改革的后果是，不再从邮政储蓄和养老金储备基金中强制征用存款，在某种程度上，政府失去了对 ODA 基金的相对的独立来源。

③ 日本政府首次在 1995 年的联合国大会上提出"亚洲发展模式"。

援助理念的大讨论中，日本继续推广自己的援助模式与理念，以基础设施建设为主，结合直接投资、技术转移以扩大受援国贸易，最终实现贫困削减。

然而，21世纪初期，国际援助界似乎并未采纳这种通过外国直接投资、技术转移和扩大贸易来削减贫困的援助模式。这意味着日本与世界银行和国际货币基金等国际组织之间在援助理念上的分歧已经无法调和。不仅如此，分歧似乎还在扩大，突出表现在，2011年后日本发展援助模式和理念，再次遭到国际援助机构和学术界等各方批评。他们认为日本ODA在很长一段时期内缺乏清晰的援助原则与援助哲学，日本的对外援助依旧是服务于日本企业经济利益的工具。①

随着日本对越南发展援助项目"石川"项目的完成，国际金融机构和学术界对日本援助理念的认知，才开始发生改变。日本的发展援助也开始得到来自受援国的逐步接纳和认可。

（三）日本官方发展援助的特点

国内学界对于日本的ODA有两种看法，一种提出日本ODA已成为其发展对外关系的工具，并为维护其海外经济利益和政治利益发挥了关键作用。如韩爱勇和熊昊认为，日本对东南亚的ODA，根本目的在于实现其在这个地区的政治利益。②刘舸则通过分析各个时期日本ODA的政策，认为日本的ODA不仅帮助日本实现了海外经济利益，而且帮助日本成为政治大国。③另一种看法认为，由于缺乏长期国际战略眼光，ODA更多成为日本"经济外交的工具"，虽然同时也为日本实现了政治利益，但并未实现让日本从经济巨人成为政治强国的目标。如林晓光认为，在以"经济中心主义"为突出特点的日本外交中，日本ODA为日本实现了经济、政治等利益，但是日本的"国家主义"和"极端民族主义"导致其难以得到国际社会的信任，影响了ODA效果。④徐梅认为日本的ODA对发展日本经济、实现日本的海外利益发挥了较大作用，已经成为日本实施全球化战略经济外交途径。⑤

本研究认为，ODA在战后成为日本扩大对外投资的绝佳战略工具。因为，日本通过发展援助与受援国之间构建了一种相互需求的关系，在实现自

---

① Arase, *Buying Power The Political Economy of Japan's Foreign Aid*, Lynne Dienner Publisher, 1995; Lincoln, Japan's New Global Role; Ensign, *Doing Good or Doing Well: Japan's Foreign Aid Program*, Columbia University Press, 1992.

② 韩爱勇、熊昊：《政府援助与政治收益——以日本对东南亚国家的援助为例》，《国际关系学院学报》2009年第1期。

③ 刘舸：《日本ODA政策发展阶段及其外交目标分析》，《日本问题研究》2003年第3期。

④ 林晓光：《战后日本的经济外交与政府开发援助》，《亚非纵横》2005年第1期。

⑤ 徐梅：《日本政府开发援助及其外交策略》，《当代世界》2008年第2期。

身利益的同时，也得到了受援国的认可。这是日本援助不同于其他国家援助的独特之处。也就是说，无论从受援国的角度还是援助国的角度，援助都达成了目标。由于日本的援助模式貌似能与受援方的需求形成某种契合。从某种程度而言，日本的发展援助使日本与受援国各取所需，实现了"双赢"。

日本的对外战略中固然存在缺陷，如 David Arase 所提出的，日本对外援助在整个 20 世纪 90 年代饱受批评，因为其缺乏对受援国需求的关注，缺乏与国际援助体系和援助目标的融合，缺乏对贫困削减方面的援助。但是从新千年开始发生了很大的变化。日本开始关注受援国教育水平、城镇医疗水平、文化中心建设、城市卫生系统的建立等社会发展方面的问题，也就是说日本对外援助的视野发生了很大变化。① 这从日本对 GMS 国家的援助可窥见一斑。比如日本针对缅甸金融体系的无偿援助与技术合作，通过"石川项目"为越南建立市场经济体制提供无偿援助与技术合作，为柬埔寨的公务员提供技术培训，以及为非洲国家修筑道路、机场、车站、上下水道、水井等基础设施，无一不是在改善这些国家的整体投资环境及居民生活环境。这些项目已经"从上至下"对受援国产生影响。一旦各种条件具备，日本政府及日本企业所能在这些国家发挥出的影响力或超出想象。而这些项目在实施结束后，几乎都实现了援助的政治目标，即通过援助促进了与受援国之间的政治、经济和文化关系，并且依托数额巨大的 ODA 直接影响了双边关系的发展。

ODA 实施多年，虽未实现让日本成为联合国安理会"常任理事国"的目标。但是，通过援助日本已经将自己逐步塑造为一个"和平的国家"，并为成为"政治大国"做着各方面的准备。如日本对东南亚和非洲的 ODA。ODA 可能无法在短期内为日本制造业在海外投资创造各种必备的条件与设施，却是在逐步推动受援国完善基础设施。由此可以认为日本的 ODA 已成为日本发展双边关系的主要工具。② 从受援国的角度看，能否接受到日本大额的日元贷款，以及日本对其在教育和卫生方面的援助规模，已经可以作为衡量此国与日本关系远近亲疏的主要标准。发展援助这个政策工具已经完全具备了影响日本对外关系发展的能力。以下通过国别，分别讨论日本对 GMS 国际的 ODA 如何影响日本与这些国家的双边关系。

---

① David Arase, *Japan's Foreign Aid, Old Continiuities and New Directions*, Routledge Taylor and Francis Group, 2005, p. 268.
② Ibid., p. 270.

第二节　日本对泰国的官方发展援助

一直以来，日本是向发展中国家提供 ODA 数额最大的国家。在日本的发展援助中，泰国一直是非常重要的国家。自从 1966 年以来，日本对泰国的援助不断增加。因此，日本对泰国的援助引起了许多学者的兴趣。

有不少学者通过分析日本与泰国援助的模式和成效，给予日本对泰国援助积极的评价，例如 Leelasornl 认为，由于日本和泰国之间建立起了平等的合作关系，日本能够基于双方的合作框架和泰国的国家发展计划，制订周详的援助计划，因此日本对泰国的援助收效甚高，日本援助对泰国基础设施的建设贡献颇多。① 而 Khan 则把日本对泰国的援助放在对东南亚援助的区域框架下，通过数理统计模型分析日本对包括泰国在内的东南亚国家的援助，认为日本对泰国等东南亚国家的援助效果优于美国、英国等西方国家的对外援助。但他同时认为，从援助的整体情况来看，所有的援助都存在问题，都是从官方到官方的沟通，很少听取受援国民间的呼声，日本对泰国的援助也不例外。日本援助需要更多了解民间需要，才会更加有效。② 也有学者质疑日本对泰国援助的性质，尽管泰国曾是日本的最大援助对象，但是日本给泰国的援助全是日元贷款，无偿援助份额太少，援助成为日本投资泰国的工具。③ 特别是，这些双边贷款大多数被用于基础设施建设，比如新的高速公路和加油站。这些道路一般是连接泰国的日本企业与泰国重要城市间的道路。对比一下，截至 1996 年，日本对泰国的日元贷款达到了 41.69 亿日元，而无偿援助则只有 8.77 亿日元。④ 因此，很多学者认为，日本对泰国的援助，受到对泰国浓厚的经济和商业利益驱动。如 Seekins 曾指出，对日本援助持有怀疑态度的观察家，形容日本的 ODA 是联系日本与受援国之间贸易与投资的主要工具。⑤ Satake 指出日本援助缺乏责任感与透明度，根据他的

---

① Leelasorn, A. "ODA from Japan and other donors in Thailand", in Arase, D. ed., *Japan's Foreign Aid: Old Continuities and New Directions*, Rutledge, 2005, pp. 253—266.

② Khan, H. A. "Japanese aid to South and Southeast Asia: a comparative analysis", in Arase, D. ed., *Japan's Foreign Aid: Old Continuities and New Directions*, Rutledge, 2005, pp. 224—234.

③ Orr, Robert M., Jr., *Nihon no Seisaku Kettei Katei: Taigai Enjo to Gaiatsu (Japan's Policymaking Process: Overseas Aid and Foreign Pressure)*, Tokyo: ToyoKeiza Shinposha, 1993, p. 94.

④ Ministry of Foreign Affairs (MOFA), *Japan's ODA 1997*, Tokyo: Association for Promotion of International Co-operation, 1997, p. 193.

⑤ Seekins, Donald M., "Japan's Aid Relations with Military Regimes in Burma, 1962—1991", *Asian Survey*, 32 (3), p. 251.

研究，日本的 ODA 受到泰国政治精英的操控，而且仅仅对私人企业有利。她认为，尽管日本政府在泰国实施了很多 ODA 项目，但是在这些项目实施过程中都缺乏透明度。① 此外，另一个围绕日本 ODA 的运用展开的论战认为，ODA 项目导致了环境恶化，这是基于对 Nam Choam 水坝建设项目的案例分析提出的。这个项目得到了日本 ODA 的特别资助。根据 Sumi 的研究，项目的实施未得到当地社会的认可，受到影响的民众为保护环境而反对水坝建设，还得到了国际非政府组织的支持。1988 年，泰国官方最终放弃了这个项目，尽管日本政府从未放弃对水坝建设的援助。②

关于日本对泰国的官方发展援助，学术界从不同的角度给出了不同的结论。本研究的基本观点是，日本对泰国的援助从 1954 年开始持续至今，对两国实现了某种程度上的"双赢"。以下从三个方面展开讨论。首先讨论日本为什么要把泰国作为东南亚地区援助的主要对象，随后讨论日本对泰国的援助的特点，第三通过案例分析讨论日本援助对泰国经济社会发展的影响。

一　泰国缘何成为日本的重点援助对象

如前所述，自 20 世纪 50 年代日本对发展中国家开始实施 ODA 以来，泰国一直是重要的援助对象。两国间的历史渊源促使日本选择泰国作为恢复与亚洲国家关系的突破口。早在 1898 年，明治维新后的日本就与朱拉隆功国王统治下的泰国签订了商贸协定。③ 到一战开始时，日本并不是泰国重要的贸易伙伴，尽管第一次世界大战时，两国间的商贸往来已相当频繁。一战结束时，泰国国内出现了西方物资的短缺，日本迅速弥补了这个空缺。这为日本在泰国获得了贸易优势。由于日本商品价格相当便宜，因此日本设法控制住在泰国的商品份额。到 1932 年，日本已经占据了泰国市场上短缺物资的最大份额。而在第二次世界大战期间，泰国的政治精英与日本合作，确保泰国未被入侵，但沦为日本的庇护国。从此泰国成为日本在亚洲最为紧密的政治和经贸伙伴。1942—1945 年，泰国得到了 54 亿日元现金及 96 亿日元的货物和服务资本的援助。④

二战结束后，泰国巧妙地寻求到了战胜方的同情，成为战胜国。20 世

---

① Satake Yoko, "Mura to Kankyo no Hakai (Village and Environment Deterioration)", in Yoshinori Murai, ed., *Kensho: Nippon no ODA (Testimony: Japan'sODA)*, 1992.

② Sumi, Kazuo, *ODA Enjo no Genjitsu (A Reality of ODA)*, Tokyo: YuwanamiShoten, 1990, pp. 34-36.

③ UNDP. *Human Development Report* 2005: *International Cooperation at a crossroads Aid Trade and Security in an Unequal world* [M], Hoechstetter Printing Co. 2005.

④ *Bangkok Post*, 3 June 1994.

纪 50 年代，日本对泰国的投资和贸易热情被唤醒。此时，与中国的贸易量相当少。受到与日本公司合作的经济利益的驱使，需要加强工业发展的泰国，将与日本的合作视为确保安全的一个方式。加之当时要反对共产主义，这个政治因素推动泰国领导人竭力加强发展与日本等国的关系。对于战后的日本而言，尤其是本国经济起飞以后，日本通过战争赔偿和经济援助，力图恢复与亚洲国家的关系。鉴于当时冷战状态下的国际和区域形势，日本优先发展与东南亚国家的关系，泰国理所当然就成了突破口。[①] 为了使泰国成为日本最佳对外出口和直接投资对象国，需要促进泰国的社会经济发展，由此援助就成为既能密切两国关系，又能促进泰国发展的手段。因此，最初日本对泰国的援助源于经济上的需求。随着 ODA 逐渐成为日本发展对外关系的主要手段后，援助的目的也日渐多样化。它不仅成为密切双边关系和增强日本在泰国政治影响力的手段，而且成为改变日本国家形象的一个重要环节。以下从援助对日本经济发展的作用、对扩大日本在泰国的政治影响力和树立日本的国际形象三方面讨论日本对泰国援助的目的。

首先，对泰国的援助有利于日本促进国内经济发展。二战结束后不久，日本在美国的帮助下得到了经济恢复和发展的机遇，急于在亚洲寻找对外经济合作伙伴。在此情况下，日本将与其有着传统友好关系的泰国作为首选，帮助泰国发展经济。反过来，这对日本而言也是一种安全保障。[②] 从 20 世纪 60 年代起，泰国成为日本 ODA 对象。日本最初的援助大多投向泰国经济社会发展最急需的领域，如电力开发、公路、铁路等基础设施建设，并提供大量机械与成套设备，为泰国走上工业化道路提供了帮助。这也是后来日本建设行业和工程公司能够在这个地区扩大业务的重要原因。[③] 90 年代初，日本陷入了泡沫经济的泥沼，尤其是与欧美国家发生了贸易摩擦后，急于扩大对亚洲国家的贸易和直接投资，因此日本进一步加强了与泰国的经济关系。亚洲金融危机爆发后，泰国又成为日本缓解国内经济危机、弥补国内劳动力不足的主要贸易与投资对象。[④] 在日本与泰国的经济关系中，ODA 始终发挥着重要作用，它为日本企业占领泰国市场提供了巨大便利，同时又刺激了日

---

① 外務省、『日本外交書サンフランシスコ平和条約：対米交渉』、2006 年、http://mofa.go.jp/mofaj/annai/honsho/shiryo/bunsho/h18.html［Accessed 13-11-2010］。

② Soderberg, M. "Road to development in Thailand", in Soderberg M., ed., *The Business of Japanese Foreign Aid: Five case studies from Asia*, European Institute of Japanese Studies East Asian Economics and Business, Rutledge, 1996, p. 91.

③ 邓仕超：《从敌对国到全面合作的伙伴：战后东盟—日本关系发展的轨迹》，世界知识出版社 2008 年版，第 26 页。

④ 刘华英：《从 ODA 看日本与亚洲经济的互补性》，《现代日本经济》2002 年第 4 期。

本国内的生产。从这个意义上说，日本对泰国的援助为日本经济实现转型、扩大进出口和走出经济危机发挥了作用。

其次，对泰国的援助有利于扩大日本在该国的政治影响力。二战结束后，日本的对外援助从最初的战争赔款，逐渐演变为发达国家对发展中国家进行的发展援助，同时也成为日本发展对外政治关系的有效手段，其对泰国的援助实际上政治目的更为明显。纵观20世纪60年代以来日本对泰国的援助，通过日元贷款、无偿援助和技术合作，日本对泰国国内的基础设施建设、人才培养、产业竞争力的提高、政府职能改革、救灾防灾以及疾病防治等多个方面开展援助，在援助的过程中逐渐渗透至泰国的政府各个机构中，并在此过程中使日本的管理经验和价值观发挥影响力。① 因此，日本通过援助增进日本与泰国之间关系，尤其是试图加强泰国对日本的依赖，增进泰国对日本的信任，最终使泰国成为日本在该地区的亲密盟友，为不断扩大日本在该地区的政治影响力奠定基础。

再次，对泰国的援助有利于使其成为日本进一步介入大湄公河次区域合作的桥梁。日本政府充分认识到，泰国在大湄公河次区域合作中具有地缘优势，东西和南北经济走廊都经过该国，而且泰国的经济发展水平在次区域处于领先水平，加之政治制度也最能让日本接受。因此，通过日本的ODA，充分体现泰国在次区域合作中的重要性，力图通过泰国推动该地区的合作。其实质就是促使泰国在次区域合作中尽可能地配合日本介入的战略意图，从而扩大日本在该地区的政治影响力，为进一步主导大湄公河次区域合作奠定政治基础。不仅如此，世纪交替之际，泰国由受援国发展成为援助国，日本由此把泰国标榜为通过ODA发展起来的样本，并要求泰国把日本援助的经验、泰国的发展经验传授给周边国家，让泰国成为日本在该地区乃至更多的发展中国家中开展政治合作的前沿阵地。

二　日本对泰国援助的几个阶段及其特点

日本对泰国的援助始于1954年的技术合作，即日本邀请21名泰国人赴日进修，但真正具有规模的援助始于1967年的首批日元贷款，数额为100亿日元，1970年日本开始对泰国开展无偿援助。② 从此援助成了发展双边政治和经贸关系的主要纽带。截至2006年，日本对泰国的无偿援助累计达到

---

① 黒田将貴：『タイと日本の関係：政府開発援助ODAを中心として』、國學院大學経済学部，『タイにおける経済・社会開発——人々の働き方とコミュニティの変容』，2006年，第255—256頁。

② 外務省，『タイ王国における調査』、日本参議院第3回参議院政府開発援助（ODA）調査派遣報告書，2008年。

1591.45 亿日元，技术合作项目的金额累计 2032.05 亿日元，日元贷款累计 20447 亿日元。① 其中无偿援助的项目都集中在学校、职业培训中心、福利设施和科研机构等基础设施以及防治灾害与疾病等方面。② 日元贷款项目主要集中在基础设施、各产业部门、社会服务设施等方面。日本之所以能通过援助逐步实现既定的目标，不仅仅因为投入的援助数额巨大，而且在于日本将自身的援助目标和泰国各个阶段的发展目标相结合。根据日本的援助目的和泰国的实际需要，日本对泰国的 ODA 大致可分为如下具有不同时代特点的四个阶段。

（一）援助摸索期（1954—1977 年）

这一时期日本的 ODA 还处于摸索阶段，没有明确的外交战略指导，对泰国援助的特点是救济性援助，且大多集中在基础设施领域。这一时期，泰国正值战后经济恢复和发展阶段，在很多方面都需要得到外援，尤其是在工业和社会基础设施建设方面。因此，无论是日元贷款还是无偿援助都集中在对泰国经济发展具有重要作用的基础设施建设上。据日本外务省公布的数据，这一时期日本对泰国援助项目中，日元贷款集中在通信设施、铁路、港口和航线、水电、高速公路以及农业灌溉系统等方面；③ 而无偿援助则集中在通信设施、工程器材、科研实验室、大学体育设施、水稻种植试验、职业培训学校中的日语教学设施、职业培训等方面。这些援助中用日元贷款和无偿援助，大量购买日本生产的机械和成套设备，从而推动日本国内加工制造业部门不断扩大生产，并更换落后的机械和成套设备，直接刺激了日本国内工业的发展；而人才培训项目则为日本的无偿援助赢得了口碑。例如，从 60 年代开始的对先皇技术学院（King Mongkut's Institute of Technology）的无偿援助项目，一直持续了 40 多年。在日本的援助下，这所原来仅有 23 名学生的大学，如今已经发展成为拥有七个院系（其中包括研究生院）、在校学生达 2.2 万名的工科类综合性大学，在泰国颇有名望。它已成为日本对泰国无偿援助的标志性项目。④ 总之，这个时期的援助，无论是对教育和培训领

---

① 黒田将貴：『タイと日本の関係：政府開発援助 ODA を中心として』、國學院大学経済学部、『タイにおける経済・社会開発——人々の働き方とコミュニティの変容』，2006 年，第 118 頁。

② 日本外務省、『67 年度から 90 年度までの有償資金協力及び無償資金協力実績』、http: //www.mofa.go.jp/mofaj/b_v/odawp/index.htm. ［accessed 16-12-2010］。

③ 同上。

④ 日本外務省、『日本とタイの経済と開発協力』、www.th.emb-japan.go.jp/jp/oda/index.htm. ［accessed 12-10-2010］。日本国際協力機構研究会、『タイ国別研究会報告書——援助から新しい協力関係へ』、2003 年。

域的援助还是对交通、通信等基础设施的建设，不仅从客观上促进泰国社会经济发展，而且为日本企业对泰国的直接投资铺平道路。如前所述，日本政府以泰国作为突破口来恢复和发展与东南亚国家的政治经济关系。但当时包括泰国在内的东南亚国家的基础设施都非常落后，远远不能满足日本企业直接投资的条件。在此情况下，改善泰国的投资环境成为首要问题，因此日本从援助初期开始，将大量的日元贷款投入泰国基础设施的完善方面。这也是援助初期的特点。这种援助模式，其实与日本的商业利益密切相关，即与日本公司的出口市场的扩大密切相关。

（二）援助扩大期（1978—1987年）

这个阶段日本对泰国援助处于战略扩大阶段，援助的目的从单纯的经济利益延伸到全方位战略。日本调整援助战略有其时代背景。

首先，越战结束后，随着美国在该地区的影响力锐减，美国期待日本作为一股经济力量，在本地区发挥更大的作用。美国影响力的锐减，为日本在中南半岛发挥政治影响留下了空间。从这个时期开始，日本援助被用于政治和外交目的，超越了早期的商业目的。

其次，为了加强与东盟及各成员国的关系，日本政府于1977年提出"福田主义"，宣称日本以"对等合作者"的立场，在政治、经济、社会、文化等各方面与东南亚国家加强交流，增进互信。① 在"福田主义"政策指导下，日本对包括泰国在内的东南亚国家开展援助是为了建立相互依赖的政治关系。2003年为进一步巩固日泰关系，宣布ODA金额在原有基础上增加3倍。②

再次，东南亚多个国家对日本援助发出强烈批评，要求其调整援助政策。随着连续二十年日泰经济关系的发展，20世纪70年代初期日本成为泰国最大的投资者。与此同时，泰国民众已形成日本经济外交主要受到商业利益的驱动，援助的推动力主要来自利益追求的认知。日本和泰国之间的贸易逆差从1957年开始出现，并迅速扩大，造成反日情绪蔓延，泰国方面对日本的批评声也越来越大。1972年泰国的国际学生中心组织了"反对日本商品运动"，在曼谷的各大商场里抵制日货。当时的日本首相田中角荣1974年赴泰国访问时，就遭遇了激烈的反日游行示威。日本商人被批评为傲慢和粗鲁的，很多公司担心示威游行的余波影响投资安全，都纷纷更改了公司的标

---

① 廉德瑰：《日本对东南亚的政治切入》，《日本学刊》2010年第4期。
② 末広昭、『過去三十年間の概観』、日本国際協力総合研修所編、『タイ国別援助研究報告書——援助から新しい協力関係へ』、日本国際協力総合研修所調査研究第一課発行、2003年、第34頁。

识。自此以后，日本商人开始尽力保持低调，并以友好的形象出现在泰国。他们开始将资金投向泰国不同的政府部门和慈善部门，并尝试加入泰国的民间团体。① 日本政府也开始增加无偿援助，并将其大量投向农村和农业发展。② 日元贷款项目则继续投向基础设施项目，特别是公路建设和公路沿线的加油站。

与此同时，泰国遭遇了世界性石油危机的冲击，经济发展面临外资短缺的困境，亟须日本的援助。泰国政府将日本援助视为对双边贸易赤字的补偿。在20世纪80年代中期，泰国要求日本扩大对泰国面向日本的出口制造业的援助份额，以帮助泰国缓解双边贸易不平衡。同时，还要求日本ODA扩大对私营部门的援助额。泰国的需求与日本的利益相一致。在广场协定签署后，日元汇率波动较大，很多日本制造商意欲将他们的工厂迁至海外。1986年日本通产省提出了新亚洲发展计划，呼吁地区劳动力分化。泰国以出口为导向的公司希望得到更多贷款。然而，这从未成为日本ODA援助的主要方向，基础设施项目依然是日本ODA实施的主要对象。因为对公路等基础设施的援助，从长期而言更利于日本公司在泰国当地的投资与发展。

这一时期日本主要针对泰国的农村现代化、地方经济发展以及人才培养方面提供日元贷款、无偿援助和技术合作。其中对泰国"东海岸开发计划"投入巨大，影响深远。对东海岸开发计划的援助包括以重化工开发为中心建立工业基地及海港、铁路和公路等配套基础设施。就援助方式和金额而言，仅1982年就提供了日元贷款215.7亿日元；次年增加了17.20亿日元；1984年和1985年分别高达100亿日元和235.37亿日元。③ 如今，泰国东海岸已经成为继曼谷之后的第二大产业中心，东海岸地区的年人均GDP从1981年的3.5万泰铢（当时泰国人均GDP是11万泰铢）增加到2005年的25万泰铢（同年泰国人均GDP是11万泰铢）。④ 总之，日本的这些援助项目对帮助泰国实现产业结构的调整和推进工业化进程发挥了积极的作用。此外，还通过无偿援助帮助泰国修建文化中心和历史博物馆，增进两国间文化交往。

---

① 今天在曼谷的小街道上甚至有专门针对日本人的酒吧。
② France Tinakorn and Patcharee Siroros, "Japan's ODA and Thai development: a successful story?", in Chulacheeb Chinwanno and Wilaiwan Wannitikul (eds), *Japan's Official Development Assistance and Asian Developing Economies*, Thammasat University, Bangkok, 1991.
③ ［日］有贺贤一、江岛真也:《泰国东部临海发展计划综合影响力评价报告》, JICA研究所, 2000年4月, 第45页。
④ 日本国际协力事业团:『日本とタイの経済、開発協力』、2007年, 第17页。

(三) 援助质变期 (1988—2000年)

这个时期日本对泰国的援助发生了质变，其显著特点是从以往的无偿援助转变成为基于平等原则的双方合作，并帮助泰国从受援国逐步过渡到援助国。这种变化主要体现在三个方面。

首先，鉴于泰国经济的高速发展和国民收入的大幅增长，从这一时期开始日本停止了对泰国的无偿援助。1993年日本停止对泰国新增无偿援助，因为这个国家的经济发展已经相当成功，年人均收入水平已经超过1840美元。这个发展水平不再被视为需要得到无偿援助。仅有环境领域的小型项目还在持续。技术援助和发展研究也得到保存。比如，1994年6月，有165名专家和46名日本志愿者在ODA的资助下参与了29个援助项目。超过500名泰国人被送往日本接受不同的援助培训。随后，日本政府与泰国发展平等的合作关系。建立了两国协商确定援助计划的机制，为此还分别于1989年和1996年举行了两次"泰国国别援助研究会"。① 不仅如此，1990年向泰国派遣日本与泰国经济合作综合调查团，在此基础上重新确定对泰国援助的重点领域，即基础设施完善、人才培养、环境和自然保护、地方开发、促进进出口和投资等。②

其次，这一时期日本对泰国的援助方式从无偿援助转变为日元贷款，以贷款来推动双方合作项目，包括环境和自然资源的保护、城市化进程、政府管理体制的转型和减轻全球化所造成的影响等领域。③ 1993年9月泰国与日本签署了18个贷款一揽子计划。第一次出现年度援助协议超过了9.01亿美元。这让泰国这个第三大日本贷款接受方（第一和第二分别是中国和印度尼西亚），在累计纳税基数上加起来达到贷款总额的9%。考虑到泰国的人口仅有5600万人，与印尼和中国相比人口较少，泰国民众每人将承受超过以上两国的人均纳税数。一揽子援助计划覆盖了28个不同的国家部门，运输部门是接受援助最多的部门。这个部门中接受援助最多的是公路部。加上高速公路与高速运输管理局，这两个部门占了泰国所接受日本海外经济合作

---

① 末広昭、『過去三十年間の概観』、日本国際協力総合研修所編、『タイ国別援助研究報告書——援助から新しい協力関係へ』、日本国際協力総合研修所調査研究第一課発行、2003年、第34頁。

② 小山伸広、梅崎路子、杵渕正己、『援助の動向』、日本国際協力総合研修所編、『タイ国別援助研究報告書——援助から新しい協力関係へ』、日本国際協力総合研修所調査研究第一課発行、2003年、第65頁。

③ 黒田将貴：『タイと日本の関係：政府開発援助ODAを中心として』、國學院大學経済学部、『タイにおける経済・社会開発——人々の働き方とコミュニティの変容』、2006年、第256頁。

基金（Oversea Economic Cooperataion Fund，OECF）贷款20%的比例。接受援助的第二大部门是电力部门，电话和铁路建设项目都得到了资助。例如，1993年两国签署长期技术合作协议，在五个领域开展了16个技术合作项目，5个发展研究项目，并派遣300名日本专家协助项目的实施。泰国政府不仅从OECF借款，还从多边机构贷款，诸如国际复兴开发银行（the International Bank for Reconstruction and Development，IBRD）和亚行。不过，最大的资本提供方是OECF。1993年泰国政府从OECF所借外债已经达到了48.73亿美元，其中的37%是未偿还债务。①

再次，这一时期泰国经济增长进入"黄金时代"，逐步发展成为"四小虎"之一。因此，包括日本在内的援助国家和国际援助机构认为泰国应该从受援国中"毕业"，希望该国转而参与国际合作，实施国际援助而不再是接受援助。为此，日本在1994年提出了"日本—泰国合作伙伴计划"（the Japan and Thailand Partnership Program，JTPP），旨在让泰国参与到日本对发展中国家的援助中，使泰国成为印度支那国家的人力资源培训基地。② 其主要形式是，日本不仅提供资金，并将很多原计划日本实施的、针对泰国周边国家的技术培训计划交给泰国负责。这种援助项目被日本称为"第三方培训项目"。1994—1999年，泰国已经举办了21次第三方培训。③ 这为泰国在次区域合作中发挥主导作用以及逐步开展对外援助奠定了坚实基础。

对泰国持续的援助，让日本受益巨大。

其一，日本汽车工业扎根泰国。1993年，丰田的产量增长了35%，增加至114700辆，铃木增产40%，达到了87000辆，日产则增长了2%，达到61000辆。④ 总体而言，在泰国的日本车产量预计可达到每年50万辆。⑤

其二，泰国人接纳了日本人在泰国的超强存在感。20世纪90年代，贸易的不平衡持续，日本对泰国的出口已经两倍于日本从泰国的进口量。⑥ 这个问题一直都是泰国人抱怨的焦点。然而，从20世纪90年代末期起，一般

---

① 日本海外经济协力基金网站提供数据。

② 黒田将貴：『タイと日本の関係：政府開発援助ODAを中心として』、國學院大學経済学部，『タイにおける経済・社会開発——人々の働き方とコミュニティの変容』，2006年，第118頁。

③ 同上书，第258页。

④ *Bangkok Post*, 3 June 1994.

⑤ 日本贸易振兴会网站数据。

⑥ Soderberg, M. "Road to development in Thailand", in Soderberg M., ed., *The Business of Japanese Foreign Aid: Five case studies from Asia*, European Institute of Japanese Studies East Asian Economics and Business, Rutledge, 1996, p. 93.

泰国人对日本商人和日本投资的情绪发生了变化。泰国人虽然对日本人在泰国超强的存在感仍有怨言，但是他们已经接受了这个现实。因为泰国人清楚泰国的发展需要得到日本的进一步投资。

其三，泰国政府较为依赖日本的贷款。泰国政府从20世纪90年代初开始了吸引外国公司到泰国的运动。泰国政府对全球宣布欢迎来自任何一个国家的投资，但是只有日本公司回应。比如，1994—1997年，泰国投资委员会发布了一个国家供应商发展计划，期待超过5000个外国公司能在3年内将他们的公司迁至泰国。所有国家的公司、任何产业的公司都将得到欢迎，都将得到优惠权。实际情况是，泰国仅得到日本私营公司的回应。截至2004年泰国得到的外国直接投资中，有一半都来自日本企业。[①]

（四）泰国与日本的合作期（2001年以来）

这一时期的特点是日本和泰国携手共舞，主导GMS次区域合作。世纪交替之际，泰国经历了严重的经济危机，但自从2001年他信执政以后，泰国经济得以恢复和发展。他信政府不仅在国内推行CEO式的管理模式，而且积极参与国际和地区事务，欲通过在区域合作组织中发挥积极作用来提升泰国的地区影响力。因此，在他信政府制订的国家发展计划中明确指出，泰国参与次区域合作并在其中发挥积极作用，是在国际上树立新政府积极形象的一个不可或缺的因素。这需要泰国通过区域合作不断加强与周边国家的关系。[②] 与此同时，随着中国经济的飞速发展，中国（特别是云南省）参与次区域合作的力度不断加强，影响力不断提高。这不仅是泰国不乐意看到的，而且日本也希望阻止中国在该地区影响力的扩大。这一切都在促使日本通过泰国这个桥梁进一步介入大湄公河次区域合作。这就不难理解，为何近年来日本不断将泰国推向地区合作、甚至南南合作的前沿。比如，2007年日本与越南、老挝、缅甸、柬埔寨外长共同宣布"日本—湄公河次区域合作计划"时，明确提出泰国要在其中发挥主要作用。随后就表示要与泰国在地区和平稳定及共同关心的反恐与维和问题上开展合作。不仅如此，甚至在第三次"东京非洲开发会议"上提出的日本促进亚非合作的计划中，再次强调要让泰国成为此计划的实施方，推动泰国参与到南南合作中。

总之，经过近半个世纪的援助外交，日本与泰国在国际事务中的合作逐渐增加，并发展成为政治、经济、社会文化等全方位的盟友。在经济方面，

---

① 『日タイ交流の歩み』、『日本タイ修好120周年』、日本外務省、2007年、http://www.mofa.go.jp/mofaj/area/thailand/jpth120/knowledge/steps.html。

② 佐藤仁、『タイ、シンガポール、マレーシアの援助政策——東南アジアの新興ドナー』[J]、『国際金融研究所報』、2007年、第35頁。

2003年泰国和日本缔结了经济合作协定。截至 2010 年，泰国成为日本的第六大贸易伙伴，同时泰国成为仅次于新加坡的，日本第二大直接投资对象。① 在政治方面，自 1998 年缔结外交和防卫的协议以后，两国在对外防御和反恐方面结成了紧密的关系，经常共同行动。在军事与防卫合作方面，日本和泰国的防卫部门，从 2000 年建立了定期的沟通机制。每年举办日本和泰国外交与防务部门间的对话会议，会议后都会签署相关协议。此外，从 2007 年以来，双方的防务部门高层互访密集，几乎每年都会互访或者会面。由此观之，援助不仅加强了泰国和日本之间的经济联系，而且让泰国在政治上成了日本"亲密无间"的伙伴。在军事上的合作日益密切，已经引起更多关注。进入 21 世纪后，当泰国开始以"援助国"的身份出现在国际援助舞台上时，泰国已然成为日本推广其 ODA 理念甚至日本价值观念的"代言人"。

与此同时，日本在泰国的利益也不断得到巩固与加强。20 世纪 70 年代泰国的反日浪潮过后，日本成为泰国的最大投资国和援助国，并且日本一直在泰国保持着贸易方面的绝对优势。日本保持着对泰国工业的绝对影响力，并避免他者控制此领域。当你经历曼谷的堵车时，你可以迅速发现这个国家的车辆几乎都是日本的。日本控制着泰国汽车市场 85% 的份额。根据泰国对外国投资的统计，1991—1993 年日本的对泰投资额已经占到泰国所有外来投资的 50%。这个比例一直保持到 2004 年。

日本对泰国投资规模可从泰国的日本商会规模窥见一斑。泰国的日本商会拥有 994 名会员，是世界上规模最大的海外日本商会。② 实际上，泰国的日本公司数量是这个数字的两倍以上，因为很多日本公司并未成为这个商会的成员。粗略估计在泰国生活着 3 万日本人，30 万—40 万泰国人在日本公司里就职。这些泰国人里包含了新兴中产阶级，一个正在增长的消费群体。这个消费群体所能体会到的日本在泰国的影响力也在逐步扩大。

今天，日本在泰国竭力保持着低调的形象，对泰国民间对日本人的态度也更加敏感，但是依旧在贸易和投资方面保持着绝对优势。这些优势与日本对泰国所提供的日元贷款是密不可分的。

三 案例研究

本部分主要通过案例进一步分析援助项目如何构建援助方与受援方之间

---

① 『日タイ経済関係』、31ページ。http://www.jbic.go.jp/wp-content/uploads/page/2015/08/40946/inv_Thailand05.pdf。

② 日本贸易振兴会 2015 年统计数据。

的利益平衡。选择道路项目作为案例研究对象,是因为在基础设施项目中道路建设项目占较大比例。从援助数额可知,运输部门一直是日本对泰国援助的主要对象。20世纪90年代,道路运输部门成为接受日本援助最多的机构。

日本对泰国基础设施援建主要是使用日本海外经济合作基金贷款。截至21世纪初期,OECF贷款已经资助泰国修建了多条铁路。日本对泰国3个主要的道路改善项目之一,是20世纪90年代中期建成的从春武里至芭提雅的公路。这条公路的修建接受了两次贷款,总价值3.34亿美元。虽然不是最大的日本贷款援建项目。但是从申请贷款到修建中这个项目涉及多个方面。剖析这个案例有助于理解援助方与受援方之间的某种"双赢"关系。

20世纪90年代初期,日本对泰国日元贷款中出现了一个趋势,日本国际援助机构(Japanese International Cooperation Assistance,以下简称JICA)的发展研究与OECF项目贷款之间的联系在进一步增强。OECF是资助泰国基础设施项目建设的主要贷款方。这个联系增强的原因是,JICA的研究人员发现一个问题——"援助终结于垃圾桶"。即发展中国家政府决策变化相当快,当一个新计划提出时老计划就遭到废弃。泰国官员倾向于制订各种雄心勃勃的计划,却几乎不考虑自身财政能力问题,最终各种发展计划都被丢弃到垃圾桶内,提出的各种计划都无法实施,发展中所面临的问题始终得不到解决。① "援助终结于垃圾桶"被视为包括泰国在内的发展中国家所面临的共同问题。

为尽快推进泰国的基础设施建设,日本研究者推动OECF与JICA发展研究相结合。一般而言,OECF贷款侧重点在于支持日本工业。日本公司非常了解如何满足OECF的条件,因而在申请OECF贷款时具有了某种竞争优势。同时,自1992年申请贷款的各国公司被要求提交与OECF财政援助项目相吻合的贷款申请方案后,贷款申请条件已放宽很多。接受越来越多的外国公司和政府的申请。

从20世纪90年代开始,泰国希望通过工业的发展带动泰国经济发展。工业发展离不开基础设施建设。该项建设需要大量资金。仅依靠泰国自身的力量,无法得到充足的资金支持,于是对外借贷成为必然选择。但是,无论是世界银行还是亚行的借贷条件都比较苛刻且贷款金额有限,只有日本的

---

① One such area is roads where many have to be placed on hold for future consideration. See the Asian Development Bank, *Preparation of an Investment Programme for the Department of Highways*, Final Report, Vol. I, Main Text, Bangkok, April 1992.

OECF 能提供最优惠的贷款。随着 OECF 贷款条件的放宽，泰国政府申请 OECF 的意愿增强。为解决基建资金，泰国政府想方设法吸引外来投资和贷款，但最终只有日本方面予以回应。在 ODA 领域也很相似。泰国热切地期待来自更多国家和多边组织的援助。现实是，只有日本在其真正有利可图的方面提供了一揽子贷款方案。

泰国政府计划修建春武里至芭提雅的公路，原因有二，一是因为芭提雅是有名的旅游景点，加之芭提雅接近泰国的东部海岸发展计划的中心区，如果修通此路，能推动泰国旅游业快速发展；二是春武里的发展规划已在泰国的国家发展计划中。如果能建成从春武里至芭提雅的公路，可以进一步分散曼谷的工业发展集中程度，解决曼谷的交通问题与发展问题，带动曼谷至春武里沿线的发展。

日本之所以愿意为这条公路的修建提供贷款，并承诺支持泰国政府的东部海岸发展计划，原因在于这条道路修好后可以直通泰国南部的深水港林查班港（Laenchbang）。这可让整个东部海岸工业区与曼谷相连，并为这个地区日资企业的发展提供巨大便利。泰国东部海岸的周边道路如果能够得到发展，可以让在该地区的日本制成品快速销往越南、柬埔寨和缅甸等东南亚国家。因此，日本不仅为这条从春武里到芭提雅的公路建设提供贷款，还制订了可行性方案。

一般而言，讨论给某个项目提供贷款时，OECF 在曼谷的日本官员与日本国内多个部门的政府官员，都会参与到 OECF 的财政援助项目的决策中。这是为确保日本企业成为主要受益方。与此同时，泰国方为扩大自己的受益比例，在申请 OECF 贷款时，会想方设法减少日本公司成为 OECF 贷款的最终受益方。但仅从申请贷款的程序而言，泰国方无法改变现状。因为，从程序上而言，贷款是由泰国和日本政府的相关部门共同决定的。即泰国公路部门通过泰国政府的层层审批后，向日本 OECF 提出贷款申请。但实际的贷款发放权利掌握在 OECF 手中。[1] 而 OECF 的放贷原则是，贷款项目有利于维护日本在贷款申请项目中的利益。

当然，这并不意味着泰国方发挥主动性的空间很小。在道路建设项目具体实施阶段，泰国方面掌握着更多的主动。在得到日本 OECF 的贷款后，泰国政府会向全球公开招标，寻找有能力实施公路建设的公司。春武里至芭提

---

[1] Soderberg, M. "Road to development in Thailand", in Soderberg, M., ed., *The Business of Japanese Foreign Aid: Five case studies from Asia*, European Institute of Japanese Studies East Asian Economics and Business, Rutledge, 1996, pp. 104–108.

雅公路项目最终有 28 个公司中标,其中 23 个泰国公司,4 个泰日合资公司和 1 个德国公司。为何中标的国际公司很少?原因在于,泰国政府将整个道路建设分成 8 段,每段公路造价控制在 2000 万—6000 万美元之间。由于利润空间相对较小,加之泰国以外的建筑公司缺乏在泰国修筑公路的经验,这就几乎断绝国际公司中标的可能。因此,泰国本地公司中标率相当大。这也在最大范围内保证了泰国成为贷款主要受益方。位于泰国东部海岸工业区的日本公司则间接受益。很多公司都在这条道路动工后开始建立厂房和其他基础设施。泰国方面认为,在东部沿海工业区设厂的日本企业和泰国企业,都是春武里至芭提雅公路的长期受益方。

从这个日本向泰国提供日元贷款为泰国修筑公路的案例可知,援助项目的实施是援助方与受援方的博弈。只有双方都能从中得到所需,才能保证援助的长期存在。缺乏其中任何一方,援助都不可能长期存在。而日本对泰国的援助,之所以能够长期开展,根本在于援助构建起了援助方与受援方之间的一种利益平衡。

小结

综上所述,日本对泰国的 ODA 可以视为国际发展援助的典范。从主观方面来看,日本的援助对于其减轻战争罪责、恢复和发展与东南亚乃至亚洲国家的政治、经济、社会、文化等全方位的关系发挥了至关重要的作用。由于战败国的身份,加之日本对外关系的发展受制于日美同盟条约的限制,日本在地区和国际事务中发挥独立作用的余地不大。而 ODA 相对而言受美国的干扰较少,是日本独立自主地发展对外关系的重要工具。尤其是进入 20 世纪 90 年代以来,日本通过大湄公河次区域合作开发计划,利用泰国作为桥梁,对该地区的合作最大限度地施加了影响力,从而成功地塑造了"政治大国"的形象。但由于日本的援助带有强烈的功利性,因此也引来了不少批评。很多学者认为,日本不应该在原本以人道为原则的援助过程中带有过于浓厚的商业色彩和功利化的诉求。

从客观方面来看,日本的援助对于泰国社会经济的发展发挥了积极的作用。日本的援助项目大多集中在基础设施和教育培训领域,这些都促进了泰国的社会经济发展。尤其是教育培训项目和文化交流项目不仅加强了泰国政府与日本的合作关系,而且也极大地改善了泰国民间对日本人的认识。据一份针对泰国民间对中、日两国看法的调查数据表明,泰国人对日本的评价总体好于中国,认为日本的国际地位比中国更高的达到 66.7%,而认为中国国际地位更高的只有 16%;认为日本的国际形象更好的达 51.2%,而认为中国的国际形象更好的为 35.3%;至于在中、日两国中,哪一个国家更值得信任、更喜欢哪一个国家、哪一个国家对维护世界和平作用更大等几个问题上，对日本持正面看法的均在41%以上，而对中国的正面反映均在17%以下。① 由此观之，日本的援助项目无论是对泰国的官方还是民间都产生了积极的影响。

除此之外，日本的官方发展援助给国际社会一些启示：尽管援助被冠之以人道和平等之名，但即使是国际上津津乐道的日本对泰国的援助，也有诸多局限。例如，在泰国成为援助国之前，援助国（包括日本）很少关注泰国到底需要什么样的援助。只是在泰国"毕业"之后，为了推进所谓的援助国间的合作，才有了与泰国平等的协商机制。因此可以说，无论是有偿援助还是无偿援助都是有成本的。在目前以国家为单位构建的国际关系格局中，不存在不计回报的绝对的付出，有目的的援助才是常态。也就是说，在援助国与受援国之间，只要受援国依赖援助国的投入，真正意义上的平等关系是无法实现的。但是，日本的援助似乎总能在维护自身国家利益的同时，客观上也最大限度地促进了受援国的发展。从这个意义而言，日本对泰国的援助似乎提供了一种双赢式的国际合作的模式。

第三节　日本对越南的官方发展援助

一般而言发生过战争的两国，战后双边关系的恢复需要100年。二战期间，日军入侵越南，给当地人民的生命财产造成巨大损失，仅1944—1945年，越南就有200多万人死于日军迫害之下。② 然而，日本借助ODA，从20世纪90年代以后迅速拉近了与越南的关系。与此同时，越南也在积极推进日越关系的发展。本节讨论日本如何借助ODA与越南构建相互需求的关系。即推动双边关系发展的同时，实现日本在越南的利益，也满足越南的需求。本节首先从地缘政治、自然资源等方面讨论日本对越南援助的必要性。其次，分阶段讨论日本对越南援助的实施如何有助于日本与越南政治与经济关系发展，以及满足越南的需求。③ 随后，通过案例分析讨论ODA如何促进日越间建立双赢关系。

---

① 张锡镇等：《泰国对当前中日关系的看法：泰国实地问卷调查分析》，《南洋问题研究》2008年第3期。
② 晓光、蒋兢：《日本政府对越外交政策》，《日本学刊》1995年3月，第35—45页。
③ 日本对越南最早的官方发展援助从20世纪70年代初期开始。但由于1978年越南入侵柬埔寨，日本对越南的发展援助一度中止过。大规模的发展援助是从1992年以后才恢复的。

一 日本援助越南的必要性

从越南所具有的自然资源和劳动力资源而言，通过援助密切与越南双边关系，有助于推动日本与越南的进出口贸易和直接投资。从受援国发展角度而言，通过发展援助推动越南的制度革新，有助于提升日本的政治影响力。从地缘结构而言，通过援助密切与越南的关系，有助于日本发展与印支国家的关系，扩大在 GMS 的影响力。

（一）越南的自然资源和劳动力资源对日本有极大吸引力

从日本与大湄公河次区域的贸易与投资的角度而言，越南因为具有丰富的自然资源和素质较高的劳动力被日本视为东南亚的另一个制造业基地和具有极好经济发展前景的国家。

越南的自然资源丰富，能源、矿产、林业、渔业、水利等多种资源可供开发利用，对缺乏资源的日本而言具有很大吸引力。比如，20 世纪 90 年代，越南已探明储量的原油有 30 亿—40 亿吨，1991 年和 1992 年的原油产量分别为 395 万吨和 550 万吨，增长率高达 39.24%，越南计划 10 年后使原油产量增长 10 倍以上。[①] 越南人口中 20—30 岁劳动力的月工资仅 20—50 美元，为日本的 1/50。同时，国民识字率高达 90%。特别是在越南统一后，海外越南人大量回国，其中多数受过相当程度的教育和技术培训。这让越南的劳动力资源具备了数量众多、受教育程度较高、年轻且廉价的特点。在经历多次战争后，越南民众渴望通过努力迅速让自己和国家富裕。越南有丰富的自然资源、受到良好教育的劳动群体，能成为日本企业的生产基地、日本商品销售市场和所需能源供给地。同时，社会政治稳定性好，劳动力素质高，民众提高生活的愿望迫切，让其作为取代中国的投资地，在日本的受关注度得到不断攀升。[②] 因此，日本认为越南的经济发展潜力不可小视，具有成为日本经济发展伙伴的潜力。[③]

（二）从受援国的制度发展而言，对越南的援助有助于扩大日本的政治影响力

对越南的援助有助于扩大日本的政治影响力体现在两个方面。

其一，对越南市场经济制度建设的援助，有利于扩大日本的制度影响力。越南于 2007 年加入了世界贸易组织。在此之前，越南进行了多年的市场经济改革。越南入世之后，还在推进市场经济改革，以不断增强自身在国

[①] 《朝日新闻》1993 年 6 月 25 日。

[②] 北野充、吉澤隆、投資環境整備へODAを活用：日越共同イニシアティブ、『国際開発ジャーナル』2004 年 4 月號、第 42—44 頁。

[③] 同上。

际市场中的竞争力,从低收入国迈向经济平稳发展的国家。越南的经济改革成功与否,对周边国家以及东盟内部都会造成很大影响。对越南市场经济改革的援助,是1992年以来日本对越南援助的重点领域。通过对该领域的援助,将日本市场经济的发展经验转移给越南,同时对其从制度建设到人才培养诸多方面都提供援助,能极大提高日本在发展中国家中的制度影响力。

其二,对越南的援助有助于扩大日本在国际援助体系中的政治影响力。对于长期接受国际援助的发展中国家而言,如何整合所接受的援助一直是困扰他们的大问题。1992年以来,多个国家和国际组织都在对越南进行援助。日本认为对越南从制度建设到社会经济基础设施,以及农村发展等方面的援助,不仅是根据联合国的千年发展目标制定与实施的,而且日本充分考虑如何让其对越援助与其他援助机构协调一致,并培养了越南整合援助的能力。因此,日本认为其对越南的援助,对为人类发展与安全做出贡献,对整个国际援助体系都是非常有益的尝试。越南大量接受日本发展援助后,被国际援助界视为开展援助协调较为成功的受援国,同时也是东南亚地区借助援助实现发展的典型。

(三)从地缘结构而言,对越南援助有助于增强日本在次区域和区域发展中的影响力

从地缘结构上看,历史上越南就一直在中南半岛发挥着重要影响力。今天的越南不仅在大湄公河次区域中,而且在东盟内部都有举足轻重的作用。首先,源于越南曾是法属印度支那地区的最大殖民地,柬埔寨和老挝获得独立后均与越南保持着紧密的关系。如果能够与越南建立良好关系,意味着获得某种与柬埔寨和老挝发展友好关系的优势。其次,越南是东盟中第二大人口大国,虽然是新东盟国家,但在东盟中也发挥着重要作用。通过援助推动越南经济发展,有助于推动大湄公河次区域缩小与东盟海岛国家的发展差距,扩大日本在次区域的影响力,也有助于日本与东盟关系的发展。[①] 再次,越南是中国的邻国,一直是社会主义阵营的国家。但在冷战结束后,特别是越南停止了对柬埔寨的侵略战争后,越南宣布开始经济改革,并尝试尽快融入全球化经济体系。中越自卫反击战在20世纪70年代末结束,为中越关系的发展留下阴影。日本如果能够乘虚而入,与越南建立起紧密的政治关系,能让越南成为遏制中国崛起的一颗绝好棋子。加之在日本构建亚洲共同体的过程中,借助越南日益扩大的国际影响力,有助于日本构建与GMS次区域合作框架、东盟合作框架。因此,越南与柬埔寨停战后,日本开始恢复

[①] 『対ベトナム国別援助計画』、JICA、平成16年4月、第1頁。

并迅速扩大与越南合作的领域，从援助、贸易、直接投资，到政治安全、文化、教育、旅游和人力资源培训，以及人员交流。

二　1992年以前的日本对越南的援助

在越南统一前日本对南越的发展援助，为越南统一后，日本与越南关系的发展提供了很多便利。日本对越南的官方发展援助，从20世纪70年代初期就开始了。但是，由于越南入侵柬埔寨，在国际压力下日本一度中止过对越援助。因此，这个时期无论援助金额还是援助项目数量都比较小。

一般而言，日本的官方发展援助项目分为三种类型，日元贷款项目、无偿援助项目和经济技术合作项目。灾害救助和人道主义援助都属于无偿援助范畴内。日本对越南的援助开始于20世纪70年代初期。1970年以前，日本对越南总共提供了781亿日元的援助，其中日元贷款为404.3亿日元，无偿援助为313亿日元，技术合作为24.49亿日元，派遣专家184人，接受越南研修生685名。① 主要对电力等基础设施的建设和医疗保健领域提供日元贷款和无偿援助。这个时期的日元贷款项目有：3个发电站工程、建设河内的电话网络以及送电网络。无偿援助援建的项目有：两个水力发电站的修复工程、对输电网络的修复提供技术指导和耗材、对越南电视台节目制作和编导提供了器材。② 此外，从20世纪70年代后半期到1980年间日本还向越南提供了一些紧急灾害援助。

援助为日本和越南关系的发展奠定了基础。1975年越南统一时，日本是西方国家里第一个承认越南的国家。由于日本在军事与外交诸多方面受到限制，因此开展官方发展援助时，注意放低身段，迂回曲折，为实现日本对外战略的长期目标，尽量满足受援国的近期利益。比如，1959年时，为与南越建立外交关系，经过艰难谈判对赔偿金额达成一致，日本向越南提供无偿援助3900万美元、日元贷款910万美元、经济技术合作援助750万美元，总计5560万美元。③ 由此开启了日本与南越关系的正常化。1967年时任首相佐藤荣作就访问了越南。当日本与统一后的越南建交时，越方再提赔偿问题。尽管日本已经对南越进行过赔偿，但为了能尽快进入越南及印支市场，日本还是向越南提供了85亿日元无偿援助（按当时汇率约合3540万美

---

① 日本国際開発センター、『ベトナム国別評価報告書』の『日本の援助実績とりまとめ』、日本外務省、2002年3月。
② 日本国際開発センター、『ベトナム国別評価報告書』の『1991年度以降の日本の対越援助実績（インフラ分野）』、日本外務省、2002年3月。
③ ［日］吉泽清次郎，《战后日本同亚洲各国的关系》，第17页。

元)。① 日越建交后,日本不断加大对越南的援助力度。这是为了借美国势力后退之机,填补"真空"、取代美国,阻遏苏联势力进入东南亚和印支的战略意图。日本学者认为此时的对越援助"有着极强的政治分量"。② 再如,1979 年越南入侵柬埔寨,以美国为首的西方各国对越实施经济制裁。日本政府既不愿因参与制裁、终止援助而丧失好不容易才打开的越南市场,又不能无视美国的压力。于是采取迂回战术,以"已经签约的经济援助如因政治原因而停止,将使日本失去国际信义"③ 为借口,继续开展尚未结束的援助项目,停止开启新援助项目。当时,总共冻结了尚未提供的日元借款 100 亿日元和无偿援助 40 亿日元。在微妙时刻,日本继续援助越南,对稳固日越关系有重要意义。

三 1992—2000 年日本对越南的援助

这个时期,日本期待在印度支那地区发挥更大领导作用。日本一直聚焦于该地区的稳定与经济的可持续发展。如果能推动越南实现快速发展,对日本意义重大。从经贸投资上看,有助于日本企业进驻越南开展投资。从外交层面,日本通过援助推动越南发展,扩大日本在国际援助领域的影响力。尽管 1992 年日本超越美国成为全球第一援助大国,但是,日本仅仅在援助数额上有优势,在国际援助界无论是援助理念还是模式方面,都尚未拥有与援助数量相称的地位。④ 这个时期国际援助领域的援助主题是削减贫困,并为发展中国家制订了"贫困削减计划"模板。日本如果要改变现状,一是需要调整自身援助战略,二是需要与国际援助主流趋势相融合,并努力扩大自身影响力。于是,日本与越南政府合作,推动越南政府在 2002 年提出了自己的贫困削减计划。

(一) 援助实施概况

从 1992 年起日本全面恢复对越南援助。并从 1995 年开始成为越南的第一援助大国。⑤ 相应地,越南也被日本视为最具战略价值的经济合作伙伴与受援国。⑥

---

① 晓光、蒋兢:《日本政府对越外交政策》,《日本学刊》1995 年 3 月,第 38 页。
② 同上书,第 36 页。
③ 同上书,第 40 页。
④ 北野充,『戦略的な援助をどう実現するか―ベトナムにおける日本取り組み』、開発フォーラム、2006 年 12 月、第 25 頁。
⑤ JICA,『ベトナム援助国別報告』、2007 年、第 76 頁。
⑥ Izumi Ohno, "Country-Specific Growth Support in East Asia and Africa—Japan's ODA to Vietnam and Ghana—", *GRIPS Development Forum Discussion Paper*, No. 16, January 2007, p. 13.

为了提高援助效率，JICA 提出了援助三要素。即一是坚持国别援助计划的实施，二是与国际援助机构的援助战略相融合，三是以项目援助为主要援助形式。制订国别援助计划便于明确对越援助目标和日本的政策意图；与国际援助机构保持一致，有助于得到国际援助界的认可；以项目援助为主要模式有利于提高援助效率。[①]

根据这些原则，日本对越援助被划分为三个方面，即促进越南经济发展，改善社会和生活以及帮助越南健全制度建设。促进越南经济发展的主要援助领域为：投资环境改善，中小企业发展，经济基础设施完善（交通部门、电力部门和情报信息部门），培养人才，以及推进国企改革等经济改革。制度建设包含财政制度以及行政制度的建立与健全。包括 JICA 在内的多个国际援助机构都为越南制订了贫困削减计划和越南国内的五年发展计划，还确定了社会生活方面的主要发展领域，即农业与农村开发、教育、医疗、环境保护和城市开发。

国别援助计划，是日本驻越使馆、JICA、日本国际协力银行和日本贸易振兴会几个机构间相互协商后制订的。根据越南的发展需求，1994 年 JICA 成立了"越南国别援助委员会"，会长是石川滋。"越南国别援助委员会"实施的第一个大型援助项目是由日本教授石川滋主持的，全称为"关于社会主义国家越南如何实现市场经济转型的研究"。由于项目倡议提出者是石川滋教授，因此将此项目简称为石川项目。石川项目是日本和越南两国政府在 1995 年 4 月越共总书记杜梅访问日本时签署的援助项目。该项目由越南政府和日本政府共同实施。项目涉及的领域包括农业和农村发展、贸易和工业发展、金融与货币体系、国有企业、中小型民营企业及如何应对亚洲金融危机。石川项目通过分析越南发展战略与发展政策方面存在的问题，提出政策建议推动越南的经济改革。此外，应越南的要求，1994 年，日本和越南政府合作，推进越南的司法体系改革，还共同制订了越南国家经济发展计划。

（二）案例分析：石川项目

石川滋在研究发展模型和国际援助体制后，提出援助者发展模型与受援者发展模型需要整合。所谓援助者发展模型，指以援助国实际经济发展模式为参照，通过一定的修改形成的 D 模型。所谓受援者发展模型，是指与受援者实际经济发展模式为基础进行一定的修改形成 R 模型。这两个模型需

---

① 北野充、『戦略的な援助をどう実現するか―ベトナムにおける日本取り組み』、開発フォーラム、2006 年 12 月、第 11 頁。

要整合。D 模型需要提供达成国际援助体制目标的相关机制，而 R 模型需要提供有效地实现 D 模型的基本框架。两个模型应该相互学习，形成促使发展模型与国际援助体制的相互收敛的学习方法。[①]

石川项目分为四期实施，第一期项目实施时间为 1995 年 6 月—1996 年 6 月，第二期为 1996 年 8 月—1998 年 3 月，后续项目是 1998 年 4 月—1999 年 7 月，第三期项目是 1999 年 9 月—2001 年 3 月。石川滋项目实施的 6 年里，解决了一系列重要课题。在项目实施第一期和第二期，援助机构间尚未形成对发展模式的一致认知。此外，当时的国际局势也成为限制援助的主要因素。虽然石川援助项目提出 D 模型需要与 R 模型融合，但是由于亚洲金融危机的冲击以及全球政治格局变动等因素，这个融合其实是在后续阶段和第三期目标实施时才开始的。与此同时，多边援助机构开始限制双边援助。

石川项目试图解决援助方与受援方之间的信息不对称问题，实现知识共享。既让受援方知晓国际援助领域的各种理念与政策，同时也让援助方理解并能活用受援方的各种本土知识，并充分考虑实施援助中存在的问题，最终实现 D 模型与 R 模型的有效融合。项目的第一期结束时，越南方面认为双方隔阂太大，日本不了解越南的发展需求，越南也无法理解日本的援助意图。石川会长也承认，项目实施应该基于越南的五年发展计划实施中出现的主要问题提出援助方案。也就是说，第一期项目实施时，由于日本不了解越南的本土知识，越南理解日本提出的发展模式的能力也有限，因此很多领域的发展比较有限。比如，第一期项目虽然提及发展越南民营企业与中小型企业，但在实际实施过程中，关于中小企业的援助项目推进缓慢。包括这个时期联合国开发计划署的援助项目中，也提出了要发展越南民营企业，发展中小型企业，加强企业发展能力，这些项目的进展也一样缓慢。主要原因就是越南政府认为这些项目不符合越南发展特点，因而反对这些项目实施。

第二期项目主要解决的问题是，如何将发展理念与越南发展实际相结合。为此召开了"日越共同协商东京会议"。在协商中，日本方面一直坚持一个原则，不将 D 模型的发展理念强加给受援方。[②] 根据越南当地的实际情况，日本开始调整 D 模型，并在与越南协商的基础上形成了适合越南的援助模型。因此"共同研究"可以说是石川项目的一大特点。通过"共同研

[①] 胡方：《论石川滋的新发展援助政策模型》，《发展经济学论坛》2007 年第 1 期。
[②] 这被誉为石川项目成功的根本因素，后面也发展成为日本 ODA 的一大特点。

究"解决了援助方与受援方之间长期存在的信息不对称问题,实现了信息共享。①

第二期项目实施时,越南的发展援助进入了国际化阶段。② 这个时期日本开始实施与各个援助机构所不同的援助。世界银行和 IMF 等国际多边援助机构,继续推进为帮助发展中国家实现国际收支和财政收支平衡、取缔计划经济、建立市场经济、实施贫困削减项目的援助。针对此模式,日本提出:在发展中国家发展市场经济初期需要积累;加之由于发展中国家存在不同的情况,需要根据各自国家的特点选择适合自己的道路来发展,不能一概而论。③ 此时,世界银行和 IMF 提出的贫困削减战略已成为国际援助主流,越南也根据世界银行要求制定了自己的贫困削减战略。这就出现了第三个模型,即由国际援助机构提出的援助模型——DC 模型。D 模型与 R 模型、DC 模型与 R 模型之间都存在很大差异。而且 DC 模型与 R 模型之间所存在的鸿沟更大,很难满足越南当时的发展需求。这造成石川项目在第二期结束时面临着 D 模型与 R 模型已经开始接近并相互融合,但两者都与国际援助机构的 DC 模型相背离的状况。由于越南政府受到各个援助机构的压力,同时也面临国内多方压力,难以自己把握和协调所接受的援助。这也影响到项目的具体实施进度。面对这种状况,在第二期石川项目结束时,日本被迫迎合世界银行等多边机构的援助主流,提出应该通过开展基础设施建设削减贫困。这个提议也得到了世界银行的认可。此后,日本的提案才开始逐渐被其他多边援助机构所认可。在 2006 年也实现了 D、DC 及 R 模型的相互接近。

在提高援助接受力、提升发展能力方面,为了与世界银行等多边机构所提出的援助模式相吻合,石川教授根据日本经济发展经验提出,越南应该在改善经济状况后再推动市场经济的发展。在亚洲金融危机结束后日本建议建立并推行适合越南发展特点的市场经济体制。④ 这一建议被在越共第九次代表大会上通过的越南五年发展计划所采纳。⑤ 越南表示,石川项目的经验为越南应对国际多边援助强加给其的发展模式提供了一种思路。这个思路让越南学会如何在国际援助潮流中把握自己的发展方向。对于日本而言,石川项目的成功,提供了独具特色的 D 模型,区别于国际援助主要模式。

① 石川滋、『国際開発政策研究』、東洋経済新報社、2006,第 17 頁。
② MPI·JICA,1998.
③ 石川 1995:5。
④ MPI·JICA 1999.
⑤ Do Manh Horg、『日本の対ベトナム経済制度改革の政府開発援助の成果と今後の課題』、産研通信 No.58、2003·11·30,第 47 頁。

与石川项目配套实施的会议机制有，每月公开举行的"日越共同研究会"工作会议和国际援助机构协调会议（Consultative Group Meeting，以下简称 CG 会议）①，并定期发布共同研究成果和实施成果。比如，在 1997 年的国际援助机构协调会议上，日本向各援助方通报了在越南实施石川项目的效果。越南则借助 2002 年的 CG 会议，与各主要援助国和 NGO 展开广泛交流。这让越南形成了在国际援助领域中表达自身援助需求的自主意识与合作理念。

石川项目的实施，对发展中国家、日本和现有国际援助体系有几个启示。

第一，要提出适合发展中国家的长期援助政策，必须以实践为基础。这是日本援助的最核心部分，依据援助实践、根据发展中国家的实际发展条件与需求不断调整后形成援助的政策。石川项目的实施正是在不断实践、不断总结的基础上完成的。但是这个模式尚未被国际援助机构所接纳。

第二，与日本援助相关的战略与调查研究机制需要进一步完善。日本需要形成一套能适用于绝大部分发展中国家的援助理论或援助模式。比如，以石川项目为例，共同研究是一个援助模式，是可以迅速消除援助方和受援方在发展信息方面的不对称性，促进相互理解的方式。

第三，在国际援助领域中日本的话语权尚待提高。日本非常期望得到国际援助机构对日本援助模式的认同，进而扩大在国际援助界的影响力。因而，日本需要在国际援助领域中提出与发展中国家的发展相适合的长期发展理念，成为在新兴的国家中有号召力的国家，从而在国际援助领域中提高话语权。

（三）援助对日越双边关系的推进

官方发展援助使日本得到了越南的认可。因为石川项目让越南的市场经济体制获得了较大发展，表现在以下两个方面：一是越南经济制度的变化。截至 2000 年时，越南已经修订了与经济相关的很多法律，最值得关注的就是 2000 年《新企业法》的出台。《新企业法》与原来的法律相比较出现了一些关键性的变化。第一，正式认可了民营企业是国家经济发展的关键组成；第二，对包括国有经济体、民间经济体和外资经济体在内所有经济主体的活动都实行"自由化"。这些自由化体现在几个方面，从"许可证制"向"注册制度"转变，即除禁止从事的领域，如炸药、毒品等方面，其他所有经济活动从生产到销售，所有企业都需要到越南投资管理计划局或者工业产

---

① 各援助方与受援国协商对发展中国发展政策、审定各项发展援助计划的会议。

地用地管理事务局进行注册。随着新企业法的出台,加速了财政、银行、外贸、关税、土地使用等所有与投资和生产经营相关活动制度方面的变化。比如税收制度出现了很大变化,废弃了进出口许可证制度,对资本和金融市场的限制开支逐步取消,公司注册的行政手续和关税手续开始简化,税收机关开始发挥防止非法进出口和信息情报处理作用,等等。这些变化都在刺激越南国内投资和产业活动迅速发展。改革改善了越南的投资环境。改革后民营企业和外资企业的数量迅速增加。

以上改革推动各种企业获得了较大发展。除了外资企业和国有企业外,民营企业的数量与质量都发生了迅速变化,比如2001—2002年间注册的新企业数量是1991—1999年的数倍,达到了54000家,3年间动用了67亿美元的资本,与此同时外资企业的资本数量也在增涨。[①] 20世纪90年代后半期,民营企业中个人企业的数量已经占据压倒性多数,在所有有限责任公司中数量排在第二位;在所有股份有限公司中,随着国有公司改制为有限责任公司,到1999年时国有公司仅剩100家。[②] 2002年时,新注册成立的股份责任公司的数量比1999年增长了6倍,达到4000—5000家公司。[③] 新成立股份责任公司的投资门类也开始多样化。20世纪90年代后半期,民营公司中的个人企业主要开展商业活动(包含贸易在内),股份责任公司主要从事制造业方面的活动;1999年,无论是个人企业还是股份有限公司的商业活动都从制造业向软件业方面拓展。2000年以后新注册的企业继续从事制造业的较少,民营企业从事制造业的就更少。很多民营企业家表示,随着新企业法的出台,经济制度改革后,极大刺激了国内企业的发展。[④] 越南学者认为,日本的ODA促进了越南经济制度改革,发挥了知识援助与技术转移的功能,日本ODA是促进越南政府解决国内经济发展问题的有效选择。[⑤]

越南方面对石川项目给予了高度评价,越南政府授予石川滋友谊勋章。时任越南共产党中央委员会总书记杜梅认为,石川项目的实施从越共第八次代表大会延续至第九次代表大会的6年间,对越南产生了巨大影响力,实现了日本对越南技术转移,从JICA得到了大量的资金支持。当然石川项目成

[①] 日本経済研究所、『ベトナム「新宮沢構想」経済改革支援借款評価に掛る委嘱調査—最終報告』、財団法人日本経済研究所、2003年、第5—8頁。
[②] Do Manh Hong、『日本の対ベトナム経済制度改革の政府開発援助の成果と今後の課題』、産研通信 No.58、2003・11・30、第9頁。
[③] 同上书,第8页。
[④] 同上。
[⑤] 同上书,第10页。

功的原因，离不开两国政府高层建立了互信关系，杜梅与石川之间建立了深厚的个人友谊。①

日本对越南的援助帮助越南实现了发展，同时让越南与其他援助国发展关系时有了讨价还价的能力。随着越南在东盟内部力量的增强，日本更加关注越南的地区影响力。在东盟接受了越南加入东盟申请的3年后，1998年越南举办了东盟峰会，越南也得到了更多东盟国家的信任。越南在2004年和2006年对举行东盟峰会和APEC会议也有贡献。对于日本而言，越南已经成为解决地区问题中一股重要的战略力量，同时对建立日本主导下的东南亚地区合作、安全与发展框架有利。

1992—2000年间日本首相桥本龙太郎和小渊惠三都访问过越南，1999年秋条太子夫妇也访问了越南。

随着东盟在地区发展中成为一股主要的经济力量，日本开始积极推动在10+3框架下，东盟与其他区域合作框架能发挥的功能性整合作用，以便日本在这些地区贸易与投资自由化过程中占据先机。然而，由于日本经济的下滑，日本对东盟的FDI的数额在20世纪90年代后半期急剧下滑。即便在此时，日本在1998—2000年对越南的FDI一直保持上扬态势。

日本也得到了世界银行和IMF等对石川项目的积极认可，认为石川项目之所以成功源于三个优势，即重视自由竞争中的无利方面，根据国家的不同调整发展方式，进行微观调查。② 2002年在罗马召开了国际援助机构的CG会议，即"如何结合发展中国家的制度与政策开展援助"会议。③ 会议上提出如何协调各援助国之间的援助手续，让援助协调化从而提高援助效果，已经成为当前国际援助的主题。越南在会议上力挺日本，表示日本援助帮助越南实现了发展。

四 2000—2009年日本对越南的援助

日本对实体经济动态结构变化有强烈敏感性。这个敏感性推动着日本扩大对越南的援助。从2000年开始，针对越南的国别援助更加系统化。

日本与越南在2003年底达成共识，日越官民合作推动"日越共同倡议"。日本通过ODA向越南提供技术合作，并推动越南在政策与制度方面的进一步改革。同时，也期望在帮助越南建立健全法制环境、提高行政办公

---

① 桂井太郎、小林誉明，『国際援助システムのグローバリゼーションと日本の役割——ベトナムにおける石川プロジェクトを事例として』、192ページ。
② 石川・原編1999：第4—5頁。
③ 北野充、『対ベトナム経済協力の新時代』、『国際開発ジャーナル』、2003年6月號、第49—51頁。

效率的同时，促进越南贸易与投资的发展，增强越南的国际竞争力。

多边援助机构不断更新的援助模式冲击日本在国际援助界的地位。2001年以后，多边援助机构要求援助方投入更多财富，并聚合更多资源。这些都是日本无法做到的。日本便将援助重心集中在通过知识与发展模式推动越南变革上。与此同时，因在1992—2000年间贫困削减方面取得了突出成绩，越南在1999年被世界银行选为综合发展框架（Comprehensive Development Framework，CDF）项目的旗舰国，2002年又成为世界银行的贫困削减战略亚洲地区的实施国。越南得到的国际援助机构的重视，为日本提供了一次宣传其援助模式与理念的机会。由此开始，日本着手实施了一项试图改变国际发展援助模式的项目。为了让日本特色的"援助模式"在国际援助界占据一席之地，日本开始推广亚洲经济发展模式以期在国际社会扩大自己的影响力。

（一）援助的实施

在2001—2003年间，越南是日本第四大受援国，2004年时越南成为第三大受援国。日本对越援助不同于其他援助机构的方面有二，一是集中在交通运输和电力部门。日本成为越南交通和电力部门的最大援助方，远远超过世界银行和亚行的援助规模。二是通过政策研究、机构设立、人力资源培养三个方式和长期的发展战略，支持市场经济的转型。通过大量的技术合作项目，比如专家派遣和发展研究项目与越南开展政策研究与推广。这些项目包括，JICA实施的石川项目和改革越南法制体系的项目，以及得到日本协力银行支持"经济改革支持贷款"即"新宫泽构想"。以上项目让越南成为日本对整个东南亚地区以及大湄公河次区域多边援助与双边援助中的最大受援国。

2000年日本确定了对越国别援助方针。但是一直未能明确2000年以后援助越南的重点。2002年6月，日本外务省设立了"ODA综合战略会议"。这个会议举办后明确了对越援助的战略与重点。2002年8月，联合日本驻越使馆、JICA，日本协力银行和贸易振兴会，并融合了ODA总会战略会议委员大野建一教授、相关政府部门、NGO以及研究者的意见，形成了对越援助的国别援助计划。

由于日本经济陷入困境，从2001年以来日本ODA整体预算被削减了10%。但是，日本政府对越南的援助数额一直在增加。2002—2006年，日本已经对越南提供了4815亿日元的援助，从2005年起每年的援助数额都超过了1000亿日元。在2007财政年度，日本对越南的ODA已经达到了1232亿日元（按当时的汇率相当于10亿美元），与2006年相比同比增加了19%。这个时期，双方对三个大项目的预算达成了共识。这三个项目是南北高速公路、高速铁路以及河内的 hoa lac 技术学院的总体建设规划。越南总理阮晋勇 2007 年访问日本时，也呼吁日本进一步支持和参与越南的河内和胡志明市的城市交通改造，以解决城市发展的瓶颈，激发这两个城市的潜在发展动力。2008 年初，日本政府宣布 2008 年财政年度对越南的 ODA 日元贷款增加 653 亿日元，用于基础设施建设、污染物处理系统等。[①]

日本对越南援助也存在一些问题，比如援助的透明性与援助资金的执行率问题。2008 年时出现的越南官员滥用援助资金的腐败问题影响日本对越南 ODA 实施。这推动越南政府决定与日本政府成立联合会惩治受贿。为提高 ODA 项目实施的透明性，双方合作在胡志明市的国际太平洋公司成立了一个专业委员会，管理相关援助项目。[②] 2008 年 11 月 13 日，越南总理阮晋勇宣布，日本和越南官员的联合会已经成立，开始监督援助项目的实施，并解决项目实施中存在的问题。2009 年 2 月 23 日，ODA 项目由于涉及受贿而临时暂停项目实施后，日本外务省发布了声明，承诺会与越南努力解决关于 832 亿日元的一揽子援助项目中出现的腐败问题。[③]

（二）主要援助项目与案例分析

这个时期的主要援助项目有三，越南司法体系完善项目、"日越共同倡议"实施项目和"新宫泽构想"。日本政府认为越南缺乏完善的司法体系，缺乏管理司法体系能力，已成为援助实施的障碍。从 2001—2005 年的日本援助项目的推进度可知，与日本对其他国家的援助项目相比，越南项目的推进度是最缓慢的。[④] 由于项目的推进效率较低，极大影响了日本在越南影响力的扩大，因此，日本大使馆经常敦促越南改善政府管理能力，提高援助项目的推进度。日本认为越南援助项目实施力较差的原因在于缺乏有效的管理体系。因此，在日本和其他援助国的要求下，越南开始推进立法和管理体系的改革。"新宫泽构想"是支持私营企业改革的项目，目的是逐步取消所有关税制度中的非关税壁垒。这是日本第一次自由地实施结构调整型贷款（总额 200 亿日元）。

日本为进一步改善越南的投资环境，与越南政府签署并实施"日越共同倡议"项目。日本外交部认为越南之所以难以吸引到大量直接投资，是因为缺乏稳定的商业投资环境。这需要健全基础设施和改善法制环境。2002

---

① Dihn Thi Hien Luong, *Vietnam-Japan Relaitons in the Context of Building an East Aisan Community*, Asia-Pacific Review, May 2009, p. 111.
② Ibid..
③ Ibid..
④ 项目推进度通过承诺援助数额的实际支出额来衡量。

年日本驻越南大使服部则夫提出双方签署"日越共同倡议",让越南政府接受旨在改善越南整体投资环境、提高越南商业发展水平的"日越南共同倡议"协定。一开始越南无法接受日本的提议,认为日本在干预越南内政,干涉越南的发展计划。基于石川项目所取得的成绩,经过漫长磋商后,越南政府在2003年11月签署了这项协议。这为日本政府提供了进一步影响越南经济政策的可能。

"日越共同倡议"有三个实施原则,一是两国共同合作,二是从相关实施部门得到建议,三是以ODA为主要支点。合作倡议提出了六个合作领域,即"外国投资促进战略的构建""投资相关法规的完善""提高相关行政机构的能力""完善与商业相关的制度建设""完善经济基础设施""解决现有投资者所面临的问题"。同时,围绕44个项目提出了解决方案与措施。[①]"日越共同倡议"的实施,对于改善越南投资环境发挥了极大影响力。

同时,这个项目也为日本与国际援助界的协调发挥了作用。日本在2004年世界银行与越南达成的针对"越南贫困削减战略"的第三次融资计划的基础上,提出"日越共同倡议"项目中加入"如何与其他援助机构协调一致、共同促进越南发展"的内容。[②] 表面上是日本在帮助越南获得协调各国援助的空间,实际是以日本为中心,利用"日越共同倡议"中提出的相关原则,让日本对越南援助与其他援助机构协调一致,保持日本援助模式的延续性,从而实现扩大日本援助模式在国际援助界影响力的目的。

(三) 援助如何构建相互需求

1. 经济层面

在过去的16年中,日本运用ODA,帮助越南更新了陈旧的基础设施。同时,援助也推动了日本对越南的直接投资,实现了日本所谓的"中国+1"式的投资战略。新的投资热潮伴随着日本对越南直接投资的增加而出现。这为实现日本提出亚洲共同体的框架奠定了基础。

由于日本在中国的贸易与投资受到了WTO和大西洋自由贸易区的影响,加之中国加入WTO后中国公司的迅速发展,以及欧盟和美国公司在该地区的发展,迫使日本公司需要迅速削减成本,将工厂从中国转移至其他东盟国家。在此背景下,越南成为东盟国家中最有可能实现投资转移的地方。随着革新开放的推进,越南的工业与城市化得到较大推进。这让越南逐步成

---

① 北野充、『投資環境整備へODAを活用:日越共同イニシアティブ』、『国際開発ジャーナル』2004年4月號,第42頁。

② 同上书,第44页。

为有投资前景的受援国。2003年签署改善商业环境的"日越共同倡议"后，日越自由贸易、投资保护协定也于2004年签署。这两项协议有效扩大了日本对越南直接投资。2006—2007年日本对越南的直接投资增长是2000—2005年间的10倍。在成功举办了2006年的APEC峰会，美国政府宣布建立永久正常贸易关系后，越南成为一块"吸金石"。2006年吸引到了日本的160个项目投资，注册资本达到15亿美元。2006年成为越南所接受直接投资中实现率最高的年份。2008年吸引外资注册资金达到了641亿美元，其中602.17亿美元是已经注册的资本，涉及新项目1171个，另外的37.4亿美元涉及311个项目投资。截至2008年，日本已经对越南开展了983个投资项目，在对越南投资的82个国家中排名第二，在越南的投资中注册资本达到了167亿美元，排在所有资本国的第一位。每年增长额超过30亿美元。日本的投资项目为越南提供了上万个工作岗位，并为推动越南的出口创汇发挥了作用。

2. 政治层面

作为主要的援助方，日本期望它的援助模式能够增强其在国际援助体系中的存在感。日本外交部的官方声明也表现出，日本决定开展有明确导向的援助战略。比如援助要能让日本在国际援助界发挥知识领袖的作用，宣传日本的发展和援助理念。① 越南方面也同意帮助日本宣传其对越南援助，以便让日本得到国际援助界的认可。

"日越共同倡议"系列项目的成功实施，增强了日本在国际经济和政治领域的影响力。② 日本外交部和财政部通过援助外交让世界银行和越南相信，大量基础设施建设能够有效地削减贫困，创造就业机会，提高收入水平。在2002年的千年发展计划大会上，日本将自己的援助理念向非洲国家推广。日本的这些援助成果有效地说服了越南政府与其他受援国。

随后越南和世界银行都接受了日本的援助理念与模式，一致通过了经济基础设施发展战略，并将其作为多边援助机构针对越南贫困削减计划的主要内容。日本在国际援助界为自己赢得了一席之地。2004年援助协商会议上，世界银行再次表明了近期援助的最终目标是削减贫困，其主要的方式是通过援助受援国的经济基础设施实施。也就是说日本的援助哲学也在多边领域得

---

① MOFA, "Japan's Country Assistance Program for Vietnam, April 2004", http://www.mofa.go.jp/policy/oda/region/e_asia/vietnam.pdf(accessed November 2005).
② Ishii Naoko, Choki keizai hatten no jissho bunseki [Positive Analysis of Sustainable Economic Development]. Nihon keizai shimbunsha, 2003. p. 221.

到了广泛认可。①

后续的问题就是如何将日本的援助理念转变为实际的援助措施。日本随后开始推动越南改进其援助管理体系。因为如果越南的援助实施和管理体系不能得到改变的话，就不可能有效推动援助项目的实施，那么日本作为援助知识领袖的作用就会大打折扣。

这些举措巩固了日本在越南的政治地位。2003年"日越共同倡议"的签署与之也不无关联。"日越共同倡议"的实施为日本带来巨大利益。这个倡议提出的目的在于，通过改善越南的投资环境，为日本商业扩张提供便利条件，增加日本公司的利润。共同倡议确实改善了越南的投资环境。让越南吸引外资的能力明显增强，2003年越南得到日资3亿美元，到2005年时增加到8亿美元。当然，越南同时也得到了其他国家的直接投资，比如，2005年越南得到的直接投资同比增长了30%。但日本投资在其中所占比例较小。虽然，2005年以前日本并非越南最大投资国，但是由于其他国家对越直接投资较多，也能让日本公司从中获利。越南所接受的直接投资数额的扩大，确保日本能够在国内说服各界，不断增加对越南援助。通过发展援助，日本在本国、越南、多边援助机构乃至其他受援国之间建立起了有利于扩大日本政治和经济影响力的"良性循环"。

小结

由此观之，日本援助是国际援助体系中一种独特的存在，既精确地服务于日本的经济利益和政治利益，又与受援国的需求相结合，满足了受援方的需求，并得到了认可，实现了双赢。在越南就表现为，日本援助与越南经济社会发展计划相结合，似乎为构建更为合理与可持续性的双边援助关系提供了经验。此外，日本对越南的援助中践行了日本所提出的援助理念，扩大了日本在国际援助界的政治影响力。日本对越南的援助，通过在援助理念方面提出革新，不仅有助于越南推动国内经济及其他相关制度的改革，大力改善了越南的投资环境，提高了越南吸引外资的能力，而且让日本借助对越南的援助实践在国际援助界中占据了一席之地。也就是说，日本对越南的援助，让日本与越南实现了"双赢"。

第四节 日本对缅甸的官方发展援助

缅甸由于其边境紧邻东亚与南亚两大经济体，即中国和印度，作为地跨

---

① Kitano and Ishii, "Nihon no koe o PRSP e".

东南亚与南亚、连接两洋的国家，自二战以来是各方争夺的焦点。在二次大战期间，缅甸是日军与盟军交战的前线。在冷战时期，印度支那和缅甸成为社会主义阵营与资本主义阵营交战的前沿，缅甸由于未在这两个阵营中选边站而成为两个阵营争夺的对象。冷战结束后，由于其政体与人权问题，国际社会对其关注度一直不减。目前已经成为西方国家和东亚国家之间关于人权与民主论战的焦点。

与其他国家一样，日本也一直对缅甸保持着较高关注度。加之缅甸所具有的地缘优势与资源优势，二战前日本政府就与缅甸政府之间保持着密切关系。二战结束后，日本选择缅甸作为战后对外关系的突破口，让缅甸成为二战后日本第一个提供官方援助的国家。如前所述，不对等的国际援助体系之所以能够长期存在，是因为国际发展援助在援助国与受援国之间构建出一种相互需求性。日本如何借助ODA持续保持与缅甸之间的相互需求性，是本节主要讨论的问题。日本对缅甸援助大致可以划分为三个阶段，即1955—1988年，1989—2009年，以及2010年至今。以下分别从这三个阶段讨论日本如何通过援助保持与缅甸友好关系。

一　1955—1988年援助推动日缅关系迅速发展

尽管1950年缅甸与美国签订了"经济援助协定"，开始接受美国援助，但是，由于美国支持逃入缅甸的中国国民党军队，故1953年缅甸拒绝了美国援助。1956年，吴奴总统访问美国后，美缅关系有所改善，缅甸恢复接受美国援助，但依旧拒绝"任何附有政治条件"的援助。奈温执政时期，1970年前一度停止过福特基金、亚洲基金和富布莱特计划所提供的援助。1970年还中止了美国军事援助。1971年美国宣布"尊重缅甸政府的不结盟政策"，使美缅关系回暖。1980年后，缅美两国恢复了中断多年的经济合作关系。与此同时，缅甸与中国的关系也经历了诸多变化，从初期的怀疑冷淡，到1960—1961年一度达到中缅亲善顶峰。1967年出现反华事件后中缅关系热度降至冰点。1970年又破镜重圆。1988年前再次陷入冷淡。这个时期，美国与中国对缅甸关系都处于波动期。与此同时，缅甸经济发展急需外来支持，日本急欲通过援助寻找新的原料产地与市场。援助使双方的需求都能得到满足，并让日本成为这个时期唯一对缅甸保持较大规模援助的国家。这种相互需求让日本保持了与缅甸的平稳且紧密的关系。

（一）1955—1965年间的援助

二战结束初期，日本亟须借助援助恢复与东南亚国家的关系。这时选取哪国作为对外关系的突破口就显得极为关键。二战前夕日本与缅甸建立的特殊联系，似乎能让以战后赔偿形式开展的援助取得事半功倍的效果。

二战初期，在日本的帮助下，缅甸脱离英国的殖民统治建国。① 1941 年 1 月，日本军队在缅甸成立了情报组织"南机关"（Minami Kikan）。② 1941 年"南机关"组织了将近 200 人在曼谷成立了今日缅甸军队的前身"缅甸独立军"。其核心层"三十志士"曾接受过日本间谍机关的训练或受邀赴日留学。③ 尽管日本战败，但缅甸军方和日本高层间一直保持着良好的关系。④ 不仅如此，缅甸人一直对日本心存感激。他们认为由于日本的帮助，才让缅甸有机会摆脱英国的殖民统治。

1954 年日本和缅甸签署了《日本缅甸和平条约及其赔偿和经济协定》。缅甸成为二战后第一个接受日本战后赔偿的东南亚国家。尽管日本给予缅甸的赔偿数额与缅甸经济发展的需求相比是杯水车薪，但它具有重要的政治意义。ODA 推动日缅关系，在 20 世纪 50 年代后半期至 20 世纪 60 年代初期得到迅速发展。同时，协定的签署也为东南亚其他国家调整对日本政策提供了参考。⑤ 因而，从某种程度上说，日本对缅甸的援助，帮助日本打开了二战时受到日本侵略的东南亚国家的经济大门。⑥

这个时期日本依赖东南亚国家的资源与市场。《旧金山协定》的签署，迫使日本将资源来源与市场需求从中国转向东南亚国家。1955 年岸信介访问缅甸时的演说，表明了这个时期日本对外战略的需求。他说对这些国家的访问不仅是为了表达对二战时的侵略行为的忏悔，而且是为了与这些国家的领导人建立起私人关系，同时考察这些国家的投资环境。⑦ 缅甸所具有的丰

---

① 田辺寿丈、『アウンサン将軍と三十人の志士－ビルマと独立義勇軍と日本』、中公新書、1990。

② "南机关"有双重含义，其字面意思是南方的机构，由铃木敬司上校所领导，铃木在缅甸使用的化名是南益世，Bert Edstrom, *Japan and the Myanmar Conundrum*, in Asia Paper October 2009, Institute for Security and Development Policy, 2009, p. 11。

③ Saito Teruko, "Japan's Inconsistent Approach to Burma", *Japan Quarterly*, Vol1 39, January-March 1992, p. 24.

④ 例如 1981 年为表彰日本人在缅甸独立运动中所做出的突出贡献，缅甸政府总理奈温还向铃木敬司等 7 名原"南机关"的日本人颁发了缅甸最高荣誉勋章"昂山之旗"勋章。

⑤ Nagano Nobutoshi, *Yoshida seiken*-2616 *nichi, ge* [The 2616 days of the Yoshida government, latter part], Tokyo: Gyōken, 2004, p. 446.

⑥ Strefford, Patrick, Japanese ODA to Myanmmer: Resulting from the Mutual Dependence it Created, Kobe University Kokusai Kyoryoku Ronbensyu, p. 115, 2005. 11. Http: //www. lib. kobe-u. ac. ji/hanlde_ kernel/00422739.

⑦ 保城広至、《日本と東南アジアの戦後史－新たな視点から》，2005 年 2 月 25 日，http: //ricas. ioc. u-tokyo. ac. jp/asj/html/041. html/。

富资源以及在地缘政治中的重要性，使得它成为日本的海外原材料基地和市场。缅甸则希望借助日本的经济力量，摆脱英国殖民主义的影响，发展自己的经济，实现对自身经济的全面控制，开始走"缅甸式社会主义道路"。

由于缅甸经济基础太差，国内民族间战乱不断，在短短10年内，缅甸无法实现经济"自立"，极度依赖日本援助。日本通过对缅援助，实现了既定的经济目标。根据1954年协定，日本向缅甸提供战后援助赔偿不是以现金，而是以货物和服务贸易的形式，加之实施援助的是日本企业，日本企业变相成为对缅援助实际最大受益者。以货物和服务贸易形式提供的赔偿，让日本产品在缅甸等东南亚国家找到了市场。① 这个时期缅甸进口总额的40%都来自日本。② 缅甸出口到日本的主要商品是大米。③ 日本政治与商业精英借助与缅甸政治精英之间的特殊关系，以低于市场价格的价位从缅甸进口大米。④ 同期日本的机械和设备也大量涌入缅甸。因此，日本成为这个时期缅甸最大的贸易伙伴。日缅双边贸易中，日本对缅甸的出口额远超从缅甸的进口额。

由此可知，1955—1965年的日本对缅甸援助，仅实现了日本对缅甸援助的经济目标。在这个过程中，日本的政治与商业精英逐步成为援助中的主要推动力量。他们利用援助资金开始与缅甸精英建立联系，并让其受益。这是推动日本对缅援助能够在1965年后发挥更大影响力，并促使日缅关系进入蜜月期的关键。从某种意义上说，这个时期的援助构建起了日本与缅甸之间的相互依存关系。

（二）1966—1988年间的援助

自从1962年以奈温将军为首的军人集团上台后，日本的支持变得更加重要。奈温政府推行的包含军事主义、民族主义、佛教主义和国有化在内的"缅甸社会主义道路"，让缅甸遭到更加严重的国际孤立。缅甸经济实现自给自足，急需外援。缅甸独立后，奈温总理及其军政府中的政治精英们通过

---

① Gaimushō sengo gaikōshi kenkyūkai, ed., *Nihon gaikō* 30 nen: *Sengo no kiseki to tembō*〔30 years of Japa-nese diplomacy: Postwar track record and prospects〕, Tokyo: Sekai no ugokisha, 1982, p. 46.

② Kudo, Myamarard Japan: How close Friends beeome Estrangod, IDE Disavssion Paper No. 118. 2007, p. 10.

③ Taguchi, ed., *Biruma to Nihon*, p. 18.

④ Kei Nemoto, *Between Democracy and Economic Development*: *Japan's Policy to-wards Burma/Myanmar Then and Now*, in N. Ganesan and Kyaw Yin Hlaing, eds., *Myanmar*: *State, Society and Ethnicity*, Singapore: Institute of Southeast Asian Studies, 2007, p. 99f.

个人的感情和经验，与日本政府建立了"特殊关系"或者"历史上的友好关系"，① 这些因素既能让援助投向更符合缅甸高层所需要的领域，也能保障日本得到更多经济和政治回报。援助使日本和缅甸形成了更加强烈的相互需求，两者关系进入了蜜月期。

经济方面，日本对缅甸的发展援助成为缅甸政府生存的依赖。为满足奈温政府所提出的需求，日本政府不断向缅甸增加援助额。1968 年，日本第一次以日元贷款的名义向缅甸提供援助 50 亿日元。② 1975 年，日本对缅甸的日元贷款，增加到 100 亿日元，1976 年增加到 300 亿日元。③ 1982 年达 400 亿日元，1984 年达到了顶峰（460 亿日元），而在 1985—1987 年间基本上保持在每年 300 亿日元（按照当时的汇率相当于 1.548 亿美元）的数额。④ 1987 年，日本援助在缅甸国家预算中占比 20%，占缅甸所接受外援的 71.5%。1978—1988 年间，缅甸共得到 37.123 亿美元的日本援助，这个数字相当于同一时期缅甸进口总额的 15.1%。⑤ 截至 1987 年，日本的 ODA 数额占到缅甸国家预算的 20%，在缅甸所接受的国际援助总额中占比 71.5%。⑥ 从某种角度而言，日本的巨额援助帮助奈温政权度过了 20 世纪 70 年代数次经济危机。⑦ 这一时期缅甸在日本对外援助的排名也上升至前五位。⑧ 这些大量的市场利率贷款和优惠贷款与日本私人投资合并在一起的援助模式，已对西方资金造成干扰。当 1980 年日本在西方七国集团会议上承

---

① Nemoto, K. (2007). Between Democracy and Economic Development: Japan's Policy toward Burma/Myanmar Then and Now. In Myanmar: *States Society and Ethnicity*, N Ganesan and Y. H, Kyaw (eds)., pp. 100—103, ISEAS Publishing. And Takeshi Suzuki, former *Japanese ambassador to Myanmar from January 1971 to June 1974*, 1977, p. 214.

② 数额为 108 亿日元。

③ Toshihiro Kudo, "Myanmar and Japan: How Close Friends Become Estranged?", in Faure, Guy, *New Dynamics Between China and Japan in Asia: How to Build the Future from the Past*? World Scientific Publishing, 2009, p. 250.

④ Mikio Oishi and Fumitaka Furuoka, "Can Japanese Aid Be an Effective Tool of In-fluence: Case Studies of Cambodia and Burma", Vol. 14, No. 6 (No-vember/December 2003), p. 898.

⑤ SEE Kudo and Mieno, Trade, *Foreign Investment and Myanmar's Economic Development during the Transition to an Open Economy*, IDE Discussion Paper Series, No116, Institute of Developing Economic, JETRO, 2007, p. 5. http://www.ide.go.jp/English/index4.html.

⑥ Oishi Mikio and Fumitaka Furuoka, "Can Japanese aid be an effective tool of influence? Case studies of Cambodia and Burma", *Asian Survey*, 2003, 14 (6), p. 899.

⑦ Toshihiro Kudo, *Myanmar and Japan: How Close Friends Become Estranged?*, pp. 250—252.

⑧ 1976 年时，缅甸成为日本对外援助的第九大国家，1977 年时低于前十位，1978 年、1979—1980 年时是第 4 位，1981 年、1982—1983 年时是第 6 位，1984 年时是第 7 位，1985 年和 1986 年时是第 5 位，1987 年时是第 8 位，1988 年时是第 7 位。

诺对援助模式做出改革时,其实已经打乱了西方国家对缅甸以及其他发展中国家的援助步调。①

这个时期日元贷款主要用于支持大型基础设施项目:桥梁、水坝、高速公路、机场和港口设施。同时,日本援助还为缅甸公共交通系统提供公交车;在仰光和缅甸其他城市,小型日本公司在销售用于公共交通服务的二手车方面非常活跃。② 到了20世纪70年代,日本和缅甸的经济关系达到了顶峰,这个期间的经济合作统计数据是最高的。与此同时,日本援助了缅甸石油储备研究项目后,20世纪70年代还参与到缅甸的石油生产中,并从中获利。日本之所以能快速摆脱1973年的世界石油危机给自身经济造成的消极影响,与之密切相关。

政治关系方面,缅甸1962年开始了军政府执政,西方国家中只有日本直接与奈温政府保持联系。③ 这个时期,日缅高层互访频繁。20世纪60—70年代先后有四位日本首相访问缅甸,奈温也多次访问了日本。④ 1983年,时任外相安倍晋太郎访问缅甸时表示,缅甸已经成为亲日国家,日本已经成为缅甸最大的贸易伙伴。⑤ 日本政府认为日本与缅甸的特殊关系达到了两个目的:一是让缅甸远离中国,二是切断了缅甸与共产主义阵营的关系,让其"进入了自由世界"。⑥ 缅甸方面也及时给予回应,表示日本不仅帮助缅甸获得了独立,日本军队还让年轻的缅甸民族主义者掌握了政治技巧。⑦ 不仅如此,缅甸在所有国际场合都力挺日本。当日本教育部长在20世纪80年代提出修正现代历史教科书的指导原则时,奈温政府没有加入中国、韩国及其他

---

① Koppel, Bruce M. and Robert M. Orr, "A donor of consequence: Japan as a foreign aid power", in Bruce M. Koppel and Robert M. Orr (eds), *Japan's foreign aid: Power and policy in a new era*, 1993, p. 3.

② Seekins, Donald M., *Burma and Japan since 1940: From "Co-Prosperity" to "Quiet Dialogue"*. NIAS Press, 2007, p. 117.

③ See Steinberg D. T., "Japanese Economic Assistances to Burma: Aid in the 'Tarenagashi' Manner?", *Crossroads*, 1990, Vol E, NO. 2, p. 57.

④ Toshihiro Kudo, "Myanmar and Japan: How Close Friends Become Estranged?", in Faure, Guy, *New Dynamics Between China and Japan in Asia: How to Build the Future from the Past*? World Scientific Publishing, pp. 250—251.

⑤ Gaikō kenkyūkai, *Abe gaikō no kiseki: 21 seiki ni mukete no sōzōteki gaikō* [The results of the Abe diplomacy: Creative diplomacy facing the 21st century+, Tokyo: Kōzaidō, 1986, p. 108f.

⑥ Hatano and Satō, *Gendai Nihon no Tōnan Ajia seisaku*, p. 85.

⑦ Kei Nemoto, "The Japanese perspective on Burma", *Burma Debate*, Vol. 2, No. 43 (August-September 1995), available at: http://www.burmalibrary.org/reg.burma/archives/199511/msg00076.html.

亚洲国家的行列,反对日本在教科书中篡改侵略历史。[①] 为满足日本的需求,缅甸军政府陆续开展了经济改革,包括首次出台了《外国投资法》。[②]

二 1989—2009 年间日本对缅援助

在面对来自美国、中国、东盟等方面的外部竞争,以及内部援助政策改革的压力时,日本通过无偿援助和技术合作项目保持着与缅甸的紧密关系。

(一) 日本对缅援助所受影响

这个时期日本对缅甸援助受到以下几个方面的影响。

其一,美国因素。从 1988 年 9 月 18 日缅甸军队接管国家政权后的 20 年里,缅甸和美国关系一直处于比较紧张的非正常状态。军政府成立后,美国把驻缅使馆降为代办级,停止对缅提供经济援助和军事援助,撤销对缅甸的贸易普惠制,对缅实行武器禁运,阻止国际金融机构向缅甸提供援助。在克林顿和小布什政府时期,美国多次加强和延长对缅制裁,还强行在安理会表决缅甸问题草案。这时缅美关系已降至冰点。美国要求包括日本在内的西方国家都参与到对缅甸的制裁中。

其二,中国因素。缅甸被西方国家孤立,成为中缅关系转折的契机。1989 年 10 月,缅甸国家恢复法律与秩序委员会副主席兼陆军司令丹瑞访华后,中缅关系进入"特殊"蜜月期。从 20 世纪 90 年代开始,中国成为缅甸重要的盟友。中国给予缅甸经济上的支持,特别是在 1988 年日本停止对缅甸的日元贷款后,中国对缅甸的援助满足了缅甸的资金需求。更为重要的是,中国给予了缅甸政治上的支持。冷战结束后,中国迅速扩大在东南亚的影响,中国不像西方国家一样干预缅甸民主和人权问题,中国不干涉缅甸内政发展,这让缅甸自然而然地偏向中国。

其三,东盟因素。东盟作为另一股竞争力量,也在竭力通过加强制度建设增强东盟与缅甸的关系、增强东盟内部的联系,以应对地区外大国在大湄公河次区域逐渐增大的影响力。但是东盟对缅甸政策也摇摆不定。2003 年东盟跟随西方国家,明确提出要求缅甸政府释放昂山素季。但 2006 年时又放弃干涉内政原则,并在 2006 年东盟会议召开时力挺缅甸,支持缅甸放弃东盟轮值主席国的决定,集中精力解决国内统一与民主化问题。这对日本对缅政策造成影响。由于东盟是日本长期谋划的区域,从经贸关系、直接投资到政治安全方面,日本认为东盟一直是其确保自身安全与繁荣的关键地区。

[①] Seekins D. M., "Japan's Aid Relaitions with Military Regimes in Burma, 1962—1991", *Asian Survey*, 1992, Vol. 32, No 3, pp. 246-262.

[②] 林锡星:《日本援助缅甸别有玄机》,《亚洲周刊》2014 年 12 月。

同时，日本又想减少对缅具有影响力的竞争对手。因此东盟对缅政策的摇摆不定，在一定程度上影响了日本对缅政策。

日本政府面对以美国为首的西方国家的压力，要承受逐渐强大的中国可能造成的挑战，同时，还要不失时机地在缅甸问题上与东盟结盟。不仅如此，还需面对与国内财团与政治团体的博弈。这些因素导致这个时期的日本对缅援助出现了"政经分裂"。

（二）援助如何满足日本和缅甸的需求

如前所述冷战结束后，日本官方援助政策发生了巨大变化。为应对缅甸国内政局的突变，日本对缅甸政策出现"政经分裂"。政治上，日本基于普世原则和价值观外交，开始"冷落"缅甸。但在经济上则通过各种方式保持关系。根据1992年《官方发展援助大纲》和日本对缅甸的政治和经济需求，[①]日本的援助政策逐步演变为"胡萝卜加大棒"的政策。援助俨然已经成为日本在缅甸推进所谓普世价值观和维护在缅经济利益的绝佳工具。

迫于美国的压力以及新援助大纲的要求，日本不再能通过增加日元贷款直接满足缅甸政府的需求。但为了保持援助政策的灵活性，《1994年ODA年度报告》提出，日本需要向有积极作为的国家灵活提供援助。随后，日本通过减免债务、提供基础设施和人道主义援助的方式继续援助缅甸。日本从1991年至2003年间一共减免了缅甸6亿美元的贷款。这个数额在本阶段日本对缅甸ODA总额中占比75%。[②]债务减免和无偿援助，无疑成为这一时期日本对缅援助的主要工具。

无论使用哪一种援助手段，日本都比之前更加"成熟"，使援助与日本在缅甸的利益形成了更加紧密的结合。1990年缅甸军政府拒绝承认选举结果、交出政权时，日本推迟了对缅甸所有援助项目的实施计划。[③]可一旦缅甸国家和平与发展委员会按照西方国家的要求"积极作为"时，日本立即通过追加援助予以"肯定"。1993年，日本政府表示要提供200万美元用于缅甸人道主义救助，以表彰缅甸国家和平与发展委员会领导接触软禁中的昂山素季，并允许美国议员比尔·理查森与昂山素季会面。当感觉到中国对缅影响力不断扩大时，日本又通过增加援助适时"认可"缅甸军政府。1994年当中国总理李鹏访问缅甸后，1995年3月日本就宣布增加1亿日元援助

---

① 20世纪90年代已有十余家日本企业在缅甸持续投资，日本商人说服政府必须保持对缅甸的援助，否则就相当于切断了在缅日本企业的喉咙。

② James Reilly, *China and Japan in Myanmar: Aid, Natural Resources and Influence*, Asian Studies Review, 2013, pp. 141-157

③ Suppakarn, *The Implications of Japanese Engagement Policy towards Myanmar*, p. 6.

缅甸粮食生产。当时的日本外相河野洋平发表声明说,日本逐步向缅甸增加援助,意在扩大对缅甸军政府的影响力,日本希望缅甸军政府能将援助视为日本的政治信号,理解日本希望缅甸改善人权状况等。① 2002年日本外相在时隔19年后第一次访问缅甸,并为推动缅甸军政府与昂山素季对话,提出日本对缅甸援助巴龙江水电站。此举让日缅关系回暖,缅甸军政府也确实依照援助附加条件与昂山素季进行了会谈。

在日本援助项目的支持下,20世纪90年代末在缅甸投资的日本公司数量,从60年代初期的2家上升至15家。这些公司分别是住友、三井物产、三菱重工、日绵、丸红、日商盐井、伊东、神户制钢所、日本东洋棉花、兼松江商株式会社和大丸等。② 这些商业财团垄断了日本对缅甸的援助与投资项目,让日缅经济合作在90年代后半期一度得到恢复。由于这些公司不希望失去它们的投资,它们公开要求日本政府增加援助。毫无疑问,日本商业财团说服本国政府的效果立竿见影,日本政府逐步恢复了对缅甸的援助,日本商业财团继续参与到很多大项目中,如缅甸的首个工业园区,即明格拉邦工业园区。在参与工业园区建设的过程中,日本率先得到了缅甸政府给予的50年土地租赁权。③ 对于这个时期日本对缅甸的影响力,缅甸前总理钦钮在演讲中给予了这样的评价:"缅甸和日本之间的关系具备紧密伙伴、相互理解和真诚相待几个特点。这主要是基于大量的援助与投资,由此产生的影响已极大地推进缅甸和日本人民能够长期保持友好关系。"④

大量无偿援助项目,让日本在缅甸的影响力开始"自上而下"渗透至民间。从2001年至2009年共投入约153.55亿日元无偿援助,项目集中在教育、卫生保健、基础设施完善等方面。⑤ 另外,1988—2008年间,日本又以开展技术合作的名义,共向缅甸提供了396.82亿日元的援助,用于派遣

---

① "Foreign Minister Yohei Kono cited in the Japan Times"; quoted in Seekins, The North Wind and the Sun, p. 13.
② Seekins, 2007, p. 77.
③ Strefford, Patrick, "Japanese ODA to Myanmar: Resulting from the Mutual Dependence it Created", Journal of International Cooperation Studies, Vol. 13, No. 2, November 2005, p. 125.
④ 这是Khin Nyuint在1998年11月的日本和缅甸商务合作会议的开幕式上的演讲,转引自Zunetta Liddell, International Policies towards Myanmar Western government, NGO's and mulitiateral institutions, p. 144.
⑤ 具体的项目有资助母子保健服务改善计划,边境地区饮用水供给计划,人才培养奖学金项目,麻疹预防接种计划,缅甸中央干旱地区植树造林计划,仰光综合医院医疗器械完备计划,掸邦果敢地区基础设施完善计划,等等。参见在ミャンマー日本国大使館,『ミャンマに対する協力概況』、2007年、http://www.mm.emb-japan.go.jp/profile/japanese/oda.htm。

日本专家 1315 人，接收缅甸留学生 2867 人，研修生 2759 人。① 此外，日本政府还与本国的非政府组织（NGO）合作，在 1993—2007 年间在缅甸实施小学校建设、医疗器材供给、给水设施等小型基础设施建设项目，以及粮食供给等人道主义援助项目，共实施了 490 个援助项目，投入 30.7 亿日元。②2003—2007 年间，日本依旧是对缅甸最大的西方援助国。这些事关缅甸社会发展的援助项目，让日本在缅甸的影响力从政府上层逐渐扩散至民众中，从经济领域开始向社会领域扩大。例如，仰光市内的侵略战争期间阵亡日本士兵墓园，就是缅甸民众和日本政府合力建造的。连美化侵略行为的日本士兵墓园项目，都获得缅甸民众的支持，可窥见日本在缅甸的影响力。

三 2010 年以后日本对缅援助

2010 年缅甸开始民主化变革后，各国纷纷恢复与缅甸的关系。日本通过官民合作发挥 ODA 的优势，并在多边援助中协调与多边援助机构的关系，保持着与缅甸间的友好关系。

（一）日本对缅甸援助所面临的竞争

自 2010 年起，缅甸开始了一系列的政治经济改革，改革的内容包括放松政治和经济控制、释放昂山素季等。缅甸的对外关系也随之发生巨大变化。首先是以美国为首的西方国家纷纷改善与缅甸的关系。2011 年美国国务卿希拉里访问缅甸，及 2012 年 11 月美国总统奥巴马访问缅甸，标志着美缅关系迅速改善并呈现出前所未有的良好发展态势。美国也从 2011 年恢复对缅甸援助，并支持国际货币基金组织和世界银行等国际组织援助缅甸。

与此同时，2010 年以后的中缅关系面临多方挑战与考验。中缅关系，特别是经济关系中存在的问题，在 2010 年缅甸大选后迅速暴露。加之随着美缅关系的改善，印度、欧盟、东盟在一定程度上与美国形成改善与缅甸关系的统一战线，意欲弱化中缅关系中经济优势。

在群雄并起、各国展开对缅甸的影响力与资源的角逐时，日本如何通过援助与缅甸继续保持相互需求的关系，是这个时期日本对缅援助亟须解决的问题。

---

① 日本外务省、『ミャンマー国別データブック』、99—100 ページ、2009 年、http://www.mofa.go.jp/mofaj/gaiko/oda/shiryo/kuni/09_databook/pdfs/01-09.pdf。
② 在ミャンマー日本国大使館、『ミャンマーに対する協力概況』、2007 年、http://www.mm.emb-japan.go.jp/profile/japanese/oda.htm。

（二）援助特点

从2010年后，日本通过增加对缅援助再次发出了加强两国关系的信号。2011—2013年，日本政府共向缅甸提供了各类援助项目约3000亿日元，减免债务共约4760多亿日元。[①] 面对2010年以后各国在缅甸的角逐，除给予大量的日元贷款和减免债务外，援助项目的设计也有了更多改进。日本对缅援助可以概括为以下几个特点。

第一，针对关键群体开展传统援助项目，从基础设施援助方面深化日本与缅甸民间关系。援助项目主要围绕基础设施的完善、对少数民族地区的社会援助等方面展开。基础设施项目方面，主要为仰光和曼德勒近郊的工业园区、电力开发等基础设施建设。社会民生方面，则主要投向克伦邦和果敢地区等地。JICA以农村综合开发为中心援助当地难民，借助改善当地居民生活设施的无偿援助，在推进缅甸政府与少数民族地方武装力量和解中发挥影响力。[②]

第二，官民并举，多面出击扩大日本对缅影响力。日本对缅甸的援助模式有了较大变化，政府和民众都参与到对外援助中，即所谓的"官民并举"。[③] 从2010年开始，日本政府通过资助日本国内的NGO、缅甸当地的NGO、缅甸政府或者国际NGO等形式，开展了诸如农业相关知识普及、缅甸传统医疗方法培训普及、向缅甸免费提供二手车、培训缅甸地方官员、帮助缅甸农村地区的中学建立校舍、为伤残人士提供假肢等活动，每年投入数亿日元。日本企业也在加强对缅甸的援助力度。例如，日本丸红公司在2012年用30万美元在缅甸设立了丸红缅甸奖学金，资助缅甸的大中小学生。日本财团也在缅甸的少数民族地区以及农村地区的小学开展体育和文化课程的教育援助项目，2014年还向钦邦民族战线地区提供了大米救助。

第三，通过对缅甸的制度建设与能力建设方面的援助，增进与缅甸政府关系。比如从2013年开始，JICA协助缅甸政府建立资本市场。主要包括以下四方面工作，其一，日本财务综合政策研究所开始向缅甸提供股票交易相

---

① Statement, by the Minister for Foreign Affairs of Japan on the Legislature By-Election in Myanmar (4 April 2012). Available at http://www.mofa.go.jp/announce/announce/2012/4/0404_01.html, accessed 11 June 2012. 向山勇、風間立信、『ミャンマー支援の経緯取り組み』、アジア地域における財務省の国際協力特集』、5ページ、2013年12月、http://www.jica.go.jp/topics/scene/20120209_01.html。

② 田中雅彦、『変わるミャンマー、日本の役割』、2012年2月9日、http://www.jica.go.jp/topics/scene/20120209_01.html。

③ 工藤年博、『ミャンマー支援の課題』、NHK解説委員室視点、2012年4月26日、http://www.jica.go.jp/topics/scene/20120209_01.html。

关法规和政策的援助。其二，JICA 与日本民间企业合作，向缅甸央行提供援助项目，帮助其建立健全央行的 ICT 信息采集系统和央行资金与国债业务的基本系统。其三，日本金融厅通过技术合作援助计划帮助缅甸培养金融方面人才，帮助其建立证券监督系统。其四，日本大和综合研究所和日本贸易集团帮助缅甸建立健全股票交易所的各项规章制度和上市规则，并帮助培训相关专业人员。

第四，利用多边协调扩大日本对缅甸乃至整个援助体系的影响力。日本通过国际协调使多个国家与多边援助机构都减免了对缅甸的债务。2012 年日本邀请了缅甸、世界银行、亚行、联合国开发计划署官员以及其他 26 个国家的代表在东京举办了"与缅甸相关的东京会议"，共同讨论如何减免对缅甸的债务、促进缅甸的经济发展等问题。会后，亚行在 2013 年 1 月表示减免缅甸 5 亿日元债务；1 月 25 日巴黎俱乐部（主权债务国会议）宣布开始与缅甸协商减免债务；1 月 25 日世界银行也宣布解除缅甸尚未偿还的 4 亿美元债务。2013 年 3 月经日本政府与缅甸政府协商，免除了缅甸债务延迟偿还所产生的一切违约金。

（三）日本与缅甸关系的深入

自 2010 年缅甸开始民主化变革和经济改革以来，日本与缅甸关系迅速升温。如前所述，日本政府不断增强对缅甸的援助力度，大有要在短时间内恢复至 1988 年前日本在缅甸影响力的态势。在援助的推动下，日缅关系得到迅速推进。经济关系方面，尽管难以让日本企业对缅甸经济抱有足够信心，但援助已让日本企业涉足缅甸经济发展的多个领域。日本政府倾向于用较低成本实现更大的利益，比如在迪洛瓦经济特区开发中，日本与缅甸建立开发公司，然后吸引其他外国企业前来投资，还帮助缅甸建立股票市场等。

日缅政治关系的迅速升温，不仅体现在两国政要的密集互访上，还表现在以下两方面。

其一，缅甸允许日本逐步参与到缅甸和平进程中。2014 年代表缅甸联邦政府负责对缅甸少数民族地方武装和平谈判的"缅甸和平中心"，坚持让日本作为观察员参与国内和平进程。2014 年 7 月底的"拉扎峰会十条原则决议"提出，邀请日本和挪威见证全国停火协议的签署。邀请的理由是日本不断为缅甸的和平进程提供援助及对缅甸和平中心提供直接援助。[①] 其

---

① 『ミャンマーにおける少数民族との国民和解に向けた日本政府の支援』，平成 26 年 1 月 6 日，http://www.mofa.go.jp/mofaj/s_sa/sea1/mm/page4_000337.html。

二，日本和缅甸开始相关军事合作。2013 年 5 月，缅甸总统吴登盛与日本首相安倍晋三达成了推进日缅海上安全合作关系的共识。9 月底，日本海上自卫队舰艇首次停靠缅甸，并与缅甸军方展开交流活动。① 2014 年 5 月底，日本自卫队统合幕僚长在二战结束后首次访问缅甸。② 两国在军事方面的合作主要涉及双边安全及救灾领域，这也是为日本主导的仰光周边的经济特区服务。

经济合作领域，自 2010 年以来日缅双边经贸关系有较大发展。2010 年日本对缅甸出口额约为 2.6 亿美元，进口额约为 3.9 亿美元；2013 年日本对缅甸的出口额上升到 10.6 亿美元，进口额上升到 7.6 亿美元。③ 日本对缅甸的出口额中，客车与货运车辆占 75.4%，建筑机械用品占 8.2%；缅甸利用日本的特惠政策，劳动密集型产品如衣服与袜类出口到日本的较多，在缅甸向日本的出口额中，纤维二次制品所占比例为 60.5%，袜类纺织品占 14.75%，鱼虾类占 10.1%。④ 随着日本援助的增加，涌入缅甸的日本企业数量也在增加。据日本《帝国数据书》的统计数据，截至 2012 年 10 月，进驻缅甸的日本企业已达 91 家，2013 年增加到 156 家。⑤ 自 1988 年至 2014 年 3 月，投资项目 45 项，金额约为 3.3 亿美元。⑥

总之，自 2011 年日本恢复对缅大规模日元贷款以来，援助已在相当大范围内扩大了日本在缅甸的影响力。

小结

二战结束后，多方力量都对缅甸施加影响力。如美国、中国和东盟。因此，各个时期日本对缅甸的政策体现出的不仅是日本国内各股力量政治博弈的结果，也是平衡各方力量后的一种考虑。从这些政策变化中似乎可以看出日本对缅甸战略的多变性。一方面，作为美国追随者的日本，在对缅政策上需要顾忌美国的需求，另一方面，作为亚洲国家，日本为了扩大其自身对缅甸乃至整个东盟地区的影响力，又需要做出某种姿态。在以上两方面因素的

---

① 《日本海上自卫队编队首访缅甸》，2013 年 10 月 2 日，http://news.xinhuanet.com/world/2013-10/02/c_125479135.htm。
② 蓝雅歌：《日本自卫队幕僚长二战后首次访问缅甸》，《环球时报》2014 年 5 月 28 日。
③ 日本与缅甸的基本贸易动向，日本贸易振兴会网站，http://www.jetro.go.jp/world/asia/mm/#basic。
④ 同上。
⑤ 高野秀敏，「なぜミャンマーで日本企業はなかなか成功しないのか」、2013 年 12 月 4 日，http://diamond.jp/articles/-/45439。
⑥ 《日本与缅甸的基本贸易动向》，日本贸易振兴会网站，http://www.jetro.go.jp/world/asia/mm/#basic。

作用下所开展的日本对缅甸的援助，就会呈现出多面性。

日本对缅甸援助的多面性似乎恰好满足了日本与缅甸双方在不同时期的需求。因此，借助 ODA，日本和缅甸形成了一种相互依存的关系。日本对缅甸的 ODA，在 1988 年前由于日本所面临的竞争对手较少，因此这种需求性较容易构建。这种依存关系，让日本和缅甸关系进入了蜜月期。1988—2009 年间日本与缅甸关系进入了转折期。这个时期日本对缅甸援助表现出迂回性。2010 年以后，随着缅甸民主变革的推进，缅甸与西方国家关系迅速改善，日本对缅甸援助面临更多竞争，借助援助的力量，日本和缅甸关系在 2010 年之后进入了一个全新的阶段。

第五节　日本对柬埔寨的官方发展援助

1953 年柬埔寨和日本建交，1954 年日本开始了对柬埔寨的赔偿型援助。1992 年之前，ODA 帮助日本和柬埔寨之间建立了密切的政治和经济关系。1992 年后柬埔寨成为全球接受国际发展援助最多的国家，日本对柬埔寨援助面临更多的竞争。即便如此，日本借助 ODA，保持着两国关系的平稳发展，并为柬埔寨和平进程发挥了积极作用。21 世纪以后的援助中，尽管受到更多新兴援助国的冲击，但日本的 ODA 依然发挥了关键作用。援助进一步加深了日本与柬埔寨的双边关系。如果说中国与柬埔寨的关系是由历史关系奠定的良好基础以及今天的经济联系构建的，那么今天日本与柬埔寨的关系则是完全依赖日本的 ODA 建立起来的。[①]

一　日本援助柬埔寨的目的

柬埔寨所拥有的地缘优势，在二战前与日本所保持的友好关系，以及柬埔寨在国际援助中的特殊地位，推动日本对柬埔寨开展官方发展援助。

（一）柬埔寨的地缘位置和丰富资源，吸引日本开展对柬埔寨援助

柬埔寨与中南半岛上的越南、泰国和老挝接壤。在政治上与越南的联系较为紧密，在经济上对泰国比较依赖，与老挝一直保持友好关系。同时与中国关系也甚好。在中南半岛上，无论在地缘政治、经济联系还是政治关系上，柬埔寨都是一个各方都在拉拢的国家。这样一个国家也是日本无法忽略的。

[①] Chheang, Vannarith, "Cambodia: Between China and Japan", *CICP Working Paper*, Oct, 2009, p. 3.

(二)通过对柬埔寨的援助,持续保持与柬埔寨的良好关系,获得政治支持

据相关文件记载,日本在江户时期(1603—1860)就与吴哥王朝有往来。二战结束后,柬埔寨率先表示放弃日本的战后赔款,并成为东南亚地区较早开始接受日本 ODA 的国家,柬埔寨政府在多个场合都曾表示,日本和柬埔寨之间保持着"心灵相通"的关系。如何长期保持两国间友好关系,以便在国际上能得到柬埔寨的支持,援助能发挥关键作用。

(三)柬埔寨在国际援助中的特殊角色,有助于扩大日本在国际援助界的话语权

柬埔寨是经合组织开发委员会在东亚地区开展援助协调的重点对象。从 1991 年签署巴黎协定后,柬埔寨从 1991 年以前的援助匮乏国,迅速演变为援助泛滥国。如何提高对柬埔寨援助效率,增强其吸收和协调援助的能力就成为一个问题。柬埔寨政府与国际传统援助方协商后,1993 年成立了柬埔寨复兴国际委员会,1996 年该组织被援助联合委员会所取代。2000 年,柬埔寨立足于国际援助机构提出的援助协调的三原则,又提出了"柬埔寨新发展合作伙伴模式"。2004 年,柬埔寨成为援助国家合作委员会选出的 17 个最有活力的关键受援国之一。在对柬埔寨提供援助的国家中,不仅有传统援助方,还有新兴援助国。也就是说柬埔寨已经成为各大援助方关注的国家。如果能在柬埔寨发挥援助协调作用,对扩大日本在国际援助界的影响力有极大帮助。这一点也推动日本思考如何通过提出不同的援助理念,以及作为传统援助方帮助柬埔寨协调各方援助。日本既是亚洲国家,又是传统援助方中的主要力量,如能抓住这个机会,或能扩大在柬埔寨的政治影响力。

二 1990 年以前日本对柬埔寨的援助

(一)1954—1970 年间作为准赔偿的援助

1. 援助的开启

日本对柬埔寨的 ODA 与其他亚洲国家一样,都是从战后赔偿开始的。1954 年柬埔寨宣布放弃日本的赔款。1955 年西哈努克亲王访问日本时,两国签署了《日本柬埔寨友好条约》。条约提出,加强两国在经济技术及文化方面的合作。这个协议为日本对柬埔寨的援助提供了基本原则。柬埔寨政府以 1957 年岸信介首相访问柬埔寨为契机,交换了与经济合作相关的公文。并最终促成双方于 1959 年缔结了《日本和柬埔寨经济和技术合作协定》。这个协定提出日本要对柬埔寨提供由生产物资和服务组成的 15 亿日元(约

合417万美元）的无偿援助（准赔偿）。① 日本对柬埔寨的援助也由此开启。

依据《日本和柬埔寨经济和技术合作协定》，日本对柬埔寨的赔偿型援助在1966年7月5日实施完毕。这个时期规模较大的援助项目是，1968年开始的对Purekutonotto大坝建设提供15亿日元的贷款，这是日本对柬埔寨援助的第一个日本贷款项目，由日本海外经济协力基金会于1969年实施。15亿日元的援助项目，与同期对老挝提供的无偿援助（15亿日元）和日元贷款（52亿相比），可以说是相当少的。

此外，主要援助项目还有，1965年日本援助的农业技术中心。对农业技术中心的援助于1969年结束。应柬埔寨政府的要求，这个项目延期了两年。1971年对Purekutonotto工程的二期项目提供了日元贷款，对该项目的援助数额总计12.77亿日元。

2. 两国关系

由于柬埔寨坚持"非同盟"路线，1965年5月与美国断交。受此影响，日本和柬埔寨关系迅速转冷。20世纪60年代，刚刚恢复经济自信的日本，为了开拓出口市场和确保原材料进口，积极开展与东南亚的援助外交。但是，与非同盟国柬埔寨的关系并没有得到预期的发展。独立后的柬埔寨欲尽力保护自己的安全。1967年以后，柬埔寨得到了包括日本在内的很多国家的承诺，承认柬埔寨的国土边界。尽管此时柬埔寨尚未与美国复交，但是由于日本满足了柬埔寨的政治需求，柬埔寨和日本关系迅速得到改善。这也进一步推动了日本对柬埔寨ODA的实施。从某种程度而言，日本与柬埔寨的政治关系很容易受美国对柬政策影响，自主性不足。

由于日本和柬埔寨的政治关系受到意识形态因素的影响，发展得并不顺利。相比之下，两国经济关系较为平稳。尽管1965年柬埔寨与美国断交，但是1960年以来，为了保持日柬之间的正常贸易关系，两国每年都举行多次会晤。这些会晤确保日本商品在柬埔寨享受最低关税待遇。这期间由于柬埔寨对日贸易收支不平衡，两国间经济协定未能延长至1967年，但是两国间贸易规模在逐步扩大，1965—1969年间日本对柬埔寨贸易总额逐步扩大，从1961年的1950万美元增加至1969年的3083万美元。②

20世纪60年代，援助开启了两国间双边关系。尽管援助规模小，但是两国间交流并不少。虽然受到意识形态、美国因素等影响，出现了政治关系和经济关系的不平衡发展。但是，刚刚独立的柬埔寨和急欲从战败阴影中走

---

① JICA：《柬埔寨国别援助研究会报告：从重建到发展》，JICA研究所，2001年10月。
② 「わが国の外交近況」昭和43年、26—27项目。

出的日本，都期待得到国际社会的认可。这种相互需求，推动两国关系发展。

(二) 1970—1975 年间的援助

1. 援助实施

1970 年柬埔寨国内右翼朗诺集团在美国的策划和协助下发动政变，废黜了西哈努克亲王。柬埔寨进入了西方阵营。日本原计划扩大对柬埔寨的援助，但是由于柬埔寨国内政局极度不稳定，限制了援助的实施。很多援助项目被迫中止。

但无偿援助从 20 世纪 60 年代就开始增加。无偿援助成为解决让柬埔寨头疼的难民问题和保证日本与柬埔寨平稳政治关系的手段。比如，"当柬埔寨内战范围扩大，难民数量激增时，日本红十字会对难民提供了总额 270 万美元的援助物资，并通过柬埔寨红十字会转交"。[①] 加之内战期间粮食不足，日本政府应当时柬埔寨政府要求提供了大米无偿援助。这个时期，日元贷款项目共计 15.17 亿日元，无偿援助共计 26.38 亿日元，技术合作项目 16.63 亿日元；除了大米援助外，还援助了前述水电站、变电站及公路修缮等。[②] 由于内乱造成柬埔寨治安极差，对柬埔寨的 ODA 中虽然有以接受技术人员研修为中心开展的技术合作项目，但仅保持在最低水平。

柬埔寨内战爆发后，以日本为代表的西方阵营国家继续为当时的政府提供援助。1972 年时日本援助额为 500 万美元，1973 年和 1974 年时均为 700 万美元，日本一度成为当时柬埔寨的第二大援助国。[③] 1974 年后通货膨胀加剧，1978 年越南和柬埔寨开战后，经济下滑到最低水平，加上军费激增，柬埔寨国家经济面临崩溃。日本提供的 ODA 对柬埔寨政府而言非常关键。

2. 经济关系

日本和柬埔寨之间的经贸协定，应柬埔寨政府的要求延长了有效期。但是，1970 年政变后，商船运营停止，出口贸易停滞，两国间贸易额骤降。1970 年日本对柬埔寨出口额为 937 万美元，日本对柬埔寨进口为 562.5 万美元。与 1969 年相比，出口缩减了 46%。[④]

3. 政治关系

柬埔寨政变后的第三天，美国就承认了朗诺政权。遵循日美同盟确定的外交原则，日本也在政变后不久就承认了新政权，并和新政府保持外交关

---

① 「わが国の外交近况」昭和 43 年、111 项目。
② 日本外务省，《ODA 白皮书 1989 年》，统计数据。
③ 「わが外交の近况」昭和 50 年、85 项目。
④ 「わが外交の近况」昭和 46 年、112 项目.

系。当时，日本关心的是为阻止柬埔寨局势的恶化而开展各种外交活动。为了解决柬埔寨的紧急状态，1970 年 5 月中旬多国在加尔各答举行了"以和平手段解决纷争而努力"的柬埔寨事务外长会议，会议的共同声明被采纳。日本与印度尼西亚、马来西亚 3 国为推进柬埔寨和平而努力。

由于印支战争和柬埔寨内战的爆发，日本和柬埔寨的政治关系没有实质进展。两国关系比西哈努克执政期更差。

（三）1975—1992 年间援助

1. 波尔布特政权时期的双边关系与援助

1975 年波尔布特政权上台后，日本与柬埔寨断交，直到 1976 年 8 月才恢复外交关系。尽管如此，两国间人员往来并未完全断绝。两国外交人员为复交做着各种努力。由于柬埔寨国内爆发了内战。作为西方阵营的日本，无法与社会主义国家的柬埔寨建立外交关系。日本停止了对柬埔寨的所有日元贷款。这个时期无援助项目，贸易往来也中断。

2. 韩桑林政权（1979—1992）的双边关系与援助

1979 年民主柬埔寨政府倒台后，韩桑林在越南的扶持下建立了新政府。日本未承认韩桑林政府，维持着与民主柬埔寨政府的关系。即便在 1982 年民主柬埔寨政府变为"民主柬埔寨联合政府"后，日本和东盟各国保持一致立场，保持与民主柬埔寨政府关系。此时，日本政府考虑如何通过推进柬埔寨的和平进程，构建自己"和平外交使者"形象。因此积极参与到推进柬埔寨和平进程中。1990 年，日本外务省向金边派遣了外交官员，随后通过举行"东京会议"推动柬埔寨和平进程。日本政府认为在其推进下，柬埔寨 1991 年签署了"巴黎和平协定"，并在 1993 年举行了大选。这个外交上的成绩，不仅得到了联合国柬埔寨临时机构的肯定，更对日本国内政治产生很大影响。当时，日本国内针对是否派遣"自卫队"参与联合国维和活动展开了大讨论。日本推进柬埔寨和平进程一事，帮助日本构建起了"负责任和平国家形象"，也为派遣自卫队参加海外维和提供了合法性。使自卫队的发展历史出现了转折。日本国民也开始对"和平"一词有了新认识，逐步开始支持自卫队参与国际维和行动。[①]

这个时期由于一直和民主柬埔寨政府保持关系，经济上是经过第三国保持经贸联系。1979 年时，经由第三国的贸易往来，日本对柬埔寨出口额为 74.5 万美元（主要产品为车辆及其部件），进口额为 31.6 万美元（主要产

---

① Sim Vireak「自衛隊の初海外派遣に関する日本の政策決定過程-2 レベル・ゲームの観点から-」，一橋大学卒業論文，2005 年。

品为动植物油脂和贵重矿石），接近1969年的最低水平。①

政府间经济合作未开展时，日本通过国际机构与泰国政府对柬埔寨的难民提供援助。不仅如此，1990年以前，日本的NGO——日本国际志愿者中心（Japan International Volunteer Center，JVC）在日本中断对柬埔寨援助期间，从1980年2月开始一直对柬埔寨的难民提供援助。②

1960—1990年，即日本对柬埔寨大规模无偿援助开始前，日本对柬埔寨吴哥窟的援助最引人注目。两国间的文化交流也由此开始。③ 对柬埔寨文化遗产的援助，后面甚至成为这个时期两国间主要交流渠道。标志性事件有：1963年5—6月日本每日新闻社举办了《柬埔寨国宝展》。从1964年开始日本学术振兴会和上智大学组成了国际调查团，对柬埔寨吴哥窟的古迹展开了系列调研。调研持续到1980年，并在1982年出版了调查报告书。1984年上智大学开始实施《亚洲文化遗产的再发现》国际研究项目。1985年上智大学为柬埔寨古迹保护举办了"柬埔寨古迹救助国际会议"和"亚洲文化遗产再现——东南亚遗迹的保护、修复和研究"。此会议在1987年、1988年连续举办。1988年对柬埔寨开展了调研。1989年日本政府设立了"吴哥窟文化遗产保护日本信托基金"。同年上智大学开展了对吴哥窟的第二次调研。朝日新闻社举行了"吴哥窟古迹保护照片展"，上智大学的石泽良昭撰写的《魅力文化遗产：吴哥窟》由日本电视出版部出版。此后每年上智大学都会举行对吴哥窟古迹保护的调查、照片展、国际研讨会、出版调研报告。上智大学的古迹保护工作逐步产生了影响力。1992年上智大学与联合国教科文组织以及EFEO举办了吴哥窟的保护与修护会议。随着参与古迹保护的机构、大学日益增加，上智大学的保护活动也逐步深入，从1991年开始了发掘调查、与各个国际机构的共同研究，以及古迹修复。

这个时期日本对柬埔寨的援助变化，体现出日本与柬埔寨关系的变迁。这个变化可以用"始于援助、终于援助，并通过不同形式援助发展两国关系来"概括。

三　1990—2000年日本对柬埔寨的援助

1991年10月23日《巴黎和平协定》签署后，柬埔寨结束内战步入和

---

① 「外交青書：わが外交の近況」1980年、91項目。
② 本书集中讨论官方发展援助，日本非政府组织在这个时期对柬埔寨的援助虽然极为重要，但与本书的主题无关，故此处不展开论述。
③ 『アンコール地域における国際協力年表の続き』、日本国際協力集団、日本国際協力集団総合研究所、『カンボヂア国別援助研究会報告書援助研——復興から発展へ』，2001年10月，100—101ページ。

平。国际社会重启对柬埔寨的官方发展援助。此时，日本通过对柬埔寨的灾害紧急救援和民间无偿援助，恢复了与柬埔寨的正常关系。1992年3月，随着柬埔寨联合国临时管理机构的成立，日本在柬埔寨重开日本使馆。①1992年6月23日，"柬埔寨重建部长会议"在东京召开。会上参会各方对设立柬埔寨重建国际委员会达成了协议，日本承诺要提供给柬埔寨8.8亿美元的援助。② 几年后，日本就成为柬埔寨的最大援助国。1990—2000年的10年里，国际社会对柬埔寨援助金额共计42亿美元，其中日本援助数额为8.8亿美元，远远高于排名第二位的美国（2.9亿美元）和第三位的法国（2.8亿美元）。1994—1998年间柬埔寨所接受的援助总额是91.41亿美元，日本的援助为19.47亿美元，占到总额的21.3%。③ 以下分阶段讨论援助项目的实施。

（一）援助实施

日本对柬埔寨的援助涉及保健、教育、粮食生产、基础设施完善、排雷、法律制度完善等多个领域。无偿援助方面的项目主要有：接收研修人员、专家派遣、援助队派遣、调查团派遣、器材提供和发展调查研究等。出于社会稳定考虑，柬埔寨政府非常重视占人口90%的贫困人群的发展。日本选取了金边附近的地区开展扶贫和治安项目的援助。同时日本注意与其他援助国和机构的协作。

1991—2001年间的援助可以划分为两个阶段：1992—1996年为一个阶段，1996—2000年为另一个阶段。1992—1996年间的援助集中在无偿援助和技术合作方面。1997年在CG会议上日本宣布重启对柬埔寨的日元贷款项目。1997年以后的援助有三种形式：日元贷款、无偿援助和技术合作。

1. 1992—1996年间的援助

根据多次CG会议的决议，综合日本对柬埔寨的实际需求——柬埔寨在东盟中的地位、在湄公河次区域的重要性，日本确定了对柬埔寨的无偿援助方针。(1) 通过培训建立柬埔寨发展所需的组织与制度，以人才培养为中心增强柬埔寨的自我发展能力。(2) 为减少东盟国家间的地区差距，帮助

---

① 此前日本大使馆因遭受红色高棉部队的袭击于1975年4月5日关闭。1990年10月15日在金边设立了临时使馆办公室，当年11月今川担任了金边临时使馆大使。

② 《第5章 日本の役割（和平外交、国家復興・再建支援）》，『新生カンボシアの展望——クメールージュの虐殺から大メコン圏共存協力の時代へ』，2016年3月31日，日本国際問題研究所。

③ 日本国際協力集団、日本国際協力集団総合研究所、『カンポヂア国別援助研究会報告書 援助研——復興から発展へ』，2001年10月，9ページ。

柬埔寨实现经济振兴。(3) 帮助柬埔寨重建在20年内战中被破坏的基础设施,在这个过程中注重将贫困地区与城市地区发展相结合。(4) 特别关注排雷问题,并列为援助重点。

1992—1996年间,日本对柬埔寨提供了持续不断的无偿援助。1992年援助总额为4700万美元;1993年为6130万美元;1994年为6450万美元;1995年为15200万美元;1996年为9300万美元。1997年6月,日本政府宣布再次向柬埔寨提供9550万美元的援助,但因"7月事件"而没有兑现。技术合作中,90年代初期至中期有60多名日本专家通过日本国际合作机构被派遣至柬埔寨工作,有40名20—39岁的海外志愿者及29名40—69岁的日本专家在柬埔寨机关和组织进行援助工作。①

2. 1997年以后的援助

通过援助期望稳步推进日本和柬埔寨关系。比如亲日的经济官员增加,到柬埔寨投资的企业增加,日本到柬埔寨旅游的游客增加。为了实现这些目标,日本通过以下方式展开援助:增加援助数额,侧重软件方面的援助;调整贫困削减计划中的相关项目,注重项目实施中当地居民的参与和与国际援助机构协调开展援助。日本首先制定了日元贷款援助目标,此外还为贫困削减制定了具体的目标,在人才培养方面也形成了具体的目标。

为实现柬埔寨经济的增长,需要建立健全经济和社会基础设施的建设。这个时期对经济基础设施的援助,集中在对柬埔寨六号国道的修缮、桥梁建设、西哈努克港口的修缮等项目。比如,在日元贷款方面,1998年恢复援助1000万美元。主要援建项目是西哈努克港口的修复工作。1999年7月日本政府在东盟扩大会议外长会议中,宣布对西哈努克港口的修复工作持续提供日元贷款。不仅如此,在时隔28年后,日本海外协力基金再次与柬埔寨签订了借款协定。

无偿援助主要在医疗保健部门、教育部门和环境资源部门展开。医疗保健援助包括多个方面。(1) 对柬埔寨国家医疗相关制度建立的援助:协助柬埔寨完善出生证明、死亡证明和抚恤制度建立的援助;医务人员国家认定制度;输血制度;急救制度;国家自上而下设立检验室和管理制度;医疗器材的管理制度,遗弃其他医疗废弃物处理制度;等等。(2) 人才培养:如加强对医科大学师生的培训;发展医疗技术学校;培养其他医疗技师;放射师和营养师;对地方医务人员的再培训。(3) 对地方医疗条件的健全:比

---

① 出于便于比较的考虑,这个时期分领域对援助项目的介绍一起归入1997年以后援助项目的讨论中。

如对柬埔寨省级医院管理人员能力培训计划。(4) 保健意识的提高和传染疾病预防的培训。日本的具体援助项目还有很多，比如通过 JICA 实施的孕妇和婴幼儿医疗计划和结核项目。通过无偿援助建立了国家妇幼保健中心和结核病中心，还向多家医院提供了医疗设施。日本驻柬埔寨的大使馆还和当地的民间组织一起建立了自助中心。JICA 的福利援助项目还有与当地的 NGO 组织一起提供精神卫生服务，并对当地医务人员提供培训。①

教育的援助包括：缩小在基础教育阶段男女差异；减少留级和退学的比率；通过对中等教育的介入提高中等教育的质量；增强中学教师的外语和理科课程的授课能力；对基础教育所需的基础设施，从教师、设备、教材到教科书的配备提供援助；根据地方所需人才，增强技术教育；等等。② 具体项目如，在青年培训项目方面，1995—1999 年，共有 90 名柬埔寨教师和教育官员及 60 名青年经济官员到日本学习。

地雷排除和环境资源管理。针对排雷，日本举办了"与排雷相关的东京会议"，签署了"全面禁止伤人地雷埋置条约"，提出了"将地雷伤害降至零"，为此承诺从 1997 年开始连续 5 年对全球排雷问题提供 100 亿日元。

(二) 援助对日本与柬埔寨关系的影响

日本和柬埔寨关系从 1990 年以来取得了迅速发展。日本对柬埔寨的外交一直在"通过经济繁荣与民主构建和平与幸福"这个框架下开展。日本在很多方面给予柬埔寨支持，特别是在冲突解决、和平建国和国家重建这几方面。日本援助提供日本介入柬埔寨内政的机会。

1. 日本借助援助对柬埔寨内政施加影响力

柬埔寨与日本关系被两国领导人誉为"心心相印"的关系，意即信任与真挚是两国关系基础。两国间高层领导人长年保持着密切往来。1992 年成立的帮助柬埔寨实现过渡的联合国权利机构主席，就由日本人明石康担任。在明石康的敦促与积极推动下，1992 年 9 月，日本首次参加联合国维和行动向柬埔寨先后派遣了 1200 人的工兵部队。为了降低敏感度，自卫队

---

① 森亨、カンボディア王国結核対策専門家報告書、1994、JICA：東京．手林佳正、中間報告書（派遣期間延長申請）．JICA．：プノンペン、2000。

② 参见加藤德夫、「発展途上国の教育政策形成過程における国際援助のインパクト-カンボディアにおける援助調整メカニズムの構築とその展開」名古屋大学大学院国際開発研究科提出博士論文、1999；国際協力事業団、『カンボディア中等理数科教員養成・訓練計画事前調査団報告書』国際協力事業団、1999；潮木守一、『移行体制化における高等教育政策-カンボジアのケース-』武蔵野女子大学、現代社会学部紀要、2000；若林満『Roi-Et 再訪-タイ国教育開発計画の地方レベルでの展開追跡調査報告国際開発フォーラム』2、pp. 35—49、1995；ユネスコ、『ユネスコ文化統計年鑑 1998 年』原書房、1998。

员仅携带用于自卫的轻型武器,执行的也是修桥筑路、供油供水等基础性任务。日本将积极参与联合国维和行动视为提高其政治地位、展现其"大国责任"的表现。

在和平进程推进方面,日本政府是第一个对柬埔寨事件做出官方回应的国家。1997年7月6日桥本龙太郎发表了讲话。他表示,日本将竭力劝说两个党派以和平的方式解决冲突。当时的日本外相池田行彦表示关注军事冲突,保证尽最大努力帮助解决冲突。7月26日,池田外相与柬埔寨外交部长举行了双边会晤。池田宣布日本政府将承认洪森政权,并持续提供援助给柬埔寨。同时,他表明柬埔寨政府要得到日本政府持续给予援助,必须满足以下条件:(1)必须尊重巴黎协定;(2)必须保持宪法和政治结构;(3)必须保障人权和自由;(4)必须在1998年5月实施自由和公平的选举。

尽管如此,日本援助柬埔寨还是遭到西方社会普遍批评,故引发日本国内关于ODA的论战。当时,一个日本报社的编辑曾表示日本的这个行为打破了西方国家的联盟,并认为这种援助方式不符合《ODA大纲》的原则。①

迫于各方压力,日本政府劝说洪森改善柬埔寨的政治环境。1997年洪森以获得对其人工眼的医疗救助为由访问日本。实际是为确保日本对柬埔寨的经济援助赴日。由于柬埔寨的国家经济预算严重依赖外国援助,当时联合国和IMF援助的停止对柬埔寨政府造成严重冲击。日本的援助成为洪森政府的最后一根救命稻草。因此,访问期间,洪森利用各种机会与日本高层官员商谈。经过协商后,洪森同意了日本提出的三个条件:让拉纳列安全的从国外返回并继续从政;拉纳列因发动红色高棉联合政变将受到审判;在拉纳列受到审判后应该得到国王的宽恕,拉纳列可重回柬埔寨并且参加选举。

为满足日本的援助附加条件,洪森做出了承诺。洪森回国后一直未减弱对拉纳列的人身攻击,并宣布这个王子不会参加选举。理由是拉纳列得到了军队支持,且不愿意解除武装。同时,洪森开始了反君主立宪制的活动,他迫使西哈努克国王于1998年1月离开柬埔寨。这就为日本政府和洪森政府之间协议的实施制造了障碍。

为了能让日本对柬埔寨的援助具有合法性,1998年1月30日,日本政府正式提出了"日本建议"。建议柬埔寨处于对抗中的两党采取以下四个步骤和解:拉纳列断绝与红色高棉的一切联系;两党立即停火;洪森原谅拉纳列,如果他得到审判,必须得到担保;洪森保证拉纳列安全回到柬埔寨,并

---

① [日]《朝日新闻》1992年7月17日。

能参与大选。① 洪森表示，柬埔寨完全没有能力自己负担选举，需要日本的援助。日本政府表示如果洪森不接受提议，日本的援助就无法继续。

2月15日，东盟和一个自称"柬埔寨的朋友"的非正式国家团体宣布支持日本的提议。② 这些所谓"柬埔寨"的朋友警告洪森政府，如果日本的提议不能实现的话，柬埔寨将失去日本及其他国家对大选的援助。

日本的提议能够部分消除拉纳列的恐惧，确保其安全地回到柬埔寨。因此，拉纳列无奈接受日本提议，宣布将断绝与红色高棉的联系，整编他的部队进入国家军队。③ 为了迫使洪森接受这个计划，日本政府使用了援助制裁的手段，表示如果洪森不能确保拉纳列安全回到柬埔寨并参与1998年大选，日本政府将削减援助。④

2月17日，洪森宣布他接受了日本提议，允许拉纳列回到国内。3月，根据提议的时间表，拉纳列因与红色高棉勾结被军事法庭判刑入狱30年。并因为其走私武器，拉纳列还被要求赔偿5000万美元给政府和民众，以偿还1997年7月政变时造成的损失和伤害。3月22日，西哈努克国王对拉纳列宣布特赦，但保持赔偿5000万美元的判决。

柬埔寨大选在7月27日如期举行，并按照日本的提议计划得到推进。柬埔寨人民党获得了41%的选票，紧随其后的是奉新比克党32%和萨姆雷恩斯党14%。在122个国会议席中，柬埔寨人民党获得了超过半数、不到2/3的64个席位，奉新比克党获得了42个席位，萨姆雷恩斯党获得了15个席位。在经过很长时间的协商后，柬埔寨人民党和奉新比克党决定再次组建联合政府。洪森成为首相，拉纳列则被选为柬埔寨国会的发言人。

2. 日本在柬埔寨政治危机期间的作用评估

在柬埔寨政治危机期间，日本的援助为两党冲突的解决找到了切入点。第一，日本打援助制裁牌，为尽快解决柬埔寨政治纷争提供了可能。其他的援助方已经暂停了援助，对政变做出表态。日本停止援助会对洪森所领导的党派造成很大影响。为了下次大选获胜，洪森不得不依赖日本援助。所以洪森接受了日本提出的调解方案。同时，拉纳列反对洪森的运动也面临困难。

---

① *Yomiuri Shimbun* [Yomiuri News], March 23, 1998. For the Proposal, see Government of Japan, Ministry of Foreign Affairs, *Diplomatic Bluebook* 1999, <http://www.mofa.go.jp/policy/other/bluebook/1999/I-c.html>, accessed October 21, 2003.

② "柬埔寨的朋友"是由美国前国务卿奥尔布莱特发起的组织，讨论与柬埔寨相关的议题。成员包括澳大利亚、加拿大、欧盟、日本、俄罗斯和美国。

③ [日本]《朝日新闻》1998年4月17日报道。

④ *New Straits Times* (Kuala Lumpur), February 19, 1998.

因为他在柬埔寨的军队已经被洪森管控。在国际场合,拉纳列的联络人及其党羽遭到了西方国家和东盟的谴责。对于拉纳列而言如果要持续与洪森对抗也越来越难,只能接受日本的方案。

第二,日本的提议为洪森和拉纳列的和解提供了平台与渠道。它提供了一个洪森和拉纳列都能得到回旋余地的和解渠道。但得到两个党派的承诺后,日本承诺追加援助。日本政府考虑了两个党派的需求,提供了一个可行的政治解决方案。

第三,与其他国际组织合作,诸如东盟。日本明确要求洪森和拉纳列承认对方在这个国家中的政治地位。他们的发言人代表他们表达了意愿。双方的意愿得到了国际社会的认可。

研究界经常讨论为何日本对柬埔寨实施的援助制裁比对缅甸的有效。日本之所以能够对柬埔寨实施援助制裁,并取得效果的原因在于,第一,日本在柬埔寨的经济利益没有那么大,所以,对柬埔寨的经济制裁不会遭到日本国内商业和工业部门的反对。第二,对于柬埔寨而言,失去日本援助就失去了很多,但是缅甸的情况则不同。柬埔寨严重依赖日本援助,如果没有日本援助或无法进行1998年的大选。大选预算为2200万美元,由于柬埔寨糟糕的经济状况,只能承担其中的1/5。政府需要确保得到援助以保证选举的进行。[①] 就选举的关键性而言,日本实施消极援助制裁,对洪森产生了极大影响力。但是,缅甸由于能够从各个国家得到经济支持和投资,并不惧怕失去日本援助。直到遭遇亚洲金融经济危机前,缅甸能够获得多渠道的资本流入。这限制了日本的援助制裁对缅甸的效果。第三,国际社会支持日本对柬埔寨实施援助制裁,但是对日本制裁缅甸却有很大分歧。大部分国际组织和国家都支持推动柬埔寨实现政治和解。诸如东盟、中国、美国和欧盟,如果洪森不允许拉纳列返回柬埔寨它们就会反对日本向柬埔寨提供ODA。而对于缅甸而言,欧盟和美国支持日本制裁它,但是中国和东盟反对制裁缅甸,日本就在消极制裁和积极制裁之间摇摆不定。

解决问题的模式方面,柬埔寨问题与缅甸问题也存在差异。形成解决柬埔寨问题的模式比较容易,可基于1991年巴黎协议的框架,因此日本的提议能在国际社会得到支持。提议的内容大部分都对洪森有利,除了他不得不隐藏一点傲气,以便让他的竞争对手重返金边。对于拉纳列而言更难以接受这个提议,但是提议给拉纳列提供了更加光明的选择,与其持续与洪森的敌对,不如安全回国重返政坛。最终劝说和压力让其就范。但是在缅甸问题上

---

① *Yomiuri Shimbun*, October 20, 1997.

则不同,日本国内对这个问题都未能取得一致。加之在缅甸问题上,日本没有得到西方国家的支持,相反遭受很多压力。美国一直认为缅甸问题是人权和民主的问题,因而反对任何形式对军政府有利的行为。日本通过援助制裁发挥作用的空间被压缩。同时,昂山素季的存在也成为缅甸接受外援的一个复杂因子。最终日本积极制裁似乎成为东盟调停活动的一部分。

四 2000年以后日本对柬埔寨的援助

(一) 援助实施

这个时期对柬埔寨援助最多的国家分别为日本、中国和韩国。值得关注的还有泰国和印度。因为一方面这几个国家对柬埔寨提供了一揽子援助,包括贷款、无偿援助及技术和合作;另一方面这几个国家通过援助加强了与柬埔寨的关系。由于它们提供的援助规模大、质量高,柬埔寨已将这几个国家视为柬埔寨的可靠合作伙伴。不仅如此,它们的影响力在整个亚洲穷国中也在扩大,如缅甸和老挝。从传统援助方看,这些新兴援助方的出现加剧了援助碎片化。但实际上,对于柬埔寨政府而言,这些新兴援助方的出现为他们打开了另一扇门。[①] 提供给柬埔寨另一种选择,让其在平衡各援助力量的同时实现了利益的最大化。新兴援助方的出现也对传统援助大国日本提出了新的挑战。

日本根据柬埔寨政府的国家发展战略计划,形成了对柬埔寨的ODA政策。一是保持经济和社会发展:支持经济改革、经济基础设施建设,削减贫困和发展农村经济;二是支持社会弱势群体发展,发展教育和医疗卫生;三是对国际问题做出应对,保护环境和开展禁毒项目等;四是缩小与东盟国家发展差距,包括一系列发展柬埔寨经济的措施。[②]

日本是柬埔寨最大的援助国,援助额截至2010年达到了1.46021亿美元,柬埔寨所接受援助的21%来自日本。[③] 日本对柬埔寨援助,大部分援助是无偿援助,占到总援助额的89.45%。主要的援助目标是实现千年发展目标。日本的ODA覆盖了千年发展计划的各个方面,其中运输部门所占比例最大。为了标榜向柬埔寨提供了最为有效的援助,日本提出了"发展合作的战略"。日本接受了国际援助战略在1998年6月积极举办的DAC新战略东京会议和1998年10月举办的第二次东京非洲开发会议上,日本均表示支

---

① Jin Sato, Hiroaki Shiga, Takaaki Kobayashi and Hisahiro Kondoh, How do "Emerging" Donors Differ from "Traditional" Donors? — An Institutional Analysis of Foreign Aid in Cambodia, JICA-RI Working Paper, JICA Research Institute, March 2010, p. 18.
② Minoru Mkishima and Mitusnori Yokoyama, *Japan's ODA to Mekong River Basin Countries*, p. 169.
③ Ibid., p. 170.

持国际援助界的战略。另外，日本 1999 年发布的"ODA 的中期政策"，是日本政府致力于将日本自己的《ODA 大纲》和 DAC 发展伙伴关系战略相融合的结果。① 日本对柬埔寨的所有援助明显呈上升趋势。2010 年，日本将对柬埔寨援助总额的 30% 用于支持柬埔寨交通基础设施建设，且大部分是农村地区的交通设施。ODA 的另外 70% 分别用于农村发展、城市规划、农业发展、教育发展、健康事业、水净化、卫生设备以及政府和行政管理部门。

日本和韩国对柬埔寨的援助，集中于教育和医疗卫生部门，改善了柬埔寨人的生存条件。日本较之其他国家，更加重视对柬埔寨教育部门的援助，其对柬埔寨援助的很大部分都用于教育援助，比如 2010 年时为 1296 万美元。2002—2010 年间，日本将援助总额的 3/5 的数额投给了柬埔寨教育部门，而 2/5 的份额投给了医疗部门。2007—2010 年间，日本每年向柬埔寨医疗和教育部门提供的援助年均为 1100 万美元。

对政府和行政部门援助的投入中，日本的援助额度超过中国和韩国。2007—2010 年间向柬埔寨政府和行政部门提供的援助额为年均 800 万美元。而中国仅在 2007 年提供过 1475 万美元援助额，这个数字在 2008 年增长了 50%，但在 2009 年又大幅减少，其余年份均较少。而韩国是在 2010 年才突然增加对柬埔寨政府和行政部门的援助。

如果将以上援助与柬埔寨的国家发展计划对比，可以发现农村发展、环境保护、制造业和矿产业都未能得到足够的援助。另外，交通运输部门得到的援助也远超过柬埔寨的实际需求。从这个角度而言，援助似乎偏离了柬埔寨实际发展需求。

（二）主要援助项目

1. 柬埔寨国道 1 号线改善项目（2005—2010）

国道 1 号线是连接金边到柬埔寨和越南边境城市 Bavet 的主要道路。从整个 GMS 发展而言，这条道路有重要的意义，因为它是连接胡志明市和柬埔寨的重要道路，是第二条东西经济走廊的一部分。从柬埔寨鲁能（Neak Lueng）到 Bavet 的 105 公里，2003 年得到亚洲开发银行的资助得以重修。然而，从金边到鲁能的 56 公里由于洪灾泛滥遭受严重损毁。日本通过扩建道路和修筑了桥梁和涵洞，改善了其中 43 公里的道路状况，改善了污水处

---

① Ministry of Foreign Affair of Japan-MOFA Japan, 2002.

理设施。整个项目 ODA 的支出费用总计 8.2 亿日元。① 道路通车后，从金边到鲁能的行驶时间从原来的 110 分钟缩减为 50 分钟。新修建的道路保护系统完善，可保证道路免遭水患。柬埔寨的主要国道通过日本、亚洲开发银行和世界银行实施的援助项目逐渐得到修缮。可以期待新路的修通能够推进柬埔寨的社会与经济发展。

2. 西哈努克港口的重建项目（2004 年至今）

西哈努克港口是柬埔寨唯一的临海港口，承担柬埔寨所有的货运集装箱的进出口。近年来西哈努克港口的货运量不断增加，但缺乏相应的基础设施。为了改善港口的装卸货水平，1999 年得到日元贷款用于西哈努克港口紧急修复项目。此后，日本与柬埔寨政府 2004 年交换了港口合作的备忘录。这个项目所接受的日元贷款从 2004 年至今共计 12 亿日元。

2007 年，一个有 6 公顷泊位的港口完工，集装箱吞吐量已经达到了 25000 个集装箱。这个港口有 400 米宽、10 米深。在西哈努克港口的近海区域还发现了油田和天然气田。2011 年，原油供给基地和经济特区和港口，被规划建立在与西哈努克港口相邻地区。中国已经在此建设经济特区。另外，在经济特区里将建立一站式服务，便于进行贸易、服务业并提供其他相关通关便利化服务。

3. 柬埔寨制衣培训中心

柬埔寨制衣培训中心是由日本政府和两家日本企业（丸红与重机）在 1999 年建立的。该机构由柬埔寨的制衣工厂协会管理。该协会由柬埔寨 300 个成衣出口制造商组成。这个培训中心的培训内容包括缝纫、质量监督、维修和监督管理等。日本海外发展合作协会派遣日本专家进行培训或指导。培训对象为来自各个企业管理层和刚开始进入工厂的新人。目前，该培训中心已经培养了 2300 个毕业生。这些毕业生的就业率是 100%，都被柬埔寨制衣公司雇用。今天柬埔寨制衣培训机构依旧对柬埔寨制衣业员工的技能培训发挥很大作用。除了这个制衣培训中心外，日本还建立了旨在提供全方位培训的柬埔寨——日本合作中心，包括进行日语培训在内的文化交流与培训。柬埔寨与日本之间的文化交流大部分在这个中心开展。

（三）援助对日本与柬埔寨关系的影响

柬埔寨认为其与日本一直保持着良好的关系，日本给予柬埔寨全方位的帮助与支持。日本用援助证明日本是柬埔寨最诚挚的和可以信任的朋友。日

---

① 这是由日本经济、贸易和工业部门实施非营利合作资助，用于改善发展中国家工业发展基础设施，并为日本公司的投资提供便利，让这里的日本公司的与主干道相连。

本不仅是柬埔寨最大的援助国,对柬埔寨经济发展和贫困削减发挥了重要作用;而且在柬埔寨和平重建过程中,日本发挥了重要影响力,推动柬埔寨实现了和平停火。[1] 此外,日本和柬埔寨从2008年以来在防务合作方面也日益密切。

日本和柬埔寨经济关系进一步得到发展。2007年6月日本与柬埔寨签署了《促进投资自由化以及保护的日本与柬埔寨双边投资协定》。根据协定,柬埔寨政府会提供相应的投资法规与法律保障。如禁止对投资方、投资合同、投资金额的无端干预与阻碍。从2008年以后,日本对柬埔寨的经贸关系及直接投资出现很大发展。

日本的产品在柬埔寨也很受欢迎,柬埔寨大量进口日本产品,特别是汽车、电器和机械。柬埔寨与日本之间的贸易额每年都在增长。2000年,两国间贸易额为6900万美元,2008年达到1.4627亿美元;柬埔寨对日本的出口额从3200万美元增加到1.14亿美元。与此同时,柬埔寨与日本之间的贸易赤字从2000年的4400万美元增加到2008年的8200万美元。[2] 2012年柬埔寨对日本出口额为322亿日元(约合3.78亿美元),日本对柬埔寨的出口额为187亿日元(约合2.2亿美元)。[3] 这是1990年的44倍,2002年的2.8倍。其中值得关注的是,2002年由于柬埔寨成衣制品未能达到日本成品衣的质量要求,日本曾拒绝解除对柬埔寨成品衣的关税。因此,在很长一段时间内柬埔寨成衣对日本出口额较低。但是这个状况在10年后出现了变化。2012年,柬埔寨对日本出口产品排在第一的是服装及其附属产品,排在第二位的是鞋子。这两类产品合起来占比93%。[4] 10年前,服装在柬埔寨对日出口占比仅为6.9%,10年后这个比例增加至47.3%。在这10年中,制衣产业已经发展为柬埔寨的支柱产业。从某种程度而言,这与日本对柬埔寨制衣业方面的技术合作援助密不可分。2010年以后日本解除对柬埔寨超过了1000种产品关税限额,近几年来新近解除了另外226个产品的关税。柬埔寨对日出口产品数额和种类变化如表2-1所示。

---

[1] Prime Minister Hun sen's speech at the Asean-Japan Comemorative Summit "Overview of the Japan-ASEAN Relations," December 11, 2003, in Tokyo.

[2] Chap Sotharitho, "Trade FDI and ODA Between Cambodia and China /Japan/Korea", in *Economic Relations of China, Japan and Korea with the Mekong River Basin Countries*, edtited by Mitsuhio Kagami, BRC Research Report No.3, Bankok, Reasearch Center, IDE-JETRO, Bankok, Thailand, 2010, p.30.

[3] 日本政策研究大学院大学研究报告:《日本和柬埔寨经济关系》,第37页,www.jbic.go.jp/wp-content/uploads/page/2015/.../inv_Cambodia05.pdf。

[4] 同上。

表 2-1　柬埔寨对日本出口产品数额和种类变化（2002/2012 年）①

单位：百万日元，%

序号	2002 年			2012 年		
	产品名称	金额	构成比	产品名称	金额	构成比
1	鞋	8348	89.1	衣服及其同类产品	15261	47.3
2	衣服及同类产品	645	6.9	鞋	14698	45.6
3	木制品即同类产品	117	1.3	电子机械	675	2.1
4	木材及同类	107	1.1	包类	488	1.5
5	二次进口品	57	0.6	生鲜动物制品	286	0.9
6	皮革	37	0.4	纤维制品及其同类产品	195	0.6
7	鱼类及同类产品	23	0.2	其他制品	195	0.6
8	其他	9	0.1	运输用机械制品	96	0.3
9	皮革及同类产品	8	0.1	二次出口品	79	0.2
10	电子器械	5	0.1	纸及同类产品	74	0.2
合计		9356	100		32047	100

日本向柬埔寨的出口品中，运输用机械类产品的增幅最大。此类产品在日本对柬埔寨出口总额中占比 26.8%。一般机械类产品占比达 21.3%。一般机械类产品中，建设用和矿山用机械和制衣机械增长迅猛，出口额比 2002 年增长了 10 倍。这反映出在 2002—2012 年十年内柬埔寨制衣工厂的机械需求量迅速扩大。此外，日本是柬埔寨冷冻牛肉的第一出口对象国，在日本冷冻牛肉进口总值中占比 43.3%。②

表 2-2　日本对柬埔寨出口产品数额和种类变化（2002/2012 年）③

单位：百万日元，%

序号	2002 年			2012 年		
	产品名称	金额	构成比	产品名称	金额	构成比
1	运输用机械产品	4305	49.2	运输类机械产品	5011	26.8
2	电子机械产品	1252	14.3	一般机械	3986	21.3

---

① 日本政策研究大学院大学研究报告：《日本和柬埔寨经济关系》，第 37 页，www.jbic.go.jp/wp-content/uploads/page/2015/.../inv_Cambodia05.pdf。

② 政策大学研究报告：《日本和柬埔寨经济关系》，第 38 页，www.jbic.go.jp/wp-content/uploads/page/2015/.../inv_Cambodia05.pdf。

③ 同上。

续表

序号	2002 年			2012 年		
	产品名称	金额	构成比	产品名称	金额	构成比
3	一般机械	1084	12.4	肉类制品	1831	9.8
4	二次出口品	461	5.3	电子机械	1803	9.6
5	纤维制品	408	4.7	纤维制品	1568	8.4
6	鱼类产品	274	3.1	纤维制品	963	5.2
7	金属制品	213	2.4	钢铁	889	4.8
8	纺织类纤维制品	210	2.4	其他制品	457	2.4
9	其他制品	161	1.8	二次出口品	366	2.0
10	钢铁	86	1.0	金属制品	365	2.0
11	其他	293	3.3	其他	1452	7.8
合计		8747	99.9		18691	100.1

在直接投资方面，在 2010 年之前日本对柬埔寨投资数额相当小。1995—2008 年间，日本对柬埔寨的直接投资协议额仅为 1.4457 亿美元，这个数字与中国和韩国相比都非常小。近年来，日本对柬埔寨投资最高的是 2007 年，为 1.13 亿美元。① 但从 2010 年开始，这个状况开始发生变化。随着中国与越南投资环境的变化，越来越多的日本企业开始考虑在柬埔寨投资建厂。2010 年日本制造业企业开始增加对柬埔寨的投资。2012 年，在柬埔寨投资的日本企业有 122 家；其中，制造业 31 家，占比 30.7%，金融与服务业企业 24 家，占比 23.8%，建设与地产企业 19 家，占比 18.8%，贸易与商业企业 15 家，占比 14.9%，运输与保险类企业 12 家，占比 11.9%。② 1994—2011 年间，对柬埔寨直接投资最多的国家是中国，约为 88 亿美元；但 2006—2011 年间，对柬埔寨经济特区建设的直接投资中，日本投资额最高，约 1.78 亿美元。③ 在柬埔寨经济特区投资的日本企业门类，如前所述

---

① Chap Sotharitho, "Trade FDI and ODA Between Cambodia and China /Japan/Korea", in *Economic Relations of China, Japan and Korea with the Mekong River Basin Countries*, edtited by Mitsuhio Kagami, BRC Research Report No3, Bankok, Reasearch Center, IDE-JETRO, Bankok, Thailand, 2010, p.31.

② 政策大学研究报告：《日本和柬埔寨经济关系》，第 39 页，www.jbic.go.jp/wp-content/uploads/page/2015/.../inv_Cambodia05.pdf。

③ 三菱 UFJ 研究和市场分析部：《柬埔寨的经济发展现状和今后的展望》，2013 年 3 月 37 日，http://www.murc.jp/thinktank/economy/analysis/research/report_130327.pdf。

主要是制造业类。

在安全合作方面，2008年3月开启了"日本与柬埔寨防务部长会谈"机制，2009年和2010年柬埔寨的国防部官员，在"日本与东盟各国安全部门副部长级会议"举行时访日。2010年10月，日本防务副大臣访问了柬埔寨。2013年12月两国签署了"日本柬埔寨防卫合作与交流备忘录"，宣布两国防卫部门间开始高层次合作与交流，日本借助双边援助和多边援助向柬埔寨提供相关援助。

小结

日本对柬埔寨援助及其对双边关系的促进，集中体现了日本援助的特点。

一是因援助满足了双方需求促进两国建立了稳固关系，并推动双边关系良性发展。援助使日本和柬埔寨找到了彼此利益的汇合点。如前所述，刚刚独立的柬埔寨和急欲从战败阴影中走出的日本，都期待得到国际社会的认可。这种相互需求推动了两国关系发展。

二是尽管受限于日美同盟协定，但是通过灵活使用援助，日本迂回实现自己的外交目标。无论是1992年以前的日本和柬埔寨的双边关系，还是1992年以后日本更深介入柬埔寨和平民主进程，都表明日本援助所能发挥的效果会受到其他力量的影响。特别是1992—2000年间，日本通过援助介入柬埔寨和平与民主进程的案例表明，由于受到国际舞台上不同方面的影响，日本援助在发展中国家发挥的效果也不同。首先，日本倾向于用援助制裁改善受援国的内部政治环境。其次，日本追求的商业利益会限制其消极制裁和积极制裁的效能。日本的援助政策不可避免地受到其国内商业部门的影响。如果商业部门影响相对较小，日本才有可能采取消极制裁。日本的援助制裁能否发挥影响力还取决于其是否能与西方国家达成共识。当日本的行为与西方国家的努力方向一致的时候，日本的行为会产生加倍的效果。但是，当日本的行为与西方国家的意愿相悖时，日本援助制裁的效果就减半。在解决人权和民主这些发展中国家的常见问题时，日本面临很多困难。因无法确定西方国家能否支持其行为，故日本只能依赖日本援助制裁等迂回的方式实现诉求。

三是日本援助在实现对外战略目标的同时，还为国内政治服务。如前所述，日本在1992年以前积极推进柬埔寨实现和平，最终指向是日本国内政治变革。这个外交成绩改变了日本国内民众向海外派遣自卫队参与国际维和活动的认知，让自卫队参与国际维和获得了合法性。也是从此时开始，日本开始利用向海外派遣自卫队构建"负责任的和平国家的形象"。

四是日本对柬埔寨的无偿援助,让日本在柬埔寨得到了"由上至下"的认可。如前所述,日本对柬埔寨的表期无偿援助,让柬埔寨的社会基础设施得到极大改善,洪森曾评价柬日关系为"心心相印"的双边关系。不仅如此,日本对柬埔寨的教育援助、文化交流项目援助如对吴哥窟的修复,得到柬埔寨民众的认可。无偿援助已经将日本塑造成一个"帮助者"。

第六节 日本对老挝的官方发展援助

ODA 在受援国的社会经济发展中发挥着重要的作用,特别是在公共部门的发展方面。一个国家所接受的 ODA 数额的迅速增加,或可从一个侧面说明这个国家的经济足够开放。ODA 作为对公共投资项目的投资资金,在刺激受援国经济发展方面发挥着较为重要的作用。老挝从 20 世纪 90 年代中期开始接受 ODA。ODA 在很大程度上帮助政府解决了财政赤字,成为公共开支的关键组成。1994—2002 年,ODA 实际解决了近半数的老挝公共开支,约 80%的公共投资项目得到 ODA 的资助。2001 年,老挝接受的 ODA 已经达到了 3.783 亿美元,其中的 63%,即 2.3827 亿美元属于无偿援助。在之前的年份中,无偿援助所占比例为 72%。贷款额为 1.40 亿美元。[①] 目前,老挝所接受的 ODA 每年有 2.4 亿美元,其中双边 ODA 占到 70%的比重。大量的 ODA 被用于基础设施、人力资源发展、医疗部门和其他社会部门。由于 ODA 被用于完善社会基础设施,为老挝民众提供了道路、教育、卫生服务和工作机会。ODA 已经被视为老挝经济和社会基础设施发展的不可缺少的部分。

日本和老挝 1955 年建立外交关系。在这 60 年的日本与老挝关系发展过程中,经济合作一直是两国关系的中心。作为老挝的最大援助国,日本的 ODA 对老挝发展发挥了重要作用。日本对老挝所提供的官方发展援助,占老挝每年所接受援助的 1/5。日本的 ODA 对老挝的公共基础设施建设和私营企业的发展发挥了关键作用。[②] 在这 60 年的发展中,根据日本向老挝提供的 ODA 的数额与项目,可以将日本对老挝援助大致划分为 1955—1975 年的从战后赔偿到 ODA 开始期,1975—1989 年的 ODA 停顿期,从 1990 年至

---

① JICA《JICA 对老挝国别援助报告》,2011 年,第 114—118 页。
② Syviengxay Oraboune, *Lao PDR and its Development Partners in East Asia (China and Japan)*, in Mitushiro Kagami edtied A China-Japan Comparison of Economic Relation in the Mekong River Basin Countries, p. 207

今 ODA 恢复与扩大期三个阶段。① 由于 1990 年以前日本对老挝提供的 ODA 总量极为有限，日本对老挝的大规模 ODA 是从 1990 年才开始的，因此本书重点讨论自 1990 年以来日本对老挝的 ODA。

一　日本援助老挝的目的

（一）老挝的地缘政治环境决定了援助的必要性

拥有 680 万人口、位于湄公河次区域中心的老挝，占据重要的地缘政治位置。由于老挝是湄公河地区唯一与其他四国都接壤的国家，其稳定与发展是湄公河地区和整个东南亚地区安全与繁荣的必要条件。为了保证东盟的安定与发展，提高东盟内部欠发达的老挝社会经济的发展水平，减少区域内国家间发展差距，一直是东盟致力于解决的重要问题。日本认为其对外援助的目的，正是缩小国家间差距，日本期待通过对老挝社会经济发展进行援助，从而推动大湄公河次区域和东盟地区的发展，实现区域的稳定与繁荣。最终巩固日本在该地区的利益。

（二）对老挝援助是保持日老友好关系基础

2005 年是老挝与日本建交 50 周年。在这 50 年间，ODA 对日本与老挝关系的发展发挥了重要作用。如 1965 年老挝成为日本非政府组织日本志愿者中心（JOVC）以及 JICA 的志愿者机构"海外青年援助队"第一次开展对外援助的国家。随着日本 ODA 在老挝的实施，有效推动了老挝和日本友好关系发展。在重要的国际援助会议上，日本和老挝密切配合，提升了日本在国际援助界的话语权。为了进一步推动日本与老挝关系的发展，需要进一步扩大对老挝的援助。2007 年 5 月老挝总理波松首次访问日本时，与日本首相发表了"共同声明"。"声明"表示"两国首脑都认为，日本对老挝的 ODA 及日本私营企业对老挝的贸易与投资，对老挝经济的可持续性发展具有重要意义"。随着对老挝援助的推进，老挝的基础设施得到完善，对外资吸引力也增强。为了推动老挝投资环境的改善，从 2007 年开始日本政府和企业界与老挝政府合作，每年都举行官民对话会议。这些都是为今后老挝能够取代中国和越南成为新投资地做准备。

二　1990—2000 年间日本对老挝的援助

（一）援助背景

1. 老挝社会发展对援助的依赖

按照联合国标准，老挝被划定为欠发达国家（Least Developed

---

① 菊池陽子：『ラオス日本関係の一考査——第二次世界大戦期を中心に』、『アジア太平洋研究』、No. 20（February 2013），第 75 頁。

Countries，LDCs），在个人所得、初等教育入学率、人均寿命、婴幼儿死亡率、工业化比率和产业结构等方面都表现欠佳。老挝经济中唯一的优势是，民众基本可以温饱。因为老挝农民大部分拥有土地，所以可以保障基本温饱。老挝发展面临的问题有，相对于23.7万平方公里的国土，人口相对较少，大部分民众都居住在农村，以民族为单位聚集生活，相互之间联系较少。大部分村落间未通公路。全国约有1万个村落的道路，在雨季时只能通行卡车。这种分散且缺少联系的村落，由于缺乏道路联通，很难发展经济。老挝90%的村落中都没有形成市场，处于自给自足的自然经济状态。因此老挝的发展面临很大的困难。

2. 老挝所接受的国际援助

ODA在老挝的社会经济发展中发挥着极为重要的作用。[①] 它是老挝国家投资的主要财政来源。自从老挝政府实施开放政策以来，老挝开始接受来自各国的ODA。随着援助规模的扩大，对援助效率的关注开始增加。老挝政府与援助国，最近发布了提高援助效率的文件，即所谓的"提高援助效率方面的声明"，旨在确保对外援助的效果和有效性，能够帮助老挝减少贫困，提高经济发展能力，改善人权状况和机构的能力，在千年发展目标的各项要求下实现国家的发展。

相比较其他地区，东北亚国家成为对老挝援助最多的地区。老挝所接受援助的1/4都来自这个地区。近年来中国、日本与韩国，成为对老挝援助较多的国家。2000年以前，老挝接受的所有援助中，东盟所占比例为0.9%，东北亚国家所占比例为20.82%，东南亚国家所占比例为12.55%，其他地区所占比例为66.28%。但是这个情况在1999年发生较大变化，东盟国家对老挝援助所占比例变为5.9%，东北亚国家变为57.06%，欧洲国家的比重为21.48%，其他国家和地区的援助比重下降18.88%。[②] 东北亚国家，1998年对老挝的总援助为5250万美元，其中中国对老挝的援助几乎为零，日本对老挝的援助为5200万美元，韩国对老挝的援助为50万美元；1999年，东北亚国家对老挝援助总额为1.30亿美元，其中中国对老挝的援助额为3889万美元，日本为9082万美元，韩国为30万美元；2000年时，东北亚国家对老挝的援助总额为9580万美元，其中，中国为920万美元，日本为

---

① Syviengxay Oraboune, *Lao PDR and its development Parterns in East Asia (China and Japan)*, in Mitusihiro Kagami edited A China-Japan Comparison of Economic Relation in the Mekong River Basin Countries, 2008, p. 241.

② Statistic of Export and Importemt of Lao PDR, Ministry of Industry and Commerce. 209.

8620万美元，韩国为40万美元。①

（二）援助实施

1. 1990年以前的援助

（1）从20世纪50年代后半期开始的援助

1957年日本开始对老挝援助，最早的援助项目是对老挝的上下水道和桥梁建设（国噶姆河桥梁）。1958年根据科伦坡计划日本开始接受老挝的研修人员，并向老挝派遣专家。日本青年海外援助1965年开始了对老挝的援助事业，第一期向老挝派遣了5名志愿者。这个时期日本对老挝的援助规模较小，但援助涉及多个方面。

（2）从20世纪60年代中期开始的援助扩大期

从20世纪60年代中期至70年代中期，是日本对老挝援助的扩大期。这个时期偏重于技术合作援助。比如对琅勃拉邦医院、塔宫医院中心、塔宫农业发展中心等援助项目都是以技术合作形式开展。还对万象机场建设、南俄水坝项目等开展了调研。同时，从1958年就开始的对湄公河的南俄水坝的调研还得到了联合国特别基金的资助。从1967—1970年，日本还开展了万象至廊开桥梁建设项目调研。

这个时期的日元贷款项目主要提供给南俄水力发电站的建立，1974—1976年间共提供了51.90亿日元贷款。1957—1975年共提供了236.7534亿日元的援助。②

（3）20世纪70年中期以后的援助缩小期

1975年巴特寮革命开始后的10年间，日本对老挝的援助额迅速减少。包括以项目的方式开始的技术合作、研修人员的接纳和海外青年援助队的派遣在内的项目都一度中断。1976—1985年间日本对老挝的援助金额如表2-3。③

表2-3　　　　　1976—1985年间日本对老挝的援助金额

年　份	援助金额（千日元）
1976	310389
1977	183007
1978	106196
1979	29179

① Statistics of ODA in Lao PDR, Dept of International Cooperaetion, MPI, 2009.
② 『ラオス国別援助検討会報告書』、日本国際協力集団、1998年、148ページ。
③ 同上。

续表

年 份	援助金额（千日元）
1980	30163
1981	32935
1982	27305
1983	77366
1984	23501
1985	64443

2. 1990—2000 年的援助

1986 年老挝根据"新思考"开始了经济自由化改革，日本对此改革提供援助，援助额逐年增加。从 1991 年起日本成为老挝最大的援助国。同时，海外青年援助队的派遣和技术合作援助项目分别在 1990 年和 1992 年恢复。

这个时期援助的重点领域：1992 年开始主要以无偿援助和技术援助的方式，对老挝的市场经济化改革提供援助，具体领域有"农业与农村发展""医疗保健""基础设施""教育和人力资源培养"。从 1996 年开始又增加了"环境"领域的援助。

1991 年以来日本对老挝的援助逐年增加。在日元贷款方面，1996 年对"南乌胡谷的水电站修建计划"提供了 39.03 亿日元的贷款。从 1989 年开始的社会基础设施援助，到 1996 年为止实施了 76 个项目，共计 375 万美元，后续年份不断追加援助额。这些援助主要用于建立小学、修建医院、改善饮用水资源和建设小型桥梁。

日本 NGO 在老挝的活动也比较活跃。自日本和老挝建立外交关系开始，至 1977 年为止，已经向老挝派遣了 250 名志愿者。如前所述，1975 年至 20 世纪 80 年代末期，是日本对老挝援助的停滞期。从 1990 年开始，老挝再次开始接受日本援助，日本海外青年援助队也重新开始向老挝派遣志愿者。主要的活动有，1995—2004 年间，日本 NGO "亚洲关系委员会"帮助老挝建立了 14 所小学。"日本国际志愿者协会"从 1994 年开始为老挝妇女提供职业培训，比如开设缝纫、美容、木工和种植课程等。"日本的难民救助委员会"从 1999 年开始向老挝的小学校提供文具、玩具等。从 2000 年开始，JICA 下设的 NGO 向老挝的残疾人提供轮椅制造的技术培训。

3. 援助政策上的变化

日本对老挝的援助政策，依据的是 1992 年 6 月日本内阁通过的《政府发展援助大纲》即新 ODA 大纲。新 ODA 大纲中期政策，是以 1996 年 5 月经合组织制定的"新开发战略"为目标制定的，1999 年经过修订后公布。

新 ODA 大纲，从基本理念、原则、重点事项、ODA 的效果等方面，都得到了国内外的支持。以下分别从这几方面，检验日本对老挝援助项目是否与 ODA 大纲的原则相符。

首先，在援助理念方面，ODA 大纲中明确表示要"以受援国能实现自立为目标实施援助，广泛进行人力资源培养，包括国家制度在内的社会经济基础设施以及基础生活领域方面的完善，确保资源分配公正有效，并以实现受援国的经济健康发展为最终目标"。日本对老挝的国别援助政策，明确提出以经济可持续发展为目标，以人力资源培养、人道主义培养、基础设施完善为重点领域开展援助。与 ODA 大纲的援助理念相符。

ODA 大纲中提出要兼顾发展与环境的关系，日本对老挝国别援助政策中提出要将"农林业发展"与"森林保全中的减少烧田问题"相结合，正体现了这个原则。另外，老挝推进民主化与经济开放政策中，ODA 大纲中提出"要促进发展中国家的民主化，努力推进以市场为导向的经济改革，并注意保证基本人权与自由"。这一点也充分体现在对老挝的国别援助大纲中。

其次，在重点援助领域方面，ODA 大纲提出的重点援助领域，包括基础生活保障，人力资源培养和基础设施完善。对老挝国别援助政策中提出的重点援助领域也是以上几个方面。ODA 大纲提出了援助的重点课题在于以下七个方面：一是削减贫困和援助社会发展事业，二是援助经济社会基础设施，三是人才培养，四是着手解决全球范围问题，五是对亚洲金融危机产生的问题进行结构调整改革，六是预防灾害，七是解决债务问题。根据以上重点确定了对老挝的国别援助计划的重点援助领域为：一是以经济结构调整为开端，帮助老挝避免出现经济危机，实现经济复苏；二是为了保障国民生活与国内稳定，积极援助社会弱势群体；三是为了培育制衣产业并保持经济与社会的安稳运行，开展人力资源培养和制度建设；四是对贫困削减、经济社会基础设施和环境保护与农村发展等方面进行援助；五是推动区域合作，对东盟区域内合作，大湄公河次区域发展提供援助。以上援助重点领域也与老挝国家发展计划中所提出的优先发展领域相吻合。

4. 援助领域与数额

日本对老挝的援助，最早开始于 1957 年对老挝上水道与桥梁的援助。随后，从 20 世纪 60 年代中期到 70 年代中期，通过技术合作项目的开展实施援助。这个时期的主要援助项目有琅勃拉邦医院医疗设备方面的援助、万象机场建设、南姆达姆水库的维修等。对水库项目的援建，1974—1975 年总共提供了 51.9 亿日元的贷款。

从 90 年代开始的对老挝援助主要方式是技术合作与无偿援助。重点领域是道路等交通基础设施的建设以及农业领域的灌溉设施为主的农业生产基础设施。90 年代，日本成为老挝最大的援助国，1996 年日本对老挝援助占老挝所接受国际援助的 40%。①

老挝所接受的 ODA 分布在老挝社会发展的每个部门。同时，比较双边援助与多边援助，双边援助对多边援助的贡献要更多。双边援助在老挝所接受援助中占到 70%，而多边援助仅占到 30%。②

与直接投资和贸易相比，日本对老挝的援助，对老挝的经济发展发挥了至关重要的作用。在亚洲金融危机期间，即 1997—1998 年间，日本对老挝的 ODA，占到老挝所接受的所有国际援助总额的 1/3 左右。

（三）援助对日老关系的影响

日本对老挝援助积极促进了老挝与日本经济关系的发展。援助有效刺激了日本对老挝投资。日本对老挝的直接投资开始于 1995 年，直接投资涉及两个领域，一是农业部门，二是服务部门。1995—1999 年，日本对老挝的直接投资年均增长率为 12.8%。主要数据如表 2-4 所示。

表 2-4   1995—1999 年日本对老挝直接投资

单位：个，美元

年份	农业项目数量	农业项目投入	工业项目数量	工业项目投入	服务业项目数量	服务业投入	项目总数量	总投资
1995	1	100000			1	4500000	2	46000000
1996			1	2000000	2	550000	3	2550000
1997	2	800000	1	990000	2	2200000	5	3990000
1998			2	1529400	2	700000	4	2229400
1999					1	1500000	1	1500000
合计	3	900000	4	4519400	8	9450000	15	56269400

资料来源：Dept of Investment. MPI, 2009。

值得注意的是，日本从 1995 年开始对老挝投资。1995—2000 年的日本对老挝投资，占老挝所接受投资总额的 4%。③ 这个时期日本对老挝的直接

---

① Statistics of ODA in Lao PDR, Dept of International Cooperation, MPI, 2008.
② DIC MPI, 2008.
③ Syviengxay Oraboune, *Lao PDR and its Development Partners in East Asia* (*China and Japan*), in Mitushiro Kagami edtied A China-Japan Comparison of Economic Relation in the Mekong River Basin Countries, p. 240.

投资主要集中于服务业，占日本对老挝总投资的 55%。农业和工业部门的投资仅占 36.9% 和 7.8%。这个期间，日本对老挝的直接投资年均增长率为 4%。

这个时期，日本和老挝高层互访不太频繁。仅有 1999 年日本秋条皇太子夫妇访问老挝。2000 年时任首相小渊惠三访问老挝后，两国高层间互访才日益增多。

三 2000 年以后日本对老挝的援助

（一）援助背景

1. 老挝的发展目标

老挝人民革命党于 2001 年 3 月举行了第七次老挝革命党代表大会，提出发展"国家控制的市场经济制度"，并计划在 2020 年前实现生活水准比现在翻 3 番，甩掉欠发达国家的名头。为了实现这个计划，老挝政府制定了 20 年的发展目标，这包括以人口实现 2.4% 的增长为前提，实现经济 7% 的增长和投资 25%—30% 的增长。在这个经济计划发展期间，人均 GDP 要达到 1200—1500 美元，15 岁以上人口的识字率达到 90%。人均寿命达到 70 岁，具备基本的基础设施，提高产业结构中工业与服务业的比率，扩大劳动就业人口等。这个 20 年的计划每十年划分一个阶段，2010 年就成为计划完成检验点。要实现这个目标，对老挝而言相当困难。因为老挝的宏观经济基础非常薄弱，产业发展水平相当低，部门经济亟待发展。

老挝是内陆国家，为了克服地理限制，积极参与地区经济合作。老挝积极参与东盟一体化（Initiative for ASEAN Integration, IAI）进程、由亚行发起的 GMS 计划以及由泰国推进的伊洛瓦底—湄南河—湄公河经济合作战略（Ayeyawady-ChaoPhraya-Mekong Economic Cooperation Strategy, ACMECS）等区域合作。此外，老挝还参与了由日本提出并给予援助的老挝、柬埔寨和越南 3 国的"发展三角"计划。

2. 其他国家对老挝的援助

老挝所接受的援助主要用于基础设施建设，特别是通信和交通运输方面。基于可靠的统计数据，被用于通信和交通部门的援助，在援助总额中占比 20%。紧随其后的是农业、林业、教育和卫生部门。东北亚援助国的 ODA 也主要投向基础设施方面。其中，1/3 的 ODA 被用于通信和基础设施的发展方面，其他则被用于人力资源发展。

（二）援助实施

1. 2000 年以来的援助

根据日本新 ODA 大纲和老挝的发展计划，2003 年 JICA 确定了"以贫困削减和人的发展为核心，在全球化和地区经济背景下实现自主和自立发展"的对老挝援助目标。① 援助的重点领域不变，兼顾以下原则：尊重老挝的自主性，提供更加符合老挝发展需求的发展援助；尊重老挝的地域特征和文化多样性，与其他援助机构协调推进援助；在推进 GMS 发展援助项目时注意保证老挝从中受益。②

以下三个表格，分别是 2000 年以来日本对老挝的无偿援助、技术合作援助以及日元贷款数额。

表 2-5　　　　2000—2004 年日本对老挝无偿援助实际数额③

单位：亿日元

	2000 年	2001 年	2002 年	2003 年	2004 年	合计
一般无偿援助项目	39.62	38.58	41.01	26.33	21.29	166.83
非项目型无偿援助	15.00	15.00	15.00	10.00	5.00	60.00
债务救济	2.79	2.73	2.68	—	—	8.20
粮食援助	4.00	3.80	5.00	4.00	3.00	19.80
粮食增产援助	5.00	3.50	4.50	—	—	13.00
民间无偿援助	3.02	2.97	1.33	0.25	0.80	8.37
文化无偿援助	0.43	2.45	0.43	0.33	—	3.64
援助 NGO	—	—	0.20	0.20	0.08	0.48
合计	69.86	69.03	70.15	41.11	30.17	280.32

资料来源：『対ラオス国別援助計画』、日本国際協力局、2006 年 9 月、22ページ。

表 2-6　　　　2000—2004 年日本对老挝的技术合作援助数额

	2000 年	2001 年	2002 年	2003 年	2004 年
研修人员事业（人）	390	447	504	614	672
专家派遣（人）	128	145	108	122	171
调查团派遣（人）	217	278	251	291	201
援助队员派遣（人）	24	18	18	20	10
其他志愿者（人）	24	18	18	20	10
项目型技术合作（项）	5		1	5	4
发展调研项目（项）	5	4	1	1	—
经费总额（百万日元）	3489.26	4486.18	3544.70	2982.86	2773.40

---

① 『対ラオス国別援助計画』、日本国際協力局、2006 年 9 月、13ページ。
② 同上。
③ 同上。

表 2-7　　2004—2013 年日本对老挝三种援助类型、援助数额

单位：亿日元

年度	日元贷款	无偿援助	技术合作	合计
2000 年	—	68.66	34.89	103.55
2001 年	40.11	70.03	50.09	160.23
2002 年	—	65.68	40.86	106.54
2003 年	—	41.11	36.27	77.38
2004 年	33.26	30.17	32.81	96.24
2005 年	—	42.35	28.78	71.13
2006 年	5.00	43.36	26.97	75.33
2007 年	5.00	51.79	24.22	81.01
2008 年	—	38.97	24.61	63.58
2009 年	15.00	38.82	34.74	88.56
2010 年	—	31.11	30.69	61.80
2011 年	41.73	41.75	38.64	122.12
2012 年	—	47.06	36.08	83.14
2013 年	150.62	62.11	30.55	243.28
累计	290.72	672.97	470.20	1433.89

主要的援助都用于基础设施的建设。这被日本政府视为对老挝国家发展的贡献。

2. 日本对老挝的其他援助

日本 ODA 对老挝社会经济发展发挥了关键作用，特别是在私营部门发展方面，包括 Chai Lao 项目和一村一品项目。Chai Lao 项目的目标是帮助老挝提高民族工业产品的发展水平，特别是提高纺织品的质量，增加纺织产品的出口。一村一品项目是日本和老挝之间联合研究的产物，即日本与老挝社会经济发展研究项目的成果。Chai Lao 项目结束后，日本政府开始在老挝大力推广一村一品项目。这个项目最近由老挝农业、商业部、JICA 联合开展。老挝南部省份是这个项目的实施地点。这个项目被期待刺激本地产业的发展，有助于老挝的私营企业的发展。

（三）援助对日老关系的影响

通过援助，日本与老挝之间建立了紧密的联系。援助在一定程度上刺激了日本企业对老挝的投资。2000—2008 年的日本对老挝直接投资，如表 2-8 所示。

表 2-8　　　　　2000—2008 年日本对老挝的直接投资

单位：个，美元

年份	农业投资项目数	农业投资数额	工业投资项目数	工业投资数额	服务业投资项目数	服务业投资数额	总项目数	总投资数额
2000	1	500000	3	2000000	2	275000	6	2775000
2001			1	500000			1	500000
2002		430000	1	100000	2	281000	3	711000
2003			1	1302200			1	1302200
2004	1	200000	2	1500000			3	1700000
2005	5	100000	2	2120000	1	100000	8	232000
2006			1	400000000		100000	2	400100000
2007	3	2308543	5	6317000	1	400000	9	9025543
2008	1	300000			2	610000	3	910000

　　日本对老挝的直接投资，21 世纪初期与 2000 年前相比减少了很多，这个时期的总投资仅有 660 万美元，这个数额仅相当于 1995—2000 年间的投资额的 1/3。这主要源于服务部门的投资迅速减少。21 世纪初期日本对服务业的投资占这个时期日本对老挝投资的 5.8%。

　　日本对老挝的直接投资在 2006 年出现增加，达到 4 亿美元。这时投资主要集中在对水电业部门。2006 年日本对老挝投资，占到 2006—2008 年间日本对老挝投资总额的 97%。2006—2008 年对工业部门的投资，占 99%，同时，对农业部门和服务部门的投资不到 1%。2009 年日本对老挝投资额达到 373 万美元，在外国对老挝投资额中排在第 15 位。2009 年 11 月，日本企业在老挝成立了"日本企业老挝工商联合会"，2010 年 4 月时，赴老挝投资的日本公司为 32 家，2012 年为 60 家。① 2010 年日本对老挝的直接投资额为 2.17 亿美元，2011 年为 2.82 亿美元，2012 年为 1.436 亿美元。② 1989—2012 年日本对老挝直接投资在老挝所接受直接投资中占比 2%，2000—2011 年间的占比依然为 2%。不过，2014 年时已经有 126 家日本企业赴老挝

---

　　① 日本外务省，《最近老挝情势与日本老挝关系》，http://www.mofa.go.jp/mofaj/area/laos/kankei.html，2016 年 5 月 30 日最后一次访问。
　　② 日本对老挝的直接投资数额，日本计划投资省网页数据，转引自日本协力银行报告《老挝所接受的直接投资》，http://www.jbic.go.jp/wp-content/uploads/page/2015/09/40674/inv_Lao041.pdf。

投资。①

日本和老挝的经贸关系保持着良好的发展态势。不仅如此，日本在老挝贸易额中的占比逐年扩大。比如，2008 年老挝的贸易总额为 18.41 亿美元，其中与日本的贸易额仅为 1800 万美元。对老挝进行投资的企业也仅有山喜公司等 8 家。2010 年时，老挝对日本的进口额为 55 亿日元（约合 5719 万美元），日本对老挝出口额为 38 亿日元（约合 3952 万美元）。2012 年时，日本对老挝的进口额为 90 亿日元（约合 7200 万美元），出口额为 110 亿日元（约合 8800 万美元）。② 2014 年日本从老挝的进口数额约为 1 亿美元，占比 8%，日本对老挝出口额为 1.52 亿美元，占比 13.79%。③ 2015 年老挝对日本出口额为 1.05 亿美元，日本对老挝出口额为 0.9742 亿美元。④

日本政府通过经济援助构筑了与老挝的良好关系，但是在政府和民众都与老挝有良好关系的中国面前，日本在老挝的存在感相对较低。⑤ 近年来，由于泰国劳工工资水平大幅度提高，老挝成为日本的制纸业和服装企业转移投资的国家。加之中国和被称为"第二中国"的越南的工资也在迅速增加，因此，未来老挝极有可能取代泰国和越南成为新的日本企业投资地。同时，老挝也对存在感逐步加强的中国抱有不安，希望通过发展与日本的经济关系，减少对中国的依赖。故而老挝方面期待日本直接投资能够迅速扩大。一些老挝民众认为，对于老挝而言无法忽视中国的存在，因为老挝的发展离不开中国。但与此同时，这个大邻国也容易对老挝构成威胁。因此，他们十分重视与日本发展关系。希望日本今后能进一步增加对老挝的援助和民间投资，进一步加强两国关系。实现日本和老挝经济关系从援助向投资的转变。

老挝人口稀少，如果仅仅从劳动力数量与素质而言，无法与中国和越南相比。但是，老挝拥有丰富的森林与矿产资源等重要的生产资料。同时，作为泰国和越南的日本企业的替代投资地，老挝与泰国和老挝与越南的边境经济特区，开始受到日本企业关注。

从 2008 年 8 月生效的日本和老挝投资协定，让老挝可从投资阶段就享

---

① 日本外务省《日本老挝关系 60 年纪念》，http://www.mofa.go.jp/mofaj/press/pr/wakaru/topics/vol132/index.html。
② 《日本与老挝关系》，维基百科，https://ja.wikipedia.org/wiki/日本とラオスの関係。
③ 日本贸易振兴会《老挝基本经济指标统计数据》，https://www.jetro.go.jp/world/asia/la/stat.html。
④ 日本贸易振兴会《日本与老挝关系》，https://www.jetro.go.jp/world/asia/la/basic_01.html。
⑤ 関山健、『中国の存在感高まるラオス－投資協定の発効は日ラオス関係を変化させられるか－、東京財団ユーラシア情報ネットワーク』、2008 年 8 月 26 日。http://www.tkfd.or.jp/eurasia/asia/report.php?id=64。

受日本的最惠国待遇。这个投资协定还要求日本企业对老挝投资达到一定水平，同时禁止强制出口。

在中国政府和民间合力扩大对老挝影响力的背景下，老挝希望在日本和老挝投资协定生效后能够有源源不断的日本投资进入老挝。希望将目前由援助主导的日本老挝关系，转变为投资以及民间贸易占主导的关系。

日本对老挝的无偿援助从 2006 年的 43 亿日元，增加到 2007 年的 69 亿日元，增加了近六成。这些援助已经得到了老挝方面的回馈。比如日本发生大地震时，老挝民众开始对日本援助，表达对多年来接受日本援助的感谢。

2015 年 3 月 6 日，安倍首相与访问日本的老挝总理通伦·苏西里会谈，并联合发表了会谈成果"日本老挝共同声明"。老挝总理高度评价了在国际社会中推进"积极和平主义"的日本对世界和平促进所发挥的重要作用。安倍首相承诺，将把老挝放在湄公河开发的核心位置，向其提供高质量的日本产品，推进老挝基础设施的建立与健全，并承诺对老挝的渔业提供无偿援助。老挝总理对长期以来日本给予老挝的援助表示感谢，认为日本的援助对老挝的经济发展发挥了至关重要的作用。[①] 2015 年老挝和日本建交 60 周年，在 7 月 6 日举行的第七次日本与湄公河首脑会议上，老挝总理表示，两国间一直保持较好的高层关系，老挝经济发展离不开日本的援助；日本政府为地区和国际社会的和平与发展贡献了极大的努力，老挝支持日本成为联合国安理会常任理事国，支持日本加入国际捕鲸协会。[②]

小结

日本对老挝的援助集中于对社会基础设施的无偿援助。日本对老挝的援助数额无法与对 GMS 其他四国相比。尽管如此，日本从 1991 年起就成为老挝的最大援助国并一直占据此位置。正如老挝总理在 2015 年日本老挝建交 60 周年纪念大会演讲中所言，老挝经济发展离不开日本的援助。日本对老挝 ODA 推动两国关系纵深发展。不仅如此，还为 2010 年后大量日本企业进入老挝奠定了坚实的基础。日本对老挝 ODA 从某种意义而言也实现了双赢，在得到受援国认可的同时，促进了双边关系发展，促进了日本企业对老挝的直接投资。

同时，日本对老挝的援助已深入民心。尽管，从 2013 年以来中国实际

[①] 『日・ラオス首脳会談〈戦略的パートナーシップ〉に発展』、GLOBAL NEWSASIA、2015 年 3 月 7 日。http://www.globalnewsasia.com/article.php?id=1638&&country=5&&p=2。

[②] 『日・ラオス首脳会談-ラオスは日本の国連安保理常任理事国入りを支持』、ASEANPORTAL、2015 年 7 月 6 日。http://portal-worlds.com/news/laos/3686。

已经成为老挝的最大援助国,但老挝民众对日本援助的了解远超对中国援助的了解。不仅如此,援助将日本在老挝塑造为"帮助者"的形象。从某种程度而言,日本对老挝的 ODA,由于能够深入民间社区得到了老挝社会"自上而下"的认可,加之宣传到位,"花小钱"扩大了自身影响力,同时还为日本企业进驻老挝构建了较好的环境。

第三章

日本对大湄公河次区域国家的文化外交

法国早在大革命期间就尝试越过外国政府首脑，以推行其革命意识形态来直接吸引对象国民众。① 英国和德国则从一战爆发后就开始为塑造国家形象而在美国开展宣传活动。近年来，开展文化外交的条件发生了变化。一是政治与社会制度之间的冷战模式对国家对外宣传的影响力不再重要。二是公众对宣传越来越敏感，宣传问题中可信度成为关键。这些变化催生公共外交或文化外交理论的兴起与演变。不仅如此，经过多年的探索，很多国家还逐渐形成了自己的公共外交模式。如二战后初期，为了改变国家形象，德国政府采取了防御型的公共外交发展战略。② 美国政府在冷战结束后开展公共外交的范围更加宽泛化，指向全球所有角落，并且内容也从政治层面扩散到包括宗教、哲学、普通社会价值观、思维方式等在内的文化层面。③ 不同国家根据自己的不同需求，实施文化外交或公共外交，以构建本国的国际形象，扩大国际影响力。公共外交与文化外交相类似，但这两个概念侧重点不同。文化外交更接近于通过一种潜移默化的力量，得到对象方的认同。

日本在开展文化外交方面已经得到了很多国家的认可，如遍布全球的日本餐厅，席卷世界各地的动漫浪潮，以及在很多发展中国家随处可见的日本汽车。这些都在潜移默化的扩大着日本对全球文化的影响力。本章在评述文化外交理论演变的同时，辨析与之相接近的几个概念，如公共外交、人文外交等。然后，按照国别分析日本如何开展对 GMS 国家的文化外交。最后尝试归纳日本对 GMS 国家的文化外交的特点。

---

① ［美］约瑟夫·奈：《软力量：世界政坛成功之道》，吴晓辉、钱程译，东方出版社 2005 年版，第 111 页。
② 廖宏斌：《公共外交：国际经验与启示》，《当代世界与社会主义》2009 年第 1 期。
③ 李智：《文化外交：一种传播学的解读》，北京大学出版社 2005 年版，第 85 页。

第一节　文化外交与日本的文化外交

一般而言，在讨论国际关系时，聚焦于军事力量与经济实力等硬实力的讨论较多。近年来，为了让国际关系顺畅发展，需要将硬实力与软实力结合，或者说更加重视发挥软实力的功能。因此，各国开始日益关注国际关系中文化领域的问题。约瑟夫·奈提出了软实力的源头：第一是文化（在能对他国产生吸引力的地方起作用）；第二是政治价值观（当它在海内外都能真正实现这些价值时）；第三是外交政策（当政策被视为具有合法性及威信时）。①

如果说 ODA 是通过硬实力实现日本外交目标的战略武器，那么文化外交无疑是运用软实力，通过扩大日本在全球文化影响，实现日本对外战略目标的另一个利器。本部分未使用公共外交，主要是由于文化外交与公共外交有不同的侧重点。在主体上文化外交的主体是政府，但是公共外交的主体主要是非政府行为体。以下首先界定文化外交，然后比较文化外交与公共外交等概念的区别，并分析日本软实力的构成，随后讨论日本文化外交开始的历史背景与日本文化外交的内涵变化，最后概述冷战以来日本文化外交的特点。

一　关于软实力与文化外交

首先界定软实力的内涵与外延。在梳理不同学者和不同机构的定义在基础上提出本研究所理解的文化外交。然后，比较文化外交与"对外宣传"、"公共外交"以及"价值观外交"的区别。最后讨论软实力与文化外交的关系。

（一）软实力的内涵

众所周知，硬实力是指军事实力和经济实力，这种能让人直接、迅速改变立场的力量。硬实力可以通过引诱（"胡萝卜"）或者威胁（"大棒"）得以实施。软实力是一种引导力量，能够影响他人的喜好能力，产生吸引力，在潜移默化中影响对方。也就是说，软实力使用不同于用武力与经济的手段来促进合作，是一种由共同的价值观产生的吸引力，并为实现这些价值观做贡献的正义感与责任心。②

国家综合实力由硬实力与软实力组成。一般而言，硬实力包括军事力量

---

① ［美］约瑟夫·奈：《软力量》，吴晓辉、钱程译，东方出版社 2005 年版，第 11 页。
② 同上书，第 7 页。

和经济力量，软实力则包括政治力量和文化实力等。

（二）文化外交的内涵

中外学者对文化外交的定义非常多。理论界的定义有，入江昭（Akira Iriye）通过解释文化定义来分析文化外交的表现形式，把文化定义为"包括记忆、意识形态、感情、生活方式、学术和艺术作品和其他符号"；同时，他认为文化外交是"通过思想和人员的交流、学术合作或者其他达到国家间相互理解，承担国与国和人民与人民互相联系的各种任务，称为文化国际主义（cultural internationalism）"。① 从文化外交一元行为体的角度理解，它被认为是主权国家利用文化手段达到特定政治目的或对外战略意图的一种外交活动，是主权国家重要的外交形式之一。② 而从文化外交二元行为体的角度理解，它是由政府或者充当公共机构契约作者（Contractual cosponsor）的非政府组织向别国国民描绘本国情况的活动，其描绘目的是使对象国的人民提高对本国的了解与同情，从而提升本国的声望，支持其对外政治经济关系，或者加强生活在海外的国民对国家的忠诚度。③

从实践派的角度看，各国对文化外交有不同的解释。英国文化委员会对文化外交的理解，"致力于推进海外世界对英国语言、文学、艺术、音乐、科学，教育体制和我们国民生活其他方面的了解，从而增进海外世界对英国的好感、保持彼此之间密切的关系"。④ J.M. 米切尔定义的文化外交包含两层含义：一是政府为许可、促进或者限制文化交流而与其他国家协商签订多边或双边的协定，例如政府间召开的会议、协商洽谈文化协定、交流项目等；二是有关国家机构执行、实施文化协定及其所从事的文化关系方面的活动。⑤

中国文化部副部长孟晓驷对文化外交的定义为：围绕国家对外关系的工作格局与部署，为达到特定目的，以文化表现形式为载体或手段，在特定时期、针对特定对象开展的国家或国际间公关活动。⑥ 他指出，某项活动是否

---

① Akira Iriye, *Cultural Internationalismand World Order*, Baltimore, Maryland: Johns Hopkins University Press, 1997, p. 3.
② Kevin V. Mulcahy, "Cultural Diplomacy and the Exchange Programs: 1938—1978", *The Journal of Arts Management, Laws, and Society*, Vol. 29, No. 1 (Spring, 1999), p. 8.
③ Oliver Schmidt, "SmallAtlanticWorld: U.S. Philanthropy and the Expanding International Exchange of Scholars after 1945", Jessica C. E. Gienow-Hecht and Frank Schumacher eds., *Culture and international History*, NewYork: BerghahnBooks, 2003, p. 127.
④ 胡文涛：《解读文化外交：一种学理分析》，《外交评论》2007年第6期。
⑤ 韩召颖：《输出美国：美国新闻署与美国公共外交》，天津人民出版社2000年版，第22页。
⑥ 孟晓驷：《锦上添花："文化外交"的使命》，《人民日报》2005年11月11日。

属于文化外交的范畴,可以用四条标准衡量:一、是否具有明确的外交目的;二、实施主体是不是官方或受其支持与鼓励;三、是否在特殊的时间针对特殊的对象;四、是否通过文化表现形式开展的公关活动。①

从文化外交的主体与客体、目标与意义以及手段与途径看,文化外交可以定义为:一国政府或者次国家行为体,针对对象国政府与民众,以塑造国家形象、扩大国家影响力、增强国家软实力为目的而开展的传播本国文化以及促进相互理解的各类文化活动。

文化外交根据其所能涉及的范围与内容可以划分为三个维度,即思想外交、文明外交与文艺外交。② 所谓思想外交,这里的思想指的是一国对人与自然关系、人与人关系、人与国家关系、国家间关系,人类社会等人类社会存在的基本问题的认知,也可以说是一个国家的世界观、价值观与思维方式。③ 在这个层面的交流与对外影响,即思想外交。文明外交,是指用一国所创造的物质文明、精神文明以及制度文明的产品影响对象国,以达到影响对象国对本国认知,扩大对象国对本国的好感,甚至形成信任感的目的。文艺外交,即以一国的文学、艺术、文化遗产和文化产品的国际推广,让对象国形成对本国的好感与认同。

(三) 文化外交与对外宣传、公共外交和价值观外交的不同

对外宣传指一国政府向他国民众输出信息。对外宣传一般带有单向性和强制性的特点。其主体是一国政府,客体是对象国民众,目的是通过宣传活动影响,甚至控制对象国民众的情绪与行为,让对象按照自己所期望的方向行事,以最终实现维护自身利益。对外宣传具有单向性、强制性和竞争性等属性。

公共外交主体主要是非政府行为体,客体是对象国民众,目的是通过非政府行为体发起交流项目,让对象国民众了解本国,减少对象国民众对本国的误解,构建本国在对象国的国家形象,逐步扩大影响力,最终实现最大限度维护国家利益。公共外交具有明确针对性、可合作性、单向性以及长期性等属性。

价值观外交主体是一国政府,客体是对象国,目标是以价值观作为幌子,针对对象国家进行指责、制约、干预乃至发起战争,④ 最终影响的是本国的对外政策。

---

① 孟晓驷:《锦上添花:"文化外交"的使命》,《人民日报》2005年11月11日。
② 范勇鹏:《论文化外交》,《国际安全研究》2013年第3期。
③ 同上。
④ 同上。

相较而言，文化外交具有长期性、相互性、相对平等性等特点。长期性，即文化外交的效果和影响力不是短时期，或是通过个别项目就能产生的，而是一个长期的过程，比如二战后日本有意识改变和塑造自己国家形象，将一个二战战败国形象，通过文化外交和发展援助，到20世纪60年代时逐步塑造为一个"非军国主义、和平主义"的国家，特别是在1964年日本东京成为亚洲首个举办奥运会的城市时，日本成功向世界塑造了战后日本走和平主义道路的国际形象。[1]

相互性，指文化外交是一个相互影响的过程，需要与对象国之间实现互动。有效的文化交流活动都是双向性的，单向度的是文化灌输，不是文化外交行为。无论是"中国—法国文化交流年""中国俄罗斯文化交流年""日本动漫作品展"还是电影节、传统文化节等文化外交活动都是双向、需要得到回馈的。并且还要突出合作性，才可能让文化外交保持长期有效。

平等性，指文化外交开展的原则具有对等性。这与价值观外交有明显区别，价值观外交就存在明显的非对等性，甚至带有以灌输或者强加本国的文化价值观给对方。但是文化外交则完全不同，只有出于平等原则开展的文化外交，才能取得良好的效果，否则将适得其反。

本研究认为，所谓"文化外交"是通过长期性的、相互性的、具有对等性的，涉及思想、文明与文艺领域的文化交流活动，让对象国对文化外交开展国形成好感与认同感，最终实现通过文化外交构建国际形象，扩大文化影响力的战略工具。因此，文化外交是展示一国软实力的工具。

二　文化外交对日本的意义

日本的硬实力主要体现在防御能力和经济实力上。软实力主要通过文化外交，改变各国对日本的认知。特别是获得二战中受到日本侵略的亚洲国家的信任。近年来，日本政府已经将文化外交置于逐步取代经济外交的位置。有日本学者提出从文化交流到文化援助的时期已经到来。对于日本而言，软实力外交的重要性是相当明确的，文化外交是日本外交的未来。[2]

"不使用军事力量和经济力量就能制服对方，让自己所需要的东西成为对方国家所需要的力量"，是美国政治学者约瑟夫·奈所定义的软实力。具体而言就是通过"有魅力的文化""政治价值观""需要给予正当尊重的外交政策"影响对象国家。当然，软实力不是立即就能发挥效果的。它原本

---

[1] 姚奇志、胡文涛：《日本文化外交的观念变革与实践创新——以国际形象的建构为中心》，《日本学刊》2009年第5期。

[2] ［日］渡边启贵：《日本外交的未来是文化外交》，《外交》2010年第3期。

是在硬实力之外应该发挥作用的东西，但从目前而言，文化外交已经成为日本外交中不可或缺的外交手段。这个问题，如果从日本所处的国际环境看就会更加容易理解。

冷战结束以来，国际环境发生了巨大的变化。日美同盟的存在方式虽然保证了日本的基本生存诉求，但远不能满足日本自身发展所需。因此，面对今天力量强弱对比不断变化的日俄关系和日中关系，日本国内一直存在通过自身努力强化自身防卫能力的呼声。

但是，仅听从国内部分民众呼声无助于改变日本在国际格局中的地位。因为日本自认为作为国际社会的重要组成部分，日本对维护国际和平需要发挥重要作用。比如，在日本与欧美国家谈判时，欧洲国家对日本发挥国际影响力，都有一个前提条件，即"希望日本不以战争为前提，而是高效率使用防卫力量和警察力量，来防止冲突发生，构建和平"。加之日本在新安全防卫报告中提出的武器出口三原则、专攻防守、集体自卫这几个词汇的内涵，以及日本自己提出的"构建和平国家"的目标，都在反复提醒日本不能擅自使用武力、破坏国际和平。

与此同时，经济外交未能取得预期效果，面对影响力快速扩大的中国，如何提高东南亚国家对日本的信任已经成为日本外交无法回避的问题。为了得到亚洲国家的进一步认可，需要增强软实力外交。如何得到东南亚国家的认可和理解，切入点是非常重要的。21世纪初期日本政府提出了通过开展文化外交构建"和平国家"和"酷日本"等作为"日本国家品牌"构建的主要理念。

三 日本文化外交的内涵

日本政府对文化外交做了定义，即兼顾文化交流的自主性，尊重文化交流的多样性，为了实现国家利益最大化而开展多样化的文化交流活动。文化外交的目标是，提升国际社会对日本的理解、改善日本国际形象，为了解决纷争而开展不同文化间、相似文化间的相互理解与交流，并为全人类贡献具有共通性的价值观与理念。文化外交的理念是，在"交流、包容与共生"的基础上开展文化外交。实现"共生"理念的目的是，在全球范围内塑造起日本是"尊重和平与融合"的国家的形象，并为"建立多样化的文化与价值观而搭建桥梁"。达成这个目标的前提是，产生接纳文化多样性的"超强软实力"。这些理念都贯穿在对日本文化的界定与日本的政治价值观与外交政策中。日本文化外交也可划分为两个层面，狭义与广义。

（一）狭义日本文化外交

狭义的日本文化外交包含大众文化交流与高级文化交流。根据《文部科学省设置法》的第一条,日本文部科学省,主要管理着学术、运动、文化振兴以及科学技术发展等多个事业,为了振兴文化以及国际文化交流事业设置文化厅。根据与文化相关的法律,比如《科学技术基本法》《文化艺术振兴基本法》的相关法律规定,需要开展大众文化层面以及高级文化层面的交流活动。①

1. 大众文化外交

大众文化外交主要由两个部分组成,一是"酷日本"活动,二是"日本国家品牌战略"。围绕大众文化交流的关键词是"酷"。日本内阁总理主持的"为推进文化外交恳谈会"报告书中,提出了"将日本构建为开展文化交流的和平国家",主要依赖所谓的"酷"文化。这里的"酷"是"可爱"的意思。日本的漫画、动画、游戏、音乐、电影和电视剧等流行文化产品、现代文学作品和舞台艺术作品等都是"酷日本"的代表,这些文化产品在世界各地得到了年轻人的喜爱。这可视为泡沫经济崩溃后的十年中日本文化外交的主要成果。

此外,日本政府还提出了打造"国家品牌"。2000年3月10日,在内阁知识产权战略部设立了"媒体·日本品牌"专门调查委员会,并发布了《日本品牌战略——以软实力产业的发展为推动力》报告。报告提出要挖掘软实力产业②的潜力,并让此成为经济增长的原动力,并展开创造与传播两方面的事业,从而进一步改善日本的国际形象。

无论是"酷日本"概念还是"日本国家品牌战略"都不是日本首创。"酷日本"是模仿"酷英伦"提出的。"日本国家品牌战略"是模仿澳大利亚政府2009年开始推广的"品牌澳大利亚"战略与2010年由韩国总统府实施的"国家品牌战略"。这两个国家都率先提出了"国家品牌指数"概念。相对于澳大利亚和韩国,"日本国家品牌战略"更强调构成"日本国家品牌指数"的指标和基于价值观而形成的国家魅力。

2. 高级文化外交

高级文化外交是日本狭义文化外交的主要内容。高级文化外交主要由外务省以及独立行政法人日本国际交流基金实施。③ 活动包括日语推广、日本研究、知识交流以及人员交流(如留学生交流和青年间交流)等。留学生交流和青年交流活动还得到文部科学省以及内阁通过驻外使馆给予的资助。

---

① 佐藤幸治:『日本国憲法論』,成文堂,平成23年、第69页。
② 软实力产业包括媒体产业、饮食产业、时尚行业和设计业等这些日本特有的具备品牌价值的产业。
③ 国际交流基金是为了综合而高效开展国际文化交流事业而设置的独立行政法人机构。

高级文化交流已经开展了各种项目，包括学术活动、文化遗产保护与传承、纪录片影展、艺术活动交流等，涉及的范围极为广泛。学术活动涉及了从自然科学、社会科学到人文科学的所有学科。从某种程度而言，高级文化外交，发挥着日本与世界各国精英间文化交流的作用，效果十分显著。

(二) 广义日本文化外交

广义上的日本文化外交，除了大众文化外交与高级文化外交外，还包括日本的政治价值观与外交政策的推广。外交政策不仅是政治价值观在外交方面的体现，也是日本宪法基本理念的体现。日本宪法提出的基本理念有三，即自由主义、国际合作与和平主义。日本期望通过外交政策的实施推广日本政治价值观。① 自由主义的理念，体现在日本外交政策中就是所谓"人类安全保障"。国际合作与和平主义更多通过日本ODA体现。

1. "人类安全保障"理念的实践

所谓"人类安全保障"是指"以实现多样性的人类存在为目的，通过保护与提高个人能力，实现每个个体的丰富发展，通过塑造人、塑造社会实现国家的塑造"。② 日本在1994年向联合国开发计划署提出了"人类安全保障"理念，并通过宪法将此原则确定为宪法的基本理念，尊重每个人的人权与尊严。日本最早于1998年12月在小渊惠三首相的《为创造亚洲明天的知性对话》演讲中提出了人类安全保障的倡议。1999年3月，日本在联合国设立了"人类安全保障基金"。2001年1月，日本在联合国提出倡议建立"人类安全保障委员会"。随后，2003年日本修订《ODA大纲》时，提出将"人类安全保障"作为基本方针，同时在2011年的《防卫大纲》修改中，提出了安保目标就是"实现世界和平安定以及为人类安全提供保障"。这个理念通过ODA和日本所参与的国际合作得以体现。

2. ODA与国际合作及和平主义

关于ODA实施目的已有很多研究。很多日本学者提出ODA的实施不应该成为追求国家利益的手段，而是应该推动国际合作。日本的ODA从对东南亚的赔偿外交开始，发展至今已经形成了自己的特点与经验。日本学者提出把援助经验提升为援助思想，可成为日本软实力的组成部分。

日本ODA的理念是"通过ODA推动发展中国家的经济发展、提高这些国家的社会福利"。不仅如此，日本还依托这个援助理念，积极推进国际援助界2001年"千年发展计划"的提出，为国际公共产品的提供发挥了影

---

① 『外交青書2011平成23年版（第54号）』、外務省、第174頁。
② 『日本国憲法論』、第19頁。

响力。

由于援助理念的革新与改变，日本政府自认为 ODA 已经得到了极好的反馈。首先，在各个援助国减少国际援助额的时候，日本的援助额居于全球前列，2009 年日本是全球第五大援助国。其次，日本的 ODA 不断与国际援助机构合作，成为国际公共产品的来源。再次，在援助理念的发展中凸显日本的影响力。比如在全球"贫困削减"中提出了需要增强援助协调，并强调根据各个国家不同的发展特点开展援助等。这些理念成为日本软实力的组成部分。

3. 对国际社会和平与安全的贡献

联合国的维和行动是从 1956 年就开始的。冷战结束后，维和行动的任务开始复杂化。日本政府在 1992 年就制定了关于与联合国维持和平活动开展合作的法律（以下简称 PKO 法）。此外，在日本《防卫大纲》中也提出了要基于联合国维和行动的需要，参照日本政府随后提出的维和五原则，审视日本参与维和行动的原则。

依据以上相关法律和原则，日本开始在全球维和中发挥积极作用。2005 年 12 月积极推动联合国创设了"联合国和平构建委员会"，并成为该委员会的成员国。2006 年 10 月在联合国创设了"和平构建基金会"，并成为该基金会的第六大出资国。此外，日本《防卫大纲》提出，日本参与的联合国维和行动应该与外交活动相协调，并将国际和平维护作为 ODA 大纲中的重点援助课题。① 从预防外交到和平构建，日本政府认为这已经表现出其积极参与国际和平社会构建的意愿与努力，将有助于构建日本"和平国家"的形象。

进入 21 世纪，日本政府提出了建构"人类安全保障"社会、通过 ODA 推动"人类安全保障"社会的构建，并为国际社会的和平与安全发挥影响力。从本研究第二章对日本 ODA 的讨论中可知，ODA 有助于构建日本"和平大国"的形象。本章将研究视角集中于狭义文化外交范畴展开讨论。

四 日本文化外交开展的历史背景与内涵变化

软实力这个词，虽然是约瑟夫·奈在 21 世纪初期才提出的，但其实在明治维新时期日本就感受到了软实力的影响力。当明治时期日本文化与西欧文化相遇时，日本政府首脑与精英们理解了当时的西欧文化已经具有了日本所无法比拟的影响力。日本在明治维新以后，在接受、反馈和融通的过程中，已经触摸到了软实力的内涵。受西方文化软实力的影响，日本逐渐产生

---

① http://www.kantei.go.jp/jp/kakugikettei/2010/1217boueitaikou.pdf.

了通过文化外交展示日本软实力，让国际社会接纳日本的计划。这是由于日本因成立伪满洲国遭到了国际社会的孤立。日本在1933年退出了国际联盟后，为了避免被国际社会边缘化，确保日本的对外关系能够顺利发展，日本政府开始关注"文化外交"。

为了给日本的对外关系创造有利的氛围，当时的日本外务省提出要开展"文化外交"。从明治维新至二战前的日本，通过接受西方文化实现内部变革即明治维新，迅速与当时的国际社会接轨。同时，又期待通过展示软实力的方式，借助文化外交被国际社会认可，从而开始了日本的文化外交。从明治维新至今，日本文化外交发展与变迁，体现的是日本如何通过文化外交从构建到展示自己的软实力，从得到国际认可到扩大自身国际影响力的过程。以下尝试梳理明治维新以来的各个时期日本开展文化外交的历史背景，以及各个时期文化外交内涵的变化，呈现日本文化外交从形成到全面展开的发展过程。

（一）明治维新之后至二战期间

明治维新之后，日本的文化外交是由谁提出的，什么时候形成这个概念的，如何发展的，都值得关注。日本政府从文化的角度实施外交，在思考如何维护日本利益的同时，还要保证不能背离国际关系基本原则。

明治维新时期，最早在欧美学习的日本基督教知识分子，如森有礼和新渡户稻造对这个时期日本文化外交的开展发挥了关键作用。作为第一任文部省大臣的森有礼，曾率领岩仓使节团访问美国并担任过日本驻美使节。他在搜集美国的教育信息的同时，向欧美国家介绍了日本对基督教的态度，发表了英文论文《宗教自由论》。

与此同时，明治维新时期传入日本的基督教文化，一度成为日本政府的教育普及媒介。明治时期，日本政府要员和知识界人士都强烈地感受到了西欧列强具有冲击性的"软实力"，开始被迫了解基督教文化。比如，森有礼就利用基督教创设了养成臣民秩序的教育制度。福泽谕吉建立了以基督教为基础的教育机构。

日本在经历了日俄战争和第一次世界大战后，开始重视与大国交流，加入了国际联盟，参与到国际交流中。其中的核心人物是曾任国际联盟事务局副局长、曾在美国留学的新渡户稻造。新渡户稻造是日本政府着力打造的"和魂洋才"的代表。为了让欧美人理解日本政府提出的"和魂"，他用英文发表了著作《武士道》。这部著作的出版，似乎打开了西方世界了解日本的窗口。

但好景不长，在新渡户稻造死后，日本因建立伪满洲国而退出了国际联盟，被国际社会孤立。为打破这个僵局，让国际社会接纳日本，日本政府认为首先需要让日本理解国际社会。1934 年日本政府成立了国际文化交流团体"国际文化振兴会"。这个组织的使命是转变视角，让日本理解亚洲历史。最初柳宗悦提出希望借助成立朝鲜民族博物馆，让日本国内开始正面了解对象国文化。这原本可以成为一个文化交流的好开端。但后续发展似乎偏离了初衷。此时，日本政府提出了"脱亚入欧"这个促进日本迅速实现现代化的目标。在此基础上又提出了，构建起日本在亚洲地区优越地位的"日本的亚洲主义"，其极致就是在第二次世界大战中为了掌握亚洲主导权而建立"大东亚共荣圈"。1942 年 10 月，日本政府提出，需要审视日本文化，重新接受西方文化，并由知识分子提出了"近代的超越"的议题，这也属于建立"大东亚共荣圈"的一部分。

日本"文化外交"内涵，从明治维新时期的利用西欧先进文化包装日本文化，以培养"和魂洋才"为中心的文化政策，到二战前夕已经演变为构建日本在亚洲地区优越地位的"日本的亚洲主义"，其核心内容就是建立"大东亚共荣圈"。

（二）二战以后至冷战结束

第二次世界大战结束后，日本于 1951 年加入了联合国教科文组织。并以 1955 年加入了亚非会议为契机，开始以亚洲为中心通过双边关系开展文化外交。

日本为能加入联合国教科文组织，以在仙台成立联合国教科文组织的相关机构为开端，以在国际联盟成立时就成立的国际知识交流委员会为平台开展活动。通过积极支持发展中国家的活动，加上民间和政府共同努力，最终加入了联合国教科文组织。

此外，在亚非会议上，面对打出不结盟旗号的印度和提出和平共处五项原则的中国，自认为处于自由主义阵营的日本，为了将国际社会的目光从中国和印度身上转移至自己身上，日本代表高崎达之助在亚非会议的演讲中提出了"文化援助说"。所谓"文化援助说"，即希望通过文化交流与相关援助活动，增进民间相互理解。这方面的尝试，以日本改善中日关系以及日本对柬埔寨的文化援助活动为代表。

日本在 20 世纪 60 年代，为了实现贸易立国的目标，与东南亚的交流日益增多，但是与社会主义阵营的中国尚未建交。在第二次世界大战前，很多中国人曾到日本留学，因此，日本通过以日本经济界、文学界，以及关心中国未来的知名人物为中心，开展对中国的文化外交工作，推动经济交流，最终在 1972 年实现了中日邦交正常化。

1992年，明石康作为联合国事务局特别代表，参加了联合国柬埔寨临时统一组织所推动的和平维持活动。日本政府派遣了由自卫队、文官警察和一般市民组成的联合国志愿者团队，作为选举监督团，参与了柬埔寨的大选。日本之所以能在20世纪90年代初期参与到柬埔寨和平进程中，与之前所开展的文化援助有关。早在20世纪80年代，日本与法国合作，为了吴哥窟的修复建立了国际委员会。在吴哥窟修复国际委员会会议上，日本政府与日本上智大学联合开展吴哥窟的保护工程实地调查，创造性地提出了将文化遗产的保护和地区发展相结合。日本与法国联合推动的吴哥窟修复国际委员会，在保护吴哥窟的同时，也促进了当地旅游经济的发展。

吴哥窟是柬埔寨国民认同的象征，在这个方面开展文化援助，利于增加柬埔寨民众对日本的好感。以对吴哥窟修护的文化援助为切入点，日本积极介入柬埔寨和平进程，并推动柬埔寨在1991年签署了和平协定。正是有了自1984年开始的上智大学等日本民间力量的支持，并在1993年得到法国的协助，成立了吴哥窟修护的国际委员会。这对此后日本对柬埔寨的官方援助的开展奠定了基础。这系列活动为日本对包括GMS国家在内的东南亚国家的文化外交的开展提供了经验。

这个时期，日本文化外交的内涵是"文化援助"，并且通过"文化援助"实现了政府与民间力量的联合。"文化援助"在这个时期对扩大日本的政治影响力发挥了积极作用。

（三）冷战结束后至21世纪初期

冷战结束后，日本的经济外交并没有在国际社会得到其所期待的回应。日本政府提出了文化外交目标，即和平构建。日本式构建和平的理念是"人类安全保障"。所谓"人类安全保障"，不是传统意义的为了避免国家遭遇外国侵略的安全保障，而是不限地域与国家，以人为中心，而不是以国家为中心的思考方式；目标是让人"从贫困中得到自由"和"从恐惧中得到自由"，即强调以个体为主体的自由。

为了推广此理念，小渊惠三首相在联合国设立了"人类安全保障基金"，并在2000年的联合国安理会大会上提出了"人类安全保障"的概念。森喜郎首相对联合国秘书长安南提出了成立"人类安全保障委员会"的建议，后来成为委员会联合议长的绪方贞子与阿玛蒂亚·森一起在2003年发布了最终报告书。日本政府所提倡的"人类安全保障"，自2000年的联合国安理会大会上提出后，作为双边外交以及多边外交理念，得到了国际社会的广泛认可。

2003年绪方贞子成为JICA理事长后，提出"人类安全保障"是日本国际援助的主要原则，即日本的援助是为贫困者和社会弱势群体提供的，并以"从贫困中获得自由"为主要目标而实施的开发援助。这为践行"人类安全保障"提供了坚实基础，也为日本 ODA 打造出一件"华丽的外衣"。在"人类安全保障"的基础上，日本政府为了限制霸权政治的危害，提出了与大国划清界限的备受瞩目的"绿色权利外交"。

2006 年，日本将旨在保护全球文化遗产的"文化援助"明确作为国家的职责，并纳入本国法律体系以确立其地位，保障日本的国际文化援助的实施。如果说"文化援助"侧重于全球各国传统文化遗产的保护，那么"酷日本"文化产业的发展则主要倾向于扩大日本在流行文化与青年文化中的影响力。

这个时期，日本已经形成了三个层面的文化外交产品，即通过提出"人类安全保障"理念以及"绿色权利外交"形成了类似于思想文化层面的文化外交产品；通过旨在保护全球传统与民族文化遗产的"文化援助"形成了类似于文明外交层面的文化外交产品；通过提出打造"酷日本"文化产业，形成了类似于文艺外交层面的文化外交产品。

综上所述，日本积极地在亚洲地区开展文化外交是有历史背景的。因为成立了伪满洲国遭到国际社会排斥，甚至被孤立。为了改变这个状况，在第二次世界大战后通过加入联合国教科文组织，并开展系列文化援助活动，让日本重新获得国际认可。新渡户稻造及其弟子在其中发挥了重要作用。明治以来的日本亚洲主义观念值得关注。日本通过绘画艺术等文化交流为亚洲国家了解日本打开了一扇窗。冈田仓心为了反对美学被欧美国家独占，从艺术哲学层面做出了努力，柳宗悦通过民间艺术运动加深了外界对亚洲的理解。

面对亚洲艺术品被掠夺，为了避免亚洲各国的艺术品和文化财产的遗失和损毁，日本在 20 世纪 80 年代提出通过文化援助保护世界各国文化遗产。对吴哥窟的保护就在此背景下展开。通过保护柬埔寨的文化财产，开拓了两国间援助的渠道。不仅如此，日本从吴哥窟保护中提出非物质文化遗产的概念，得到联合国教科文组织的采纳。从战败至冷战结束前，日本文化外交是以联合国教科文组织为中心的多国间合作为基础，以联合国教科文组织为平台，同时兼顾两国间的文化交流。日本以联合国教科文组织为中心展开多国间援助，让日本恢复了国际地位，由官民共同努力推动了联合国教科文运动在多个国家的推广。

冷战结束后，日本政府日渐意识到经济外交并未取得预期效果。于是，希望通过文化外交辅助经济外交，并出现了从文化交流向文化援助发展的势头。与此同时，日本外务省和文化厅成为信息情报搜集和信息发布的文化部门。此外，为了与所谓霸权国家划清界限，基于大国中立原则提出了"绿色权利外交"，其内核包括充分为贫困者和弱势群体考虑的"从贫困中获得自由"在内的以"保障人类安全"，以及打造"酷日本"的文化产业。

五　日本文化外交的效果及近年来日本文化外交的开展

冷战结束后的十多年里，日本的国际形象发生了很大的变化。这些变化的出现与日本政府长期不懈的有针对性的开展文化外交密切相关。本部分主要讨论近年来日本政府开展的文化外交。

（一）文化外交已经打造出的"日本"品牌

冷战后日本的国际形象是消极的。日本能完成从"经济动物"向温和的、和平的国家形象转变，主要得益于文化外交。

BBC 的世界舆论调查自 2006 年以来每年都举行一次。BBC 调查了 27 个国家如何看待 13 个国家和地区对世界的影响。其中，日本对世界的影响持肯定意见的占到接受调查人数的 54%，与加拿大并列第一位。排在后面的分别是欧盟和法国，得到的支持人数也超过了 50%。日本在 2008 年的调查中，好感度位居第五位，2009 年时居于第二位，日本一直是 BBC 调查中得到受访好评最多的国家。

此外，日本外务省也于 2007 年在欧洲四国（即英、德、法、意）开展问卷调查，其中绝大多数受访者表示对日本的印象是拥有丰富的传统文化。认为日本是"军事主义国家""需要提高警惕"的人数不是很多。此外，在德国有 40% 的受访人士表示想了解日本的文化与艺术，34% 的人想了解日本的历史；在法国有 56% 的人想了解日本的文化与艺术，有 52% 的人对现代日本文化比较感兴趣。

另外，根据外务省 2010 年在美国开展的问卷调查结果显示，有 80%—90% 的受访人对日本有很高信任度，有 97% 的人群认为日本是拥有丰富的传统与文化的国家，有 82% 的人认为日本是动画、时尚和料理等新文化的创造国。美国《时代》周刊公布的一项问卷调查也显示，日本国家形象所得到的认可从 2007 年一直保持世界第一。

2008 年外务省在东盟国家中的调查显示，90% 以上的人认为本国与日本有友好关系和信任关系，有 86% 的人表示对日本的第一印象是科学技术高度发达的国家；有 69% 的人对日本的文化很有兴趣。

这说明日本文化已经具有了很大影响力。经过长时间的努力，日本文化逐渐得到世界民众的接纳，逐渐获得了认可。日本文化的世界性增加，随着时间的推进，成为有价值的东西。① 借助文化外交，日本国家的品牌逐渐形成，其内涵是"发达的民主国家、发达的工业国家""谨慎的国家""和平的""稳定的""为他人着想"。

(二) 21 世纪日本文化外交的主要机制

经过几十年的实践，日本已经形成了比较成熟的官民联合式的文化外交模式。目前已经从以下三个方面建立机制。

第一，设立文化外交部。这个机制站在全局的高度，提升文化外交的决策层次，整合各种资源，就文化交流制定具体的政策。② 比如 2005 年 7 月，小泉纯一郎首相在"文化外交推进恳谈会"上发表的"文化交流与和平国家"报告中提出了，要将日本文化打造为"21 世纪型的酷文化"。2006 年举行的"文化外交"海外交流答辩会建议，政府需要从以下几方面推进文化外交。其一，促进日语教育海外灵活发展（设立 100 个海外日语教学机构）、开展网上日语培训、实施日本文化志愿者项目、改进日语能力测试。其二，灵活运用传统文化和流行文化开展交流活动，设立动画大使和举行国际漫画展等。其三，扩大国际节目的传播范围。其四，国际文化援助：包括文化培育项目、向联合国教科文组织以及联合国大学提供援助。其五，知识交流和向知识界领导提供信息（向大学的专业研究机构提供援助）、人员交流（JET 项目、意见领袖的派遣和接收、接纳 30 万留学生）。其六，对政策制定者援助的加强（通过向国际会议派遣各种领域的日本专家，增加日本专业人士的影响力，通过援助提高日本专家的政策影响力，在日本举行重要的国际会议）等等措施。

第二，保证文化外交的经费来源。确定了国际交流基金、外务省的公共外交基金，以及日本国内各个地方团体和企业的投入，保证文化外交能够得到充足的资金支持。近年来由于预算每年递减，并且按照每个领域分配活动资金，原来的会馆基金还需要返还等，文化外交陷入捉襟见肘之态。资金方面的问题已经成为限制日本文化外交开展的瓶颈。与其他国家的文化外交的预算相比，日本文化外交预算在国家财政预算中所占比例最低，仅为 0.12%，为 1018 亿日元。根据统计数据，中国文化外交在国家预算中所占比例为 0.51%，相当于 4775 亿日元，韩国占到国家预算的 0.79%，相当于 1169 亿日元。

---

① 中山伊知哉、小野打恵、『日本のポップパワー』、日本経済新聞社、2006 年。
② 姚奇志、胡文涛：《日本文化外交的观念变革与实践创新——以国际形象的建构为中心》，《日本学刊》2009 年第 5 期。

第三，培训专业的文化外交官员。文化交流事业，虽然与政府、政治家、有能力的企业家都相关，他们从人脉聚集的角度可以发挥必要作用，扩大这些人员交流的渠道肯定是越多越好，但是专业人员是不可或缺的。民间层面的文化交流开展的同时，专业与常规的外交渠道是保障常态性的信息交换和促进合作所必不可少的。基于以上几方面因素，需要培养专业的文化外交官员。

(三) 21世纪以来日本文化外交的主要内容

面对韩国与中国形式多变、影响力日益扩大的文化外交活动，日本政府认为，必须结合对象国家的社会与文化的发展需求，发挥日本文化优势，否则难以保住日本在文化领域的比较优势地位。为此，日本政府各个部门都开始投入振兴日本文化、开展文化外交的活动中。比如，2002年12月国土交通省提出"全球旅游战略"。2009年3月，知识产权战略部与日本品牌专业调查委员会提出"日本品牌战略"。动画片和游戏、影视和时尚产业被定位为"软实力产业"。其他相关部门提出通过"酷日本战略"、"访问日本战略"和"地方创造战略"。综合日本政府各个部门提出的建议，进入21世纪后，日本政府与民间合作主要从以下几个方面开展文化外交。

1. 日语海外推广

日语海外推广开始的时间不算太早。在GMS国家的推广时间各有不同。目前日本已经在海外126个国家以及7个地区开展日语教育，截至2006年已经有298万人学习日语。

2. 日本动漫作品的推介

为了进一步提高日本动漫作品的文化影响力，外务省从2007年开始举办国际漫画大奖，2008年任命"动漫作品文化大使"及"可爱大使"等系列活动。日本动漫作品在全球拥有很高人气，成为世界各地青年关注日本的焦点。为了将动漫所形成的影响力扩散到日本文化的其他方面，2012年，外务省提出了"超越酷日本"的理念，期望通过动漫作品的推介使外国民众关注日本的重心逐渐转移到价值观、日本传统文化等方面。

3. 历史文化遗产保护援助

如前所述，对柬埔寨吴哥窟的保护活动，有效地扩大了日本在柬埔寨的影响力。利用与日本有较深渊源的国际机构，即联合国教科文组织，大量开展保护世界文化遗产方面的援助工作。这种与国际影响力较强的联合国教科文组织合作开展灵活多变的文化援助活动的模式，能收到事半功倍的效果。

4. 日本传统文化的对外介绍

借助由日本大使馆和JICA的力量，在各个国家成立的日本文化中心，是推广日本传统文化有效机构。通过各国的日本文化中心开展的各种日本文化介绍活动，在增强当地民众对日好感度方面发挥了积极作用。

5. 扩大赴日留学生规模

留学生的接纳是增进国际社会了解日本、培养亲日力量的主要方式。作为 JICA 无偿援助的重要项目，留学生接收的规模在逐步扩大。如今在全球多国设立的日本留学生会，已经成为日本开展文化外交的一股不可小视的人力资源。

6. 当地日本企业的交流活动

日本政府尝试与企业、公民、社区联合，实施文化外交项目，推进文化外交，逐步构建得到各方认可的文化大国。广泛分布于世界各地的日本企业，除了在当地投资外，还承担着对外传播日本文化的责任。很多驻外日本企业与当地的日本文化中心一起，开展各种日本传统文化与现代文化的推介活动，如插花会、日本现代电影展、COSPLAY 大会、日本流行音乐介绍会等。

7. 旅游产业的开发

2002 年 12 月日本国土交通省提出了"全球旅游战略"，计划在 2010 年令访日外国人数增加到 1000 万人次。为此，2004 年开始设立了"日本观光战略"实施部。2006 年 12 月制定了观光立国推进基本办法，2007 年 6 月观光立国推进基本计划开展实施，2008 年 10 月国土交通部专门设置了观光局，负责相关项目的实施。

8. 媒体的海外宣传

媒体宣传的海外展开有几个目标，从各个领域开始，以吸引外国游客为目的通过各种媒体和渠道宣传日本的流行市场、饮食和音乐等，为地区的文化发展做贡献，同时向海外普及日语和日本文化。目前的战略为以下三个方面：其一，对亚洲等新兴国家，使用地面波段等高效的媒介传送"魅力日本"的节目和各种宣传节目；其二，目标国家是东盟 6 国，即菲律宾、印度尼西亚、马来西亚、泰国、越南和缅甸；其三，作为"构建海外宣传模式"的一环，在媒体宣传海外促进机构（BEAJ）的协助下，为了确保在东盟 6 国使用地面波段播送节目收到预期效果，以日本媒体内容发布的模式开展各种活动。日本总务省已从 2014 年开始，与经产省、外务省和观光厅合作，联合实施"为了推进地区间了解而实施向海外传播日本媒体节目项目"，并提供 16.5 亿日元的预算。

（四）日本文化外交的主要实施机构

1. 外务省

日本外务省是开展公共外交的核心部门。日本外务省在全球 189 个地方设置的日本在外使馆中,设立了公共文化交流部。外务省开展文化外交,已在《外务省设置法》里有明确规定,即该法规的第四条内写明,外务省需要完成的任务有:一是保障日本国家安全,二是发展对外经济关系,三是开展经济援助,四是在文化以及其他领域开展国际交流,五是将海外信息传递到国内并将国内信息和日本发展状况传递到国外,六是在外国介绍日本文化。[①] 依据这个规定,在驻外日本大使馆或者领馆中设置了公共文化交流部。

2. 日本国际交流基金

成立于 1972 年的日本国际交流基金,主要开展文化与艺术交流、海外日语教育、日本研究和知识交流这三方面的文化活动。但其预算规模与德国、法国和英国相比都小得多。为了推动日语海外推广,2010 年国际交流基金完成的"日语教育研究"中,提出了修改日语能力考试等建议。此外,国际交流基金和日本文化厅还通过艺术家、文化名人的派遣,以及利用国际交流基金的短期派遣项目,招募和邀请相关领域专家经常互访。

3. 日本文化厅

以外务省和文化厅为主体,建成集信息搜集和信息发布于一体的文化部。日本文化也是在日本国内各个地区文化融合的基础上形成的,因此需要发挥国家和地区两种力量,合力推动文化外交。

4. 日本政策研究研究生院大学

政策研究研究生院大学,有专门研究文化政策的部门,主要研究文化资源论、比较文化和文化政策评价。同时还开展文化与和平构筑相关的研究工作。目前,为了日本文化外交的开展,政策研究研究生院大学围绕比较文化政策,文化援助开展各种研究。

5. 联合国教科文组织亚洲文化中心

日本政府和民间协作成立了联合国教科文组织亚洲文化中心。目前为了保护各个国家的非物质文化遗产,已经制作了各个国家的文化普及读本。还与非洲各国合作,制作与非洲相关的宣传册,让全球各地都了解非洲的贫困削减和应对传染病的需要。

---

① 金子将史、北野充:『パブリックディプロマシー世論の時代の外交戦略』,PHP 研究所,2007 年 9 月,207 ページ。

第二节　日本对泰国的文化外交

泰国是 GMS 国家中最早与日本建立外交关系的国家。如今的曼谷街头日本车遍地，日本餐馆数不胜数，有近 5 万日本人生活在泰国，超过 5000 家日本企业雇用了大量的泰国人。[①] 从泰国到日本旅游的人数，2012 年也达到了 26 万人。2013 年 7 月 1 日，日本针对在日本停留 15 天的泰国游客免除了签证，随后到日本的泰国旅游者迅速增加。泰国和日本的关系相当紧密。留学过日本的泰国留学生和泰国的原日本留学生协会[②]，对日泰关系的发展发挥了很大作用。赴日留学过的泰国人在大学、日资企业、政府机构等机构中就职的人数非常多。日本在泰国的影响力还可以从泰国媒体中感知。泰国的媒体中充斥着各类型日本商品广告。仅从这些现象可知，日本在泰国的文化影响力非同一般。本节从留学生的招募、日语推广、日本传统文化与流行文化在泰国的传播，在泰国的日本企业所开展的社会活动等几方面探讨日本在泰国的文化外交。

一　泰国人赴日本留学情况

泰国负责募集赴日留学生的机构有两类，一类是政府机构，如日本驻泰国大使馆；另一类是民间机构，如元日本留学生协会以及其他泰国人建立的日本留学中介机构。日本政府在 2008 年颁布了接受 30 万人的留学生计划，即到 2020 年要接收 30 万留学生的计划（2012 年为 14 万人）。[③] 为此很多日本大学都在海外设立了招生机构。2013 年，福井工业大学、明治大学、东海大学、秋田大学、宫崎大学都纷纷在泰国设立办公室，包括常驻机构在内，总共有 23 所日本大学在泰国开设了办事处，积极开展与泰国和东盟各国的学术交流活动。此外，2013 年日本有 12 个地方政府的官员到泰国访问。除商讨观光合作之外，还参与留学生招募活动。这些活动都在推动泰国

[①] 泰国与日本的贸易关系中，2011 年，对日本出口额占到泰国总出口额的 10%，仅次于中国。日本对泰国的进口占泰国总进口额的 18.5%。

[②] 泰国原日本留学生协会（Old Japan Student's Associate Thailand），1951 年 9 月 15 日成立，是世界上成立最早的日本留学生协会，协会下还设有 11 个同窗会，该协会与泰国全美大学同窗会、原欧洲留学生会和国王后续援助留学生会，并称泰国四大留学生会。泰国日本留学生会的活动不仅限于会员之间的相互交流，还与泰国日本人会、盘谷日本人工商会所之间有交流活动，与日本驻泰使馆共同举办日语辩论大会，与国际交流基金一起实施日语能力测试，并与日本学生援助机构一起开展赴日留学的各种推介活动，还参与日本与学校运营的各种活动。成为会员的资格是，需要在日本留学一年以上。会员人数大约为 3000 人。

[③] 俵幸嗣：《微笑国家泰国的日本留学情况和日语教育》，《留学交流》2013 年 10 月号。

赴日留学生的增加。

(一)日本大使馆招募赴日留学生

日本大使馆负责招募申请日本政府奖学金赴日留学的泰国学生。以下通过梳理近年来泰国赴日本留学人数以及留学生的学历结构分布。整体把握泰国赴日留学的基本情况。

1. 泰国人赴日留学概况

2012年,从泰国到日本留学的人数为2167人,其中的26.4%(即572人)是得到日本政奖学金的留学生。2000年以来,这个数字逐步增加,泰国赴日本留学的人数,在2010年达到最高值后有所减少。此外,比较其他国家在日留学生数量,在日本的泰国留学生数量位居第八位,2012年中国留学生人数最多,为86324人。韩国留学生次之,有16651人。

表 3-1　　　　　　2000—2012年泰国留学生的人数变化

单位:人

年份	接受日本文部省奖学金人数	自费赴日本留学人数	总数
2000	529	716	1245
2001	556	855	1411
2002	561	943	1504
2003	622	1019	1641
2004	622	1043	1665
2005	611	1123	1734
2006	572	1162	1734
2007	576	1514	2090
2008	564	1639	2203
2009	588	1772	2360
2010	629	1800	2429
2011	601	1795	2396
2012	572	1595	2167

表 3-2　　　　　　在日本留学生源较多的国家和地区(2012年)

单位:人

	国家和地区	留学生人数
1	中国	86324
2	韩国	16651
3	中国台湾	4619
4	越南	4373

续表

	国家和地区	留学生人数
5	尼泊尔	2451
6	印度尼西亚	2276
7	泰国	2167
8	美国	2133
总人数		120994

数据来源：独立行政法人日本学生援助机构调查结果。

如表3-3所示，2012年在日本的泰国留学生人数，从学历分布看，就读于研究生院的有1096人，占过半比例。在大学的留学生人数为706人，就读于专业学校的留学生人数为321人。

从表3-3可知，就读于日本专业学校的自费留学生不少。这主要源于日本的专业学院在泰国拥有很好的口碑。① 加之到专业学校留学后回到泰国的学生，可以进入泰国大学三年级继续攻读，因此希望到日本的专业学校就读的学生比较多。

表3-3　泰国学生在日本留学的各个学校的分布情况（2012年）

单位：人

学习阶段	日本政府奖学金	自费	总数
研究生院	498	598	1096
大学	62	644	706
短期大学	0	18	18
专科学校	7	4	11
专业学校	5	316	321
预备课程学校	0	15	15
合计	572	1595	2167

数据来源：日本驻泰国大使馆网站。

① 泰国政府以教育部为中心，都非常希望扩充泰国的职业教育和专业技术人员培训。特别想重点培养未来在泰国的日本企业就职的专业技术人员，虽然没有采纳日本的专科学校的教育体系，但是正在考虑是否通过派遣专家的形式，改革泰国的专科学校教育。2013年9月16日《曼谷邮报》的报道中提及，教育部的副部长提出："需要思考泰国的专科教育，建立更多的工作小组。"教育部的职业教育局局长提出，"专科教育市场需求相当高，可以通过相互合作提高泰国的职业教育的质量"。此外，2013年9月16日的《曼谷邮报》报道，泰国要加强与德国、韩国、新加坡和中国的教育合作。

2. 泰国的日本政府奖学金留学生的招募

根据独立行政法人日本学生援助机构的调查结果，2012年度，泰国获得日本政府奖学金的留学生人数为572人，占到全球申请日本政府奖学金留学生总数的6.7%。此外，包括自费留学生在内，泰国赴日留学生总数中，获得日本政府奖学金的留学生人数占到了26%。

获日本政府奖学金的留学生，分为各个大学推荐和日本大使馆推荐这两种类型。驻泰国日本大使馆推荐时，经过广泛招募，笔试和面试，最后由大使馆确定留学人选。大使馆招募的赴日泰国留学生分为多个种类，主要有研究生、大学生、专科生、专修学校生、针对中小学教师的研修生、针对年轻官员的年轻领导留学生、针对日语专业学生的日语·日本文化研修留学生这七种类型。

（二）泰国的日本留学服务机构

泰国民间的赴日留学机构有很多。规模较大的有日本留学泰国事务所、泰国原日本留学生协会和规模较小的留学中介机构。这些机构对推动泰国人赴日留学发挥了积极作用。通过留学机构，赴日留学的具体人数暂时无法统计。日本留学泰国事务所是泰国规模较大的私立留学中介机构。由于得到日本大学的协助，拥有多种招生便利条件，因而得到诸多泰国学生的青睐。

此外，原日本留学生协会是知名的留学服务机构，经常与泰国国内各个学校联合组织相关招生活动。该机构在曼谷设有办公室，并定期举行各种留学推介活动。为向更多的泰国学生提供日本留学信息，这个机构想方设法吸引泰国各地的学生加入其中。原留日学生协会与泰国各大学校之间建立了服务网络，以吸引更多泰国学生赴日留学。

除日本留学泰国事务所和原日本留学生协会之外，还有很多私立的留学机构，每年都举办各种日本留学的介绍活动。同时还举行与日语和日本相关的知识大赛，作文竞赛，向泰国的日语专业学生介绍日本文化等。从2011年开始，上述日本留学机构还与日本企业共同举办很多活动。很多在泰国的日本企业，也为泰国学生赴日本留学和日语学习提供各种便利。

二 日本语推广

泰国最早的日语教育开始于1947年。今天泰国的日语推广，在泰国官方和民间的协作下取得了显著进展。目前泰国是全世界学习日语人数第7多的国家，在东南亚地区泰国学习日语的人数仅次于印度尼西亚。参加日语能力测试的人数在全球位居第四位。值得注意的是，泰国政府也在积极推动日语在泰国的推广。以下从泰国日语推广的基本情况、泰国日语推广简史，以及泰国政府对日语教育的推动，考察日本对泰国的文化影响力。

(一) 泰国日语推广简况

日语在泰国的推广经过了三个阶段。

初期，1947—1969 年日语开始在泰国推广。泰国的原日本留学生协会开设了日语学校，此后在法政大学和朱拉隆功大学都开设了日语讲座课程。

发展期，1970—1989 年，大学里的日语讲座升格为日语专业，此外在更多的大学如清迈大学开设了日语课程，并逐步向日语专业课程过渡。这个时期泰国的高中和中学开始将日语作为正规科目设置课程。泰国开始举办全国日语辩论大会和日语能力测试，以及日语教学研究大会等活动。总体而言，这个时期泰国的日语教育得到了飞速发展。[①]

充实期，1990 至今。随着大学日语专业的增加，日本国际交流基金曼谷日本文化交流中心成立。日本国际交流基金开始与泰国教育部合作培养中学的日语教员。大学开设了日语研究生专业。不仅如此，日语还成为泰国大学入学考试科目。随着泰国日语学习者的增加，为了提高泰国的日语教学质量，在日本国际交流基金的推动下，泰国教育部出版了中学生用日语教材。

在日语学习者较多的国家，日语教育一般从基础教育开始，然后在高等教育学校中开设日语课程。但是泰国的日语推广最先出现在大学，然后在初中和高中出现日语课程。这与其他国家不同。

根据日本国际交流基金 2012 年的调查，泰国学习日语的人数为 129616 人，与 2009 年相比，增加了 50814 人（64%）。特别是高中学习日语的人数从 2009 年的 424000 人增加至 88325 人，三年间增加了 45925 人，增长了 1 倍多。教师人数 2012 年为 1387 人，与 2009 年相比增加了 147 人，增加了 11.85%。

表 3-4　　　　2012 年的调查数据（括号内为 2009 年的数据）

单位：个，人

部门	学校教育				学校以外的教育	合计
	初中	高中	大学	小计		
机构数量	— (2)	— (242)	— (88)	— (332)	— (28)	465 (377)
教师人数	— (3)	— (415)	— (395)	— (757)	— (343)	1387 (1240)
学习者人数	1552 (1534)	88325 (42400)	19908 (23707)	109785 (67641)	19831 (11161)	129616 (78802)

[①] ブッサバーバンチョンマニー、『タイにおける日本語教育』、『海外での日本語教育』、2007 年。

泰国成体系的日语教学，最早于20世纪60年代中期出现在法政大学和朱拉隆功大学。从2010年10月至今，在公立和私立大学中，总共有127所大学（其中师范学校有17所）开设日语课程。此外开设日语专业的大学，从2011年9月至2015年增加的37所学校中，其中有17所公立大学（20个日语专业）、7所私立学校和13所师范学校。

泰国的中学里，从1981年以后日语作为第二外语课程开设。根据泰国教育部发布的"基础教育课程目录"，日语成为基础课程外语中的一种。在中学教育后期的日语课程，根据学生的不同需求出现以下三种形式：一周有5—7节课；或者每周只有1—2节课的选修课程；或者不是作为正式课程而是作为课外活动，每周只有1次课程在日语俱乐部上课。

此外，泰国大学考试中，日语作为第二外语考试的大学很多，根据国际交流基金曼谷日本文化中心的报告，2010年参加日语能力考试的人数增加了很多。学习日语的人数排在中文（35573人）和法语（23870人）后面，有20917人。

（二）日语教育现状

进入21世纪以来，泰国的日语教育得到了进一步的发展，在学习人数、教师人数还有日语教育机构数量方面都出现了增长。以下根据日本国际交流基金2003年和2006年开展的调查讨论日语在泰国推广的现状。

1. 日语学习动机的多样化

泰国人学习日语的动机，最初是"便于就职"。近年来，高等教育机构的日语学习者中，为便于就业而学习日语的人数没有减少。同时，"希望了解日本文化知识"的学习者增加了。此外，在初中和高中等公立学校之外的机构学习日语的人，想了解日本文化，学习日语是为了国际交流的人数也有所增加。也就是说，学习日语的动机呈现多样化趋势。不仅如此，日语教学机构、教师数量和学习人数方面都出现了变化。

表3-5　　　　　　　　2003—2006年日语学习人数的变化

单位：个，人

	学校教育						学校教育以外		
	初高中			大学					
	机构数量	教师数量	学生人数	机构数量	教师数量	学生人数	机构数量	教师数量	学生人数
2003年	165	236	17516	82	309	22273	27	319	15095
2006年	243	398	31679	99	359	21634	43	396	17770

数据来源：日本国际交流基金：《海外日语教育现状——海外日语教育机构调查》，2003年、2006年，第16—17页。

根据表 3-5 可知，除大学的学习人数外，其他机构中的学习人数表现出明显增长。此外，日语学习者的人群分布发生了变化。2003 年，高校的日语学习人数最多，初中、高中还有学校以外的教育机构中的学习人数基本上差不多。但是 2006 年，初中和高中日语学习者最多，远远超过其他教育机构的日语学习人数。日语学习者的分布，呈现出从大学向高中和初中，乃至向小学分散的趋势。

由此可知，无论是学习人数、教师数量还是教育机构数量上都发生了明显的变化。是什么因素导致这些变化？第一是经济因素。因为很多日本企业都进入泰国，提高了对日语人才的需求度。会日语就有机会找到工作，并且能够得到高薪，自然掀起了日语学习的热潮。第二是从 1998 年以来日语成为大学入学考试的可选择科目。近年来，在入学考试的外语科目中，选择日语的人数排在法语和中文之后，位居第三。其他因素还有，泰国教育部门出版了泰语版日语教材，满足了泰国部分希望学习日语者的需求。比如 2004 年出版了针对泰国大学生的日语教科书"明子与朋友"，还发行了教师指导用书、词汇书等辅助教材，同时也出现了中学日语教师培训项目。

2. 日本官方主导的日语教育推广

日本政府在泰国设立了国际交流基金曼谷日本文化中心。中心对日语推广发挥了很大作用。除派遣日语教育专家、在曼谷开展了面向日语学习者的讲座、实施了 10 个月的日语教师培训计划和日语研修项目外，还向曼谷之外的大学和高中提供日语教学支持。此外，还与教育部合作，开展了日语国际比赛和日语教师培训项目。

国际交流基金的调查显示，泰国的日语教师，有三成是日本教师，不仅如此，这些日本教师都得到了泰国教育部和所任职学校在教学能力和教学态度方面的肯定，泰国教育部门期待日本派遣更多日语教师。

(三) 泰国政府对日语教育推广的措施（中学教育阶段）

1. 泰国中学的日语课

泰国中学日语教育每周上 5—7 节课，比大学日语专业的课程还多。

根据泰国教育部的统计，全国设有日语专业课程的中学与大学共有 200 所。这其中的 28 所学校从 2011 年开始被认定为"日语教育基地学校"。此外，开设日语选修课程的学校有 282 所。日语教育的基地学校，经常利用财政资金开展日语知识或者日语演讲比赛等活动。开设日语选修课学校的数量，曼谷及其周边地区有 83 所，北部有 70 所，东北部有 65 所，南部有 25 所，东部有 18 所，西部有 16 所，中部地区有 5 所。也就是说除曼谷之外，在北部和东北地区的中学里日语课程也比较多。

高中阶段，日语专业的学生每周上 8 节课。使用的教材是"明子与朋友"、"大家的日本语"、"与二春一起学日语"和"日本的电视剧与动画片"。日语教师中一般会有 4 名泰国教师，2 名日本教师。

从参加日语能力测试的情况看，2011 年有 15 人通过 5 级，有 10 人通过 4 级；2010 年有 42 人通过 5 级，有 14 人通过 4 级。

2. 泰国日语教师的培养

泰国以 1999 年的《国家教育法》出台为契机，2003 年 6 月颁布了《教育与教师职员审议会法》（Teacher and Educational Personnel Council Act），教师资格制度转化为"执照制度"，同时教育部修订了执照获得年限为 5 年（在大学里读书 4 年，实际研究 1 年），从 2004 年的师范大学入学学生开始生效。

师范专业之外的学生，比如人文科学日语专业的学生，接受一年的师范课程培训，可以获得教师免试资格。泰国教育部为了解决教师不足，并扩充包括日语在内的第二外语教育，颁布了相关政策，即从 2012 年 12 月开始至 2018 年，为培养 600 名第二外语教师而雇用中学教师。其中最重视日语教师的培养，计划每年培养 50 名，总共培养出 200 名日语教师。

教育部 2013 年 8 月再次提出招募 35 岁以下、师范专业的五年级生同时又是日语专业毕业的 50 名日语教师。由于教师的工资很少，所以愿意成为日语教师的人很少，虽然招募日语教师的数量仅为 50 名，但是泰国教育部当时非常担心是否有足够的学生来报名。最后还是有 205 人报名，经过笔试和面试，招募到了 50 名日语教师。

教育部出台的增加第二外语教师的政策，实际已经说明泰国日语教师不足。这个问题并不会因日本国际交流基金开展更多日语教师培养项目而改变。问题的关键在于中学日语教师收入低下。很多教师辞职从事导游工作，教师工作不能养活自己。这个问题一方面与泰国教育机构的待遇问题有关。另一方面也表明泰国人日语学习的需求不足。

综上所述，泰国日语学习的确出现过高潮，但是从近年来出现的教师不足、初中和高中的日语学习环境需要改善等问题可知，学习日语学生人数会继续增加。但是如果与学习中文的人数相比，依然后劲不足。不过，值得注意的是，泰国的日语推广得到了泰国政府的大力支持，这从一个侧面表明日本与泰国关系的紧密度。从某种意义上表明，泰国政府对日本文化在泰国的传播持开放态度。

三　传统文化与流行文化的影响力

考察以日本文学为代表的传统文化和以动漫作品、流行音乐为代表的日本流行文化在泰国的影响力。

（一）20世纪早期泰国对日本文学和文化的接受

泰国最早翻译的日本小说是1954年德富芦花的《不如归》。但是遗憾的是，翻译后未产生任何影响。当然这可能是因为从英文版里翻译的。二重翻译会影响原作的文学性与可读性，从英文版翻译日本文学作品，在相当长的一段时期内都是泰国翻译日本文学作品的一个特点。[1]

在日本文学作品翻译中，最初成为话题之作的是电影版《罗生门》的英文剧本。众所周知，这个剧本的内容混合了《丛林中》的内容。翻译者是曾在1975—1976年担任首相的克立巴莫亲王。[2]克立巴莫亲王翻译的《罗生门》再版很多次，至今仍能够在泰国买到。这本书第一次出版后就从书架上消失了很长时间，但是，后来得到研究者的大力推荐得以再版。不仅如此，《罗生门》在泰国被改编为剧本，克立巴莫亲王还亲自出演了这部剧，并为国王演出过。克立巴莫亲王在牛津大学接受过教育，还出版过散文集《日本的景象》。散文集中流露出他对日本的兴趣。

拉玛五世的时代，向泰国介绍日本文学作品的是安井达老师。她曾担任御茶水女子大学的前生Rashini女子学校的第一任校长。1904年担任泰国女性王族学校的老师期间，向泰国介绍了日本的插花和其他手工艺。安井达将《日本的孩子》和《二宫尊德》两本书翻译介绍到泰国。与《不如归》遭遇了相同的命运，并没有在泰国社会造成很大影响就被很快遗忘了。

泰皇拉玛六世也对日本文化在泰国推广发挥过作用。拉玛六世在英国留学时，正值欧美出现日本文化热潮，当时的《天皇》和《艺人》等戏剧在欧美相当流行。拉玛六世王子对这些都很感兴趣，后来他以"花子小姐"这个日本女性为主人公创作了英文小说。

泰国赴英国留学的西洋留学组，是最早对日本人以及日本文化有所了解的群体。此时，泰国上层社会比较流行普契尼的《蝴蝶夫人》。受日本文化影响后的泰国电视节目中甚至出现了日本文化与欧洲文化杂糅的类似"蝴蝶夫人切腹"等各种模仿作品。这或从一个侧面说明，泰国已受到日本文

---

[1]　平松秀樹、『タイにおける日本文学文化およびポップカルチャー受容の現状と研究——ミカドと蝶々婦人からブライス人形まで』、『立命舘言語文化研究』21巻3號、17-28ページ。

[2]　克立巴莫亲王是泰国著名的作家，他的代表作《王朝四代记》也是泰国著名的文学作品，至今都很受欢迎。

化影响。由于上述文学作品在泰国的传播力非常有限,加上受到传入泰国的欧美文化产品中日本文化的影响,20世纪初期泰国文化产品中出现的日本人形象不太正面,多为被戏剧化的滑稽艺人形象。

(二) 20世纪60—80年代对日本动漫产品的排斥

从20世纪60年代开始,陆续有日本动漫产品进入泰国。受到1973年抵制日货运动的影响,泰国社会对日本动漫更多持批判态度。20世纪60年代开始,以大丸百货公司为代表的大量的日本企业进入泰国。日本企业对泰国的掠夺性开发,诱发了1973年的抵制日货运动。田中角荣首相1973年访问泰国时,遭遇了激烈的反日游行示威。这次反日货运动,一度发展到对日本游客、日本航空公司、日本酒店、日本百货公司等所有日本企业和产品的抵制。泰国媒体中出现了,泰国所有日本企业都是为了泰国的钱而来的批评,包括泰国官员在内都持此态度。1972年泰国有名的知识分子杂志《社会科学评论》,发表《你好·黄祸》的特集文章。所谓"黄祸"是指日本对泰国的经济侵略。

20世纪70年代后半期,日本的奥特曼和假面超人漫画进入泰国。泰国社会马上出现抵制声。各大媒体都登载了日本的动漫作品给泰国的孩子造成了恶劣影响的报道。由此再次引发了对日本产品和文化更加严厉的批评。这个批评浪潮过后,虽然也引进过"一休"和"漫画中的日本传说"等动画,但是影响力非常小。1983年在著名的文艺杂志《书的世界》里面还刊登过一期日本漫画特集。这个特集尝试从正面介绍日本。

1985年,针对电视中播放的日本动画作品,泰国的教育专家与儿童电视节目制作人还举行了一次民意调查。这次民意调查结果在Somkid的硕士学位论文中被提及。这篇硕士学位论文表示,无论是教育专家还是儿童电视节目制作人,对传入泰国的日本动漫作品给出了一致的判断,即对于儿童教育而言,最好的作品是"一休",处于中间的是"机器猫"与"忍者神龟",最差的是"鲁邦三世"和"阿拉蕾"。"蜡笔小新"并没有在当时的讨论之列。当"蜡笔小新"在泰国播出时也出现了激烈的批评声,认为这是"猥亵"儿童,被列为最为恶俗的动漫节目。从1982年的不买日货运动结束后举行的"日本和泰国关系"的研讨会上发布的报告可知,20世纪80年代初期,日本对泰国的文化影响力依然非常有限。但是从20世纪90年代以后,情况就出现明显的变化。

90年代泰国民众逐步接受日本动漫作品。2000年以后,泰国人甚至认为日本动漫作品对青少年教育有积极影响。在论调上已经出现完全不同的状况,这个转变值得关注。从20世纪90年代开始,泰国社会对日本流行文化的批判减少。进入 2000 年以后泰国对日本流行文化的态度就更为积极。

受反日货运动的影响，从 20 世纪 80 年代开始，泰国社会开始对日本社会问题表现出极大的兴趣。1978 年，小林多喜二的小说《蟹船工》，1979 年叶山嘉树的《水泥桶中的信》从英译本翻译成泰语。同时，泰国的《社会学科评论》与《书的世界》中，也出现了对日本水俣病和日本的部落问题等社会问题的集中讨论。当时，泰国的部分知识分子已经非常关心日本的社会问题。此外，受《水泥桶中的信》的影响，泰国也诞生了类似的作品。这个作品由担任两个杂志社主编、同时也是写实作家的 Sucyat Sawashi 创作。作者曾明确表示自己的小说创作深受叶山嘉树的影响。

（三）20 世纪 90 年代以来日本文化对泰国的影响日益增强

如前所述，20 世纪 80 年代日本对泰国的文化影响力依然有限，但是从 90 年代开始，特别是到 2000 年，日本的漫画和动画强势进入泰国。最典型的案例是，泰国的古典文学作品《三界经》出现了日本漫画版的读本。从某种程度而言这可以说是一个划时代的产物了。此外，日本动画开始对泰国读者产生越来越大的影响，甚至在泰国年青人的口语中出现了"从现在开始我带你进地狱"等动画中的台词。此外，很多的泰国文学经典出现了漫画版读本，如《拉玛坚》（Ramakien）。

随着社会和文化土壤的变化，日本流行文化对泰国的年青一代产生影响也不再是难事。以下两位在泰国和日本媒体中经常出现的泰国流行文化界的知名人物，或从一个侧面可以体现出，21 世纪日本文化对泰国流行文化的影响。

在日本和泰国媒体中经常出现的人物之一是 Prabda Yoon，他因为创作了浅野忠信的电影《地球只剩我和你》和《暗涌》的泰语剧本而出名。他在散文集《日本我的恋人》里面写到，他热衷日本漫画，并对日本流行文化非常感兴趣。对他而言日本文化相当于日本流行文化。日本媒体将他视为泰国流行文化的代表。

另一个是泰国的漫画家、旅居日本的 Wisut Ponnimit。他是《TAMU 君与日本》的作者，出生于 1976 年，1998 年在泰国出道，2003 年赴日本留学。后来在泰国和日本都发表漫画作品，受到泰国和日本漫画迷的认可。他自己表示深受日本漫画影响。2009 年得到了日本文部省文化厅的媒体艺术节漫画大奖。后来受到日本财团的资助继续出版漫画作品。借用夏目房之介的话"所谓 TAMU 君就是泰国的新中产阶层受到日本漫画影响而诞生的"泰国作家。

(四) 从川端康成、三岛由纪夫到村上春树

"日本文学作品"的翻译，其实比动漫作品的翻译要晚得多，2000年前后才出现第一部由专业人员翻译的作品。一般而言，泰国人了解日本作家大概从川端康成和三岛由纪夫开始。20世纪90年代泰国作家常提及的日本作家也仅有这两人。

1999年，朱拉隆功大学的Karayani副教授曾经表示泰语版日本文学作品的发展趋势不太明朗。最近泰语版的日本文学作品销路不好，早已停止出版。[①]

但是这个情况从2000年以后发生了变化。《午夜凶铃》被翻译是2000年。以朱拉隆功大学的Mamudippu老师为代表的一些翻译家翻译了这部日本流行文学。随后出现了翻译日本文学作品的热潮。当然这里所指的热潮，无法与中国和韩国出现的日本文学作品的翻译浪潮相比。

除了村上春树、吉本芭娜娜这些知名作家外，江国香织和绵矢丽萨、金原瞳这些作家的作品也被译介到泰国，而且传播速度也很快。

(五) 短暂盛行的日本流行文化

流行文化的潮流瞬息万变。20世纪90年代泰国流行文化受日本影响较大。但进入21世纪后，韩流迅速取代日本潮流，展现出对泰国流行文化的巨大影响。

1990—2000年，泰国开始接受日本的流行文化。此时曼谷的暹罗广场等地布满了日本漫画书店和餐厅。这里充斥着染发店、珍珠奶茶、日式餐厅，以及模仿日本明星的时尚杂志。2000年前后曼谷随处可见露肚脐装、珍珠奶茶、茶色头发和日语，这些日本流行文化的元素。

与此同时，流行文化遭到保护泰国文化者的各种批评。随后，追日的青年男女的数量有所减少。但是，在曼谷地区，模仿日本流行文化的秋叶风少女模仿大会和Cosplay大会仍在频繁举行。

随着韩流席卷泰国，日本流行文化被接受地区出现了日本流行文化和韩国流行文化共存的景象。比如在书店中，出现了用日本少女漫画作封面、但是内容是韩国轻小说的泰文版口袋书。泰国朱拉隆功大学的传媒学系，原来研究日本流行文化的学者，现在大部分研究包括韩国电视剧在内的韩国流行文化。此外，韩国的女歌手组合"少女时代"和"奇迹女孩"（wonder girl），在泰国的人气已经完全压倒日本的小杰尼斯公司的所有明星。美容院中，流行发型广告已经不再是日本流行式，而是韩国流行式。

[①] Kanlayanee Sitasuwan：《泰语版日本文学作品》，第172—173页。

(六) 泰国对日本流行文化的相关研究

由于得到国际交流基金的资助,从 2006 年开始,日本和泰国的研究生院中很多老师和学生开始研究与日本动漫作品相关的话题。这推动了泰国和日本研究日本流行文化对泰国的影响。日本国际交流基金资助的课题"流行文化的人气对文化艺术交流以及海外日语推广的帮助"的子课题,由熊野七绘和广利正代完成的《动漫作品调查报告以及日语教材问题》就讨论了流行文化对日语推广的影响。

泰国朱拉隆功大学也出现了类似研究。比如,2007 年朱拉隆功大学的文学系日语专业学生的毕业论文中出现了《宫崎骏动画少女形象考察》这样的研究。2008 年出现了《泰国的 COSPLAY 和日本的网吧难民研究》。在研究生院的文学教育或者日语教育专业课程中,虽然还没有出现与文化研究相关的课题,但是在研究生院的入学考试中和民调中关于日语学习动机中,已经出现了受到各种电视剧和电影等日本流行文化的影响而学习日语的情况。

四 在泰国日本企业的社会活动

日本国际交流基金发现有必要与企业合作开展援助。于是从 21 世纪开始,为营造更加有利于日本发展的国际环境,在与政府、财团、NGO 或者 NPO 合作的基础上,增加了与日本全球跨国企业的合作。比如,国际交流基金在 2006 年 6 月开设了"企业合作事业推进室",2007 年 1 月对此工作室进行了改组,设立了为推进企业合作事业的战略研究室。目的是通过与海外日本企业的合作,实现日本政府与民间合作,扩大国际社会中日本的文化影响力。

2008 年 2—3 月,国际交流基金实施了"在泰国的日本企业社会贡献活动的问卷调查"。调查过程中,得到了曼谷日本工商会议所的支持。该调查以问卷的形式开展,在把握整体状况的同时,为了尽可能地凸显不同日企的影响力,从参与问卷调查的企业中挑选了典型,通过电话访谈进行补充调查。

以下根据国际交流基金所搜集的调查数据,分析在泰国的日本企业所开展的社会活动的特点。

其一,日本企业普遍关注环境保护与雇用问题

根据此次问卷调查的结果可知,日本企业作为泰国社会的企业市民,最关注的是"企业是否遵守规范,遵守泰国法律",其次是"节约能源和资源,致力于环境保护"以及"劳资关系的协调"。此外,日本企业在制定对泰国社会公益活动的计划时,考虑最多的是"与环境相关的问题",其次是

"关于雇用方面的问题"。具体开展的活动主要有，"循环利用"，"制定有害物质规定""取消在人才培养和录用方面根据年龄、性别、残疾与否和民族种类的不同会出现的差别待遇""让劳动者具备相应的劳动能力"。

其二，社会公益活动的开展

根据调查可知，受访企业中大概有六成都开展了社会公益活动。企业所开展的社会公益事业，根据企业的规模的不同有所不同。一般超过500人的企业，几乎都会开展社会公益活动。此外，根据进驻泰国时间的长短，开展的社会公益事业的比例也不同。1990年以前就进驻泰国的日本企业，七成都开展了社会公益活动。

其三，如何通过有效推进社会公益事业满足当地职员需求

在推进社会公益事业方面，如何发挥当地职员的主导性，并满足当地员工的需求，从而更加高效地开展社会公益活动，是问卷调查中很多企业关注的问题。企业社会责任的分担，雇用当地人员开展社会公益事业，使用当地人员设立社会公益事业委员会等都是有效的措施。此外，职员们对当地社会事业如何开展都有自己的见解。企业职工认为需将当地职员的意见反映在社会公益活动实施过程中。

其四，让技术人员的培训更加灵活

根据调查可知，在技术人员的培训方面值得关注的是2007年开学的泰日工业大学。这是日本与泰国之间以技术传播为目的、通过产业合作机制形成的产物。很多日本企业都为这所大学提供了捐助。此外，日本企业还对大学里科技专业的贫困生提供援助。同时也注重对企业中泰国员工的技术培训。

其五，针对泰国社会问题开展长期项目援助

随着经济的迅速发展，泰国城市与农村出现了巨大的社会差距，加之艾滋病、毒品以及劳工问题的存在，社会问题层出不穷。根据此次调查，很多企业对泰国开展了更加多样化的社会公益活动。比如对艾滋病感染者的援助，日本财团对泰国东北部贫困地区的学校，提供了奖学金。企业以环境和生态教育为目的设立了自然教育基金。

五 案例分析：泰国广告中的日语

近年来泰国广告中使用日语的频率增加。这已经不是个别现象，而成为一个广泛存在的情况。那么为何泰国广告中会越来越多使用日语，泰国人是如何看待这些广告中的日语的，使用了日语的广告宣传效果又如何？以下首先梳理泰国广告中使用日语的状况。随后讨论泰国人对使用了日语的泰国广告的看法。在此基础上考察使用日语的广告会对产品的销量产生多大范围的

影响。从这个角度分析日本文化对泰国的影响力。

泰国所能受到的日语影响，主要来自日语的推广、动漫作品的影响、日本产品的接受度、日本流行歌曲的影响等。在泰语的外来语中，有很多来自日语中的词汇，比如"Pinto"，日语的语源是"便当"（Bento）。此外，泰国人比较熟悉的日语：有 Hai（嗯），Arigatou（谢谢）、Ano（那个）、Sayounara（再见）等。

（一）使用日语的泰国广告

根据调查可知，使用日语的广告主要分为六种。

UNIR GREENTEA：这是 UNI-PRESIDENT 公司的台湾分公司。这个广告从 2002 年 9 月播出以来，现在已经形成了三个系列。广告的出场人物主要是爸爸虫、孩子虫，以及收获茶叶的农民。孩子虫肚子饿想要吃茶叶。但是正想吃时，农民将茶叶采走了。这时孩子虫就用日语说"给我茶叶，给我茶叶"、后来这句台词就开始在泰国流行起来。随着这个广告的播放，PINTIP.COM 网站的告示板上经常会出现"孩子虫说了什么"这样的提问。问卷调查显示即便不懂日语的人也对这个广告很有兴趣。

SALT HABU：这是日本狮王公司在泰国公司生产的牙刷。广告的情节是，男孩子在紫色纸张上写信。信写好后，将其投入邮箱。在要贴邮票时，用舌头舔了邮票背面，但是由于男孩子有口气，所以被邮票上的阿姨嫌弃。

索尼的数码相机：这个广告与索尼数码相机在日本的广告内容是一样的。广告内容是，不同国家的人想要借用周围人的数码相机时，都会向日本人借用索尼数码相机。

MYOUJO SANMAI：这是 TM 食品公司的产品。TM 食品公司是日本的 SYOJYOU 与泰国的 SAHAGURUPU 公司的合资公司。广告是介绍日本拉面的，主要介绍了日本三个地方的拉面，即东京酱油拉面、札幌的酱油拉面，还有函馆的咸味拉面。

芬达：芬达的公司不是日本企业，芬达生产的主要是面向年轻人的产品。因此广告中体现的是年轻人的生活方式。出场人物是在日本原宿工作的年轻人。但是，并没有拍摄原宿的照片，而是出现了大量的日语文字，出场人物也没有说日语。

POTAE：USEFUL 公司生产的点心，这是日本公司在泰国的分公司。剧情是日本的浪漫爱情故事的情节，恋人相拥在伞下漫步，广告中出现了日语歌曲。

（二）泰国人如何看待广告中的日语

泰国广告中使用日语的原因是多样化的。比如，使用日语可以让广告更为醒目、与同类商品相比更具特色等。随着泰国人中喜欢日本文化、日本料理、日本电视剧的群体越来越大，广告中使用日语，可以吸引这个群体关注广告商品。问卷调查的结果显示，接受问卷调查的人认为广告中使用日语不好的人仅有1%的比例。特别是在学生群体中，认为广告使用日语不好的人完全没有。相反，大部分人认为使用日语对广告和产品都有很好的推广效果。此外，很多曼谷人认为，在泰国广告中使用日语频率增加反映出来的是，日本文化、日本料理和日本电视剧等日本流行文化在泰国影响力扩大。同时，制造业公司为了销售更多的产品，甚至都开始使用日本流行文化元素推广产品。由此可知，日本文化在泰国的影响力在持续扩大。接受问卷调查的曼谷人多半认为泰国广告使用日语，让广告能够获得更大的传播度。当然对这个问题的态度有明确的年龄划分。从年龄层看，13—17岁的受访人群几乎都能接受日语出现在广告中，并认为日语的出现有助于提高广告的宣传效果。30岁以上的人对泰国广告中出现日语的接受度相对较低。因此，广告中使用日语对商品销售造成的影响，是根据性别和年龄的不同而变化的。总体看来，在泰国的广告中，使用日语后，会对产品的销售量产生积极影响。

小结

综合以上讨论可知，日本政府通过逐步扩大赴日留学生人数，已经在泰国培育出了一批了解日本、亲近日本的精英人士。从泰国政府积极推进在泰国初、高中和大学开设日语课程可知，泰国政府有意愿推广日语教育。加之，到日本企业就职的吸引力与日本流行文化的影响力，都在推动泰国学习日语人数的增加。在这两项事业的推动下，以及日本在20世纪80年代改变对东南亚外交政策后，从20世纪90年代起泰国社会开始全方位接受日本文化。当然，还不能忽视在泰国数量不断增加的日本企业的社会活动影响力。正是以上因素的综合影响，才使得日语在泰国广告中出现频率增加后，不仅没有造成泰国人的反感，反而让广告的宣传效果更好。由此观之，日本的文化外交对泰国是卓有成效的。

第三节　日本对越南的文化外交

日本和越南的双边关系，在政治、经济和文化方面都有良性发展。日本是越南的最大援助国。2009年，两国间签署的"经济合作协定"开始生效，标志着两国成为紧密的"战略伙伴"。与此同时，随着日本对越南文化外交的推进，越南国内"亲日派"开始逐渐增加。2011年，日本东部大地震发生时,越南民间向日本提供了很多捐助。但是在二战结束后的很长一段时期,越南民众对日本的认知和态度与现在完全不同。日本如何通过文化外交让越南民众接受自己,以下从日语推广、越南的日本研究的发展、日本流行文化在越南的传播,以及日本帮助越南保护文化古迹这些方面展开讨论。

一 越南的日语教育推广

日语在越南的推广,虽然比中文和法语起步晚,但比其他语种都早。由于得到了越南政府的支持,加之日本企业在越南投资的增加,20世纪末越南就出现了学习日语的热潮。越南也成为日语海外推广中,非汉字文化圈里学习人数最多的国家。日语在越南的推广也从大学扩展到中学。近年来社会语言培训中日语培训的规模也在扩大。

(一) 越南的日语推广简史

日语教育进入越南已经有70年左右的历史。日语如果与在越南已有200年传播历史的中文,以及在越南有100年历史的法语相比,是新出现的语种。但是,如果与20世纪60年代以后进入越南的俄语教育相比较,日语教育进入越南并不算晚。目前越南学习日语的人数已经达到了4.6万人,学习中文的人数有6万人,学习法语的人数有4万人。[①]

在概括越南的日语教育现状之前,首先对日语在越南推广的历史做简要梳理。日语推广一般包括日语语言教育、日语高等教育和作为中学第二外语的日语教育这几个部分。

1. 面向大众的日语推广

首先,一般性的日语教育,即对学校之外的社会人员开展的日语教育,是从1943年开始的。当时,在越南的大城市,河内、海防和西贡等城市就有了日语教育机构。主要是以一部分的精英、华侨及法国人为对象,在驻越日本相关机构里开展的小规模的日语教育。1944年学习日语的人数达到了2500人。1972年,西贡的日本大使馆文化传播中心也开设了日语课程。

从20世纪70年代后半期到90年代前半期,胡志明市出现了面向大众的日语学校。其中,有现在已经在越南小有名气的"樱花日语学校"和"DONGGU"日语学校。这些日语学校的创办人都是越南赴日留学生。

1993年,原教育训练部部长兼当时的越南工科大学的校长Nguyen Minh

---

① グエン・タイン・タム、グエン・チ・ツオン・バン、マイ・ゲエン・ゴック,《ベトナムにおける日本語教育と日本研究の動き》,ハノイ大学、第2回国際シンポジウム、2013年10月,第249—258頁。

Hien 访问日本时提出,向越南工科大学引入日语专业课程。1994 年日本财团青年能力开发协会协助河内工科大学设立了日语中心。日语中心开设了针对技术专业的学生的日语课程。同期,顺化市大学也开设了日语课程。

2006 年越南总理访问日本时,两国就"为了亚洲的和平与繁荣面向战略合作伙伴关系"的联合声明达成了共识。这个声明在 2007 年正式发表。以此为契机,以河内为中心,越南的多个私立外国语中心开设了日语课程。此外,新的日语学习中心和日语学校也相继建立,且已经不仅仅局限在河内与胡志明这样的大都市。随着日本企业进入越南、工业园区建设的加速推进,以及赴越南旅游日本游客的增加,对日语人才的需求度增加。为了满足这些需求,越南全国都出现了日语学习班。

2. 大学的日语教育

在越南高校里开始的日语高等教育,以 1957 年在西贡大学开设日语课程为起点开始在越南南部扩大。北部在 4 年后,即 1961 年,开始在河内贸易大学的前身即干部贸易短期大学里开设了日语课程。从 1972 年开始,河内贸易大学开始接受日本共产党派遣的日语专家的援助,开设了最早的日语翻译课程。

1973 年,从朝鲜民主共和国留学归来的日语专业毕业生,在河内外国语大学设立了日语专业。1992 年河内市的国立外国语大学与胡志明市的国立人文社会科学大学,1993 年河内的国立人文社会科学大学,都开设了日语课程。私立大学也在 20 世纪 90 年代后半期开设了日语专业。

越南中部,2003 年在岘港外国语大学,2006 年在顺化外国语大学开设了日语专业。2012 年太原农业大学也设立了日语中心,2000 年以后,随着日本政府的留学生接收政策变得更加有吸引力,加之进驻越南的日本企业越来越多,大学里学习日语的人数不断增加。

3. 中学的日语推广

中学的日语教育是从 2000 年后出现的。2003 年,日越两国达成共识,提出了"日语教育中学项目",在日越双方推动下河内市的 Chu Van An 中学作为课外课程开设了日语课程。从 2005 年开始在河内、胡志明市、顺化和岘港这四个城市的共 8 所中学中,开设作为第一外语的日语课程。2005 年河内的国立外国语大学附属外国语学校也开设了日语课程。从 2007 年开始日语课程进入河内高中,从 2008 年开始进入胡志明市高中。同时,南越和北越主要城市的高中都设立了日语专业。2010 年,在整个越南已经有 12 所中学和 10 所大学开设了日语专业。

此外,越南教育训练部决定,从 2011 年开始,小学从三年级开始开设日语课程。这个决定掀起了越南国内的日语学习热潮。

2012年起参加国际日语能力考试的人越来越多。2012年根据国际交流基金的调查，越南参加日语水平考试的人是东南亚国家中最多的。

（二）近年来日语推广的动向

1. 越南公立学校和私立机构中的日语教育

越南的学校教育一直比较重视外语教学。其中，大学教育中除了英语课程外，还有日语、法语、德语、俄语、中文和韩语。在中学教育中，英语是必修科目。日语的学习者比学习英语、法语和中文的少很多。但是，2000年以来日语学习者出现了迅速增加的趋势。随着日本动漫作品和电视剧在越南影响的扩大，希望赴日留学以及到日本企业就职的人数增多，越南的中学和大学中出现了学习日语的热潮。不仅如此，近年来在岘港、顺化、海防等地方城市也出现了私立日语教育机构。

2. 日语学习热潮的出现

在日越两国日益密切的经济关系和政治关系的推动下，越南国内出现了学习日语和研究日本的热潮。实际上，在两国建交的20世纪70年代，就出现了第一次日语学习热潮。随着日本企业对越南投资热潮的到来，在20世纪90年代出现了第二次日语学习热潮。2010年以后出现了第三次学习日语的热潮。这主要是因为很多日本中小企业开始将生产基地从中国转向越南。为到日本企业中就业，越来越多的越南人开始学习日语。2012—2013年间，越南国内的日语推广出现大变化。这个主要是因为越南调整了日语教育的政策。越南教育部提出，不仅让日语专业的学生，而且让其他专业的学生也开始学习日语，这改变了越南的日语人才结构。

3. 学习日语目的的多元化

关于日语学习的动机，很多越南的研究者与日语教师都开展过问卷调查。调查问卷的结果显示日语学习的动机，依然与个人的就业选择紧密相关。特别是社会人士学习日语的动机，基本是"希望到日本企业就职，有利于职场升迁"这类型的回答。不过，近年来出现了变化，由于想了解日本而想学习日语的群体在逐步扩大。进入21世纪后，越南民众与日本产品，以及日本动漫作品产品、日本音乐等流行文化接触后，开始因对日本感兴趣而对日语产生兴趣。因此学习日语人数增加。这或许是日本经济影响力和文化影响力在越南扩大的一个表现。

4. 日语推广的成效

根据国际交流基金2012年在全球200个国家做的"海外日语教育机构调查"可知，学习日语的人数，第一位是中国，有104万人。第二位是印度尼西亚，有 87 万人。位居第三的是韩国，有 84 万人。越南有 44272 人，在非汉字圈国家中排在第一位。从统计数据看，越南总共有日语教育机构 182 个，教师 1498 人，学习人数为 46762 人，在全世界学习日语的国家中排在第六位。越南近年来已经不仅仅在大学，在中学里面，即初中和高中，甚至在小学里都开设日语课程，可以推断今后学习日语的人数将会更多。

在日语教材方面，20 世纪 60—90 年代，多半使用的是越南自己编写的教材。但是从 90 年代后半期开始，这个状况得到改变。在得到了日本国际交流基金中的教育振兴援助项目的帮助后，越南的大学和社会日语教育机构中都开始使用日本版的日语教材。这个情况与欧洲国家日语推广状况相似。此外，从 20 世纪开始，为了满足自学者的需要，还出现了日语和越南语的双语教科书。从 2009 年开始，越南的教育训练部为了满足中学日语教育的需求，不仅规定了每周的日语授课时间，还编写了针对中学生的日语教材。

5. 日语推广的新现象

随着日本和越南关系的进一步发展，越南的日语推广出现了新情况，主要表现在以下七个方面。

第一，出现了日语教师培训课程。随着日语学习人数的增加，对日语教师的需求量在不断增加。2005 年河内国立外国语大学中开设了日语教育专业，2008 年胡志明师范大学出现了日语教育专业，2009 年河内国立外国语大学第一次出现了日语教语硕士课程。随后 2010 年，河内大学也开设了日语教育硕士课程。

第二，开始重视日本文化课程。日语学习和日本研究的深入需要对日本文化了解。很多越南大学开始开设"日本文化"课程，并成为日语专业的必修课。

第三，大学的东洋学系内开始出现日本研究中心。比如，胡志明国立大学，了解日本文化的教师开始深入研究日本。

第四，日语培训课程开始多样化。各大学开始根据越南的需求，开设各种各样的日语课程。比如，河内工科大学、胡志明市工科大学、河内大学以及 FPT 大学都开设了 IT 日语课程，河内国立法律大学开设了法学日语课程，河内贸易大学、胡志明市的贸易大学开设了会计日语等。

第五，建立越南日语教师网络，增加越南日语教师的对外交流。2000 年以后越南政府设立的越南日本人才开发培养中心，得到了日本和越南两国的政府和私人部门的援助。这个中心通过举办日语比赛以及国内国际日本学研讨会，建立了全国性的日本研究和日语教师网络。2000 年，日本首相桥本龙太郎提出通过无偿援助的形式资助这个中心，以推动越南的经营管理人才与日语人才的培养，并开展相关的各种文化交流活动。

第六，日语成为大学入学考试可选择科目。从 2009 年开始，日语成为越南大学入学考试可选择科目。不仅如此，越南国内的知名中学还将日语作为入学第一外语考试。

第七，日本与越南合作的高等教育项目越来越多。越南赴日留学的学生人数开始增加，同时，日本也将更多的专家和日语教育专家派往越南的大学。不仅如此，很多越南大学还出现了与日本大学联合培养模式，即在越南国内学习两年和日本留学两年的模式。目前河内工科大学已经与长冈技术大学、立命馆大学，河内贸易大学与青森产业大学开始实施联合培养项目。

二 日本研究

越南的日本学研究起步较晚，因此，在研究的深度和广度方面都存在不足。但是发展态势较好。

1. 越南的日本研究机构

越南的日本研究包括两个方面，一个是越南与日本关系的研究，在政治、经济、市民交流等多个方面展开。另一个是专门研究日本学和日语教学的机构。目前这些机构都在逐步增加。

越南的日本研究机构，最早是 1993 年成立的越南国立日本研究中心和 1994 年在河内国立大学中成立的日语专业，以及胡志明大学成立的日语专业。[①] 此外，其他大学也陆续设立了日语专业，并以研究日语教学为中心开始了日语、日语教学和日本文化的研究。在越南首都河内，目前有 4 个国立大学开设了日语专业，即河内国家外国语大学东洋语言文化专业、河内国立人文社会科学大学东洋学系日语专业、河内大学日语专业和河内贸易大学日语专业，以及两所私立大学，即 DONGDO 大学日语专业与 TANRONG 大学日语专业。大部分教师具有很好的日语水平。在胡志明市有三所国立大学，即胡志明市国立人文社会科学大学、胡志明师范大学、河内大学胡志明分校开设了日语专业。同时还有 6 所私立大学，即胡志明外国语大学、FONWEN 大学、HONBAN 大学、WANBEN 大学、RAKUHON 大学以及 BARIAWUN-TAWA 大学设立了日语专业。

现在越南的 12 个大学以及公立的研究机构有日本研究机构。这些机构有如下的特点，其一，日语教师成为日本研究中心的主力。日语语言文学教

---

① NGUYEN Tien Luc：《越南近年来的日本研究现状与特点》，《立命馆语言文化研究》第 21 卷第 3 号，第 53 页。

师和语言学学者,对日语进行语言学研究。人文社会科学研究者以及人文社会科学的教师,则进行日本问题研究。其二,部分日本学研究者已经开始重视地区研究。在地区研究会中越南日本学研究者开始崭露头角。其三,在相关的搜索引擎中无法搜索到的研究成果。除了在海外的越南人的研究成果外,几乎无法查询到越南国内完成的研究成果。

2. 日语和日语教育研究概况

越南的日语教育研究大致可以划分为三个时期。第一个时期,20世纪70年代至90年代后半期,主要开展汉字、音韵、语法和作文等教学法的研究,并以教学中遇到的问题为研究对象。第二个时期,90年代后半期至2000年,主要围绕教科书的制作、教学活动以及词典的编辑等。2008年出版了日越词典。第三个时期,2000年以后,面向日语专业和日本学研究者的双语教材的编写、学术教材和文化教材的编写、日语语言学和日语教学论文的发表等成为主流。越南方面还想通过日语教育研究的推进,促进日越文化的理解。

3. 日本学研究概况

20世纪90年代前半期,直接通过日语开展研究比较难,越南学者的日本学研究主要是借助俄语、英语、中文和韩语成果进行。研究的中心是日本文学作品的翻译。这个状况一直持续到日越词典和越日词典编辑出版为止。这个时期研究者非常少。

从90年代后半期至2000年,开始了以专题为中心的日本学研究。懂日语的研究者迅速增加,因此可以直接利用日语文献和原作开展研究。研究成果也得到了一些积极评价,但是成果量还是比较少。这个时期得到日本资助的研究成果开始发表和出版。此外,很多年轻研究人员涌现出来。比如越南社科院东北亚研究所培养了很多日本学研究专家。

2000年至今,越南日本学研究进一步得到发展。从日本留学归来的有潜力的研究人员激增,加快了越南的日本研究。一系列的研究会和学术活动在越南举行,越南学者开始使用日语发表研究文章。此外,还出现大量与日本研究者共同完成的研究成果。比如国立人文社会科学大学的东洋学系研究室,有河内大学日语学系的研究团队,越南社会科学院东北亚研究所,越南国立大学日语系老师,以及河内贸易大学日语系的研究者都与日本学者有合作。

4. 越南日本学研究的发展

越南日本学研究主要经历了以下几个阶段。随着20世纪前半期日语教育开始在越南南部推广,部分越南学者开始接触日本学。这或许可以视为越南日本学研究的初期。这个时期的研究主要集中在对日本学著作的翻译。20世纪 90 年代，随着掌握材料的多样化，研究的主题开始日益丰富，研究质量也得到提高，并日趋专业化。研究对象和研究形式随着时间的推移出现了很多变化。从最初仅研究日本的经济和政治，逐渐发展到对历史、文学、法律和自然科学的研究等多个方面。随着学习日语的人数日渐增加，特别是在日本研修过或者留学过的研究者人数开始增加。使用日语进行研究，使用日语发表成果的研究者开始出现。越南和日本两国政府，以及日本教育机构和日本研究机构对越南研究机构的援助开始增加。比如，日本文部省、日本国际交流基金、国际日本文化研究中心、日本教育振兴会、日本笹川集团、住友财团等各个组织，以及日本大学的援助都开始出现。从 2000 年开始，出现了越南的日本学研究者的全国性网络。但是，缺乏日本学的领军机构，各机构研究水平差异不大。越南的日本学研究集中在对日本经济、历史和政治领域的研究，对日本文学的研究依然很少。因为越南的日本学研究者，大部分是经济学家和历史学家。从越南日本学研究整体水平看，越南的研究还处于入门阶段。值得关注的是，近年来越南的日本学研究出现了很好的发展趋势，比如研究方法日渐多样化，出现案例研究和比较研究等。

三 日本文化在越南的传播

2007 年 11 月，越南国家主席阮明哲访问日本时，与日本的福田康夫首相共同发表了"深化日越关系共同声明"，其中包含了"日越两国建设全面伙伴关系的路线图"。① 2008 年正值日越建交 35 周年，两国举行了各种各样的文化活动。其中，较为引人注目的是，2 月中旬日本的皇太子访问越南。日越两国不仅在政治和经济关系方面有密切的关系，在文化交流方面也呈现出良好的发展势头。

（一）20 世纪 90 年代以前的日越文化交流

日本与越南之间在两国没有建交时就有贸易往来。以潘佩珠为代表的越南的民族主义者在明治维新时期访问了日本，并将在日本的学习成果带回越南。

从两国缔结外交关系的 1973 年至今，日本文化从文学、电影、音乐、漫画等方面产生了很大的影响。②

从近代开始，日本和越南之间在很多领域都有交流。虽然两国的政治体

---

① HGUYEN VU QUYNH NHU，《越南南部日本文化的传播与日语的普及》，《立命馆语言文化研究》第 21 卷第 3 号，第 61—70 页。

② ボー・ボアン・ボア、《ベトナムにおける日本文化》、第 207—212 頁。

制不同，但是这种交流一直未曾中断过。越南南方与北方分裂时，北方和南方的政治制度存在很大差异，日本仅与越南南方建立了外交关系。北越和社会主义国家保持外交关系，与包括日本在内的资本主义国家都没有建交。

越南战争结束后，两国开始建立正式外交关系，但是一直到 20 世纪 80 年代后半期，文化交流都处于停滞阶段。从 20 世纪 80 年代末开始，随着两国间经济关系的发展，政治关系和文化关系得到了迅速的发展。日本为积极向越南介绍自己的文化，派遣日本的政治家、学者、技术专家和文化活动家相继访问越南。

对于越南人而言提起日本能够想到的是，丰田、日产的汽车，本田和铃木的摩托车，日立、松下和三洋的电冰箱，以及索尼的电子产品和精工手表等产品。近年来越南人开始对插花、茶道、歌舞伎、能乐、日本相声等日本传统文化有所了解。

（二）日本文学与文化产品的推介

越南是个喜好小说和诗歌等文学作品的国家，因此，文学一度成为日越文化交流的主要渠道。近代时就有各种各样的日本文学作品传入越南。在越南被译介最多的是日本的近代文学作品。在越南战争期间，从 1960 年至 20 世纪 70 年代，一部分越南人开始了解日本的俳句和短歌，同时，川端康成的《千羽鹤》《雪国》，三岛由纪的《金阁寺》，芥川龙之介的《容易遗忘的人》，以及 TERO TABAKURA 的《水源之道》和《静静的山丘》等有名的日本近代文学作品也被译介到越南。从 20 世纪 80 年代开始，在日本文学作品之外，出现了研究日本历史、文化、社会著作翻译。代表作品有，中根千枝的《纵向社会的人际关系》，福武直的《日本社会机构》，RI OYOONG 的《有缩小心的日本人》，George Sansom 的《日本文化史》，此外，还翻译了其他国家研究日本的著作，如《发现日本》等。

日本现代文学作品中短篇小说被翻译的也较多。比如渡边淳一的《无影灯》，吉本芭娜娜的《厨房》。此外，川端康成、井上靖、江户川乱步、松本清张、安部公房、永井龙男等有名文学家的作品集《现在日本短篇小说全集》等也曾出版过。透过日本文学家的作品，越南民众开始了解现代日本社会百态。遗憾的是，以上作品都不是从日语直译过来的，而是从俄语、英语或者法语翻译过来的。也就是说，很多文学作品都不能体现日语的特点。

对于不使用汉字的现代越南人而言，日语的学习难度不小。这对日本文学作品在越南的译介和研究造成了很大的障碍。日本文学与其他国家的作品相比，迟很多年才被介绍到越南。比如，韩国或者东南亚其他国家文学作品都比日本作品早进入越南,而且数量也很多。尽管越南人已经很熟悉中国古典文学作品和西洋文学作品等外国文学,但理解日本文学依然很难。日本文学作品经常被认为是不同于世界文学的作品。日本文学,虽然通过其他语言版翻译介绍进入越南,但是并没有像中国、俄罗斯或者法国文学作品那样被广泛接受。越南书店翻译作品专柜中,陈列最多的依然是中国文学作品和西洋文学作品,几乎见不到日本文学作品。

比起文学作品,日本的电影则更早就进入越南,但也没有产生很大的影响。1990年以前,越南的城市电影院仅上映过很老的日本电影。由于在越南很难得到日本电影信息,因此,喜欢或者关心日本电影的越南人很少。但是,从20世纪90年代后半期,随着《阿信》这部电视剧的传入,很多越南人开始了解日本电视剧。而现在,哪怕对日本电影不感兴趣的越南人都对日本很关心。电视剧《阿信》的收视率相当高,当电视台播放这个电视剧时一度出现了万人空巷的状况。《阿信》这部电视剧所描绘出的日本传统女性的形象,也深深印入越南人心中。越南女性认为这个女性形象与自己很贴近,并由此产生了亲近感。

此外,通过《阿信》这部电视剧,越南人对近代日本社会的女性的地位和意识有所了解。现在,在越南再次提及"阿信"这个词,主要是指在越南都市里比较贫困的女性。《阿信》以外,《HOTERU》《ASUKA》《女性的度量》《AGURI》《空姐物语》等反应日本人的责任感,对工作的勤勉以及忍耐力的电视剧被反复播放。这些都是三十多年前的电视剧作品,越南人从这些作品中可以了解现代日本人的性格和生活方式。

此外,数十年前河内的电影院还上映过黑泽明导演的《七武士》等日本现代电影,但是都没有在越南引起太大反响。主要原因是上映的日本电影缺乏多样性,大部分都是主人公在不幸的人生中挣扎,最后没有向命运屈服的作品。越南人由于长期遭受战乱之苦,对这些日本影视作品不感兴趣。现在越南上映的备受欢迎的韩国和中国的影视作品与日本的有很大的不同,几乎都是轻松题材。日本电影似乎在越南不太受欢迎。

(三)动漫作品在越南的推介

从20世纪90年代初期开始,越南知名出版社出版了很多日本漫画,向越南儿童介绍了日本的人气漫画。最先被引进越南的是《机器猫》,迅速在越南掀起一股漫画读本的浪潮。此外还有《樱桃小丸子》《名侦探柯南》《银河铁道999》《七龙珠》《美少女战士》《口袋妖怪》等都被介绍到越南。越南出版的漫画中,日本漫画占到了80%的比例。中国、韩国、中国台湾地区的漫画在越南漫画市场中仅占到20%的比例。截至2005年,已经有

400多部日本漫画在越南上市。购买漫画的以城市孩子为主,特别是家庭比较富裕的孩子。

漫画在越南得到普及后,纯文字读物也逐步被越南儿童所接受。日本漫画,可以说改变了越南儿童的阅读兴趣。越南儿童喜欢日本漫画的理由,无外乎精美的画面,出场人物有很强烈的代入感,他们说话与生活方式都与自己的行动方式很接近,完全就是作品中的自己,或者如同朋友一般的存在。通过漫画,越南儿童开始对日本人的生活方式、生活习惯,特别是日本儿童的日常生活有所了解。从某种程度上可以说,色彩明快的日本漫画,不仅是一种娱乐手段,还带有教育性。越南有名的Kimudon出版社,已经开始与日本的小学馆出版社合作,共同出版在日本广受青少年喜爱的漫画。

日本动画片不是从日本引入越南的。现在越南上映的动画片都是从中国或者泰国传入的。近年在越南的电视台放映的动画,如《魔卡少女樱》《水果篮子》等动画片的主题曲很受越南青少年欢迎。不仅如此,动画日语台词也成为喜爱日本动漫的越南少年的流行语。

(四)其他日本流行文化在越南的传播

日本儿童喜爱的传统游戏比如折纸、连环画剧等也被介绍到越南。为推广连环画剧,日本的童心社等出版社与日本绘本作家、越南的连环画剧作家和相关人士合作,举办了介绍绘画方式和连环画剧演出方式的"连环画剧工作会议",并取得了成功。在这个工作会议举办后,越南出现了很多优秀的绘本作品,其中一部分作品还在日本得奖。以幼儿为对象的连环画剧,作为一种新的教育方式在越南广受欢迎。此外,在幼儿园上映的连环画剧,也为日本和越南的绘本作家之间建立了友好的关系。连环画剧在越南得到了比漫画更为广泛的传播。

日本传统文化,比如插花、茶道、能、歌舞剧和日本相声等也得到了传播。日本驻越南大使馆定期从日本邀请文化界的名人赴越南演出,专门介绍日本传统文化。

在流行音乐方面,滨崎步的《依赖你》*Depend on You*、《风的四季》,宇多田光的 *First Love*、*Prison of love* 等歌曲在越南也非常流行。在全球都比较流行的日本文学作品,比如村上春树的小说《挪威的森林》《国境以南、太阳以西》《莱克星顿的幽灵》、短篇小说集《地震之后》等,还有吉本芭娜娜的《厨房》、*NP*、*AMURIDA* 等,都在越南得到翻译出版。

日本的"卡拉OK",从20世纪90年代后半期开始在越南得到推广。一时间还掀起了热潮。卡拉OK被所有年龄层所接受,从都市到农村都出现了卡拉OK店。对于日本人而言,卡拉OK是消除工作疲劳的比较健康的娱乐方式。但是，越南的卡拉OK发生了很大变化。现在越南提及卡拉OK就会给人一种令人厌恶的印象。一部分卡拉OK店已经成为色情场所，因此遭到民众的排斥。

（五）留学生的招募等交流活动

为吸引越南学生赴日留学，日本政府对通过国际日语水平考试的越南学生提供了奖学金。国际交流基金和文部省也向优秀的越南学生提供奖学金，让通过日本大学招考的越南学生赴日本留学。此外，JICA还向越南的大学和日语培训中心派遣日语教师。目前，越南的很多中学都开展了日语教育。在日语的教学、学习，以及与日本相关的研究机构中，积极参与其中的越南人正在增加。

（六）越南对日本的印象

越南人如何看待日本呢？2003年日本外务省进行了"东盟各国对日本的认知调查"，本书参考这个调查结果和越南学者在胡志明市做所问卷调查进行讨论。

对于越南人而言，对日本的印象，首先是经济发达国家，受访人群的71.7%都这样认为。很多人认为日本的产品价格高同时质量也很好。比如本田汽车和索尼的电子产品。其次，认为日本是一个美丽的国家，有樱花和富士山，持这种观点的受访越南人有52.4%。此外，有52.1%的受访者认为日本人相当勤奋和努力，并且工作效率很高。另外，48.9%的受访者认为日本国民都很有礼貌。

在文化方面，有51.2%的受访越南人表示对日本文化很感兴趣，特别是对茶道和插花等。有65.8%的受访越南人认为，日本在现代社会中依然保留着传统价值观，很多人都表示想学习日本的发展经验。

（七）2000年以后逐步扩大对越南的日本文化传播力度

越南人认为日本文化和越南文化之间相似性很小，为了正确理解日本文化需要创造理解日本文化的条件。日本认为其与越南在民族和文化方面的相似性有：其一，越南虽然在地缘政治方面属于东南亚，但是在文化上与日本、中国和韩国是同源同种文化；其二，日本和越南之间如同兄弟，因汉字的关系都受到了中国文化的影响；其三，在日常生活中都使用筷子，都以大米为主食。日本政府从以上几个方面促进日越文化交流。

日本在越南的官方和民间机构，都尽力向越南民众介绍日本的相关情况。胡志明市日本领馆、日本人才培训中心、国际交流基金、JICA、贸易振兴会和日本法人集团相互合作，向越南民众介绍日本的文化。比如举行日本节、日本照片展、日本陶瓷展、传统玩具展、风筝展、日本动漫作品展、饮食文化展、日本社会演讲会。举办电影节，上映了《SHALL WE DANCE》《我的爷爷》《乒乓温泉》《我的青春》等电影。每年举办日越音乐节、马林巴键盘演奏会及日越日语歌比赛等。此外举办了俳句比赛、片假名[①]比赛、日语演讲比赛等日语推广活动。同时，大量利用报纸和电视等媒体，向越南民众介绍日本的文化与社会。

四 文化援助：对越南文化遗产保护的救助——以 DUOLAM 村为例

2012 年越南入选联合国世界文化遗产委员会。日本通过对越南文化遗产保护提供支持，开展文化外交。对越南农村地区的传统建筑进行修复和重建，是从 2003 年就开始的活动，主要由日本文化厅、JICA、昭和女子大学国际文化研究所合作开展。从 2011 年开始，JICA 利用无偿援助开展对越南传统建筑的翻修等活动。改造后的传统建筑和民居，作为旅游资源，可以对越南的文化遗产保护以及旅游业的开发发挥积极作用。目前，JICA 对河内、胡志明、顺化等城市的旅游业都开展了类似的援助，希望通过文化援助使这些地区成为新的旅游点。

（一）日本无偿援助对越南旅游业援助的现状

日本政府通过日元贷款、无偿援助和技术合作以及 NGO 开展的各种技术援助，让日本对越南的援助十分引人瞩目。日本的 NGO、大学、地方政府以及公益法人机构等团体都参与其中，并积累了相当的经验。特别是在传统农业地区进行文化遗产保护时，注意采纳当地人的建议，有助于在保护文化遗产的同时实现当地的发展。

越南东部、中部到南部，目前已经对越南的多个传统建筑实施保护。本部分选取河内郊外的 Duolam 村为例，分析日本如何对越南开展文化援助。这个村落在 2008 年接受过 JICA 青年海外援助队的援助。JICA 在 2008 年的援助主要是通过调查项目掌握当地的文化传统保护的现状。

此外，日本的旅游部也提供了援助。2005 年 12 月，日本的旅游部就与越南的文化·运动·旅游部举办了第一次日越旅游业合作会议，由此开始，每两年举行一次会议。第二次会议是在 2008 年下半年，与日本旅游协会越南分会一起举办的。2012 年 9 月底，在东京举行第四次会议时，举行了双向的旅游交流扩大会议，并决定今后每年都举行此会议，以便充分讨论援助的模式与援助项目的推进。

日本文化部与昭和女子大学等文化遗产保护机构所也参与了对 Duolam 村的援助。越南政府在 2001 年修改了自己的文化遗产保护法，明确表示对

---

① 片假名是日语中的一种字母。

河内郊外的 Duolam 村的保护，需要得到国际援助，特别需要依赖日本的援助。2003 年 3 月日本文化部与越南文化情报部签署了国际合作协定，并以昭和女子大学国际文化研究所为办事处，联合奈良文化遗产研究所等机构共同对 Duolam 村提供国际援助。

与日本旅游界的合作。2008 年以后，越南成为世界文化遗产的保护国，同时为了增加赴越南的日本游客数量，还与日本的旅行社建立了合作关系。越南的主要城市已经有了相当完备的基础设施，但是越南的农村地区比较缺乏相关的基础设施。JICA 就邀请日本的旅行社加入了此项目。2012 年日本的旅游部将很多日本国内的旅行社迁往越南，与当地的村落商量如何在保护地方文化遗产与传统的同时，完善当地的旅游基础设施。

（二）Duolam 村落的相关情况

Duolam 村位于河内市以西大约 50 公里处，人口有 9000 人，整个村落被池塘和小湖围绕。自古以来就是依赖稻作文化发展起来的村落。如今越南的传统建筑遭到大量损毁。Duolam 村罕见地保留了很多的传统民居与街道，具有整村保护的价值。

Duolam 村的旅游资源主要是历史文化遗产。比如古老的集会场地、寺庙和民居、基于地方历史的英雄志士的纪念型建筑、传统职业和祭祀活动等。其中，冯兴庙是 8 世纪后半期修建的庙宇，吴权庙、西阿寺是村落中的很有历史价值的祭祀广场和建筑。同时，还有传统民居、传统祭祀台，以及保留到现在的传统生活方式。这些对外国游客而言都是极具传统色彩的农村风景，是与现代越南完全不同的景观，因此，越南政府非常希望 Duolam 村能够得到保护与开发。

（三）Duolam 村旅游业的发展课题

根据相关统计，近年来进入 Duolam 村的游客在逐渐增加，2011 年大约有 7 万人，平均日接待量为 200 人。其中越南人占七成，外国游客占三成。赴 Duolam 村的游客，一般通过河内高速公路到达村落，大概乘车时间为 1 个半小时。但是，河内市内堵车问题严重，因此即便已经修建好了高速公路，还是会耽误很多时间在路途中。此外，村落里还有很多基础设施不健全。比如，卫生间和餐厅不够干净，餐厅和旅游景点缺乏必要的指示牌，旅游宾馆的翻修，日语导游不足以及整个村落的游客接待能力不足等。

为了解决以上问题，日本提出了各种合作援助项目。第一，日本的文化·运动·旅游部提出了改善旅游景点的项目建议。2013 年春与越南政府旅游局合作在越南开设办事处，向越南的相关部门提供信息和情报。第二，为让 Duolam 村的旅游成为更具推广性的旅游产品，村落的相关机构与日本旅行社之间建立了合作关系。第三，通过网络发布相关旅游信息。为让日语版越南旅游信息发布更具吸引力，日本旅游部提供了更多帮助。第四，借助日本媒体宣传 Duolam 村落。通过越南向日本媒体提供相关信息，制作广告宣传片，在日本的电视等媒介播放，吸引更多日本游客赴越。第五，制作更多形式的宣传资料。比如 Duolam 村落的介绍手册，用英语和日语标注清楚这个村落的道路与相关设施，比如卫生间和餐厅等位置。第六，将所有的关于越南旅游及 Duolam 村落的宣传资料，在日本旅行社举办的越南旅游博览会上展出。为突出 Duolam 村的特点，日本旅行社和越南的旅游部门合作，制作了多种宣传材料。第七，做好游客进入村庄的统计等工作。需要对进入 Duolam 村落的所有游客做统计，包括男女比例和国内外比例，可以用于旅游市场调查之用。第八，改善整个村落的基础设施的项目。根据当地村民的需求让村落具有更多设施让生活方便，需要进行道路建设、房屋建设和提供服务设施等。

通过日越两国政府、民间各个机构，一起为 Duolam 村的文化遗产保护和旅游业发展而开展的全面合作，促进了两国间从政府到民间的交流。日本通过提供无偿援助和日本文化遗产保护的经验，让 Duolam 村的文化古迹得到保护的同时，还成为新的旅游景点。通过日越两国的努力，在技术合作、文化遗产保护、旅游业开发等方面实现了平衡推进，最终促进了两国民间交流。

小结

日本对越南的文化外交的形式有，日语推广、日本学研究的推广、流行文化的推广以及通过无偿援助的形式保护越南古迹并协助开展旅游开发。日语在越南的推广力度与进度，可能是在 GMS 国家中最显著的。越南与日本在 20 世纪 70 年代初期正式建交，双边关系发展史相较泰国与日本关系史短。但在泰国大学或者研究机构中都没有出现的专业日本学研究机构，却在越南出现了。这是非常值得关注的。此外，日本流行文化对越南的影响也非常大，特别是对青少年的影响较大，已经有越南国内学者专门针对这一问题展开长期跟踪调研。调研结果发现越南青少年普遍对日本流行文化接受度较高。利用无偿援助资金，协助越南保护古迹并进行旅游开发，是扩大日本文化软实力的另一个方式。以上几种形式的文化外交，对增进日越民间交流发挥了积极作用。

第四节　日本对缅甸的文化外交

对于日本而言，缅甸是一个在地缘政治上有特殊意义，同时具有丰富自然资源的国家。如前所述，两国从第一次世界大战前就有往来。二战结束后，缅甸成为首个接受日本战后援助的东南亚国家。1988年缅甸进入军政府统治以后，日本停止了对缅甸的日元贷款。通过无偿援助、技术合作及民间往来，保持日缅关系的稳步发展。随着2010年缅甸开始民主化进程，日缅关系进入新的发展阶段。2011年6月，日本外务大臣访问缅甸，开启了在之后一年中两国高层的密集互访，从两国的外长互访到吴登盛总统访日，两国高层关系迅速升温。如前所述，在经济领域，日本企业对缅甸的关注度也极大提高，吴登盛总统访日时双方达成共识，日本减免对缅甸的债务，并开始以基础设施为中心的ODA。日本认为，目前对两国而言除了政治经济交往之外，还应该通过文化、运动和学术等领域的交流，增进相互了解，建立信任关系。日本对缅甸文化外交主要从以下几个方面展开：一是日语推广与教育基础设施的援助；二是日本研究及知识方面的交流；三是留学生接纳、人才培养和青少年交流；四是古迹与文化遗产的保护；五是日本当代流行文化在缅甸的传播；六是日本饮食文化在缅甸的传播；七是运动方面的交流与合作；八是记者与媒体的交流。

一　日语推广

1964年日语就成为缅甸学校教育的一部分。当年，缅甸外国语大学创立，并设立了日语专业课程。1997年12月，曼德勒外国语大学创立，该校也设立了日语专业课程。这是缅甸第二所开设日语专业课程的大学。1999年，这两个大学的日语专业课程发展为日语语言文学学士学位课程。2009年仰光外国语大学，2012年曼德勒外国语大学都分别开设了日语语言文学硕士学位课程。大学日语教育成为缅甸日语推广的主力。

学校教育以外的日语推广开始于20世纪80年代。最早出现的是缅甸人开设的日语教育机构和寺庙里僧人开设的日语课程。这个时期，有日本志愿者到仰光市内寺庙的日语班教授日语。20世纪90年代中后期，缅甸人在仰光开设的教育机构开始增加。同时，还出现了日本人开设的私人日语培训机构。2013年7月至今，缅甸共开设了57个私立日语培训机构。此外，曼德勒还出现了日本NGO开设的日语班。另外，还有由仰光外国语大学和曼德勒外国语大学毕业的学生以及曾赴日本研修的学生们，开办的小规模的日语学习机构。

（一）日语在缅甸推广简况

第二次世界大战前，缅甸就与日本保持着紧密关系，缅甸人对日本文化抱有兴趣，也被日本视为亲日国家。从20世纪90年代后半期开始，随着进入缅甸的日本企业和游客数量的增加，缅甸制造业与服务业对日语人才的需求开始增大。2000年，缅甸出现了学习日语的热潮。从外国语大学到民间教育机构，以及在寺庙里的学习班等各种各样的机构里，出现了很多学习日语的缅甸人。他们学习日语的动机，一是就业，二是留学，三是对日本的向往和受到日本流行文化的吸引。2011年民主化以来，随着日本企业与日本游客数量的倍增，懂日语者能找到工作的几率大大提高。因此，在缅甸各个年龄层出现了大量学习日语的人。

1999年12月国际日语能力测试在缅甸开设考点。截至2013年报名和参加考试的缅甸人达到了3000人。2006年以前的缅甸日语教育状况，如表3-6所示。

表3-6　　　　　　缅甸日语培训机构、教师和学生数量

	1990年	1993年	1998年	2003年	2006年
机构数量（个）	3917	6800	10930	12222	13639
教师数量（个人）	13214	21034	27611	33124	44321
学生人数（个人）	981407	1623455	2102103	2356745	2979820

数据来源：日本国际交流基金：《海外日语教育现状2006年》，2006年。

如前所述，仰光外国语大学和曼德勒外国语大学最早开设了日语专业本科与硕士课程。外国语大学的日语专业相当受欢迎，成为与英语一样人气相当高的专业。同时，大学的日语专业与医科大学、工科大学、牙科大学的入学条件一样高。

2009年在仰光外国语大学，2012年在曼德勒外国语大学，以针对大学里教师为对象，开设了两年制日语硕士学位课程。仰光外国语大学和曼德勒外国语大学里，除了开设日语专业学士与硕士学位课程外，还开设了日语夜校。专业课程都是以大学毕业生为对象，在上午7—8点间授课40分钟，学制4年。夜校里，都以高中毕业生为对象，一般3个月为一期。设有初级两个班、中级两个班和高级两个班，总共6个班。此外，2013年末到现在，仰光外国语大学参加日语专业课程有120名学生，夜间日语课程培训的有375名，读日语专业学士班的有225名，读日语专业硕士班的有11名。2013年曼德勒外国语大学，参加专业课程班的有20名学生，夜间培训学校的有25名，日语专业学士班的学生有250名，日语专业硕士班的有6名学

生，共计 301 名学生。

学校教育以外的日语培训机构，截至 2013 年 7 月共有 57 所，其中仰光的培训机构 50 个，曼德勒的培训机构 7 个。在巴固、东吁、蒙玉瓦市等地方城市里都有日语的民间培训机构。此外，在寺庙里有小型的日语班，同时还有家庭教师提供日语培训。

语言的学习人数其实与经济活动密切相关。这从日语学习人数的变化可以看出。一般而言，在缅甸的外国语大学中日语专业和英语专业的录取分数，与医科大学、工科大学和牙科大学的录取分数一样高。2000 年以前对于成绩较好的高中毕业生而言，在女生中医科大学是首选专业，在男生中仰光外国语大学的英语专业是首选；第二位是海洋大学；第三位是仰光外国语大学的法语、中文、日语专业；第四位是医科大学。2000 年以来，报考仰光外国语大学日语专业的学生人数出现增长，且有很大一部分希望到日本留学。由于缅甸语的语法与日语语法很接近，因此，对于缅甸人而言学习日语并不难。加上医科大学的学生读完博士学位课程需要 7 年，还需要 3 年实习；年轻医师如果没有政府的许可当时不能随意出国，而外语专业的学生可以直接就业，因而很多学生选择仰光外国语大学日语专业。

（二）缅甸公立学校里的外语教育

缅甸语是缅甸官方语言，但华裔与印度裔居民都使用中文和印地语。在边境沿线的初中和高中，使用当地语言开展教育。在外语教育方面，初中和高中的外语教育，除了边境地区的学校外，其他学校都开设了英语课程。

高等教育中，能够开展英语之外教育的学校，只有仰光外国语大学和曼德勒外国语大学。也就是说，仅有外语学院的学生能够接受英语之外的其他语种的教育。在仰光外国语大学和曼德勒外国语大学中，除了日语外，还开设英语、法语、德语、中文、汉语、俄语和泰语教学。

外语大学各个语种的入学难度顺序依次是英语、中文和日语。2012 年，日语超过了中文，成为更受欢迎的专业。因为 2011 年以来，赴缅甸日本企业和游客数量大大增加，所以日语学习的热度增加。

（三）缅甸的民间日语教育机构

除了学校教育，缅甸人还成立私立的日语教育机构。最早的机构出现在 20 世纪 80 年代后半期。这是日本志愿者在仰光市内的寺院里开设的日语课程。20 世纪 90 年代后半期，缅甸人在仰光市内成立的日语教育机构开始增加。同时，出现了日本人设立的日语教育机构。根据国际交流基金的调查，在学校教育机构之外的民间教育机构，截至 2009 年有 45 个。在曼德勒市的仰光外国大学分校里面，日本 NGO 开设了名为"HITO 中心"的日语教室。

在缅甸的寺院里，有针对普通民众的教育服务。寺院里的日语教育都是由志愿者在寺庙内开展的。比如，在仰光市内的 MA NAWYAMA 寺院、UAGGA 寺院、北部的世界佛教学校的仰光分校，都有日本志愿者从事日语教育。在外企中工作的很多缅籍日语翻译，都是在寺院里学习的日语。因为在寺院里开展的英语、中文、法语、韩语、意大利语、俄语、日语等外语培训都是免费的。缅甸普通民众收入很低，故很多人都在寺庙学习日语。学习者的年龄和职业跨度很大。学习者包括寺庙里的僧侣、高中生和已经参加工作的人。日语的培训课程都是在周六和周日。大部分寺庙的日语学校，都有2—4 名日本志愿者担任日语教师。

在仰光外国语大学从事日语教学的教师几乎都是缅甸人，学生缺乏练习口语的机会。因此，日语专业的学生即便学习了三年日语但是仍然无法开口。在寺庙里学习日语的人，虽然得不到学位与任何资格证，但是能与日本志愿者交流，能流利地使用日语的比率比学校高。仰光外国语大学的学生也会到寺庙里与其他人一起学习日语。因此，寺庙里的日语学校在民众中有很好的口碑。

通过在寺庙里开展日语培训的日本志愿者，了解到在寺庙里学习日者的学习目的，60%是为了到日本企业中就职而学习，20%是希望到日本留学，10%是为了当导游和翻译。在寺庙里学习日语的都是低收入层。他们希望通过到寺庙里免费学习日语，改变自己的生存状况。想到日本留学的，大部分是仰光外国语大学的学生或者在其他民间机构学习日语的人，经济状况相对较好。

二 留学生交流、人才培养和青少年交流

日语学习人数的增加，与缅甸和日本的政治、经济、文化关系的变化密切相关。根据"日本学生援助机构"的调查，2009 年 5 月 1 日，在日本的留学生共有 132720 人，其中缅甸留学生有 1012 人。

（一）缅甸的赴日留学生

缅甸赴日本留学的类型有以下几种。

第一，缅甸政府推荐的公务员留学。缅甸政府在国内公务机构选拔留学生时，由各个部门先内部选拔，然后由总统府决定。当然也有政府直接提名的留学生。在日本的缅甸大使馆，根据日本的奖学金制度，每年向日本推荐留学生。这个工作开始于 1952 年。目前已经有 900 名公务员留学生接受日本奖学金赴日本留学。

第二，自费留学生。缅甸政府所认可的外国高等教育机构很少，这限制了缅甸学生自费出国留学。尽管如此，赴日本留学的缅甸人还有 70%以上是自费留学生。

从缅甸赴日本自费留学有各种各样的办法。其中，选择在日本的语言学校留学，随后考试进入专科学校和大学的人数较多。从最近日本入境局的签证发放情况看，通过了日语能力考试二级以上者，较容易申请到日本的"在留资格证"。因此，缅甸参加日语能力考试的人数增加。根据驻缅甸日本大使馆的统计，申请到日本"在留资格证"的缅甸人越来越多。比如2009年就已经有2900人。2010年以后，日本政府为了扩大日本政府奖学金对公务员的覆盖范围，通过无偿援助增加了面向缅甸政府官员的日本政府奖学金项目的数额。

（二）人力资源培养项目

JICA和贸易振兴会设立了短期、中期的人才培养计划。主要针对政府官员与大学教员开展各种研究项目。此外，日本国际研修协力机构的技能实习与日本海外产业人才培养会也在其中发挥了很大作用。此外，文化交流中，体育运动指导、文化遗产的修复、工艺品和美术品制作与保护、时装设计、电影制作等方面缅甸都严重缺乏相关人才。因此，日本建立了日本缅甸人才培养中心，作为文化基础设施援助的一部分，提供专家和技术支持。

JICA派遣的海外志愿者为增进民众间交流发挥了重要的作用。JICA的青年海外援助队，在文化活动和运动方面开展了很多活动，极大促进了日本与缅甸的人员交流。

（三）青少年交流项目

2007年，日本开始实施21世纪东亚青少年交流计划（Japan-East Asia Net work of Exchange for students and Youths Proqramme 以下简称JENESYS项目）。JENESYS项目让赴日缅甸青少年了解日本的文化、日本品牌、日本价值观等。为了增加缅甸青少年对日本再生工程方面的了解，2013年3月实施了有缅甸的225位青少年参与的"如何应对灾害"的项目。2015年1月，受JENESYS项目资助，有190名缅甸少年赴日交流，交流的主题为"了解日本媒体"，使赴日缅甸青少年了解日本的相关媒体设施、文化设施以及各个大学的传媒产业等。①

三　日本研究及知识界交流

截至2012年，在过去10年中，有10位缅甸人申请了国际交流基金日本研究项目的奖学金。根据国际交流基金统计，截至2010年缅甸从事日本研究的人员仅有20人左右。除此之外，日本和缅甸之间的知识界对话没有

---

① http://www.myanmar-news.asia/news_acAWBS7C34.html.

任何实绩。为了增加缅甸对日本社会的了解，日本政府认为需要促进缅甸的日本研究。因此，近年来日本国际交流基金，向缅甸研究者提供更多到日本研究的机会。同时，利用国际交流基金现有网络，为缅甸国内的日本研究者与其他国家的日本学研究者建立联系。

为了推动日本与缅甸知识界的交流，JICA 和贸易振兴会开展了很多项目，推动日本的大学、研究机构与缅甸的相关机构开展共同研究。同时，在缅甸招募有社会影响力的人士，参与到相关共同研究项目中。此外，日本在缅甸经济改革、社会发展和法律制度发展等方面提供更多的智力支持。比如，2003 年开展了为支持缅甸经济结构调整的后续项目，在经济和法律制度的建设方面也开展了很多交流与合作。

四 古迹与文化遗产保护

缅甸有很多历史古迹和以蒲甘佛塔为代表的重要的佛教建筑遗迹。缅甸政府已经向联合国教科文组织申报，使蒲甘佛塔被列入世界文化遗产目录中。缅甸在文化遗产保护工作方面缺乏必要的人才、技术、器械和资金，加之在开发旅游产业方面，也存在基础设施严重不足和对蒲甘保护不足的问题，造成蒲甘佛塔一直未能入选世界文化遗产。随着游客数量的迅速增加，由于缅甸的保护能力的不足，已经造成了遗迹被损毁等严重后果，需要采取相关抢救措施。另外，缅甸也在尝试保护竖琴等民族传统乐器，计划对少数民族舞蹈、祭祀和口传文化等非物质文化遗产采取各种保护措施，但缺乏相应的资金和经验。由此可知，缅甸的历史遗迹、佛教古迹和非物质文化的保护需要外来援助。

2010 年缅甸开始民主化进程以来，日本和缅甸表示要全面发展两国关系。文化交流就是其中的一个支柱。文化交流的一个主要内容是在文化遗产保护领域的合作。日本一直在文化遗产保护领域有深入的研究与保护经验。日本政府认为通过援助缅甸的文化遗产保护，共享相关知识与经验，有助于两国间友好关系的发展。同时，日本政府也期望从对缅甸文化遗产保护中，摸索出一种全新的文化援助模式。

实际上，日本政府从 1990 年就对缅甸提供了相关援助。除了提供资金外，还派遣相关文物保护专家和官员到缅甸开展相关保护活动。日本文化遗产国际援助财团为推进世界文化遗产保护，经常在受援国开展调查。这些调查，以受援国的文化遗产保护现状，以及所得到的在文化遗产方面的国际援助为中心展开。此外，还为救助因遭遇自然灾害受损的文化遗产而开展紧急救助调查。

1990 年，作为联合教科文组织文化遗产保护日本信托基金项目的一部分,以东京大学西村幸夫为中心的研究队,开展了对缅甸蒲甘遗迹群的保护工作。奈良文化研究所开展考古遗迹调查工作。2000年日本公益法人联合国教科文组织亚洲文化中心文化遗产保护援助事务所,也围绕蒲甘遗迹的保护开展了相关人才培养工作。2012年日本文化遗产国际援助财团,以上智大学石泽良昭教授为项目负责人,对缅甸所有需要保护的古迹保存状况,缅甸的文化遗产保护制度,今后如何保护缅甸古迹进行了系统调查。调查报告认为,缅甸现有的文化遗产保护法对现有古迹保护发挥了积极的作用,但是,仅仅依靠缅甸文化部的力量,不能满足目前缅甸文化遗产保护的需求。此外,缅甸国内极为缺乏文化遗产保护方面的人才,需要通过开展短期培训、在大学里设立相关专业、增加海外留学的相关专业,以及培养现有文化遗产保护类人才,弥补人才缺口。为此日本提出了从三个方面帮助缅甸实施文化遗产保护。一是通过技术援助项目向缅甸提供实用性强的文化遗产保护技术。目的是帮助缅甸形成一套符合缅甸自身需要的文化遗产保护与修复技术。比如,对蒲甘遗迹群的壁画保护,对曼德勒木制结构寺庙的修复工作,这些技术都是日本比较擅长的。二是对游客较多的文化古迹与遗产区,保护这些古迹不因游客数量众多而遭受破坏。三是改善文化古迹游览区的水资源的开发,提高水质,建立垃圾处理场,让当地民众生活环境能够得到改善等。

为此,2006年成立的日本文化遗产国际援助财团,与日本外务省、JICA缅甸事务所以及其他国家援助机构合作开展缅甸文化遗产保护项目。2013年6月初,派遣了建筑与美术工艺方面的7位专家,赴缅甸实施了壁画与建筑的修复工作。10月,又派遣了3名工艺美术家赴蒲甘和曼德勒,进行蒲甘和曼德勒古迹修复工作的调查。2014年2月,派遣了5名建筑师赴曼德勒和茵瓦古城,就如何修复古代建筑等进行调查,并对曼德勒一座木制寺庙实施了修复工作。此外,还在缅甸招聘了当地专家,联合开展古迹保护活动。如2014年分别在2月、5月招聘了多名缅甸当地的壁画修复、考古遗迹发掘和文化遗产研究所的管理人员,联合开展相关项目研究。

2014年,东京艺术大学受到缅甸文化部的委托,在蒲甘开展遗迹修复工作,共修复蒲甘壁画25幅。东京艺术大学文化遗产保护者,将这些壁画的复制品制作成艺术品,作为"东盟10+3"会议的日本政府纪念品赠送。

五 日本流行文化在缅甸的传播

缅甸年青一代中受到日本流行文化影响比较大。日本大使馆和相关文化机构借助日本流行文化元素开展对缅文化外交。

对于年青一代而言,日本的游戏、漫画和动画,比如《火影忍者》、

《犬夜叉》、《机器猫》和《美少女战士》在缅甸青少年中都人气很高。2009年，日本大使馆举行了日本动画大使——机器猫的"2006年版机器猫剧场版"的放映活动。2012年3月中旬，日本贸易振兴会还在仰光举行了"2012年日本节"，这个会展上的Cosplay节目很受缅甸青少年的喜爱。

日本电影和电视剧在缅甸也有很高人气。特别是收费频道和通过卫星信号传送的高清频道的节目很受缅甸民众欢迎。过去，日本电影比如《Princess and Photographer》《欧洲特快号》《将军的武士》及电视剧《阿信》等都是在缅甸家喻户晓的影视作品。

近年来，韩国的电视剧和流行音乐在缅甸的人气超过了日本。为了改变这一现状，日本大使馆开展各种推广日本流行音乐的活动。2009年，驻缅日本大使馆与缅甸原日本留学生协会、仰光日本人学校，共同举行了"日本歌曲大赛"。2011年举行了日本音乐介绍活动。活动在仰光市内的孤儿院和多所寺庙的附属小学举行。2013年，驻缅甸日本大使馆与缅甸信息部和缅甸国家交响乐团，在仰光举行了指挥家福村芳一的交响音乐会。同年，日本大使馆为了在仰光培植更多的日本文化粉丝，还与仰光日本商会联合举办了"第四次日本歌曲大赛"。参加比赛的有39名日语爱好者。2014年日本驻缅甸大使馆与驻缅甸其他国家使馆共同举办了"世界音乐节"，邀请了日本、法国、德国、以色列、瑞士、美国的音乐家，在仰光举行了为期两天的各种音乐展演活动。

此外，日本大使馆在仰光举行了其他流行文化推介活动。从1999年开始，日本大使馆就与国际交流基金合作，每年举办日本电影节。2011年，分别在仰光、内比都和曼德勒举行了日本电影节。2011年展映的日本电影有《海鸥食堂》和《时间少女》。2015年的日本电影节以女性题材电影为主，向缅甸民众推介矢口史靖导演的《秘密花园》和三木聪执导的《乌龟的意外与快速游泳》。2014年的日本电影节，推介了与日本校园文化和柔道相关的电影。此外，2015年7月，在仰光举行了日本的COSPLAY比赛与展览。2014年日本大使馆和仰光外国语大学合作在仰光举办了"日语大赛"。仰光外国语大学学生及其他日语爱好者，参加了日语演讲大赛、日本文学翻译大赛和日语歌曲大赛。

六　日本饮食文化在缅甸的传播

2001年后，仰光的日本餐厅迅速增加。不仅如此，甚至在缅甸菜餐厅和泰国菜餐厅的菜单里也出现了很多日本料理。日本料理在缅甸的传播有两种渠道。一个是得到缅甸政府支持的推动。另一个是日本政府的推动。

2011年缅甸成立了餐饮协会，日本料理餐厅成为其中的会员。缅甸餐饮协会对日本方面提出,希望在日本料理的调味和食材方面得到指导。日本食品服务协会表示,将从食材品质管理、卫生管理,以及更广泛推广日本料理的角度,向缅甸餐饮协会提供更多的人才培养和餐厅经营方面的相关培训和技术支持。

日本餐饮文化海外推广机构,2015年与缅甸餐饮协会共同举办了"国际日本饮食文化推介研讨会"。此前,日本食品服务协会在2011年开始与缅甸餐厅协会通过饮食文化的交流,打开了日本和缅甸之间文化交流的渠道。日本食品服务协会在2013—2014年,与缅甸餐厅协会举行了多次研修活动,从产品质量管理研修到食材的选取等方面开展交流。

此外,日本为了在缅甸培养更多了解日本饮食文化的人才,每年在仰光举行相关的饮食文化秀,并选拔缅甸国内的厨师到日本学习日本料理制作方法。为了推广日本的饮食文化同时也振兴日本的农水产业,日本政府将放宽日本国内在食品方面的海关检验检疫制度,让更多国家的原材料能够进入日本,同时也让日本特有的原材料能够出口到缅甸等更多的国家。

七 运动方面的交流

日本从21世纪初期开始与缅甸开展日本传统运动项目交流。从柔道和空手道的推广开始,不仅在缅甸举行各种柔道和空手道的比赛,还向专业机构派遣教练、提供器材,在缅甸广泛培养柔道和空手道人才。2009年开始,日本大使馆就与缅甸空手道联盟、柔道联盟及仰光日本商会合作,每年都举行空手道和柔道的缅甸全国比赛。2009年在日本·湄公河交流年举行了柔道大赛。同年,日本还通过21世纪东亚青年交流计划,派遣了日本的年轻柔道选手赴缅甸进行交流。为帮助缅甸的柔道联盟训练柔道选手,并为缅甸参加第25届东南亚运动会做准备,通过举办日本与缅甸的友好比赛,为缅甸训练提供指导和建议。日本政府为了在缅甸推广这两项运动,通过无偿援助提供空手道和柔道训练所需的器材。

由空手道和柔道推广开始,日本政府为剑道在缅甸的推广方面做更多工作。同时,通过派遣教练和提供器材的方式,对缅甸的足球和长跑运动的发展提供援助。缅甸在2013年举办了东南亚运动会。在这个运动会的筹备过程中日本政府也提供了援助。

八 媒体之间的交流

早年间,日本通过援助的形式向缅甸提供过电视转播的器材和各种设施。这些器材都面临陈旧化的问题。2010年以后,日本开始提供新设备器材助缅甸新闻媒体业发展。不仅如此,JICA的技术培训项目中还有针对记者的培训活动。同时,日本还通过举行国际媒体研讨会,接受缅甸记者赴日本研修，增加两国间媒体的互动。

根据日本政府提出的打造"酷日本"的计划，2013年8月23日成立了"日本广播项目出口委员会"。该委员会由NHK、日本电视局、朝日电视、TBS、东京电视、富士电视、日本的卫星节目制作公司SUKAPA-JSAT、WOWOW、日本音乐事业者协会、日本艺能演艺家团体协议会、日本录像协会、住友商社、伊藤忠公司、电通公司、博报堂公司以及日本民间放送协会组成。该委员会成立后，主要针对6个东盟国家即菲律宾、印度尼西亚、马来西亚、泰国、越南和缅甸推送日本制作的节目。委员会在2014年3月24日，与"酷日本"机构建立合作关系向海外各国推送介绍日本的节目，打造日本国家形象。

在缅甸已经播放的地域性节目和有名的日本节目的基础上，从2013年开始制作更多的日本节目在缅甸电视频道播放，让缅甸的一般家庭能够了解日本的最新情况。如2013年制作了介绍日本各地四季变化的专业频道，在缅甸的付费频道播出，播出时间是2014年11月至2015年3月。

小结

日本和缅甸在二战前就保持紧密关系。如前所述，1988年以前，日本一直是缅甸最大援助国与投资国。1988年以后，由于缅甸进入军政府统治时期，日本停止了对缅甸的日元贷款项目。但是无偿援助和技术合作项目一直没有停止。利用无偿援助和技术合作项目开展的日本对缅甸的文化外交，成为日本保持与缅甸关系的纽带。因此，2006年日本动漫作品开始在缅甸青年中形成影响力。2008年缅甸出现了日语学习热潮。如今走在缅甸大街上，热情的缅甸人看到亚裔面孔总会先用日语问候。这或许已经从一个侧面说明了缅甸民众对日本的接纳度。同时，也是日本对缅甸文化外交成效的一个体现。

第五节 日本对柬埔寨的文化外交

由于柬埔寨20世纪90年代初期才实现和平。日本对柬埔寨的大额ODA也从这个时间点才真正开始。但日本对柬埔寨的文化外交活动开始的并不晚。从所涉及的领域而言，日本对柬埔寨开展的文化外交活动，与前述3国相比较少。主要的活动集中在三个方面，日语推广、用无偿援助开展吴哥窟的修复工作以及流行文化的传播。此外，留学生招募以及在柬埔寨设立的日本文化中心的活动，也从近年开始发挥影响力。尽管上述活动无论从形式还是规模似乎都无法与前述3国相比，但围绕吴哥窟的保护与修护开展的文化援助值得关注。这个援助项目从 20 世纪 60 年代开始并持续至今。另外，JICA 所派遣的海外青年援助的志愿者以及无偿援助，在日本对柬埔寨文化外交中也发挥了较大影响。

一　日语推广

（一）日语推广概况

日语在柬埔寨的推广分为两个时期，即柬埔寨内战前和柬埔寨内战结束后。内战前的日语推广开始于 20 世纪 60 年代前后。当时日本政府派遣的专家在金边大学开设了日语讲座。这个时期的日语推广缺乏资料记载。对当时的日语讲座的起止时间、内容和规模都无从了解。金边大学的日语讲座在 1974 年中断。1993 年得到柬埔寨政府的认可后才得以恢复。以下着重讨论 1993 年以后日语在柬埔寨的推广。

日语在柬埔寨的推广主要集中在两个地区，一个是金边，另一个是暹粒。这两个地方加起来共有 2500 名日语学习者。金边和暹粒的日语推广教育，开始的时间大致相同，开展的机构、当地民众学习日语的目的及所达到的日语水平也基本相似。

从 1994 年 5 月起，日本政府以金边的大学为中心开始了日语推广。2005 年 10 月时，金边大学里开设了日语专业课。随后这个城市的日语推广活动以大学为中心展开。目前，金边市内的三所大学，即金边大学、经济大学和法律经济大学都有日语课程。但这三所大学里的日语课多以课外讲座形式开展。经过 10 年的发展，日语讲座从初级课程逐渐发展出了中级课程，金边大学中，面向社会人士的推广课程主要由宗教法人团体"灵友会"与其他 NGO 志愿者实施。2000 年以后，主要由 JICA 的海外青年援助队担任教师。

从 1997 年开始，出现了大学之外的私立日语培训机构。当时由日本人创办的私立日语学校有"HIYOKO"日语学校。这个学校是由原柬埔寨的非政府援助机构——灵友会的日语教师创办的。这个学校从创办开始不仅开设日语课程，还提供日语翻译服务。现在这个学校，已经由柬埔寨人管理，主要开展日语教育和提供翻译服务。2000 年前后，由柬埔寨人创办的日语学校开学，由此掀起了柬埔寨国内学习日语的浪潮。2000 年以来，柬埔寨人创办的日语学校主要有，2000 年创立的"金边日语中心"，有 32 名日本志愿者担任教师，2003 年时有学生 450 人；2002 年创办的"柬埔寨日语中心"，有 22 名日本志愿者担任教师，2003 年有学生 748 人。

1994—1998 年间，JICA 曾向柬埔寨的旅游部派遣过海外青年援助队开展日语推广教学。无论是高等教育机构还是私立机构，都开设了初级与中级的日语课程。从中级班看，日语水平依然很低。接受完日语培训后能成为日语教师，或者达到进入企业工作水平者非常少。主要是因为当地日语教师的水平不高。

暹粒，从1995年末至1996年出现了多所私立日语学校。1995年10月，私立日语学校有"123日语学校"。这个学校有1名常设日本教师，1名志愿者任临时教师，2004年时约有学生200人。1996年成立了由旅游公司经营的"森阪日语教育中心"暹粒分部。这个中心目前有日本教师4名，开设三种日语课程，即3月制、1年制与2年制。山本日语教育中心的两年制日语中级课程，主要是为满足暹粒的旅游业发展需要而开展的日语教育。

柬埔寨人学习日语的目的，主要是希望日后能够从事导游以及与旅游业相关的工作。根据2003年的统计数据可知，在柬埔寨有1所中学、3所大学和11所日语教育机构开展日语培训；在中学里有日语教师2名，在大学里有日语教师11名，在学校之外的培训机构中有48名日语教师，合计有61名教师；日语学习者在中学里有700人，在大学里有206人，在大学之外的日语培训机构中有1403人，总共有2309人。[①]

（二）JICA对柬埔寨日语推广所发挥的作用

JICA对柬埔寨日语教育的援助是从1993年开始的。所有JICA派遣的志愿者均为海外青年援助队的成员。

柬埔寨内战结束后开始得到各个国家的援助。JICA也从1992年8月开始恢复海外青年援助队派遣。这个时期，柬埔寨国内建设所面临的主要问题是行政管理和经济运营的人才不足。因此，接受的大量国际援助都用于人才培养。人才培养中心是综合大学，即柬埔寨的金边大学和作为专业院校的经济大学。这两所大学的外语教学原来仅有英语和法语。但是由于柬埔寨与日本关系的迅速发展，柬埔寨出现了对日语人才的需求，故这两所大学都开设了日语课程。这两所大学向日本政府提出需要教材和教学设备方面的援助。从1993年开始日本政府每年向金边派遣1名日语教师，援助金边大学的日语教学。后来还派遣过JICA海外青年援助队。1994年金边大学开设了日语课程后，JICA一直向金边大学派遣海外青年援助队担任日语教员。

此外，JICA从1996年开始向柬埔寨国立经济大学派遣志愿者，2002年开始向法律经济大学派遣志愿者。向大学派遣的志愿者，主要配合大学进行日语教学以及日语课程建设工作。此外，还向私立的日语培训机构派遣志愿者。比如，2000年12月向灵友会开设的日语学校提供援助。由于2000年

[①] 日本国际交流基金会：《海外的日语教育现状概要》，2003。

以后继续援助的成本增加，JICA 通过聘用金边大学内的学生任海外青年援助队队员，继续提供援助。

JICA 还向柬埔寨旅游部门派遣志愿者。最初在 1994 年向金边的柬埔寨旅游部派遣了 1 名志愿者，1996 年派遣了第二名志愿者，但是由于柬埔寨政府未再提出后续援助要求，因此志愿者派遣工作在 1998 年终止。与此同时，JICA 曾向暹粒派遣过志愿者。但是，派往暹粒的志愿者援助时间也不长。由于所派遣的志愿者无法对旅游部门的日语培训课程发挥很大影响力，因此派遣工作很快就停止了。

二　对柬埔寨的古迹与文化遗产保护

高棉民族的文化遗产吴哥窟，在柬埔寨 20 多年的内战中受到损害，亟须专业修复与保护。1992 年柬埔寨签署了巴黎协定后，在联合国教科文组织的帮助下，吴哥窟被列为世界文化遗产。日本政府认为自己在其中发挥了巨大的作用。①

日本政府认为自己已经在 1993 年以前在吴哥窟的保护方面做了很多积极工作。1960—1990 年间，与其他主要援助国相比，日本对柬埔寨吴哥窟保护的援助最为突出。两国间的文化交流也由此开始。② 对柬埔寨文化遗产保护的援助，也成为这个时期两国间主要沟通渠道。1963 年 5—6 月，日本每日新闻社举办了《柬埔寨国宝展》。从 1964 年开始，日本学术振兴会和上智大学组成了国际调查团，对柬埔寨吴哥窟的古迹展开了系列调研。调研持续到 1980 年，并在 1982 年出版了调查报告书。1984 年上智大学根据调研结果开始实施《亚洲文化遗产的再发现》国际研究项目。从 1985 年开始，上智大学每年都为柬埔寨古迹保护举办"柬埔寨古迹救助国际会议"和"亚洲文化遗产再现——东南亚古迹的保护、修复和研究"会议。此会议一直持续至 1988 年。在这个会议的推动下，1988 年上智大学开始了对吴哥窟保护的第一期修护与研究项目。1989 年日本政府设立了"吴哥窟文化遗产保护日本信托基金"。同年，上智大学开展了对吴哥窟的第二次修护与研究。日本媒体也对这些援助活动进行积极宣传。1989 年，朝日新闻社举行了"吴哥窟古迹保护照片展"，上智大学的石泽良昭撰写的《魅力文化遗产：吴哥窟》还由日本电视出版社出版。此后，每年上智大学都以如下模

---

① 今川幸雄、《カンボジア和平の実現と文化の再興》、名古屋大学法政国際教育協力研究センター、2013 年 3 月、40ページ。
② 『アンコール地域における国際協力年表の続き』、日本国際協力集団、日本国際協力集団総合研究所、『カンボヂア国別援助研究会報告書援助研——復興から発展へ』，2001 年 10 月，100—101ページ。

式继续对吴哥窟古迹保护的援助，即一边开展修护、调查等工作，一边通过举行照片展、举办国际研讨会并出版调研报告进行宣传，以便让这项援助活动得到更多关注。上智大学的古迹保护工作逐步产生了影响力。1992年上智大学、联合国教科文组织和EFEO举办了吴哥窟的保护与修护工作研讨会。随着参与古迹保护的机构、大学的逐步增加，上智大学的保护活动也逐步深入。1991年开始发掘调查，并与各个国际机构共同研究与实施古迹修复。1993年以后的援助成为日本对柬埔寨无偿援助一个重要部分。

1993年日本政府提出在复苏柬埔寨经济的同时，复兴柬埔寨文化事业。日本与法国合作，期望在柬埔寨文化复兴方面发挥主导作用。1993年3月联合国教科文组织在金边召开了"为保护吴哥窟遗迹而举行的相关国家非正式会议"。同年8月，日本驻柬埔寨大使、法国驻柬埔寨大使、柬埔寨外长以及柬埔寨的其他部长，再次开展了关于吴哥窟遗迹保护的相关会议，并就如何保护吴哥窟达成共识。1993年在东京举行的"吴哥窟古迹救助国际官员会议"上，日本、柬埔寨和法国达成共识，在金边设立日本与法国大使共同担任委员会主任的"吴哥窟救护国际援助协调委员会"。通过这个委员会协商开展相关修复活动。日本方面参与修复的有，早稻田大学、上智大学、奈良文化遗产研究所、金泽大学等。

与联合国教科文组织合作，日本信托基金设立文化遗产保护项目。文化遗产保护项目主要由日本政府成立的吴哥窟遗迹保护队实施。1994年日本政府成立了吴哥窟遗迹保护队，队长是早稻田大学的中川武教授，主要成员有石泽良昭教授。截至2011年，已经有800名日本专家赴柬埔寨，与70名柬埔寨人共同修复和保护吴哥窟。这个保护项目分为四个阶段开展。第一个阶段是1994年11月—1999年9月，计4年11个月，投入960万美元，主要用于修复吴哥窟巴戎寺北部藏经阁。第二个阶段是1999年5月—2005年4月，投入1000万美元，主要用于修复十二生肖塔、巴戎寺全部及北部藏经阁这3个遗址。第三个阶段是2005—2011年，共6年3个月，投入300万美元。进一步对第二阶段和第一阶段修复的巴戎寺和十二生肖塔的进行修复，调查吴哥窟浮雕的保存现状以及中央塔的保存现状。第四个阶段是2011年11月—2016年11月，投入250万美元，保护内容是持续对巴戎寺进行修复，包括中央塔的加固、内走廊浮雕的保存、东侧建筑的修复以及巴戎寺佛像的修复和加固等。

如今在柬埔寨国内，提及吴哥窟的保护与修复工作，大部分民众都知道这个项目得到了日本的无偿援助。柬埔寨民众对日本也普遍抱有好感。

三 流行文化的传播

日本流行文化在柬埔寨的影响力可以从以下几个方面展开讨论，一是日本动漫和游戏产品在柬埔寨的传播，二是柬埔寨青少年所喜爱的日本漫画与动画人物，三是日本民间力量助推柬埔寨流行文化发展。

2009年日本漫画被翻译成高棉语，在当地出版发行。最先出版的是《哆啦A梦》的10卷本、《蜡笔小新》5卷本等，2013年还出版了少女漫画《流星花园》。① 在柬埔寨负责翻译和出版发行日本漫画的出版社是日本Eppikusu出版社。这个出版社将日本小学馆、双叶社和集英社等出版社的版权购入，翻译后在柬埔寨销售。但相对于柬埔寨人购买力而言，漫画售价较高。即便每册仅售1美元，对柬埔寨青少年而言还是比较贵的读物，故每月销量仅能达到100册左右，造成库存很多。② 很多出版方都认为漫画在柬埔寨的传播还需要一个过程。此外，漫画在柬埔寨的传播还需要本土化，比如在排版上，高棉语是自左向右横排版阅读，但是日语漫画是自右向左竖排版阅读。为了便于漫画推广，近年来在漫画中标出了序号，并在每本漫画封底注明了阅读方式。

经过短短几年的传播，柬埔寨出现了广受欢迎的日本漫画和动画人物。他们是Hello Kitty、哆啦A梦、龙猫和轻松熊等。其中，最受欢迎的是Hello Kitty，在柬埔寨的城市街道和街道宣传画中Hello Kitty是最为常见的。包括在金边的街道，从车身宣传到时钟装饰都能看到Hello Kitty。身穿印有Hello Kitty头像T恤和外套的年轻人也很多。便利店的玩具柜Hello Kitty是最受欢迎的。包括印有Hello Kitty头像的漱口水都很受当地儿童欢迎。其次，哆啦A梦较受欢迎，从印有哆啦A梦头像的毛巾、鼠标，以及在柬埔寨的华裔开办的青年旅馆中都有哆啦A梦的形象。再次，比较受欢迎的动画形象是龙猫和轻松熊。在柬埔寨的便利店、小型药店，以及儿童书包和文具等很多日用品上，都能看到这两个动画形象。此外，在玩具店和游戏产品店中，随处可见轻松熊和龙猫形象的玩具。为进一步扩大动漫产品的影响，日本政府不定期举行与动漫相关的青少年交流活动。如2014年3月底，作为"东盟青少年交流项目之一"，日本政府邀请了柬埔寨等东南亚国家的大学生约100人赴日，参加以动漫作品和Cosplay为主题的青少年交流活动。柬埔寨青少年参与了各种与日本动漫产品相关活动，参观动漫作品的制作学校和机构，同时与日本各个省的大学生展开以动漫作品为主题的交流会，参

---

① http://mumumag.com/poxx-new-idol-pop-culture-from-cambodia/.
② 木村文：《カンボジアでドラえもん》，［朝日新聞］2013年1月30日。

观日本各地的古迹了解日本历史，了解日本各地的风俗习惯。

柬埔寨流行文化新星的推出。柬埔寨的流行文化，在 20 世纪 70 年代波尔布特政权下对知识分子和艺术家的迫害和残杀而一度消亡。近年来，民主化有所发展，经济发展也取得了一定的成绩，但是艺术与教育方面的发展严重滞后。柬埔寨自己的流行文化与现代文化发展缓慢。而近年来，柬埔寨年轻人产生了对本国流行文化的需求。他们在吸收外来文化的基础上，开始发展柬埔寨的流行文化。为了资助柬埔寨艺术家创作流行音乐，在柬埔寨的日本企业 2011 年出资举行了 Cambodia Stars Academy（CSA）活动。这个活动于 2011 年 10 月启动，2015 年 3 月 15 日举行成果展演。日本以此方式助推柬埔寨流行音乐的发展。从流行明星的培训到出道，日本公司提供了协助与合作。此项目在日本 NHK 的国际频道制作了节目进行宣传。

四　其他文化外交活动

（一）"柬埔寨日本人才中心"开展文化交流活动

"柬埔寨日本人才培养中心"（以下简称日本中心）是 JICA 和皇家金边大学共同实施的项目，这个项目开始于 2004 年。中心以商务课程、日语课程和交流事业为主开展活动。

（二）留学生与相关研究

2002 年柬埔寨成立了日本留学生同窗会，主要开展赴日留学服务，促进留日柬埔寨人之间的交流，构建归国人员之间的联系网络与桥梁。同窗会还开展柬埔寨留学生与日本的交流互动，并开设日语学校。1999 年，柬埔寨赴日留学人员仅 10 人。21 世纪初期，随着赴日留学人员的增加，2002 年柬埔寨成立了赴日留学同窗会。一年后就将柬埔寨国内所有赴日留学的人员汇集到了一起，截至 2004 年时已经有会员 30 人。除赴日本高校留学的人员外，还包括了赴研究生院、专科学校和技术学校留学的人员。

小结

综上所述，日本对柬埔寨所开展的文化外交活动，最为突出的就是日语推广、对吴哥窟的保护与修复以及通过流行文化影响柬埔寨。在以上三个活动中，最有计划、持续时间最长的是对吴哥窟的保护与修复。这个项目已经成为日本对柬埔寨无偿援助以及文化外交的标志性项目。几乎在所有涉及日本与柬埔寨关系的文章中都会提及这个项目。日语推广，如果与前述 3 国相比，投入的人力与物力都相对较少，学习日语的人数也比较少。在最容易被接受的流行文化方面，接受度比日语推广要理想。从第四章问卷调查的结果可知，在今天柬埔寨青少年当中，对日本流行文化的认可度已经比较高。

无论是 ODA、区域公共产品的提供还是文化外交，最终指向依然是

"亘古不变"的日本在 GMS 的经济利益。目前在柬埔寨投资的日本企业相对较少,赴柬埔寨旅游的日本游客量也明显不足。因此柬埔寨学习日语者无法与其他几国相比。日本在柬埔寨的经济投入还不够大,或许是日本对柬埔寨文化外交所投入的人力与物力无法与前述 3 国相比的深层次原因。

第六节　日本对老挝的文化外交

日本是老挝最大援助国。老挝是日本最早派遣海外青年援助队的国家。老挝的日语推广,最早由日本海外青年援助队的志愿者开展。1975 年老挝爆发国内革命,老挝和日本的关系一度跌入低谷。随着 20 世纪 90 年代老挝开始市场经济改革以后,日本与老挝关系回暖。日本恢复对老挝的日元贷款、无偿援助及技术合作。不仅如此,两国高层互访频繁,日本企业也从这个时期开始进入老挝。日本和老挝之间的文化交流活动也随之增加。从目前所能掌握的材料而言,日本对老挝所开展的文化外交,主要是日语在老挝的推广。此外多为各种不定期日本文化推介活动。这些活动多半是在日本大使馆、日本国际交流中心及老挝日本文化交流中心的主导下开展的。除日语推广教育之外,日本在老挝开展的文化外交,按照不同的实施机构展开讨论。

一　日语推广

首先梳理日语在老挝推广的概况。随后根据不同的日语推广机构,探讨日语在老挝推广的特点。

(一) 老挝的日语推广概况

老挝的日语推广开始于 1965 年,即 JICA 青年海外援助队在万象成立日语培训机构。由于 1975 年 10 月老挝国内革命爆发,老挝所有的日语培训被中止。直到 1995 年才恢复。这时的日语教育主要是,日本文部省向老挝国立大学援助项目中的日本政府奖学金资助留学的日语课程。1996 年在万象出现了私立日语国际学校,2007 年由于生源不足关闭。

2001 年,老挝国立大学开设了日语中心。从这个中心的设立开始,老挝出现越来越多的日语培训机构。2003 年 9 月,老挝国立大学文学系开设了日语专业。2008 年 8 月,第一期的 7 名学生毕业。老挝国立大学是目前老挝唯一能授予日语语言文学学士学位的机构。从 2003 年至 2014 年,共有 6 批学生毕业。2014 年注册学生为 71 人。

位于老挝中部城市沙湾纳吉的沙湾纳吉大学,从 2013 年开始开设了作为外语选修科目的日语课程。2014 年 2 月,老挝国立大学法律与政治系与日本名古屋大学合作设立了日本法教育研究所。为了培养懂日语的老挝法律人才，2014年9月在老挝国立大学法政系内开设了日语培训课程。2014年3月，日本和老挝签署了《老挝沙湾纳吉大学日语课程完善计划协议》，日本政府使用无偿援助资金对沙湾纳吉大学提供日语教学所需的视听器材和教材，同时在沙湾纳吉大学里设置"日本相关信息角"，并提供信息角建设所需要的各项器材。

老挝的私立大学也开设了日语培训课程。在老挝的基础教育体系中，小学和中学都出现了日本文化和日语的选修课程。

随着越来越多的日本企业进入老挝，老挝对日语人才的需求量增加。因而，近年来，越来越多的老挝高等院校中开设了日语课程。公立学校之外，出现了多家私立日语培训机构。截至2013年包含日语培训中心在内的私立日语培训学校共有11所。其中10所在万象。有部分老挝人或日本人以家庭教师形式教授日语。

2001年日本政府和老挝政府合作在万象设立了老挝日本中心，中心也开设了日语培训课程。随着学习日语人数的增加，2007年12月，国际日语能力测试在老挝的日语培训机构中开设考点。到目前为止，共有158名老挝日语学习者报名，139名参加了考试。其中有6人通过1级，12人通过2级，78人通过3级，43名通过4级考试。参与考试的90%的人仅通过了3级或4级。

在老挝高等院校中，学习人数最多的外语语种依次是：英语、中文、日语。学习日语的人数无法和学习英语与中文的学生数量相比。国际交流基金2000年的调查显示，日语学习者的数量1998年为80人。截至2000年，因接受日本文部省奖学金赴日留学前参加老挝国立大学日语讲座，以及其他社会生源参加私立日语培训机构课程的人数，仅有100人左右。2003年时的调查结果是493人，学习人数出现了增长。

老挝人学习日语的动机，很少是由于对日语和日本文化感兴趣，大部分是想赴日本留学及希望从事日语导游工作。2001年，日语语言中心开设了面向成人的日语课程后，日语学习者开始增加。以万象为中心，截至2008年大约有500名学习者。

在教师方面，日语培训中心的老挝教师有9人，日本教师有19人。2001年时，成立了老挝日语教师研究会，现在已经有会员36人。

从2004年开始每年3月，日本驻老挝使馆、老挝原日本留学生协会与老挝各日语培训机构，联合举行老挝日语演讲大赛。

2007年举办的第四次大赛得到了驻老挝日本企业的捐助。获胜者参加了在东京举行的东盟日语演讲大赛优秀者大会。2008年，不仅在万象，在老挝其他地区也开始出现报名参赛者。2008年报名参加日语演讲大赛的人达到了 40 人。

老挝的日语教育所面临的问题有：第一，老挝日语教师严重不足，第二，老挝语版的日语教材严重不足，第三，老挝的初高中日语推广不足。

老挝日语教师严重不足。2008 年以前没有老挝籍日语老师，目前有 9 名。2005 年开始在日语培训中心开设了日语教师培训课程，培养老挝日语教师。2008 年开始，每年都有日语专业的学生成为老挝的日语教师。此外，老挝日语老师开始参加国际交流基金的长短期赴日培训课程，以及在邻国泰国和越南举行的日语研讨会。总体而言，老挝的日语教师数量增长缓慢。

在教材方面，2001 年老挝日语培训中心翻译了《大家的日本语》的老挝语版，随后还出版了老挝语版语法用书。从 2004 年开始，老挝的日语学习者几乎都用这套教材。但是，《大家的日本语》存在一个问题，其教学对象是针对在日本学习日语的外国人，里面的很多词汇与老挝现实生活相距甚远，不能满足老挝学生的需求。为此，老挝的日语培训中心专门编写了从日语字母平假名入门的教材《开始学日语吧》。

到目前为止，附老挝语解释说明的教材仅有两种，一般的老挝人很难买到。在老挝国内书店里几乎没有日语书籍，日语—老挝语词典也尚未出版。由于老挝人能够看懂泰语，日本政府曾考虑过将泰语版的日语教材和相关参考书及日语—泰语词典向老挝引进。但是，引进后价格很高，老挝日语学习者的教材问题还是得不到解决。

（二）公立学校之外的日语培训及日本文化推广机构

公立学校之外的日语培训和日本文化推广机构，是"老挝日本人才开发中心"。这个中心于 2001 年 5 月创办，以人才培养、促进日本老挝之间的人员交流和相互了解为目的。这个机构从设立到运营都得到 JICA 的援助，属于日本政府与老挝国立大学共同实施的文化援助项目。目前，日语人才开发中心主要开设日语课程、商业课程以及电脑课程。从成立以来，这个中心的日语课程都由 JICA 派遣日本青年志愿者承担。从 2012 年以后，日本国际交流中心代替 JICA 援助并运营这个机构。

2008 年，日本人才开发中心已经培训了具备日语初级水平的学生 221 人。目前参加过日语培训的人中，70%是老挝国立大学学生，此外还有公务员、公司职员和僧侣等。老挝日本人才培养中心设置的日语课程分为多种，从入门、初级到中级都有。每个阶段的课程都有较为成熟的课程设置，并积极组织受训者参加日语水平测试。其外，还设置了日语教师入门课程、日本料理学习课程，以及参加日语水平考试的课程。另外，还有受到各个企业和团体的委托课程，比如各种职业培训等。

除"老挝日本人才中心"之外，老挝国立大学内设的培训机构，也开展面向社会的日语初中级培训。在老挝国立大学的工学系内也设有日语培训课程。

私立的日语培训机构，有 2002 年创立的、在老挝教育部注册的 Qiangpa 日语学校。此外，还有 Hakuguo 小学、天理日语中心、Tecyan 培训中心等。在这些私立日语培训机构中的日语学习者年龄普遍较小，以中学生为主。

（三）以 JICA 为中心开展的日语和日本文化推广活动

1. 概况

老挝的日语推广，大部分依托 JICA 在首都万象展开。

JICA 在老挝的日语推广，主要分成两个阶段。第一个阶段以青年海外协助队员为主开展。1965 年 JICA 开始向老挝派遣海外青年援助队伍，对老挝提供日语推广援助。1975 年 12 月老挝发生了政变。此时，在老挝的外国教师都被辞退，基础教育中的外语课程被取消。JICA 也在 1975 年停止了向老挝派遣青年海外援助队。这个阶段的日语推广完全终止。

第二个阶段的日语推广是从高等教育机构开始的。如 1995 年 11 月，日本文部省为了开展留学预备教育，在老挝国立大学开设了作为基础课程的日语课程。每年都有 20—30 个学生报名，每年开展 6—8 个月的日语培训。最初几年由老挝教师执教。从 1999 年 3 月开始，JICA 向老挝国立大学派遣了海外协力队员担任日语教师。但是这个留学预备课程在 2000 年也被终止了。2003 年 10 月，老挝国立大学开设了日语专业。

除公立学校之外，从 2000 年 10 月开始 JICA 向老挝的日本人才培训中心派遣日语教育专家。2001 年 5 月这个中心开设了基础课程。2003 年 10 月，开设了日语中级班教育，学习人数达到了 200 人左右。

JICA 援助的私立日语学校有四个。这四个学校都在老挝教育部注册过。这四个学校分别是，1996 年 2 月创立的国际语言学校，2002 年 10 月开始授课的万象日语学校，老挝人经营的 Shihomuwayitaya 语言学校及老挝妇女协会成立的日语培训中心。

2. JICA 对老挝文化与语言援助的开启

JICA 对老挝的援助，最初不是从日语推广开始的，而是从插花培训开始的。1965 年 12 月，JICA 派遣了 2 名日语教师到万象开展教育援助。从 1966 年 1 月开始又在老挝的妇女协会附属家庭学校，开设每周两次的插花培训课程和日本文化课程。

20 世纪 60—70 年代，将日语作为全日制课程开设的学校有，万象技术学校、国立综合学校以及东古师范学校。

1966年4月,在万象的技术学校JICA协力队员开设了日语课程。由于师资不足,一度终止日语课程。东古师范学校,在JICA的援助下从1966年到1969年开设了作为选修课程的日语课。1966年学习者超过了60人。1968年,东洋学和法语学科的学生达到了10人。1972年4月,JICA开始向老挝国立综合学校派遣青年志愿者。在JICA的推动下,1972年10月日语成为老挝国立大学的选修课程。从1975年9月至1976年6月间,JICA在老挝的初中与高中里也开设过日语课程。

JICA派出的青年志愿者,对20世纪60—70年代期间的日语推广发挥了积极作用。随着民间机构的出现与高等教育机构日语课程的开设,JICA还援助这些机构开展宣传日本文化的活动。

3. 面向公众的日语培训班

JICA资助的面向公众的日语讲座,在万象技术学校、老挝妇女协会附属家庭学校,以及日本NGO—JOGV里开设。

万象技术学校的日语课程,并不是技术学校开设的,而是JICA租用万象技术学校的校舍,由JICA志愿者授课。授课对象有技术学校的学生和大量的社会生源。在招募学生方面,JICA委托老挝政府报纸《LAO-PRESS》发布招生广告。依托这份报纸的宣传,每次开班报名学生人数都比前次有所增长。1966年第一次开课时,分为学生班级与社会生源班级,每周授课3次,报名人数有87人。随后,根据万象技术学校学生的要求,加开了技术学校学生的课程。到1972年仅面向技术学校学生的日语班,已经有250名学生。随后,JICA在万象技术学校内开办的社会生源日语学习班,授课地点变更至日本NGO组织JOCV的办公室内,JICA在JOCV的协助下继续开展日语培训。

由于万象技术学校的日语培训班的课程供大于求。不久后老挝妇女协会附属家庭学校里的日语课程也开始减少至每周两次。东古师范学校的课程也由于生源问题,在开课后不久就暂停了。

4. 援助停滞期的日语推广活动

老挝境内的所有日语推广活动,由于20世纪20年代的老挝政变而终止。从1975年开始,华侨、越南人及老挝国内的有志之士都因老挝政局的变化纷纷逃离老挝。JICA的海外青年援助队员也在当年7月撤出老挝。

JICA撤出老挝后,万象技术学校教学陷入瘫痪。此时,老挝教育部改革了课程设置,从高校到中学的外语课程,全部变成了选修课程。老挝国立综合学校的外语教学也陷入停滞。同年11月恢复上课后,由于英语教师不足，加设了日语选修课。但实际选修日语课程的学生数量非常少。1976年3月老挝新政权上台后，国立综合学校的外语课程恢复，日语成为全日制课程。但是由于学校经常停课，实际教学效果不佳。

5. 20世纪90年代中后期以来的日语推广活动

2001年，JICA与老挝政府合作创立了"老挝日本人才开发中心"。2003年，老挝国立大学文学系设立了日语专业。2007年，"老挝日本人才开发中心"开设国际日语水平考试考点。2013年，JICA援助沙湾纳吉大学开设日语选修课程。2014年，援助老挝国立大学法律政治学系下设老挝日本法律研究教育中心开设日语培训课程。

二 "老挝日本人才开发中心"开展的系列活动

除日语培训外，"老挝日本人才开发中心"还开展职业技术培训、日语教师培训、赴日留学咨询与服务以及文化交流活动。目的在于增加老挝民众对日本的好感。

（一）各种职业培训与专业课程

除日语培训外，"老挝日本人才开发中心"还提供两种课程。一种是商业课程。商业课程主要是让参与培训者具备与商务活动和经营相关的基础知识。培训对象主要是老挝的商务人士。他们都是老挝国营企业和民营企业的管理者，以及公务员。参与授课的教师，主要是老挝国立大学经济学系的教师，此外还有日本政府或者日本国际交流基金会派出的相关领域专家。另一种是电脑课程。电脑课程培训的对象是商务人士、政府机关职员和大学生，开展初级和中级电脑培训课程。截至2014年，接受电脑培训人员超过2000人。

同时，还设置了针对日语教师的培训课程。培训形式的多样化，有邮件授课和口头授课等。另外，还开设了MBA硕士课程，截至2010年已经招收了两届学生，通过所有科目考试，完成硕士学位论文，获得了学位的共32人。

（二）文化交流活动

除日语培训、职业技术培训以及提供各种服务外，"老挝日本人才开发中心"还承担着一个职能，即举办老挝和日本之间的各种文化交流活动，让老挝民众了解与熟悉日本文化。

主要活动有从2006年开始每年举办一次的日本节。2007年举行了180项文化交流互动，当地参与人数超过12000人。2008年举办第三次日本节时，在"老挝日本人才开发中心"接受日语培训的学生们，不仅参与了日语歌曲与戏剧的演出，还用日语发表了演讲。2015年"老挝日本人才开发中心"举办的日本节活动有，放映日本电影、举办盂兰盆节、举办日语歌曲比赛和日本料理大赛等。2015 年的"老挝日本文化节"总共有 500 人参加。

（三）赴日留学相关活动

日本政府每年向老挝提供的留学生名额，包含无偿援助项目和日本政府奖学金在内共 50—55 人。"老挝日本人才开发中心"，每年为赴日留学生举办各种讲座、模拟考试、日语听说能力提高培训以及赴日留学会议等活动。2014 年的赴日留学会议，有日本的 8 个公立高校参加。参加留学推介会的老挝学生有 1050 名。

此外，老挝日本留学生会总部设在"老挝日本人才开发中心"内。"老挝日本人才开发中心"与老挝日本留学生会一起举办各种活动，比如为进入老挝的日本企业，提供日语人才的培训，提供各种信息咨询，为结束日本留学回老挝的人员提供就职援助等。

（四）与企业之间的合作

"老挝日本人才开发中心"与驻老挝日本企业的合作项目主要有"商务论坛"、奖学金颁发和人才培训。自 2011 年就开始举办的"商务论坛"已经举办了两届。2013 年举行了有 80 人参加的"商务论坛——农工商合作开发老挝农业商务的可能性"。主要有东京农业大学教授、老挝大学农学教授参加。老挝的企业方面有工商会、老挝农产加工协会的会长、老挝的房地产公司等机构参加。主要讨论了如何通过人才培养，推动老挝农产品走向市场，如何通过建立老挝国内的产业网络和联盟促进老挝农业的产业化。

从 2008 年开始，本田奖学金颁奖典礼就在"老挝日本人才开发中心"举行，共持续了 5 年。奖学金主要奖励老挝大学工学系的优秀学生。5 年中共有 10 名学生获得奖学金。

2011 年老挝的股票市场开市后，由于人才缺乏，老挝信息部、《日本经济新闻》社与"老挝日本人才开发中心"举办了经济报道和证券市场人才培养课程。老挝新闻界的 30 名经济记者参加了培训。"日本经济研究中心"的前田昌孝主任研究员进行授课。培训课程结束后，老挝的经济记者们都表示培训对他们了解证券市场和经济的可持续发展发挥了作用。

三 以日本大使馆为中心开展的交流活动

（一）"21 世纪东南亚青少年交流计划"与老挝的合作

大使馆开展的日本和老挝青少年文化交流长期项目有，2007 年 1 月东亚首脑会议上日本政府提出的 JENESYPS。JENESYS 项目主要是面向参加东亚首脑会议的东盟 10 国、中国、韩国、印度、蒙古国、澳大利亚、新西兰等国，通过大规模的青少年交流，增加亚洲国家间的相互联系。每年邀请相关国家的6000名青年赴日，与日本青少年开展相关活动，或者将日本青少年派往相关国家开展文化交流互动。

为了增加日本和老挝青少年在流行文化方面的交流，日本驻老挝大使馆与多个团体和部门合作，开展了各式各样的活动。2008年在老挝文化会馆举行了"日本动画电影节与日本文化节"，上映了三部日本动画电影，举行盂兰盆舞、歌唱、歌剧比赛以及日本饮食节等活动。2012年日本政府派遣明治大学的五名擅长Hip-hop舞蹈的大学生，赴老挝开展了为期10天的交流。这个活动通过日本青年与老挝青年一起切磋Hip-hop舞蹈，并共同创作和表演Hip-hop，增进交流。日本青年Hip-hop访问团还访问了老挝国立艺术学校以及艺术教育学院，与这两个院校的学生通过舞蹈进行交流。最后，在老挝武道馆、老挝儿童教育中心和老挝国立艺术大学等地举行了Hip-hop展演。在老挝当地发行的《越南时报》以及日本国内的《明治大学》专报中，都介绍了此次交流活动。

（二）以使馆为中心开展的流行文化推介

以使馆为中心开展的流行文化推介，主要向老挝介绍日本的流行音乐、动漫作品和游戏等文化产品。比如，2010年12月底，派遣了日本知名乐队——地球乐队的主唱和键盘手，赴老挝向老挝国立大学、PONSAWA大学以及"老挝日本人才开发中心"，介绍日本的流行音乐，并举办演唱会。

2011年，来自老挝国立大学、万象市内的高中、老挝其他大学以及老挝媒体界的人士，共76人在老挝举办了"日本动漫作品研讨会"。在日本专业从事动漫作品制作的水谷英二，介绍了日本动漫作品的制作流程。2012年，日本政府还在老挝国立大学和"老挝日本人才开发中心"分别开展了日本流行文化的介绍活动，主要向老挝青少年介绍日本的动漫作品、Cosplay以及流行音乐等日本流行文化产品。① 老挝的电视频道里没有播放日本电影和动画节目，老挝人一般借助泰国的电视频道了解关于日本动画与电影等方面的信息。近年来随着手机以及网络在老挝普及，民众可以通过网络了解世界，老挝国内才出现喜欢日本动漫作品和游戏的群体。

2012年日本大使馆在老挝举行了首次Cosplay活动。"老挝日本人才开

---

① 日本亚洲制造服务公司：《在万象举行了日本流行文化推介活动》，http://www.aps.co.th/asia_now/?pid=96。

发中心"日语培训班的学生中,出现因喜欢 Cosplay 而学习日语的群体。①为此,"老挝日本人才开发中心"开设了与 Cosplay 相结合的日语课程。这个课程使用针对老挝学生编写的日语教材,加入了老挝生活场景,并有针对性地介绍日本文化。最初仅有 3 位老挝少年参加这种培训课程。结合了 Cosplay 的日语课程形式灵活,且很有趣味,选择"老挝日本人才开发中心"学习日语与 Cosplay 的 10—20 岁的老挝青少年迅速增加。

(三) 老挝和日本之间的保护遗迹和文化财产的活动

日本大使馆在老挝开展的文化援助项目有,2004—2007 年通过无偿援助实施的"万象首都圈公路沿线文化遗迹调查援助项目"。在修缮从万象机场至市内的 10 公里公路前,JICA 先对沿线是否有未发掘遗迹和文化财产进行全面勘察。勘察后 JICA 确定了在这条线路有 32 个未发掘遗迹、文化财产以及需要迁移的寺庙。日本政府和 JICA 派出 4 名考古学家与老挝政府官员合作,在综合考虑了交通道路规划与排水处理等问题后,制订了遗迹、文化财产保护和寺庙迁移计划。文化保护援助项目实施后,在公路建设线路上的 13779 个点上发现了文物。发掘出的多半是属于旧石器、新石器和孟高棉文化的历史文物。② 最终发现了遗址 85 处,遗址多处于地下 1 米深处,多半为建筑物的地基、残留的墙壁和水井等,此外还发掘出寺庙遗址中留有绳纹的石头、硬质灰陶、陶器、建筑材料和生活用具等,部分是史前时代的遗物。③

(四) 体育合作与交流

为了促进青少年之间的交流活动,日本大使馆开展了包括老挝在内日本和东盟国家间的足球交流。这个活动主要由日本足球协会与 JENESYS 项目委员会联合举办。邀请了老挝的 14 岁以下的数名男孩组成访问团,赴日本与其他东盟国家的青少年足球队进行足球训练与比赛。

四 以日本国际交流基金为主开展的艺术合作与援助

日本国际交流基金在老挝开展的艺术合作与文化援助,包括美术领域的文化援助、美术教育合作,传统音乐合作和日本漫画推广。日本国际交流基

---

① 大田美紀:《世界の日本語教育の現場から(国際交流基金日本語専門家レポート)ラオスおたくクラブも大好き! JF 講座》,2013 年,https://www.jpf.go.jp/j/project/japanese/teach/dispatch/voice/voice/tounan_asia/laos/2013/report02.html。

② 日本国際航空柱式会社:《海外援助項目:老挝万象首都圈道路完善前埋藏文物与文化财产保护计划》,http://www.kkc.co.jp/international/activities_bu.html。

③ 老挝日本人才开发中心:《第 8 次老挝文化介绍活动》,2010 年 6 月 30 日,http://japan-center.jica.go.jp/article/8.html。

金实施的美术领域的文化援助项目,从 2013 年开始持续至 2015 年,是针对缅甸、老挝和柬埔寨的美术领域开展的文化援助活动。从 2013 年分别向 3 个国家派遣出 3 支调查组围绕各个国家美术产业开展调查。

美术教育方面,国际交流基金邀请了日本东京艺术大学教师佐藤悠与日比野克彦到老挝的 Pontou 村开展美术教育合作项目。截至 2014 年,这个项目已经实施了 4 年。这个项目旨在邀请日本的美术家赴老挝,为保护老挝全国传统文化发挥作用。这个活动的策划和资金支持者为日本国际交流基金亚洲中心,实施方为日本公益法人国际中心。

传统音乐合作方面,国际交流基金在 2 月中旬举行了纪念日本和东盟友好关系 40 年系列活动。其中包括在柬埔寨、老挝和缅甸举行以津轻三弦琴演奏者浅野祥为代表的日本传统音乐演奏会巡回演出。在老挝演出时,不仅上演了日本传统乐器演奏的日本传统音乐"邦乐",还上演了老挝的传统音乐,形成了交流与互动。国际交流基金期待通过音乐实现两国间民众的交流。

国际交流基金,2012 年在老挝、缅甸和文莱举办了漫画推广课程。日本漫画家赴 3 国开设漫画入门课程。在老挝时,在万象各个大学和"老挝日本人才开发"中心举行了漫画入门课程,受到当地青少年欢迎。

五 民间组织和 NGO 开展的技术交流与合作

日本 NGO 在老挝的活动比较活跃。在老挝开展技术合作与文化交流的日本 NGO 主要有以下几个:日本老挝青少年协会,日本难民救助会(ADRA),亚洲教育友好协会,东京国际学苑,日本地雷排出委员会,太平洋人才交流中心和 JATTO。

日本老挝青少年协会,是为了促进日本与老挝青少年在教育、文化及运动方面的交流而成立的机构。自 1994 年成立以来,为了推进两国文化交流,以会长川原念和副会长松阪永吏子为主开展了系列活动。2007 年在老挝注册成为正式的社团组织。最近开展的活动有向老挝学校赠送文具,帮助老挝建立小学,在联合国教科文组织的帮助下在老挝大学里开展学习交流活动,在万象郊区的小学里开展植树活动,与万象当地的大学开展教育与环境的研讨会等。

总部位于东京的日本难民救助协会,为改善老挝的保健服务水平,向他们提供了二手的救护车,向贫困家庭儿童赠送了二手自行车 500 辆。从 2006 年开始,该组织派遣志愿者为老挝北部的山地民族提供各种农业发展援助。援助活动包括教授当地农民耕作方式提高粮食产量的技术。

亚洲教育友好协会是总部在东京的 NGO。从 2005 年起主要在老挝南部的沙湾纳吉地区开展教育援助，比如建立小学等。截至2009年末，已经为当地建立了18所学校，为当地学生接受教育提供了更充分的条件。在学校建成后，还在当地开展种菜和养鱼等职业培训。此外，还有面向当地学校教师的培训。同时，向学校不定期提供文具和教学用具，并帮助老挝学校与日本的小学建立友好学校关系。

东京国际学苑从1996年起开展"微笑老挝"活动，在老挝建立学校。这个机构通过在日本募集资金，已经在老挝建立了6所小学。学校建成后，在日本国内募集志愿者派至老挝当教员，帮助学校完善基础设施。

日本地雷排除委员会受老挝方面的邀请，联合日本的BIRU服务股份公司，从1998年12月开始，在老挝境内开展排雷活动，并提供相关的物资支持。

太平洋人才交流中心从1990年起致力于通过支持发展中国家的人才培养，促进国家间的人员交流。主要以亚太地区的发展中国家为对象开展各种援助活动。截至2009年，共在124个国家开展了各种与产业发展相关的研修活动，共有12374人受益。这个组织目前已经对89名老挝人提供了研修服务，其中有48人赴日本接受培训，41人在老挝当地参加相关培训班。此外，还有与JICA合办的中小企业政策研修班，与JICA合作的在"老挝日本人才开发中心"开设的商务培训班，与日本经济合作会合作举办的"东盟研修班"，与JICA合作的"湄公河地区旅游业振兴研究班"，以及与老挝国内组织合作举办的"赴日留学后续培训班"等。

JATTO非营利机构于1992年成立。主要提供医疗保健方面的援助合作。JATTO在调查了老挝当地的医师以及医疗教育者的工作现状后，开始从日本国内募集资金，在老挝当地开展培训，并免费向老挝当地提供教材和教学设备。主要在万象以及周围的几个省开展医疗培训活动。从2007年开始还资助老挝大学生攻读学士学位。

另外，1989年创立的ION集团，2015年为庆祝老挝和日本建交60周年，实施了促进老挝大学生与日本大学生交流的"日本·老挝大学生交流项目"。ION集团拿出其盈利的1%开展援助。其援助项目涉及"环境保护""国际文化、人才交流与人才培养""地区文化与社会发展"这几个方面。迄今已经推动日本与18个国家开展了相关活动。日本与老挝之间的活动开展了两次。2015年的"日本老挝大学生交流项目"是第二次活动，从老挝邀请了20名大学生赴日与日本20名大学生开展文化交流活动。

小结

日本政府通过驻老挝大使馆、老挝日本国际文化交流中心，以及其他非政府组织，在老挝开展了形式多样的文化交流活动。这些活动中，除了日语推广教育外，能持续多年、形成规模并具有持续影响力的活动很少。这从一个侧面与日本对老挝的 ODA 相对应。日本对老挝的 ODA 与其他 GMS 四国相比相对较少。原因在于相较于其他四国，老挝或许是 GMS 国家中无论从投资还是贸易潜力而言，都相对较弱的国家。由于缺乏更多的投资与贸易回报，日本对老挝的各方面的"投入"自然不多。这从根本上限制了日本对老挝文化外交的规模、涉及的领域以及成效。因此，现在所能看到的对老挝的文化外交活动，多半不成规模、缺乏延续性。

如前所述，日本开展文化外交的形式，一般为日语推广、留学生招募、日本文学作品对外译介、知识界之间交流、流行文化传播、各种文化活动的组织等。如果从实施机构而言，多半是日本大使馆、日本国际交流基金会、日本驻各国的国际日本文化交流中心、日本企业以及日本的非政府组织等。日本对 GMS 国家的需求度不同，从根本上决定了日本对 GMS 国家所开展的文化外交的投入度。从投入的力度、所涉及范围以及持续时间而言，日本明显对泰国、越南和缅甸的文化外交更为重视，而对柬埔寨和老挝文化外交的力度无法与前三国相比。

第四章

日本对大湄公河次区域的介入对中国的影响
——基于调查问卷数据的实证分析

官方发展援助、区域公共产品与文化外交是日本实现对外战略的主要工具。但是，日本并未有意识地将以上三个工具形成一个互动机制，也缺乏将这三项战略工具有机使用的战略设计。日本在单独使用ODA、区域公共产品和文化外交这些战略工具时，都取得了相对理想的成绩。但是，以上三者缺乏整合，日本对外战略缺乏长期性、一致性，加之战略目标的狭隘性，从根本上造成在战术层面上的成功未能形成最终战略上的成功。以下通过调查问卷数据的实证分析，说明日本对GMS的介入在单个政策工具方面是有效的，但在整体收效方面比较有限，在战略层面短期内不会对中国造成决定性制约。同时，日本在战术上所取得的成绩也不容忽视。这些战术上的成绩，在时机成熟时一旦被整合，就能发挥意想不到的效果。

本章使用本研究课题组通过在泰国清孔的"湄公学院"发放的调查问卷所形成的调查数据，验证课题假设，即日本对GMS的介入已对中国造成影响，其在ODA、区域公共产品和文化外交方面取得的成绩不可小视。调查问卷分成三个部分，即政治影响力、经济影响力和文化影响力三个方面。调查问卷面向GMS国家发放，比较GMS国家对中国、美国、印度和日本对本国影响力的认知。由于美国和印度在GMS的影响力也比较大，加之GMS地区民众对中国和日本问题比较敏感，为了提高问卷发放的回收率和GMS 5国民众在回答问卷时的回答率，故问卷设计为比较中美印日四国在GMS的国家影响力。但是，以下在具体的数据分析过程中，会侧重比较中日在GMS的影响力比较。

第一节 政治影响力

政治影响力是指一个行为主体即国家根据自己所拥有的综合国力（包括软实力和硬实力），通过生成内在强大的吸引力和感召力，在国际交往中影响他国的行动以达到自己国家的需要的能力。本节旨在研究中国、日本、美国和印度在 GMS 地区的政治影响力,当中包括社会距离、合作意愿和地区影响力的评估。

一 GMS 国家民众是否愿意与中日两国互动

关于社会距离,社会距离可以用来测量国家、种族、个人之间的心理距离或亲密程度。本书通过测量 GMS 国家对中日美印的社会距离来观察 GMS 国家是否愿意与中日美印进行互动行为,观察国家之间的隔阂以及交往情况。针对这个问题,将社会距离的测量分为"您是否愿意与以下国家的人在工作中共事?""您是否愿意与以下国家的人成为邻居?""您是否愿意与以下国家的人因为结婚而成为近亲?""您是否愿意与以下国家的人成为朋友?"。

在"您是否愿意与以下国家的人在工作中共事?"的问题中,根据调查数据分析发现,相对于印度,GMS 国家受访者总体来说更愿意与中国人、日本人和美国人共事。其中选择愿意与美国人一起共事的受访者有 60.46%,其次选择愿意与中国人一起共事的受访者有 59.05%,选择愿意与日本人一起共事的受访者有 58.6%,略低于中国(如图 4-1 所示)。说明总体来看,来自 GMS 国家的受访者最愿意在工作中与美国人接触,也愿意同中国人和日本人接触,但同印度人一起共事的愿望较低。中日比较中,整个 GMS 的受访者更愿意与中国人共事。

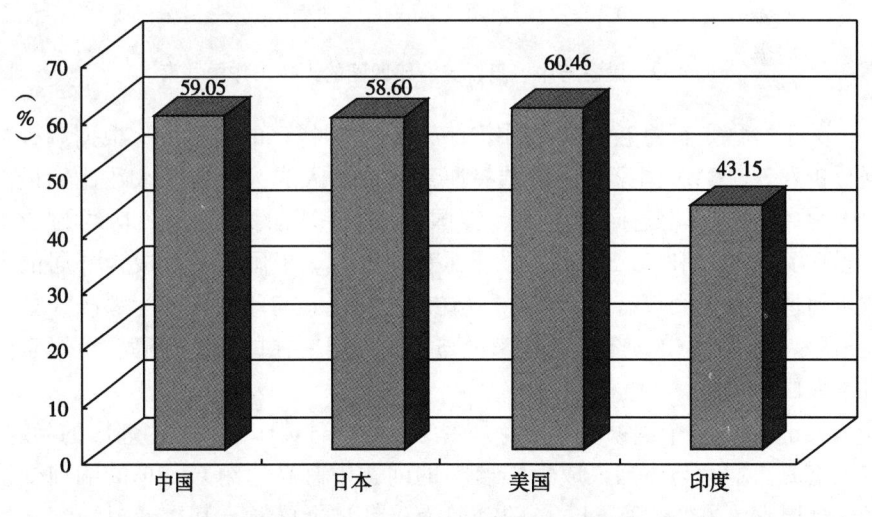

图 4-1 愿意与中、日、美、印四国的人在工作中共事(总体)

关于 GMS 各个国家的受访者是否愿意与中日美印的人在工作中共事的

问题。在"您是否愿意与中国人在工作中共事"的问题中有高达64.8%的缅甸受访者选择愿意，缅甸人最愿意同中国人一起工作。另外约有61.5%的越南受访者选择愿意，其次老挝、缅甸和泰国均有超过一半的受访者选择愿意同中国人在工作中共事。同时，在"您是否愿意与日本人在工作中共事"的问题中，缅甸受访者有60%的人愿意与日本人一起工作，泰国与越南有58%左右的人选择愿意，柬埔寨人约有55%的人选择愿意（如图4-2所示）。由此可知，GMS国家的民众更愿意与中国人共事，愿意与日本人共事的比率低于中国。

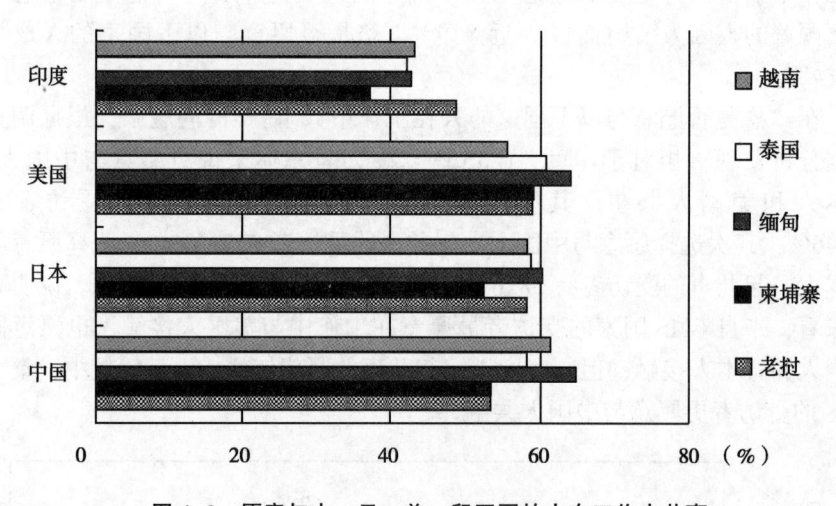

图4-2 愿意与中、日、美、印四国的人在工作中共事

关于"您是否愿意与以下国家的人成为邻居？"的问题中，根据调查数据分析发现，GMS国家受访者选择愿意与中国人成为邻居的人数比例最高（60.44%），选择愿意同日本人、美国人成为邻居的人数比例均约为56%（分别为55.57%和56.39%），选择愿意同以上3个国家的人成为邻居的人数均超过50%。而仅有45.42%的受访者选择愿意与印度人成为邻居（如图4-3所示）。说明GMS各国总体来说与中国邻居交往的愿望最高，也愿意同日本人成为邻居。

关于GMS各个国家的受访者是否愿意与中日美印的人成为邻居的问题。在"您是否愿意与中国人成为邻居"的问题中有高达约66.2%的缅甸受访者选择愿意，另外约有64.4%的越南受访者选择愿意，其次老挝和泰国均有超过一半的受访者选择愿意同中国人成为邻居，说明缅甸人最愿意与中国人成为邻居。但值得注意的是，柬埔寨有将近一半（49.1%）的受访者在

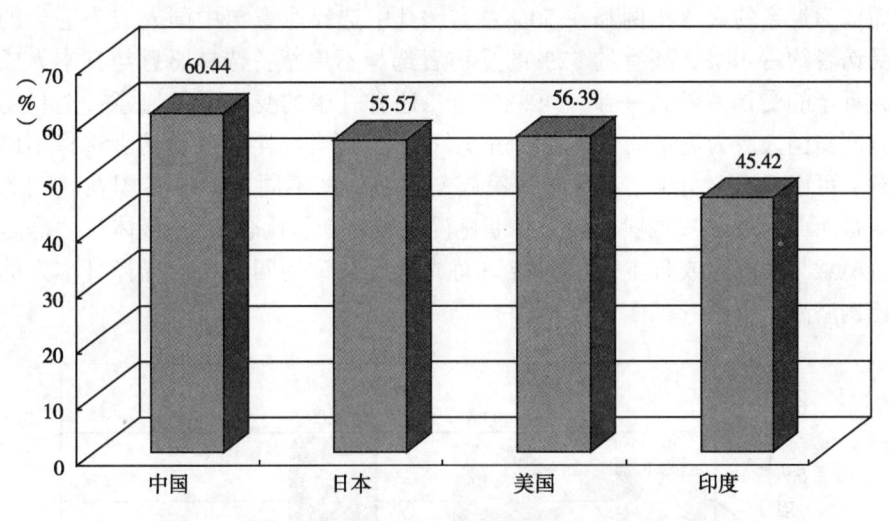

```
     70
   (%)           60.44
     60                        55.57        56.39
     50                                                  45.42
     40
     30
     20
     10
      0
              中国          日本          美国          印度
```

图 4-3　愿意与中、日、美、印四国的人成为邻居（总体）

这一问题上选择愿意，另外约有 51% 的受访者都选择不愿意，说明柬埔寨人不太愿意与中国人成为邻居。相反，柬埔寨人更愿意同日本人成为邻居，约有 57.9% 的柬埔寨受访者在"您是否愿意与日本人成为邻居"问题中选择愿意（如图 4-4 所示）。除此之外，缅甸人、越南人、泰国人和老挝人愿意与日本人成为邻居的比例，都远远低于中国。

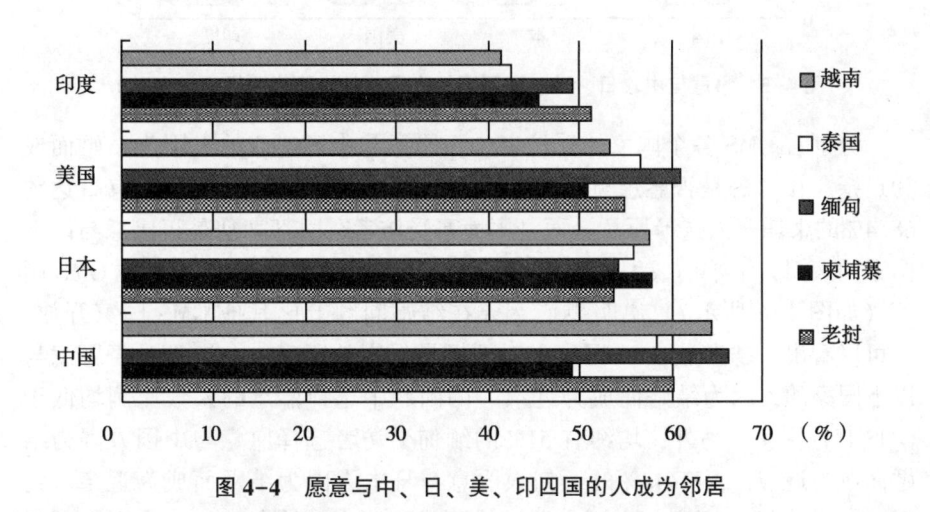

```
  印度  ■■■■■■■■■■                  ░ 越南
                                      □ 泰国
  美国  ■■■■■■■■■■■■■
                                      ■ 缅甸
  日本  ■■■■■■■■■■■■■               ■ 柬埔寨
                                      ▨ 老挝
  中国  ■■■■■■■■■■■■■■■

       0   10   20   30   40   50   60   70  (%)
```

图 4-4　愿意与中、日、美、印四国的人成为邻居

关于"您是否愿意与以下国家的人因为结婚而成为近亲？"的问题中，总体来说，GMS 各国受访者选择愿意与中国人、日本人和美国人因为结婚

而成为近亲的人数比例都在50%左右,其中选择愿意与中国人成为近亲的受访者约占48%,还有约52%的受访者选择不愿意;选择愿意与日本人成为近亲的受访者约占一半(49.86%),还有一半的受访者不愿意;选择愿意同美国人成为近亲的受访者约占51.09%,还有约49%的受访者选择不愿意。可以看出,由于婚育观念和民族文化习俗的不同,GMS各国在"因为结婚而成为近亲"这项社会交往上显得比较保守。比较GMS整体在"您是否愿意与中国人或日本人因为结婚而成为近亲"的问题中,选择日本人的比例略高于中国(如图4-5所示)。

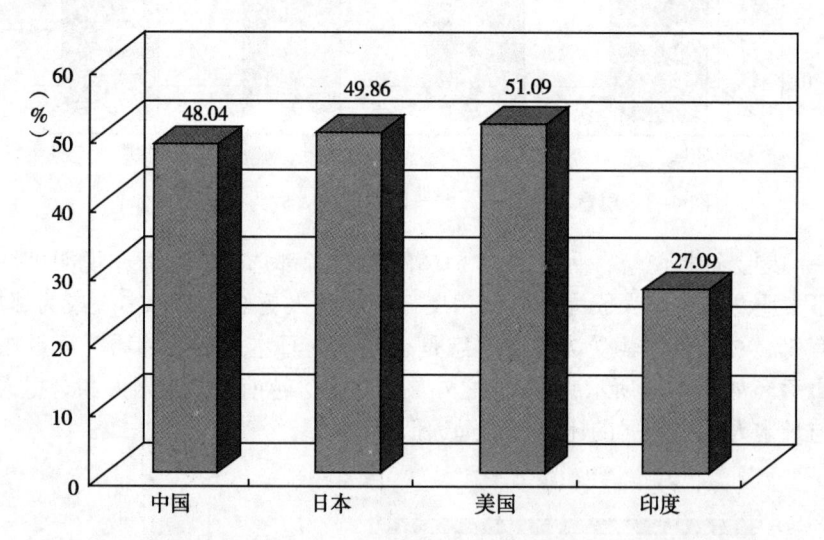

图4-5 愿意与中、日、美、印四国的人因为结婚而成为近亲(总体)

分别看GMS各个国家的受访者是否愿意与中日美印的人因为结婚而成为近亲。在"您是否愿意与美国人因为结婚成为近亲"的问题中有高达约68.4%的柬埔寨人选择愿意,而且柬埔寨受访者在回答"您是否愿意与以下国家的人因为结婚而成为近亲?"的问题时,选择愿意的人高于其他GMS国家(如图4-6所示)。说明柬埔寨人在结婚问题上比其他GMS国家开放。还可以看出,越南是GMS国家中对婚姻最保守的国家,在"您是否愿意与以下国家的人因为结婚而成为近亲"的问题中选择愿意的人数比例均低于GMS其他国家。另外,均约有51%的缅甸受访者选择愿意与中国人因为结婚而成为近亲,仅有48%的缅甸人愿意与日本人因为结婚而成为近亲。约有46%的泰国人愿意与中国人因结婚而成为近亲,约有53%的泰国人愿意与日本人因结婚而结为近亲。老挝人中,约有52%的人愿意与中国人因结婚而成近亲,约有55%的人愿意与日本人因结婚而成为近亲(如图4-6

所示)。

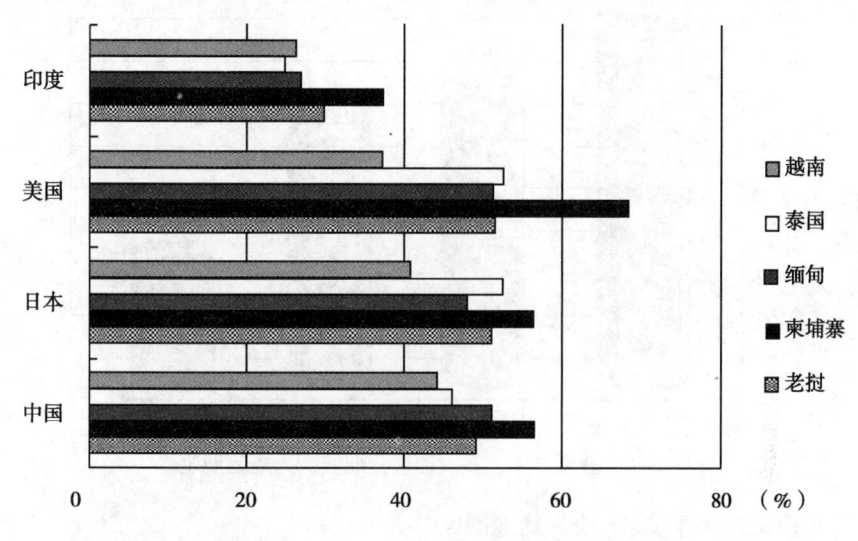

图 4-6 愿意与中、日、美、印四国的人因为结婚而成为近亲

关于"您是否愿意与以下国家的人成为朋友?"的问题中,总体来说,GMS各国受访者选择愿意与中国人、日本人、美国人和印度人成为朋友的人数比例都较高,大部分人(70%以上)都愿意与这些国家的人成为朋友,可以看出GMS各国在与朋友交往的活动中比较开放,在交朋友这一社会交往中国家与国家之间的隔阂较少。其中选择愿意与中国人成为朋友的人数比例最高(80.78%);选择愿意与日本人成为朋友的人数比例稍低于中国(为78.15%);选择愿意与美国人成为朋友的人数比例又稍低于日本人(为76.37%);选择愿意与印度人成为朋友的人数比例为70.09%,各国虽相差不多,但还是可以看出GMS国家的受访者最愿意同中国人成为朋友(如图4-7所示)。

从图4-8中分别考察GMS地区各个国家的受访者是否愿意与中日美印的人成为朋友。有高达约83%的越南受访者选择愿意与中国人成为朋友,其次柬埔寨、缅甸和泰国也均有80%左右的人选择愿意与中国人成为朋友。而愿意与日本人成为朋友的柬埔寨人和缅甸人超过了80%,愿意与日本人成为朋友的越南人有78%,愿意与日本人成为朋友的泰国人有77%左右。老挝人愿意与中国人成为朋友的与愿意与日本人成为朋友的差异不大,但愿意与中国人成为朋友的比例稍微高些。从图4-8中还可以看出,老挝选择愿意与这些国家的人成为朋友的人数比例是GMS国家中最低的,说明老挝人与其他国家的人交朋友的愿望比较弱,即与其他国家的人进行朋友交往活

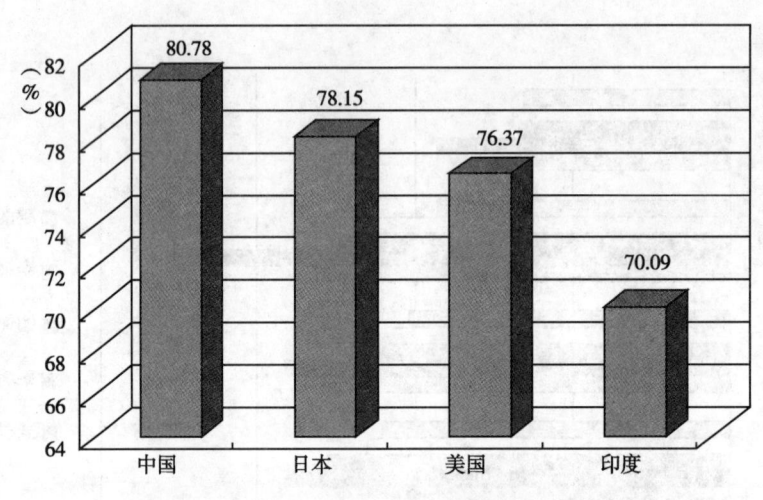

图 4-7 愿意与中、美、印、日四国的人成为朋友

动的心理距离大于 GMS 地区其他国家。

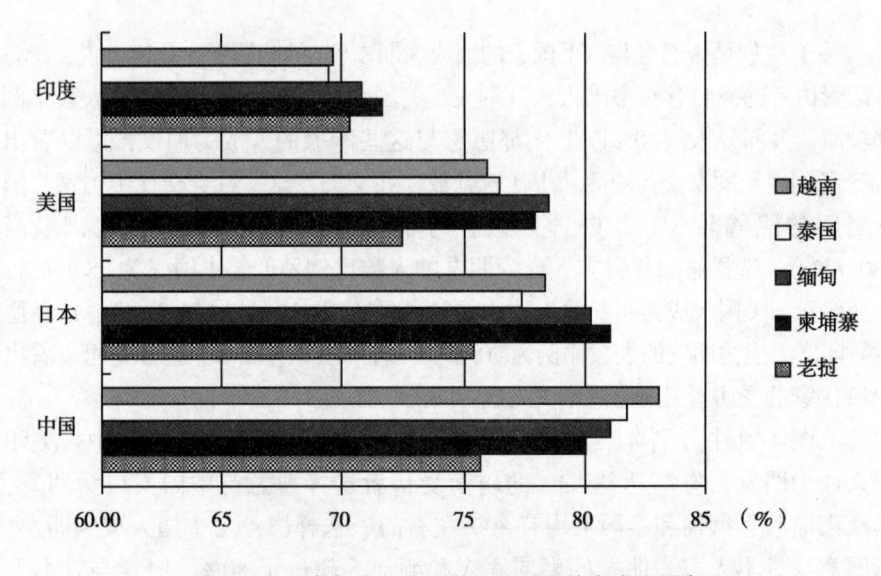

图 4-8 愿意与中、美、印、日四国的人成为朋友

从以上关于社会距离的调查问卷数据可知，GMS 国家受访民众普遍对中国更有好感。愿意成为同事、邻居，因结婚而成为近亲，以及成为朋友的问题是对社会距离由远及近的考察。在这些问题的调查数据中，从 GMS 整体而言，相对于日本，GMS 民众与中国的社会距离更近，更接受与中国人

成为同事、邻居及朋友。

二 GMS 国家民众如何看待中日两国在该地区的国际发展援助

中国对 GMS 国家的援助包括经济援助、人道主义援助、科技教育援助以及基础设施建设援助等。日本对 GMS 国家援助的最大特点在于对基础设施的投入和人力资源的培养。①

(一) GMS 国家民众对中日两国在该地区援助的了解程度

根据调查资料，GMS 国家总体有超过一半（57.5%）的受访者听说过中国对该国的援助活动，有 43.8% 的受访者知道日本对 GMS 国家进行过援助（如图 4-9 所示）。说明 GMS 地区各国对中国在 GMS 地区的援助活动了解最多，中国在 GMS 地区的援助活动被人们听说的范围较大，原因可能有两个，一是中国在 GMS 地区的援助活动数量较大；二是对援助项目的宣传作用。中国作为毗邻 GMS 地区的大国，对 GMS 地区的援助活动增强了其政治影响力和感召力。

在柬埔寨和老挝，均有超过 60% 的受访者听说过中国在 GMS 地区的援助活动，明显高于听说过日本的援助活动的人数比例（52% 和 47%）。在缅甸、泰国和越南，都表现为听说过中国在 GMS 地区的援助活动人数比例最高，也明显高于听说过日本援助的比例（如图 4-9 所示）。

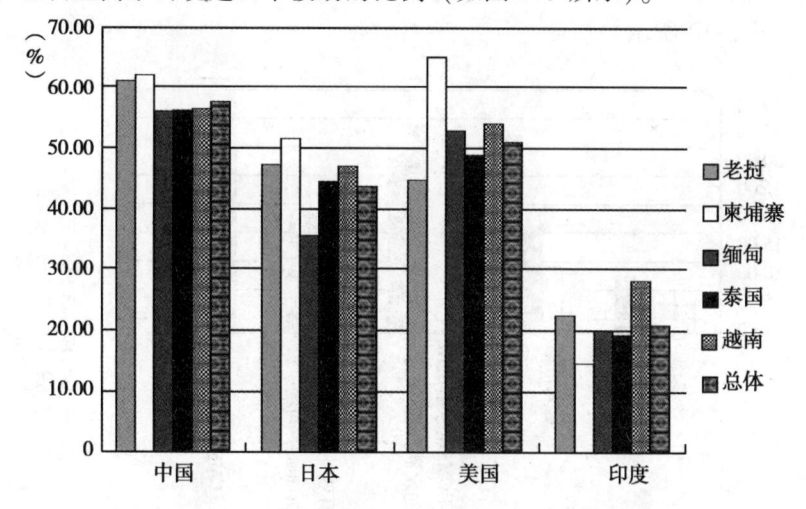

图 4-9 听说过中、美、印、日四国对 GMS 地区的援助活动

(二) GMS 国家民众如何看待中日两国对该地区的援助

上文得出结论，GMS 国家受访者听说过中国在 GMS 地区的援助活动的人数比例最高，他们对中国在该区域的援助活动的了解多于其他国家，但

---

① 赵姝岚:《日本对大湄公河次区域五国援助述评》,《东南亚纵横》2012 年第 12 期。

GMS 国家的受访者会如何评价中日美印对 GMS 地区的援助活动？针对这个问题进行调查发现，总体认为中日对 GMS 国家的援助是"有助于 GMS 国家解决所面临的发展问题"的人数比例最高，而认为这些援助"不仅毫无帮助，甚至让受援国形成了对援助国的依赖性"的人数比例最低。所以，总体而言这些国家在 GMS 地区的援助活动是有效的。具体分析发现，GMS 国家受访者对中国援助的评价主要集中在"有助于 GMS 国家解决所面临的发展问题"（32.9%）和"极大地促进了 GMS 国家的发展"（30.8%），另外还有 24.2% 的人认为中国的援助活动"非常有效地解决了受援领域所面临的问题"，所以约有 88% 的人认为中国在 GMS 地区的援助活动是有效的，仅有约 12% 的人认为中国在 GMS 地区的援助活动"毫无帮助"或"不仅毫无帮助，甚至让受援国形成了对援助国的依赖性"。同时，认为援助"极大地促进了 GMS 国家的发展"的回答中，选择中国的人数明显高出日本；在"非常有效地解决了受援领域所面临的问题"上选择日本的人数略高于中国。在选择"有助于 GMS 国家解决所面临的发展问题"上，选择日本的人数也高于中国。选择"援助对受援国毫无帮助"以及援助"不仅毫无帮助，甚至让受援国形成了对援助国的依赖性"的选项上，日本的比例均高于中国（如图 4-10 所示）。

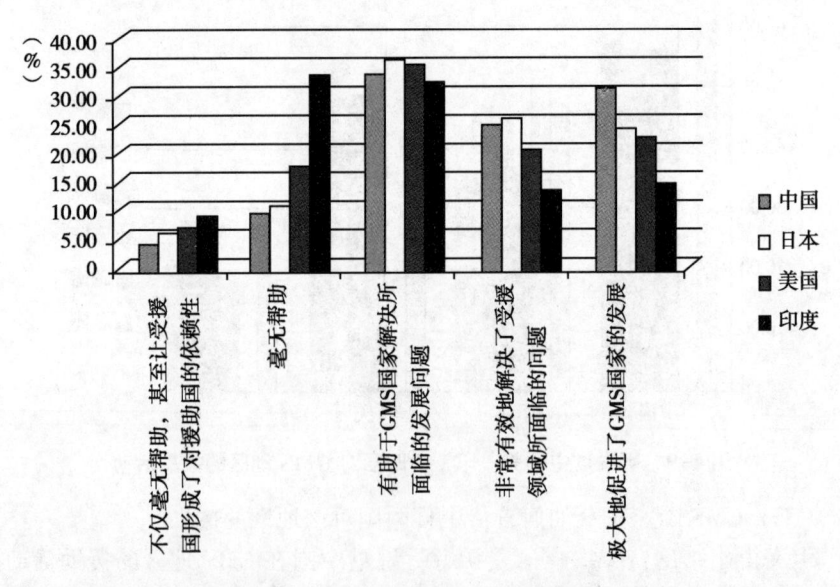

图 4-10 如何看待中、日、美、印四国对 GMS 的援助活动（总体）

通过调查数据具体来看缅甸如何看待中日对 GMS 地区的援助活动。可以看出，缅甸对这一问题的看法同 GMS 国家总体的看法分布相似。缅甸对中国的援助活动评价最高，有 27.4% 的缅甸受访者认为中国的援助活动极大地促进了 GMS 国家的发展，而缅甸认为日本援助活动极大地促进了 GMS 国家的发展的人数比例均低于中国（如图 4-11 所示）。说明缅甸对中国在 GMS 地区的援助活动的评价最高，对日本援助评价次之。

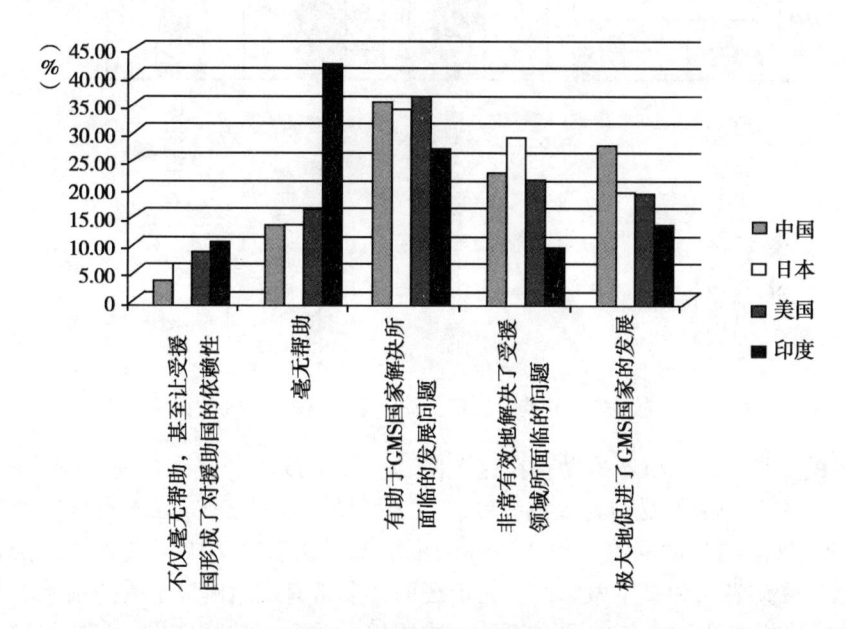

图 4-11　缅甸如何看待中、日、美、印四国对 GMS 的援助活动

数据显示，老挝对中国就实施援助活动方面的评价较高。约有 35.5% 的人认为中国极大地促进了 GMS 国家的发展，这一比例高于认为日本极大促进了 GMS 国家发展的比例约 8.8%。关于援助"非常有效地解决了受援领域所面临的问题"这个问题的回答，老挝受访者对中国和日本的评价是一致的；关于"援助有助于 GMS 国家解决所面临的发展问题"的回答，选择日本的老挝受访者是高于选择中国的。关于援助"毫无帮助"的问题，选择中国的受访人数要比选择日本的稍多。关于"不仅毫无帮助，甚至让受援国形成了对援助国的依赖性"上，选择日本的受访者比选择中国的受访者要多。综合以上 5 组数据可知，老挝对中国援助活动的评价高于日本（如图 4-12 所示）。

如图 4-13 所示，关于"不仅毫无帮助，甚至让受援国形成了对援助国的依赖性"，仅有 2% 的柬埔寨受访者认为中国援助存在这个问题，但是有

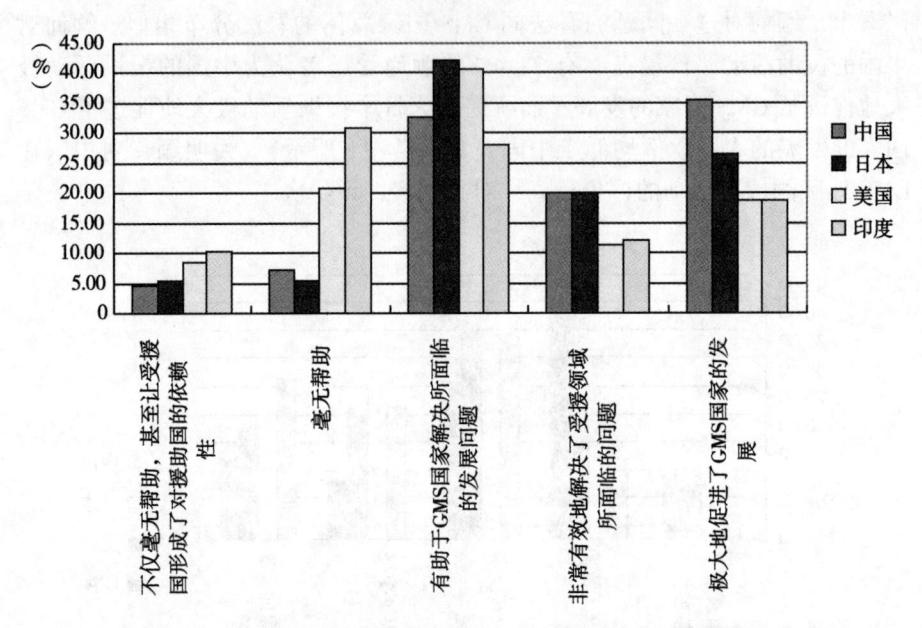

图 4-12 老挝如何看待中、日、美、印四国对 GMS 的援助活动

10%的受访者认为日本援助存在这个问题。关于援助"毫无帮助"的问题，选择日本和中国的受访者人数一致。关于援助"有助于 GMS 国家解决所面临的发展问题"的回答，约 33.9%的柬埔寨受访者认为中国做到了，仅有 27%的受访者认为日本做到的；关于援助"非常有效地解决了受援领域所面临的问题"的回答，27%受访者认为中国援助达到了这个效果，25%的受访者认为日本援助发挥了作用；关于援助"极大地促进了 GMS 国家的发展"的回答，有 27%的受访者认为中国和日本的援助都能促进受援国发展。综合以上数据可知，柬埔寨受访者对中国援助的评价高于日本（如图 4-13 所示）。

泰国对中日两国在 GMS 地区援助活动的评价都较中立，大部分评价集中在"有助于 GMS 国家解决所面临的发展问题"。其中约有 29.6%的泰国受访者认为中国极大地促进了 GMS 国家的发展，这一比例高于对于日本的评价。有 30%的受访者认为日本援助非常有效地解决了受援领域所面临的问题，28%的受访者认为中国援助有助于受援国发展。约 34%的受访者认为日本援助"有助于 GMS 国家解决所面临的发展问题"，这一比例略微高于中国。相同数量受访者认为中国和日本援助对他们国家毫无帮助。相同数量的受访者认为，中国和日本援助不仅没有帮助，反而让受援国依赖援助国。根据以上 5 组数据可知，泰国受访者对于中日两国对该国的援助评价差异不

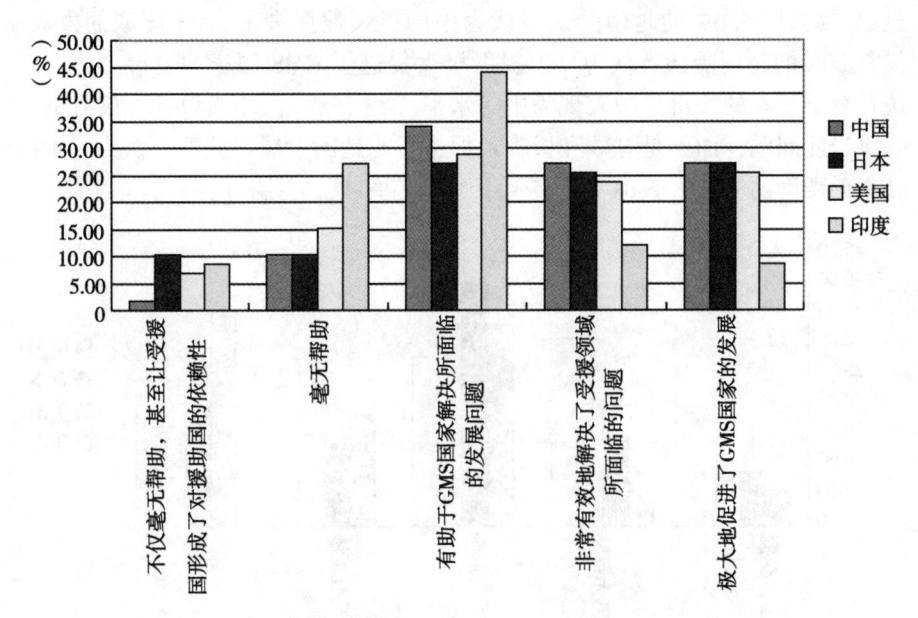

图 4-13　柬埔寨如何看待中、日、美、印四国对 GMS 的援助活动

大（如图 4-14 所示）。

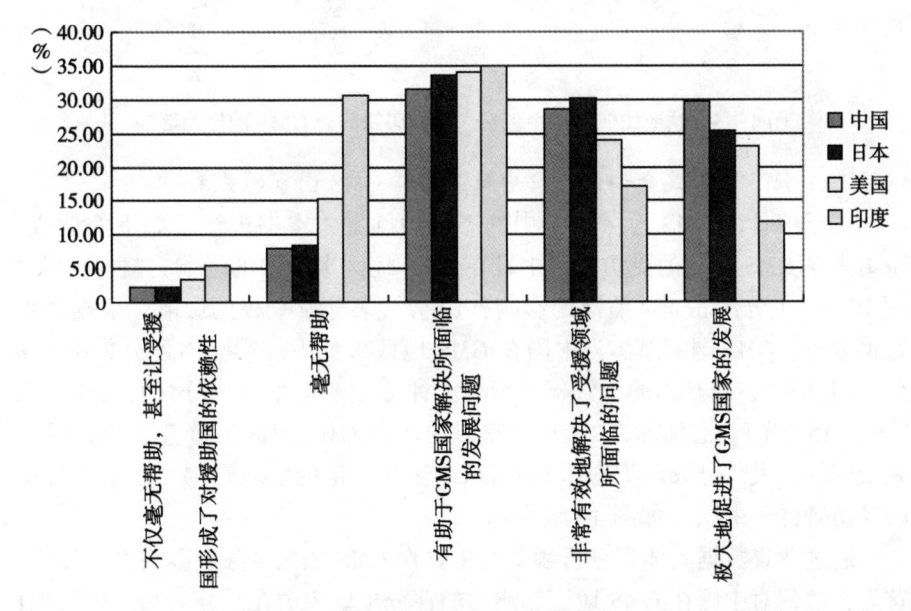

图 4-14　泰国如何看待中、日、美、印四国对 GMS 的援助活动

越南对中国在 GMS 地区的援助等一系列活动的评价均高于日本。数据

显示，约有 35.6% 的越南受访者认为中国极大地促进了 GMS 国家的发展，仅有 20% 的越南受访者认为日本援助极大促进了 GMS 国家的发展。越南受访者对于日本的评价集中表现为中等水平（约 15%），即认为日本仅有助于解决当前问题，而不是有效和极大地促进了当地的发展。此外，认为日本援助毫无帮助的受访人数也明显多于中国（如图 4-15 所示）。

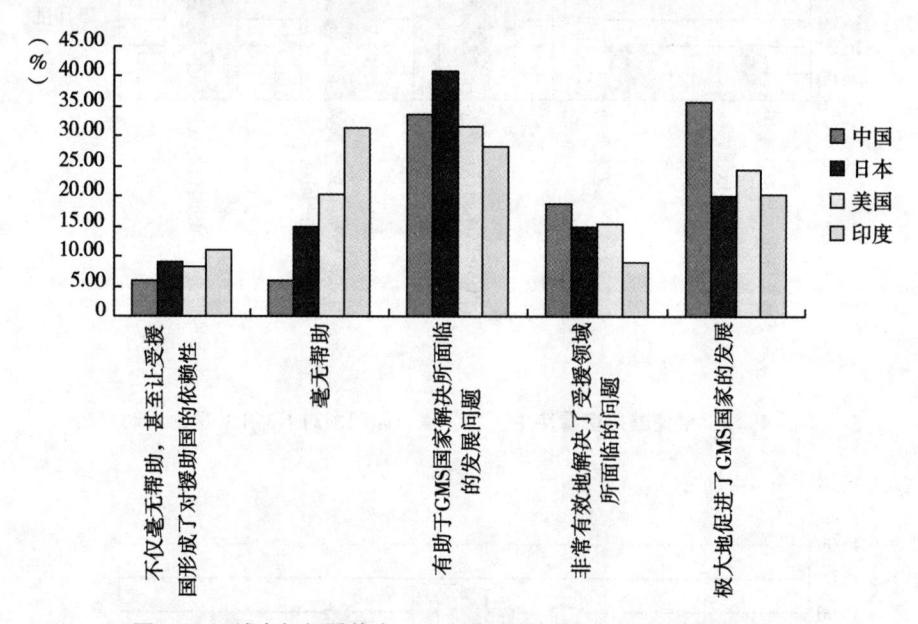

图 4-15　越南如何看待中、日、美、印四国对 GMS 的援助活动

三　GMS 国家民众如何评价中日两国与 GMS 国家的关系

关于中日在 GMS 地区事务中的影响力问题，本书进行了如下的调查，邀请来自 GMS 国家的受访者为中日在 GMS 地区事务中的影响力打分，从 1 到 10 分，1 分代表非常消极的影响，10 分代表非常积极的影响。根据调查数据分析，GMS 国家总体为中国在 GMS 地区事务中的影响力评分集中在 8 分（21.6%）；对日本的地区事务影响力评分主要集中在 7 分（17.2%）和 8 分（15.3%）。总体而言 GMS 国家对中国在 GMS 地区的事务影响力评价是最好的，大部分人认为中国在 GMS 地区有一定的区域影响力，选择日本的受访者低于中国（如图 4-16 所示）。

通过调查数据具体来分析缅甸对中日在 GMS 地区事务中影响力的评价。首先，缅甸对中国在 GMS 地区影响力的评分主要集中在 9 分（19.2%），对日本的评分主要集中在 5 分（19.4%）。可以看出在处理 GMS 地区事务时，缅甸受访者认为日本在 GMS 地区事务中的影响既不消极也不积极（如图 4-

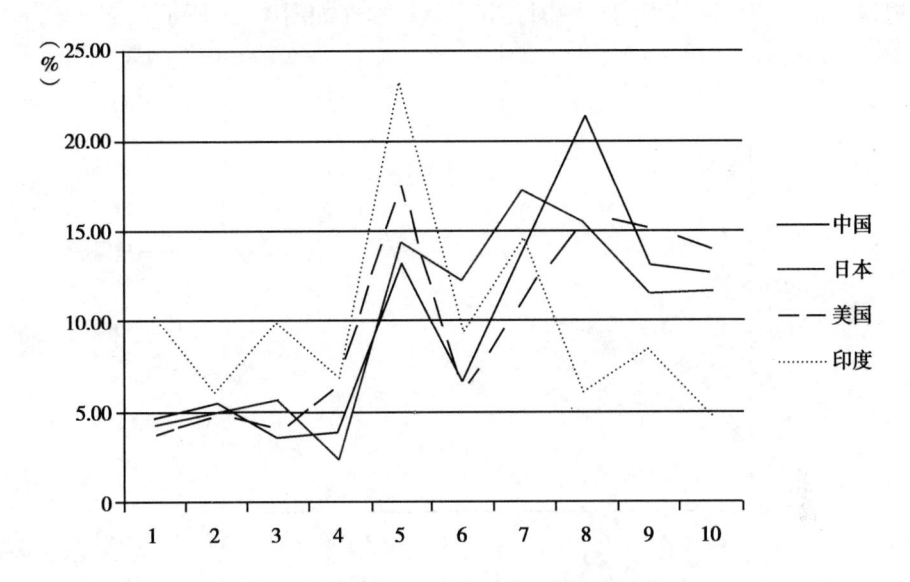

图 4-16 对中、日、美、印四国在 GMS 地区事务中的影响力的评估（总体）

17 所示）。

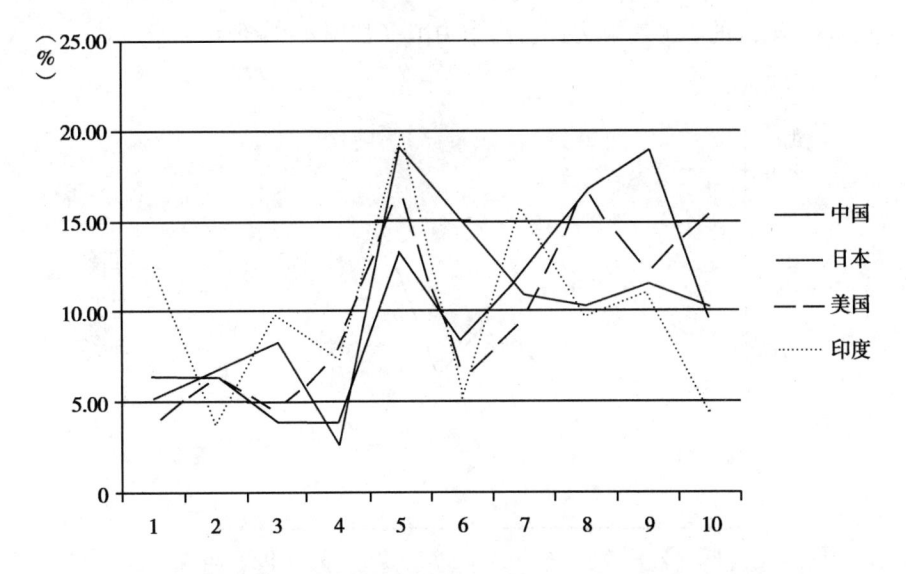

图 4-17 缅甸对中、日、美、印四国在 GMS 地区事务中的影响力的评估

老挝对中国在 GMS 地区影响力的评分主要集中在 10 分（约 18.8%），对日本的评价主要集中在 6 分（约 16.1%）。就 GMS 地区影响力来看，老

挝认为最具积极影响力的是中国，其次是日本（如图4-18所示）。

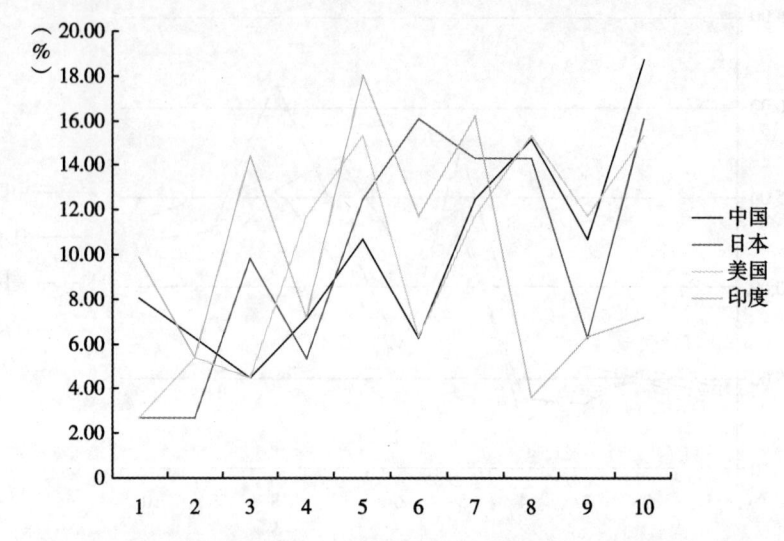

图4-18 老挝对中、美、印、日四国在GMS地区事务中的影响力的评估

数据显示，柬埔寨对中国在GMS地区事务影响力的评分主要集中在7分（约17%），对日本的评价主要集中在9分（约20.3%）。柬埔寨对于日本在GMS地区的事务影响力评价高于中国（如图4-19所示）。

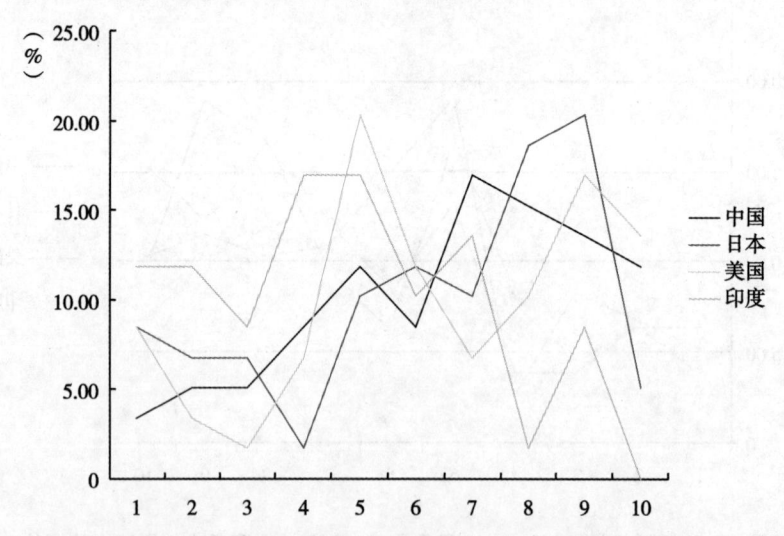

图4-19 柬埔寨对中、美、印、日四国在GMS地区事务中的影响力的评估

数据显示，泰国就各国的地区事务影响力评价如下，对中国的评分主要集中

在8分（约25%），对日本的评分也集中在8分（约19.7%），但这一比例低于中国。总体来看，泰国认为在GMS的影响力中国高于日本（如图4-20所示）。

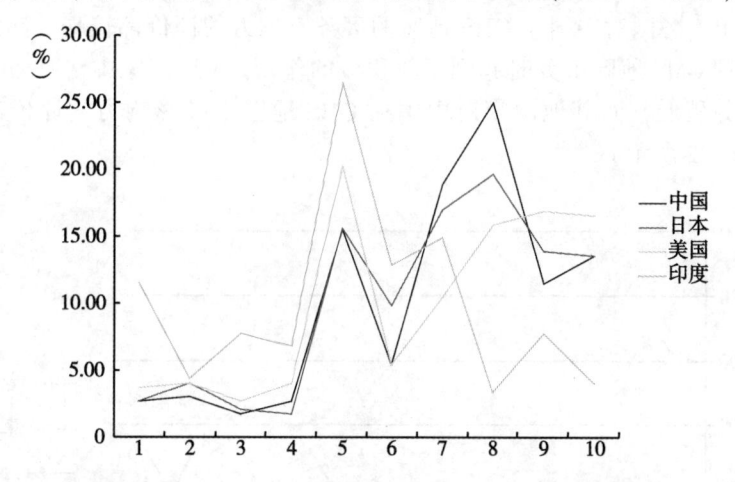

图4-20 泰国对中、日、美、印四国在GMS地区事务中的影响力的评估

越南对4国在GMS地区的影响力评价如下，对中国的评分主要集中在8分（约29.5%），对日本的评分主要集中在7分（约34.6%）。总体来看，越南对中国和美国在GMS地区的事务影响力评价均较高，日本排在第三位（如图4-21所示）。

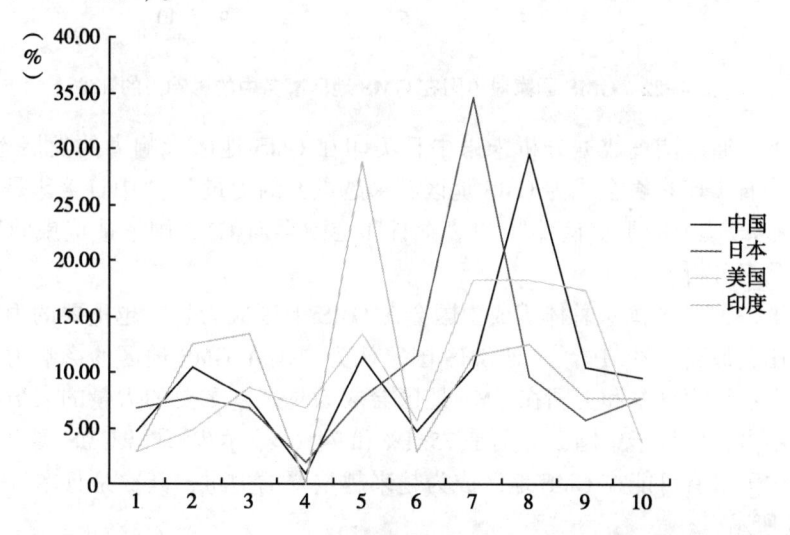

图4-21 越南对中、日、美、印四国在GMS地区事务中的影响力的评估

对中国在GMS地区事务中影响力的评价，老挝主要集中在10分

(18.8%),柬埔寨主要集中在 7 分（16.95%），缅甸主要集中在 9 分（19.2%），泰国主要集中在 8 分（25%），越南主要集中在 8 分（29.5%）。可以看出，各国对中国在 GMS 地区的事务影响力的评价都较高，都认为中国在处理 GMS 地区事务时起到了较积极的作用。5 个国家中，柬埔寨对中国的评分稍低，而其他国家对中国在 GMS 地区事务影响力的评价都较好（如图 4-22 所示）。

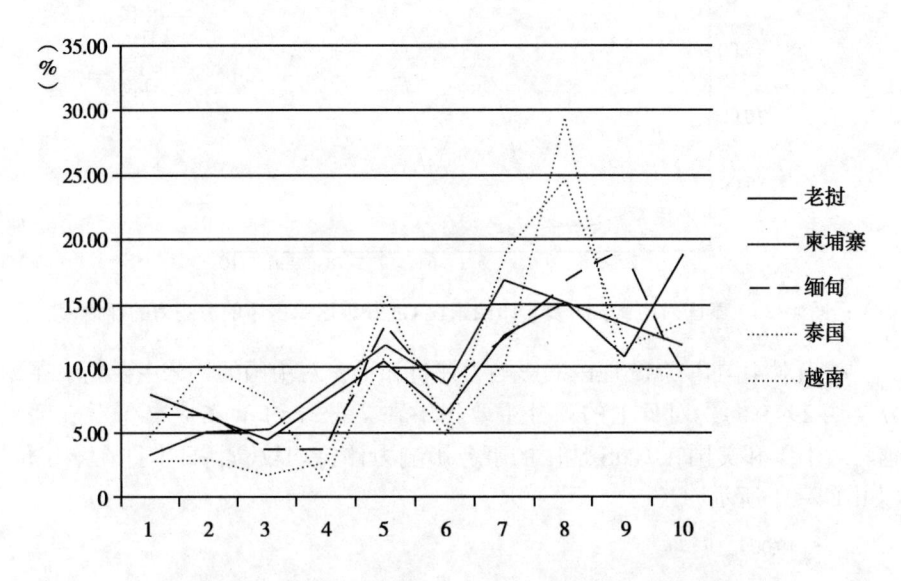

图 4-22　GMS 国家对中国在 GMS 地区事务中的影响力的评估

下面通过调查数据分析未来中日美印在 GMS 地区影响力的发展态势。从"中日美印是否会成为 GMS 地区越来越重要的力量"、"中日美印是否会成为 GMS 国家的重要伙伴"和"中日印会不会对 GMS 国家造成威胁"三个问题来分析。

第一，GMS 国家总体赞成中国会在 GMS 地区成为越来越重要的力量的人数比例最高（89.1%），即 GMS 国家认为中国在 GMS 地区的影响力会越来越大；认为日本和美国在 GMS 地区会成为越来越重要的力量的人数比例相差不多，但低于中国，分别是 75.1% 和 74.6%。可以看出 GMS 国家总体认为中国最有可能在 GMS 地区成为越来越重要的力量，其次是日本（如图 4-23 所示）。

具体来分析各国对这一问题的回答，可以看出 GMS 各国都最看好中国。不同之处在于他们对于美国和日本的看法，其中越南和缅甸认为美国成为越

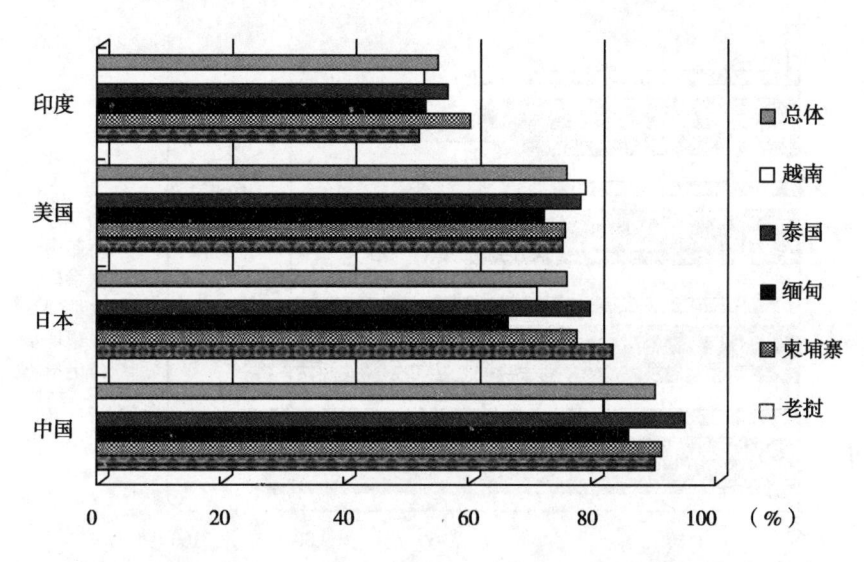

图 4-23 认为中、日、美、印四国在 GMS 地区成为越来越重要的力量

来越重要力量的人数多于日本，而泰国、柬埔寨和老挝认为日本成为越来越重要力量的人数多于美国。说明越南和缅甸在日本和美国之间更看好美国，而泰国、柬埔寨和老挝认为日本在未来会更具影响力（如图 4-23 所示）。

第二，GMS 国家总体认为中国未来是 GMS 国家的重要伙伴的人数比例最高（88.4%），其次是日本（80.7%），再次是美国（63.1%），最低的是印度（51.1%）。说明 GMS 国家认为中国是其未来的重要合作伙伴，但日本也将成为 GMS 国家不可忽视的一个重要合作伙伴，80.7% 的人认为日本是未来 GMS 地区的重要伙伴。值得注意的是，在判断哪个国家是未来的重要伙伴时，柬埔寨受访者认为日本是重要伙伴的人数比例高于认为中国是重要伙伴的人数比例，说明柬埔寨认为未来日本是比中国更重要的合作伙伴。缅甸受访者中有 85.4% 的人认为中国是未来 GMS 重要的伙伴（如图 4-24 所示）。

第三，针对"如果中国、日本和印度成为世界级力量，您是否认为这会对 GMS 国家造成威胁？"这一问题，根据调查数据分析得出，GMS 国家的大多数人（74.4%）认为如果中国成为世界级力量，则会对 GMS 国家造成威胁；其次认为日本会造成威胁的人数占 56.9%。这说明，GMS 各国认为如果未来中国成为世界级力量，综合国力增强，可能会对 GMS 地区的经济、政治、军事、社会和文化等方面造成威胁。他们认为如果中国成为世界格局中的强大力量，则它对 GMS 地区的威胁性最大，在 GMS 各国看来，中

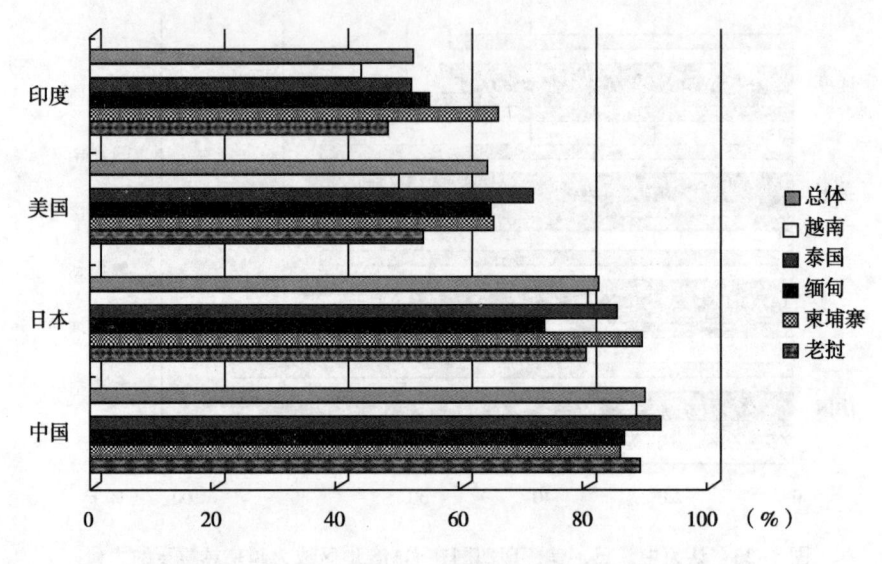

图 4-24 认为中、美、印、日四国是 GMS 国家的重要伙伴

国既是最重要的战略合作伙伴、援助者和支持者，也具有最大的威胁性。具体来看各个国家对这一问题的看法。在认为中国会造成威胁的受访者中，泰国受访者是 GMS 国家中人数比例最高的，说明泰国较其他国家的人更担心中国将会对 GMS 国家造成威胁。柬埔寨有 75% 的受访者认为中国将对 GMS 造成威胁，有 65% 的人认为日本会成为 GMS 的威胁。有 72% 的越南受访者认为中国会成为 GMS 国家的威胁，但仅有 53% 的越南受访者认为日本会成为 GMS 国家的威胁。有 75% 的老挝受访者认为，中国会成为 GMS 国家的威胁，但仅有 52% 的老挝人认为日本会成为 GMS 的威胁。缅甸认为如果中国成为世界级力量，则会对 GMS 国家产生威胁的人数比例（72.1%）高于认为日本（50.6%）会对 GMS 国家造成威胁的人数比例。可以看出，缅甸认为中国相对于日本更具有威胁性（如图 4-25 所示）。

小结

从以上调查数据分析可知，在政治影响力方面，无论是从合作意愿、对国际发展援助的认可程度，还是对各个国家对 GMS 合作的介入程度以及影响力的认可方面，GMS 国家民众对中国的认可度最高。无论在合作意愿、对发展援助的认可度还是对 GMS 所能造成的影响力方面，中国都明显高于日本。

这个数据分析的结果与以往很多定性研究中的结论不同。比如，在以往关于对 GMS 地区的发展援助中，似乎大部分学者认为日本的 ODA，由于所

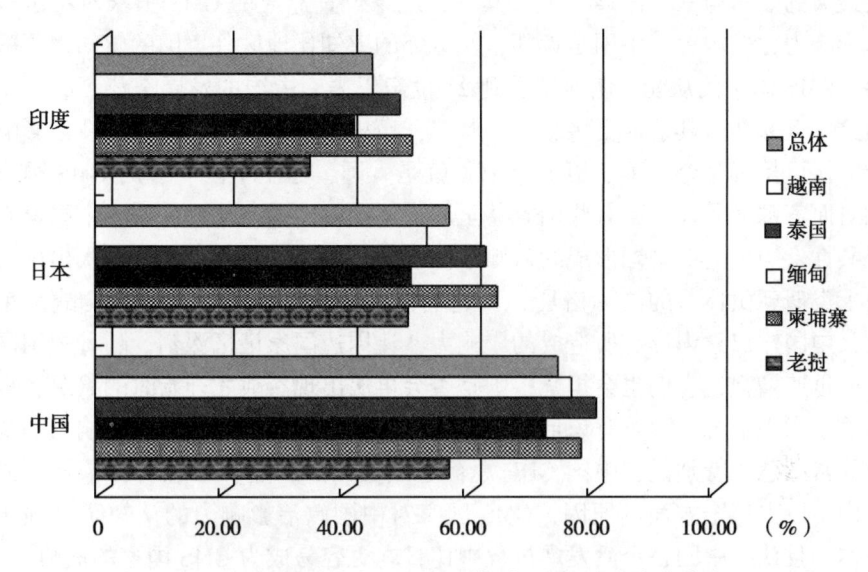

图 4-25　认为中、印、日三国会对 GMS 国家造成威胁

提供援助的金额、援助项目覆盖的领域以及援助所持续的时间较长，故而援助评价应该优于中国。但是，如前所述，调查数据的结果显示，GMS国家民众对中国援助的认可度要高于日本。这可能是由于以下几个因素造成。其一，中国作为新兴援助国，近年来对 GMS 国家援助金额增加幅度比较大，比较能引起受援国民众的注意。比如，2013 年开始中国连续两年成为老挝最大援助国。① 中国对缅甸和柬埔寨的援助规模在近 10 年来也呈现扩大趋势。其二，中国近年来对这些国家投资项目增多，增加这些国家对中国的关注度，由此可影响中国援助项目的知晓度和被认可度。

另外，关于国家政治影响力的问题，在以往定性研究论文中，似乎大部分学者认为，由于中国是 GMS 国家的近邻，近邻关系不容易处理，因此 GMS 国家会对中国存有更多戒备与防范。这必然影响这些国家对中国影响力的评价。日本国土远离该地区，加之日本在 21 世纪之前，拥有强于中国的经济势力，日本借助其强大的经济势力似乎可以有效扩大其在 GMS 国家中的政治影响力。调查数据的分析结果是，GMS 国家民众对中国在该地区的政治影响力的评价高于日本。并且与 GMS 国家对政治影响力认可成正比的是，GMS 国家民众也认为相对于日本，中国对 GMS 地区将能造成的威胁

---

① 老挝计划投资部：《中国连续 2 年成为对老挝最大援助》，东方网，2015 年 1 月 14 日，http://news.xinmin.cn/world/2015/01/04/26380363.html。

是最大的。这与三个因素有关，其一，地缘位置造成的 GMS 国家对中国政治影响力比较敏感。中国是近邻，对近邻的感知比地区外大国的感知力要敏感。GMS 国家民众能够明显感受到 21 世纪以来，中国的发展态势，故而认为这个近邻会对其造成更多影响。其二，历史因素造成的，对中国政治影响力的认可持续至今。由于历史上中国就是大国，位于中国周边的 GMS 国家相对而言都体量较小，有些国家甚至原来还是中国的一部分。这 5 个国家有个共性，历史上对中国形成的认知根深蒂固，难以改变，很担心再次出现历史上类似朝贡体系的国际格局，让它们沦为中国的附属。其三，冷战结束前，中国输出意识形态所造成的影响力，让周边国家记忆深刻。随着中国国力的迅速增强，它们也会担忧中国是否会再次出现冷战才开始时的状况，再次输出意识形态，引发意识形态的竞争。故而它们对于中国政治影响力的变化异常敏感。特别是在中国 GDP 总额超过美国后，这种敏感度会倍增。或许由于以上三个方面的原因，GMS 国家对中国政治影响力的认知明显强于日本，且认为中国在今后发展过程中比日本更容易成为 GMS 国家的威胁。

第二节　经济影响力

所谓经济影响力，不仅仅指一个国家的经济总量，也指一个国家的经济对某一区域的影响力。国内很多学者通过比较某国 GDP 占世界 GDP 的比重和某国的制造品在国外市场上的比重来衡量一个国家的经济影响力。[①] 如美国是世界级的力量，其经济总量位居世界第一，且美国对全世界各个方面的辐射面非常广，对 GMS 地区的经济影响力不言而喻；而中国现在也跻身为世界第二大经济体，而且中国经济的区域性影响力突出表现在东南亚区域经济中的影响越来越大。[②] 但中国产品存在质量差、创新程度低的问题，中国经济存在以高能源消耗、高污染为代价的问题，所以中国的经济影响力始终被质疑。

以下通过分析调查问卷中经济影响力部分的数据，比较中日两国在 GMS 的经济影响力。本节对经济影响力的研究是指对 GMS 国家的经济利益融合和经济合作的情况。

一　GMS 国家开展对外经济合作的意愿

首先，了解 GMS 国家对"国家间关系"的看法，了解它们是否愿意开

---

① 杨利雄、李庆男：《中国经济的区域影响力超过日本了吗——基于不等方差检验的一种衡量方法》，《南方经济》2013 年 5 月。

② 王涛：《中国经济影响力分析》，《兰州学刊》2005 年 8 月。

展与外国的经济合作和文化交流。

总体来看，当被问及是否同意"为了保护本国经济，应该限制外国产品的进口"时，答案主要分布在"同意"这一项（33.6%）。也就是说，GMS 国家有 1/3 的受访者同意为了保护本国经济而限制外国产品的进口。选择"不同意"和"非常不同意"的受访者中缅甸受访者居多，选择不同意的缅甸受访者占 13.3%，选择"非常不同意"的缅甸受访者占 7.9%（如图 4-26 所示）。

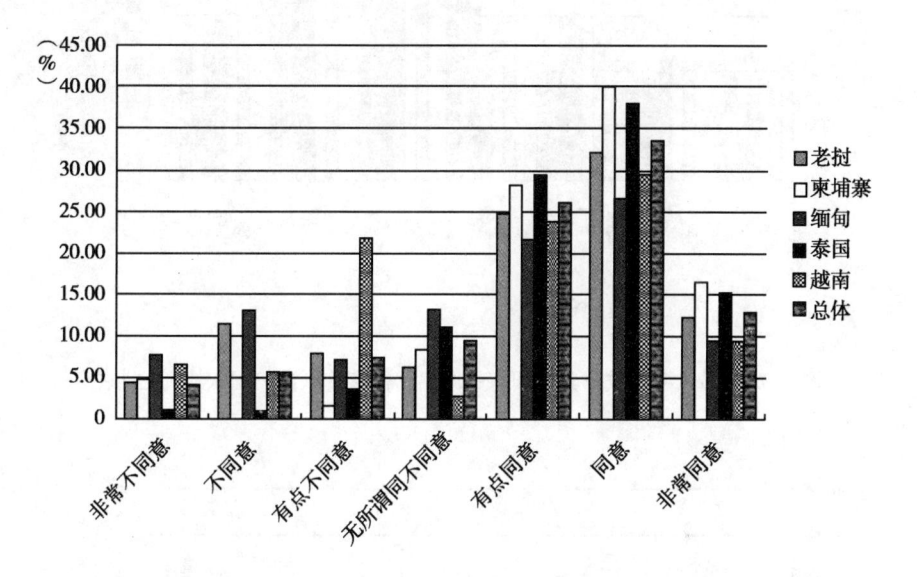

图 4-26　为了保护本国经济，应该限制外国产品的进口

同意"即使会导致与其他国家的冲突，都应该以自己国家的利益为主"的人数比例最高（23.6%）；其次是有点同意的比例占到 18%；排在第三位的是不置可否者有 16% 的比例；第四位是有点不同意者为 14%；排在第五的是"非常同意"者有 13%。在 GMS 国家中，有 29.5% 的越南受访者对这一观点持中立态度（如图 4-27 所示）。

当问及是否同意"增加与外国电影、音乐或书籍的接触，对我们自己的文化是有害的"时，答案集中在"有点同意"这一选项上（21.02%），其中柬埔寨有 33.9% 的受访者"有点同意"这一观点。说明 GMS 国家总体来说有点同意接触外国电影、音乐或书籍，本国文化会受到冲击。而有高达 21.4% 的老挝受访者非常不同意接触外国文化会损害本国文化，还有 12.5% 的老挝受访者选择"不同意"这一观点。说明老挝人较其他 GMS 国家的人更能接受外国文化（如图 4-28 所示）。

总体而言，所有 GMS 受访者中有 30.3% 的人选择同意"GMS 地区国家间

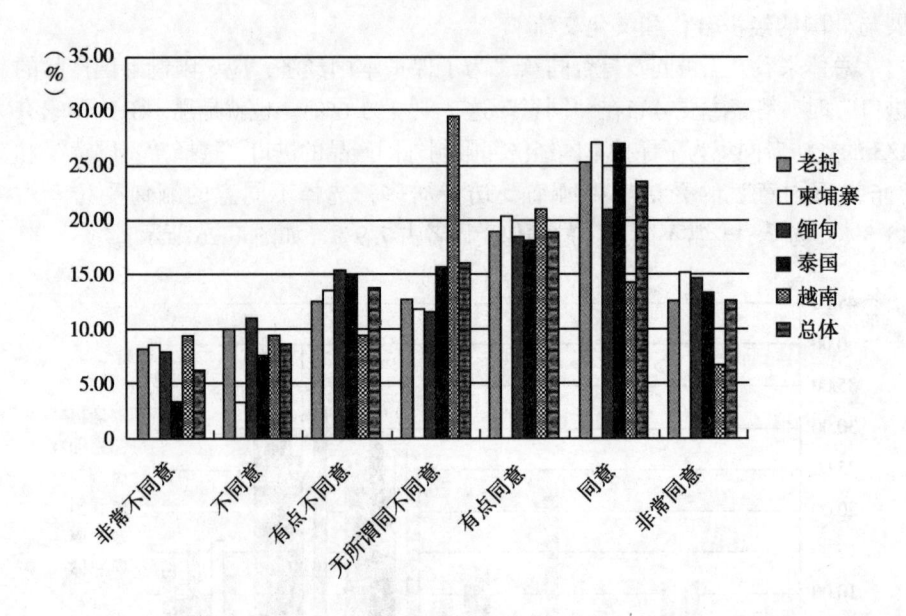

图 4-27　即使会导致与其他国家的冲突，都应该以自己国家的利益为主

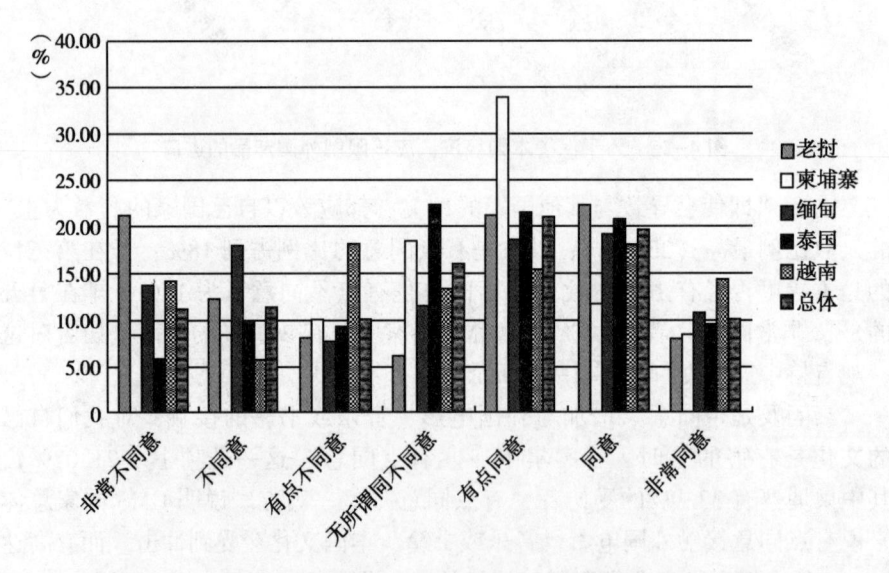

图 4-28　增加与外国电影、音乐或书籍的接触，对我们自己的
文化是有害的

的紧密合作，对 GMS 5 国的发展很有帮助"。说明 GMS 各国总体来说同意应

该加强该地区国家间的合作,成员国之间的紧密合作有利于 5 国的共同发展。有高达 31.4% 的越南受访者选择了"非常同意",说明越南较其他国家更希望要加强成员国之间的合作。相反,选择"非常不同意"的人数比例最高的国家是老挝 (9.8%),说明老挝还存在一部分人非常不同意加强成员国之间的紧密合作能对 GMS 5 国的共同发展有帮助(如图 4-29 所示)。

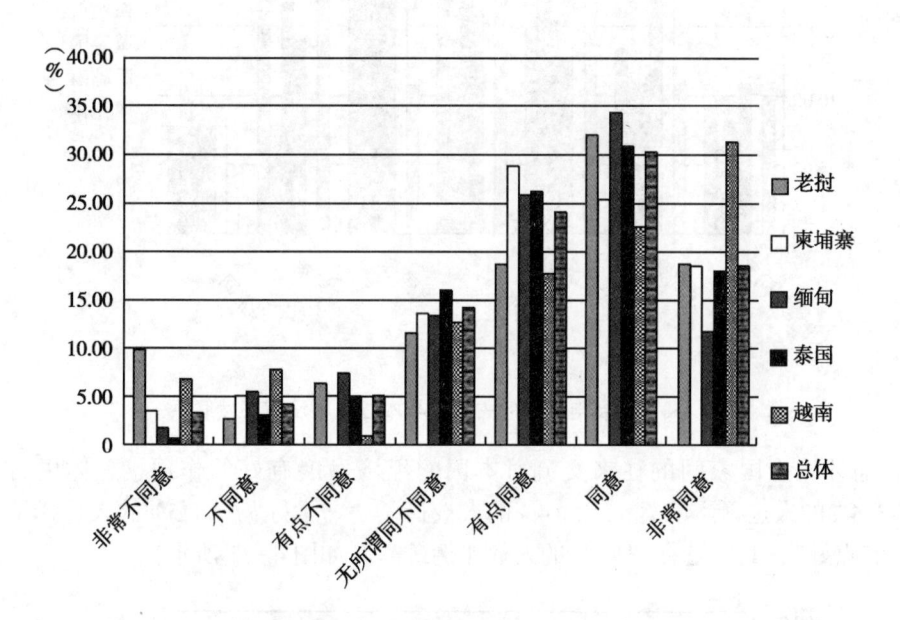

图 4-29 GMS 地区国家间的紧密合作,对 GMS 5 国的发展很有帮助

针对是否同意"发展与大国的关系,与本国发展没有必然联系"的问题,GMS 国家受访者的答案集中在"有点同意"(19.9%)。说明 GMS 国家总体有点同意发展与大国的关系对本国的发展没有必然联系,认为本国的发展没有必要依靠大国。还可以看出,缅甸在这一问题上偏向不同意的人较多(约 43%),选择同意的受访者约占 41%,说明缅甸认为要发展自身还需拉近与大国的关系(如图 4-30 所示)。

二 GMS 5 国民众如何看待与外部的经济交往

GMS 合作机制于 1992 年成立以来,GMS 合作主体之间在交通、能源、环境与自然资源管理、人力资源开发、经贸与投资和旅游等领域都有合作。除了 GMS 地区的 5 个国家之间的合作以外,还有来自外部的资金支持和合作项目。所以各国及各地区之间的人、物与资金等的往来交流一直在增加,那么 GMS 地区 5 国认为这样的往来交流对本国的影响如何呢?首先,GMS 5

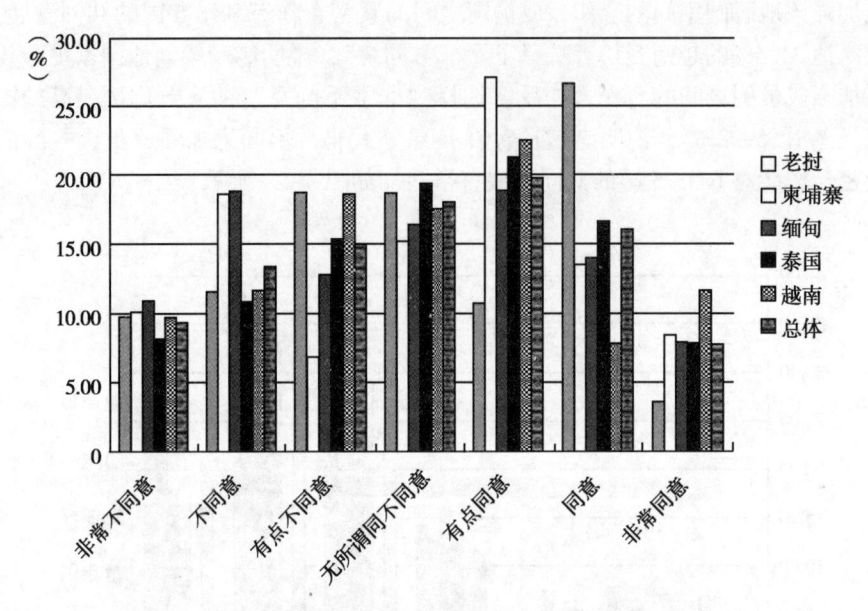

图 4-30　发展与大国的关系，与本国发展没有必然联系

国总体认为国家间的往来交流对本国的经济发展有好的作用，总体中有 43.4%的人选择了"好"，22.4%的人选择了"非常好"，18.5%的人选择了"有点好"，其中选择"好"的人数比例最高（如图 4-31 所示）。

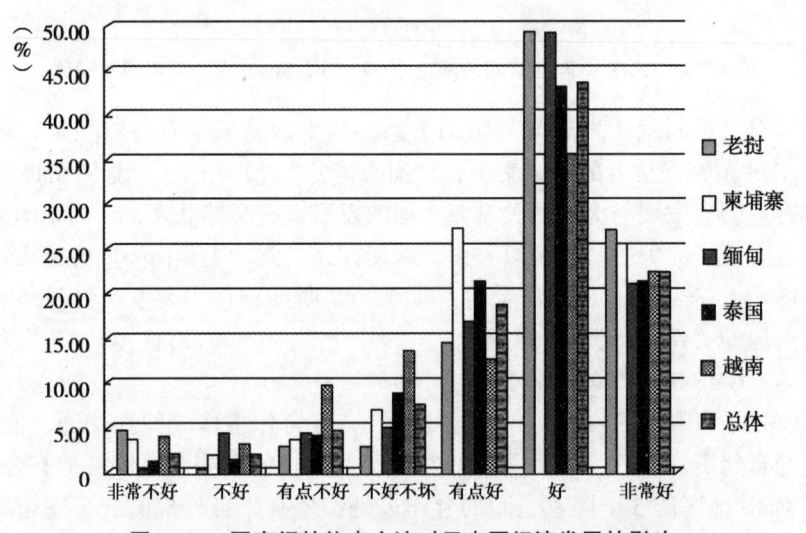

图 4-31　国家间的往来交流对于本国经济发展的影响

其次，GMS 5 国总体认为国家间的资源交流和经济往来有利于增加本国人的就业机会，总体中选择"有点好"、"好"和"非常好"的人数比例分别为 21.2%、37.2% 和 18.4%，其中选择"好"的人数比例最高。选择"有点不好"的人中柬埔寨受访者比例最高（17%），说明柬埔寨有一部分人认为国际间的合作交流损害了本国人的就业机会（如图 4-32 所示）。

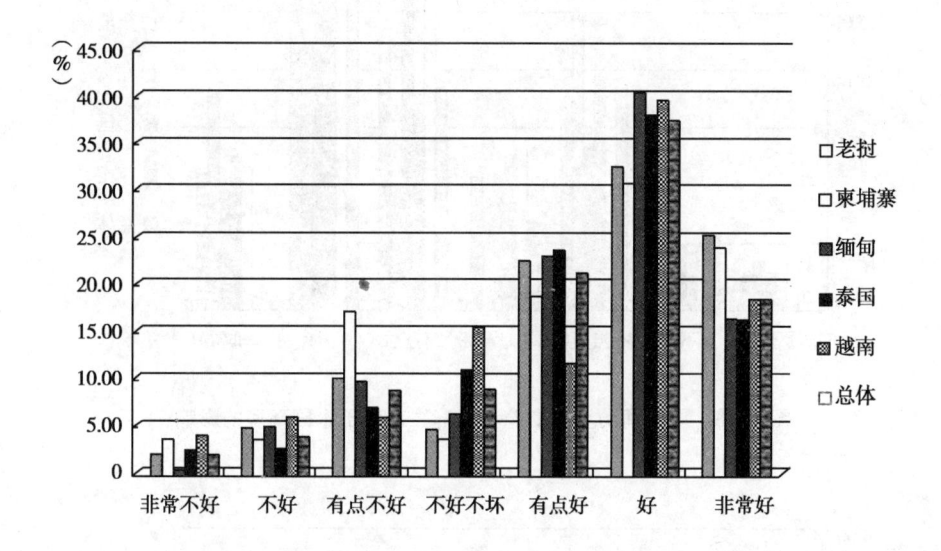

图 4-32 国家间的资源交流和经济往来对于本国人的工作机会的影响

对于国家间的资源交流和经济往来对本国环境的影响，GMS 国家总体认为影响是"好"的人数比例最高（31.5%），认为"有点好"的受访者占 21.7%，认为"非常好"的受访者占 11.4%。总体中还有 17.1% 的受访者选择"有点不好"，说明还是有相当一部分人认为国家间的经济合作和交流往来是对本国环境的破坏，原因可能有以下几点。一是在人流、物流的运输中产生的车辆尾气污染。二是 GMS 国家属于发展中国家，外部投资有助于这些国家发展重工业，利用当地的廉价劳动力和资源，但造成了工业污染和资源消耗过高。三是 GMS 国家对外出口产品主要是橡胶、塑料、植物产品和木材等，特别是木材的出口会对本地的环境造成一定程度的破坏（如图 4-33 所示）。

另外，GMS 国家总体认为这样的交流对于本国的政治发展影响是正面的，其中有 24.5% 的人选择"有点好"，34.6% 的人选择"好"，8% 的人选择"非常好"，选择"好"的人数比例最高（如图 4-34 所示）。

国家间的人、物与资金等的往来可能会给当地带来社会治安、婚姻家

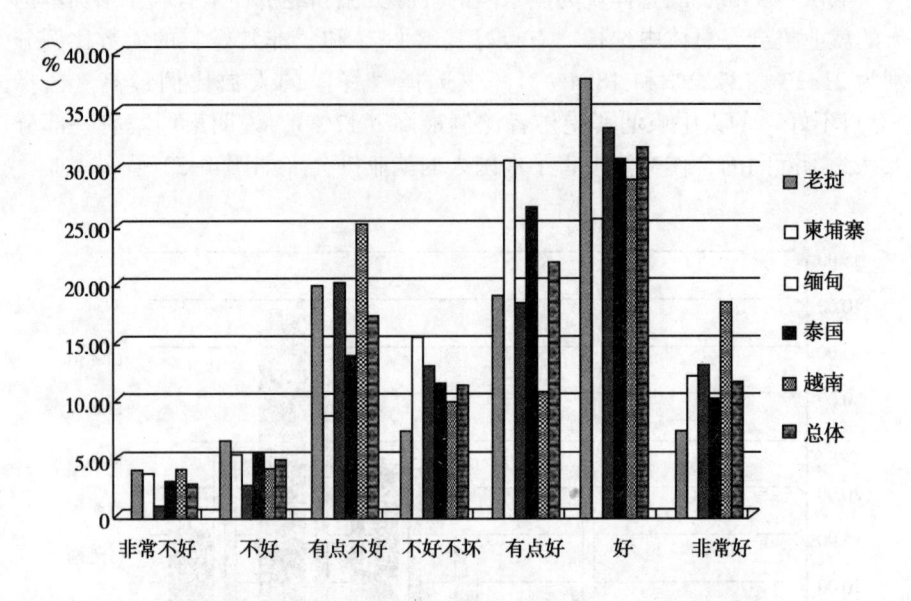

图 4-33　国家间的资源交流和经济往来对于本国环境的影响

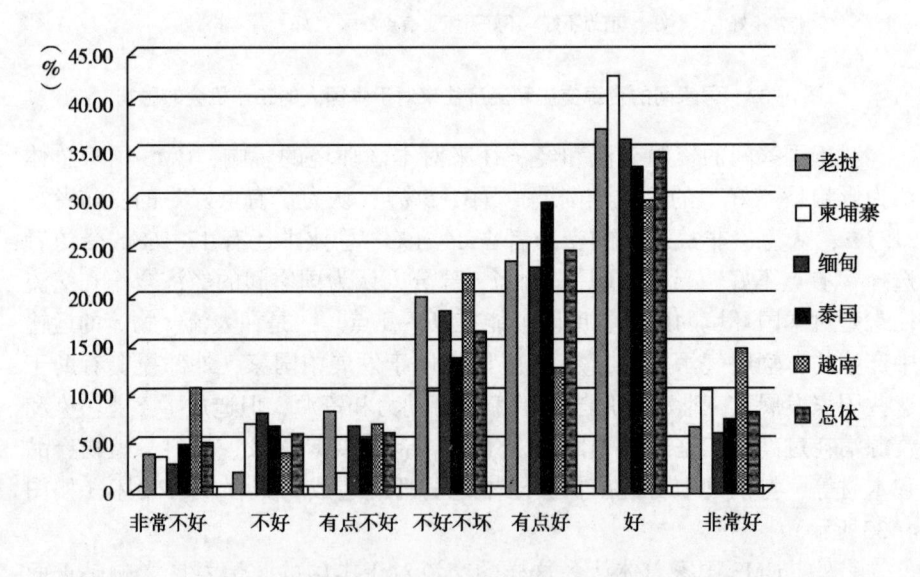

图 4-34　国家间的资源交流和经济往来对于本国的政治发展的影响

庭、外国文化冲击等问题，但也可能会促进不同国家之间人的交流、新兴文化的渗透和社会风貌的改变。GMS 国家的受访者是如何看待这个问题的？总体中有认为国家间交流往来对本国的社会发展"有点好"的受访者占 24.2%，认为"好"的受访者占 38.8%，认为"非常好"的占 11.1%，答案集中在"国家间的交流往来对本国的社会发展是好的"上。有 44% 的老挝受访者认为"国家间的交流往来对本国的社会发展是好的"，这在 GMS 国家中居最高位。缅甸也有将近 43% 的受访者认为好。值得注意的是，在越南受访者中有 11.5% 的人认为会对本国的社会发展带来"非常不好"的影响（如图 4-35 所示）。

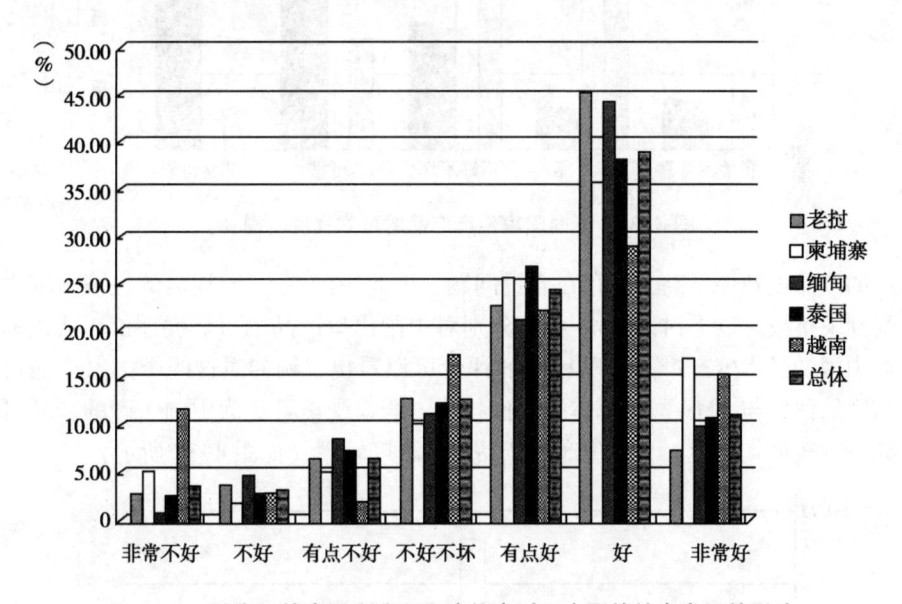

图 4-35　国家间的资源交流和经济往来对于本国的社会发展的影响

三　GMS 国家民众对中日两国产品的认可度

下面的调查数据显示 GMS 国家对中国和日本生产产品可靠程度的评价。GMS 国家总体认为中国生产的产品可靠程度较低，相反，日本生产的产品可靠程度较高。数据显示，被受访者认为所生产产品"非常不可靠"的国家中，选择中国的人数比例最高（10.4%），被认为所生产产品"不可靠"的国家中，选择中国的人数比例也高于其他国家（25.3%），说明 GMS 地区的人认为中国生产的产品是可靠程度很低的，甚至低于印度的产品。相反，被受访者认为所生产的产品"可靠"的国家中，选择日本的受访者占 35.4%，还有 36.5% 的人认为日本的产品"非常可靠"（如图 4-36 所示）。

出口产品的可靠程度和创新程度是体现一国经济影响力的因素，中国生

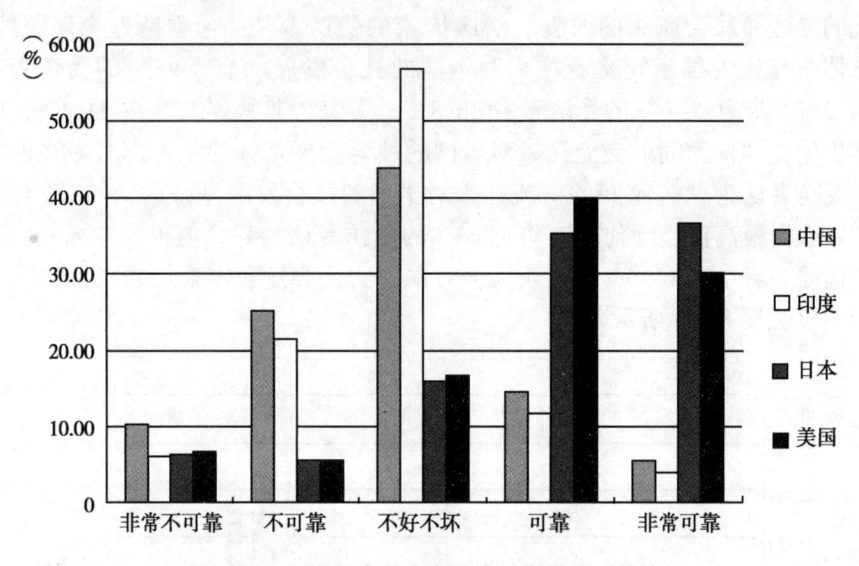

图 4-36　不同国家生产产品的可靠程度（总体）

产的产品创新性不高，且存在质量问题，因此中国在 GMS 地区的经济影响力受到了挑战。以下讨论 GMS 各家分别对中国出口产品的可靠度评价。从缅甸对中国和日本生产产品可靠程度的评价可以看出，缅甸对这两个国家产品可靠度的评价与 GMS 国家总体的评价相似。缅甸受访者认为中国生产的产品可靠程度较低，相反，日本生产的产品可靠程度较高（如图 4-37 所示）。

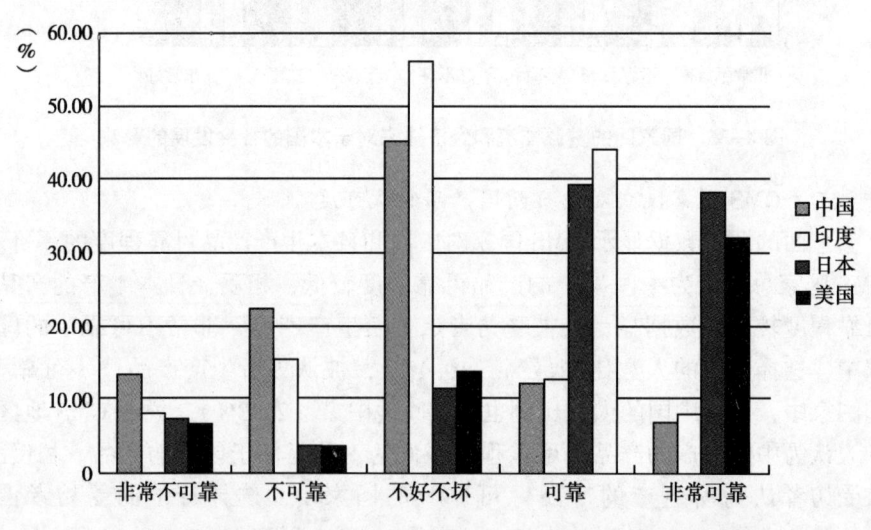

图 4-37　缅甸对中、美、印、日四国生产产品可靠程度的评价

数据显示，绝大部分老挝受访者（约有82.1%）认为日本的产品可靠，其中认为"可靠"的人约占46.4%，认为"非常可靠"的人约占35.71%。大部分老挝受访者认为中国的产品"不好不坏"甚至是"不可靠"（如图4-38所示）。

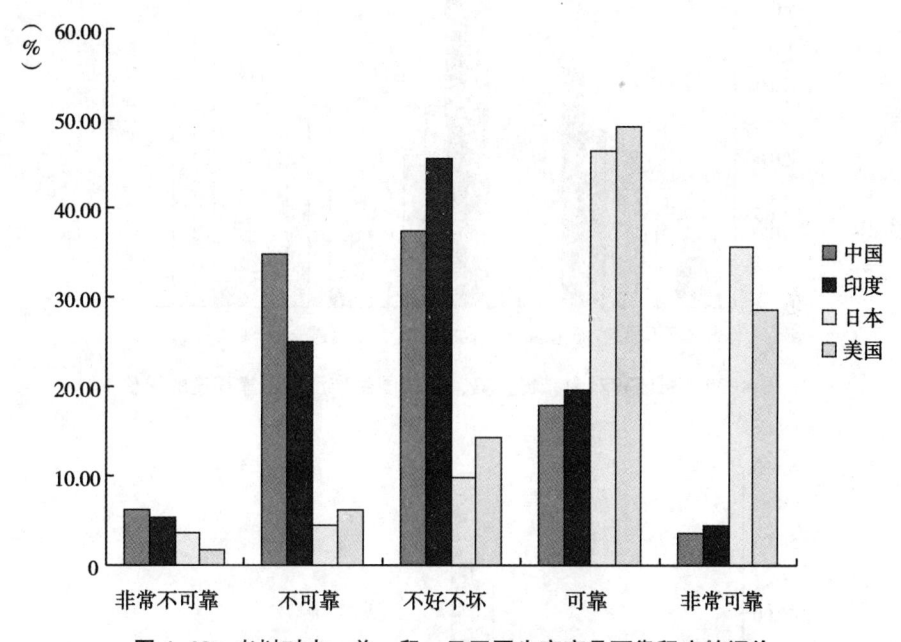

图4-38 老挝对中、美、印、日四国生产产品可靠程度的评价

约有27.1%的柬埔寨受访者认为日本产品可靠，约有35.7%的人认为日本产品非常可靠。另外，约有44%的人认为中国产品"不好不坏"，约有22%的人认为中国产品"不可靠"。总体来说，柬埔寨受访者认为日本的产品较可靠，认为中国的产品可靠度较差（如图4-39所示）。

数据显示，约有35.1%和35.4%的泰国受访者认为日本的产品可靠和非常可靠。另外约有44.1%和26.9%的人认为中国产品"不可靠"和"不好不坏"。总体来看，泰国受访者普遍认为日本和美国的产品质量更可靠（如图4-40）。

越南受访者中约有22.6%和38.2%的人认为日本产品"可靠"和"非常可靠"。约有47.1%的人认为中国产品"不好不坏"，约有14%的人认为中国产品"不可靠"，10%的人认为中国产品"非常不可靠"（如图4-41所示）。总体来看，越南受访者普遍认为日本产品可靠度较高，而中国产品可靠程度较低。

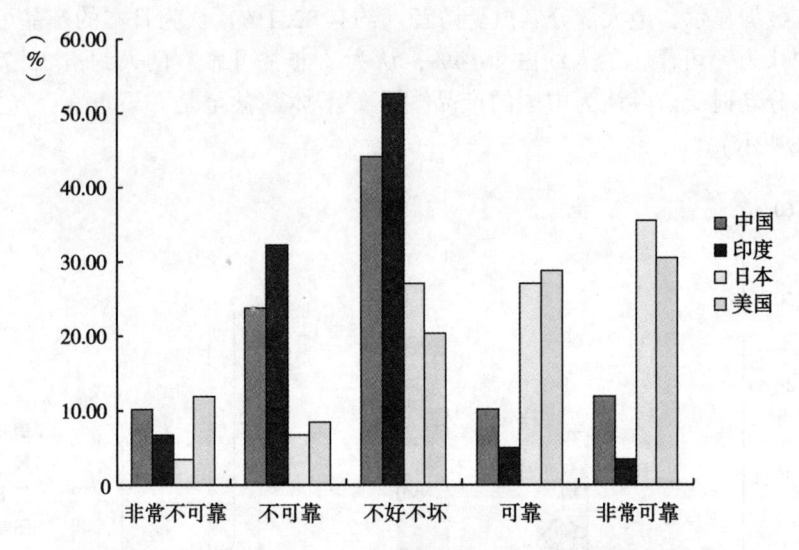

图 4-39　柬埔寨对中、日、美、印四国生产产品可靠程度的评价

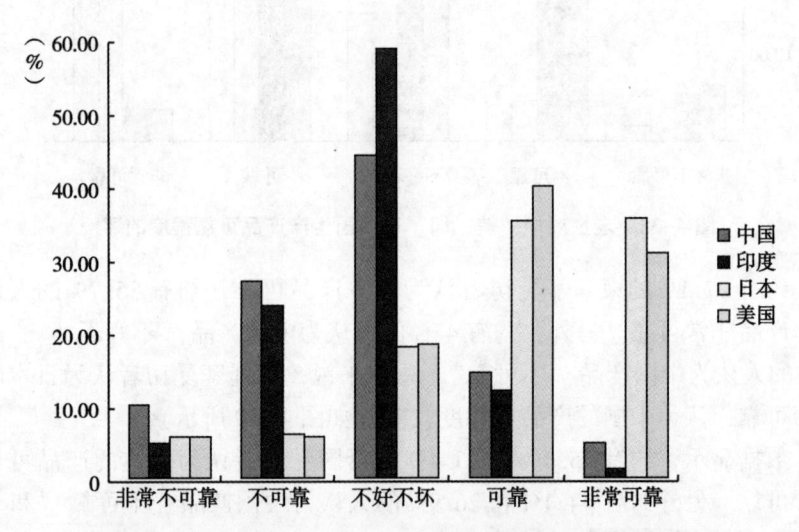

图 4-40　泰国对中、日、美、印四国生产产品可靠程度的评价

小结

由以上数据分析可知，GMS 国家总体而言，都能接受跨国经济合作，并认为国家间往来对本国经济发展能发挥积极作用。但在对外经济往来的开放度方面有明显的差异。其中，缅甸和越南接受对外经济开放度较高，柬埔寨和老挝较低。中日在 GMS 的经济影响力方面，日本明显强于中国，主要

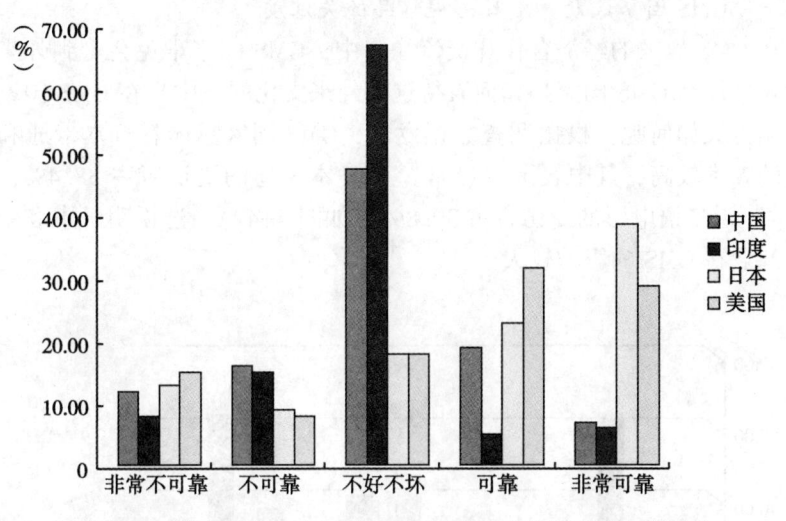

图 4-41　越南对中、美、印、日四国生产产品可靠程度的评价

原因是日本产品的质量明显优于中国。无论是老挝、缅甸、越南、泰国还是柬埔寨都认为中国产品质量较低。中国产品质量已经开始严重影响中国对外国家形象的构建。

第三节　文化影响力

　　GMS 国家对中国和日本的文化认知正反映了各国的文化软实力。文化软实力是一国综合国力的重要组成部分，它可以通过文化感召力和吸引力来实现对其他国家的文化传播，对外传递本国文化的精髓和精神，各国之间的文化合作能促进经济合作。中国有五千年的历史，古代文化博大精深，历史悠久的文化艺术对世界各国颇有吸引力；日本的文化软实力主要体现在流行文化上，如日本动漫作品、电影和音乐，还体现在优质的现代企业文化和品牌文化；美国文化软实力的强大更是不言而喻，"美国精神"的传播以及大众流行文化的传播，美国文化产业发达，如娱乐产业和媒体业。美国的影视音乐、快餐、高科技产品，遍布全世界的品牌有微软、苹果、肯德基，好莱坞生产的电影是传播美国文化的重要承载者。可以说美国文化渗透到了世界的各个角落以及方方面面；印度的文化主要体现在其基于宗教的价值观念，宝莱坞所拍摄的印度电影具有不小的影响力，瑜伽也成为时下很流行的调养身心的锻炼方式。

一 GMS 国家民众对中日影视作品的关注度

在 GMS 地区的经济合作和交流往来中，GMS 国家难免会受到外来文化的影响，那么 GMS 国家是如何看待这些外来文化的？中日在 GMS 国家的文化影响力又如何呢？根据调查数据发现，GMS 国家总体看日本卡通和华语电影的频率较高，其中表示"经常"看日本卡通的受访者占 38.4%，表示"经常"看华语电影的受访者占 30.8%（如图 4-42）。这说明日本和中国的影视产业在 GMS 的影响较大。

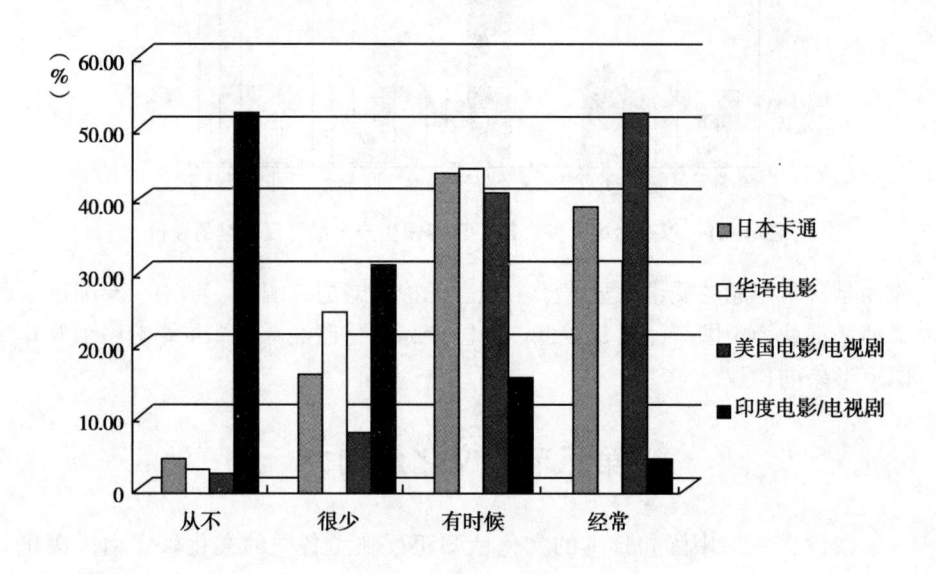

图 4-42　GMS 5 国观看中日影视作品的频率

具体分析 GMS 5 国对中日影视产业的不同看法。当问到"是否经常看日本卡通或动漫作品"时，答案集中在"有时候看"上。在表示"经常"观看日本卡通的受访者中，泰国人最多（占 42%）。有超过一半的柬埔寨受访者（52.5%）表示"有时候"看日本卡通。缅甸受访者表示"经常"观看日本卡通的人占 39.5%，表示"有时候"会观看的人占 44.9%。越南人有 32% 的受访者表示"经常"看，有 33% 的受访者表示"有时候"看。最出乎意料的是，有 47% 的老挝受访者表示"有时候"看，有 33% 的受访者表示"经常"看（如图 4-43 所示）。

关于是否经常看华语电影，GMS 各国受访者的答案主要集中在"有时候看"上，GMS 国家的人观看华语电影的频率与看日本卡通或动漫作品相似。其中在表示"经常"观看华语电影的受访者中，缅甸人最多（占 40.5%）。老挝有

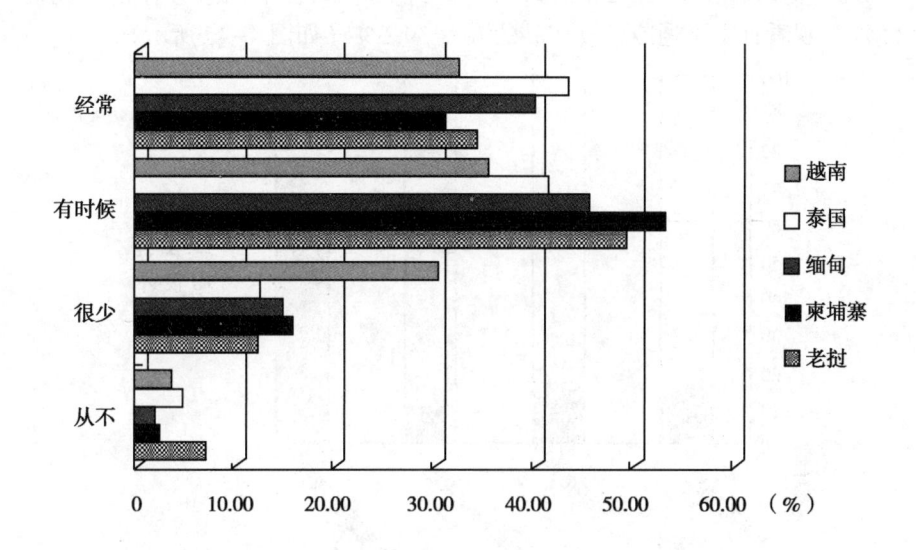

图 4-43　GMS 各国民众观看日本卡通/动漫作品

47%的受访者表示"有时候"看，31%的人表示"经常"看。有45%的泰国受访者表示"有时候"看，有25%的泰国受访者表示"经常"看。另外有相当一部分的柬埔寨受访者（35.6%）表示"很少"观看华语电影（如图4-44所示）。

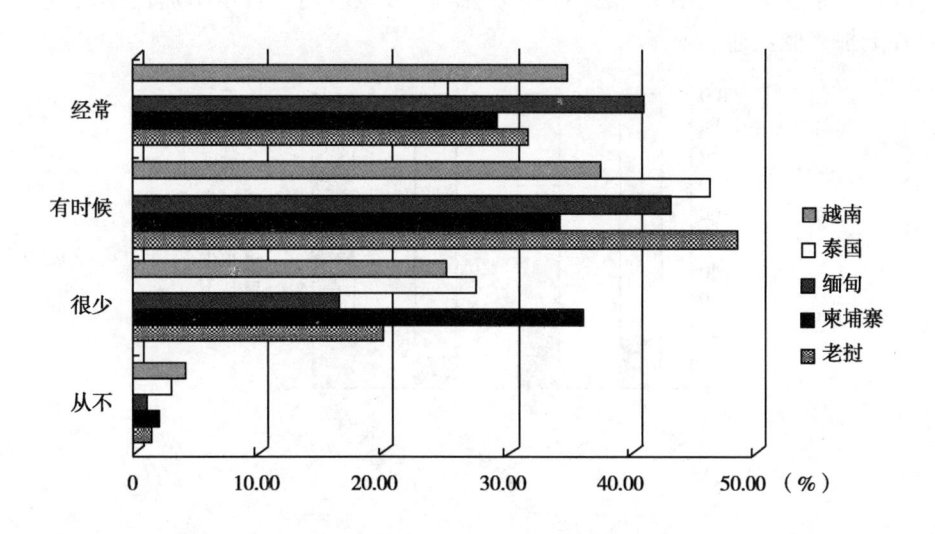

图 4-44　GMS 各国民众观看华语电影的频率

缅甸受访者中有 40.5% 的人表示"经常"观看中国影视作品,他们"经常"观看日本卡通或动漫作品的人占 39.5%（如图 4-45 所示）。

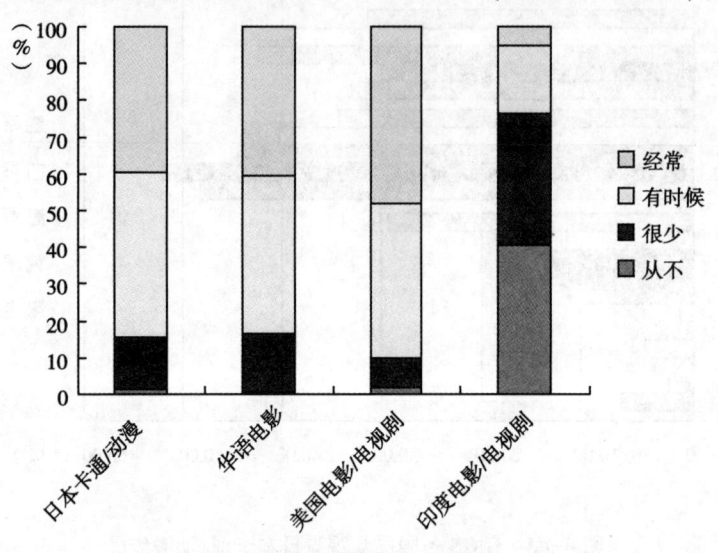

图 4-45　缅甸观看中美印日国家影视作品频率

老挝受访者中约有 48.2% 和 48.7% 的人表示"有时候"看华语电影和日本动漫作品；有 30% 的民众表示经常看日本动漫作品，仅有 25% 的民众表示经常看华语电影（如图 4-46 所示）。可以看出，日本卡通比华语电影在老挝更受欢迎。

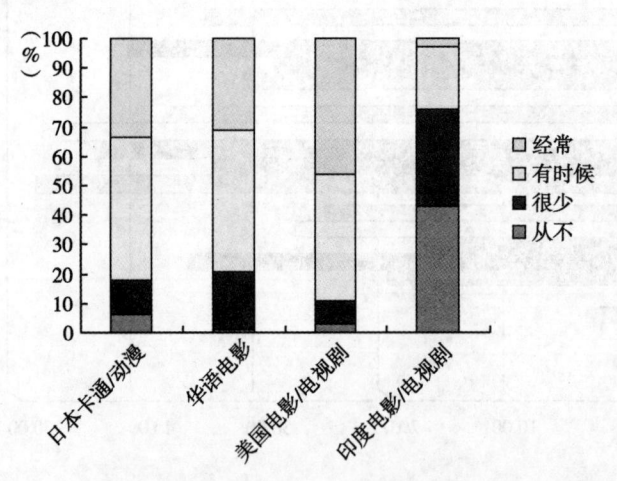

图 4-46　老挝观看中美印日国家影视作品频率

柬埔寨受访者中有 30% 的人表示"经常"看日本动漫作品，有不到

30%的民众表示"经常"看华语电影；有50%的柬埔寨人表示"有时候"看日本动漫作品，但仅有30%的民众表示有时候看华语电影（如图4-47所示）。在柬埔寨日本动漫作品比华语电影更受欢迎。

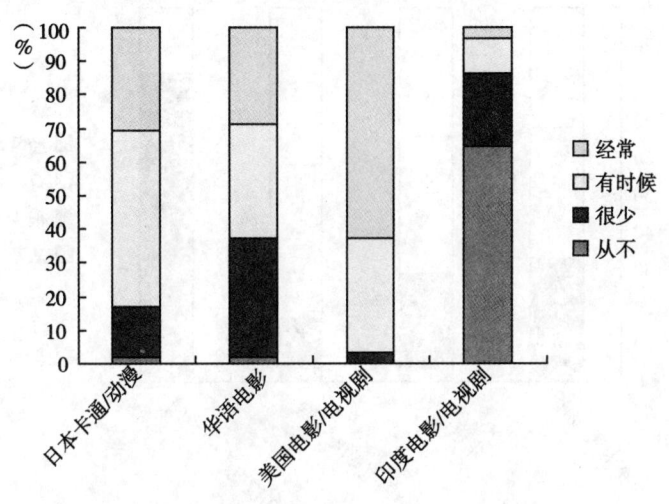

图4-47 柬埔寨观看中美印日国家影视作品频率

约有43%的泰国受访者"经常"看日本卡通，23%的受访者表示经常看华语电影；约有42%的受访者表示"有时候"看日本动漫作品，约有46%的人表示"有时候"看华语电影（如图4-48所示）。总体来看，泰国受访者平时经常观看日本的动漫作品。

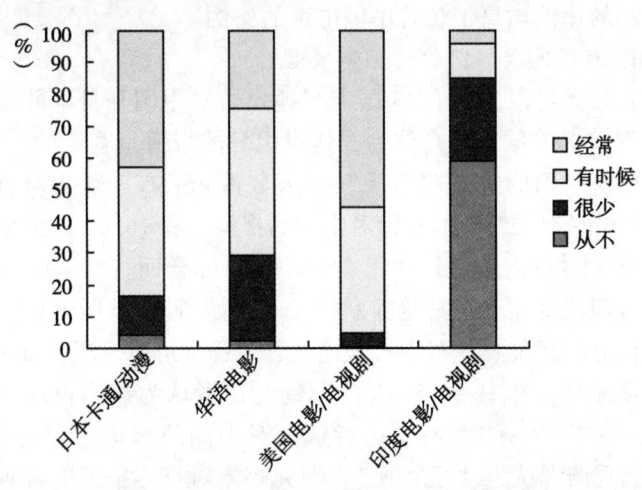

图4-48 泰国观看中美印日国家影视作品频率

越南受访者中约有34.3%的人"经常"看华语电影，约有32%的人

"经常"看日本卡通；有33%左右的人表示"有时候"看日本动漫作品，大致相同比例的人表示"有时候"看华语电影（如图4-49所示）。

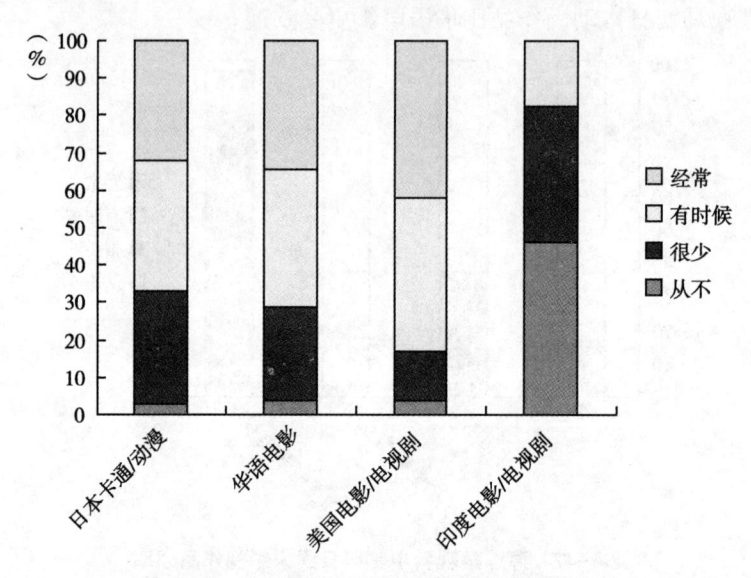

图4-49 越南观看中美印日国家影视作品频率

根据以上数据分析可知，中国影视作品与日本动漫作品在GMS地区的影响力都比较大。具体而言，仅有缅甸受访观看中国影视作品的比例高于日本动漫作品。在越南观看比例不相上下。泰国、老挝和柬埔寨的受访者观看日本动漫作品的比例均高于观看中国电影的比例。

二 GMS国家民众如何看待媒体报道

根据调查数据可以分析GMS国家当地媒体对中国和日本的报道是否客观。总体来看，GMS国家民众认为媒体对中日的报道是客观的。数据显示，认为本国媒体对中国的报道"客观"的人数占46.5%，认为对日本的报道"客观"的人数占41.2%。另外针对中国的报道，有16.9%的人认为是"较客观"的，有21%的人认为是"很客观"的。综合而言，GMS国家总体对中国的报道客观程度高于对其他国家的报道（如图4-50所示）。

如果具体分析缅甸媒体对中日报道的客观程度可以发现，缅甸对中国的报道客观程度最高，其中有45.4%的缅甸受访者认为该国媒体对中国的报道"客观"，有17.7%的缅甸受访者认为对中国的报道"较客观"，还有24.1%的缅甸受访者认为"很客观"。缅甸媒体对日本报道的客观程度也较高（如图4-51所示）。

总体来看，老挝受访者认为本国媒体对中日两国的报道较客观，其中约

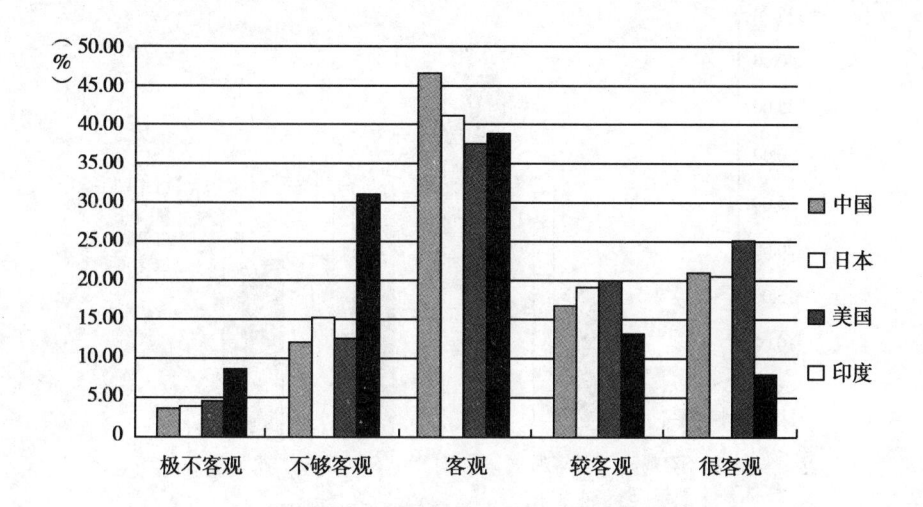

图 4-50　GMS 5 国媒体对中日美印的报道客观程度（总体）

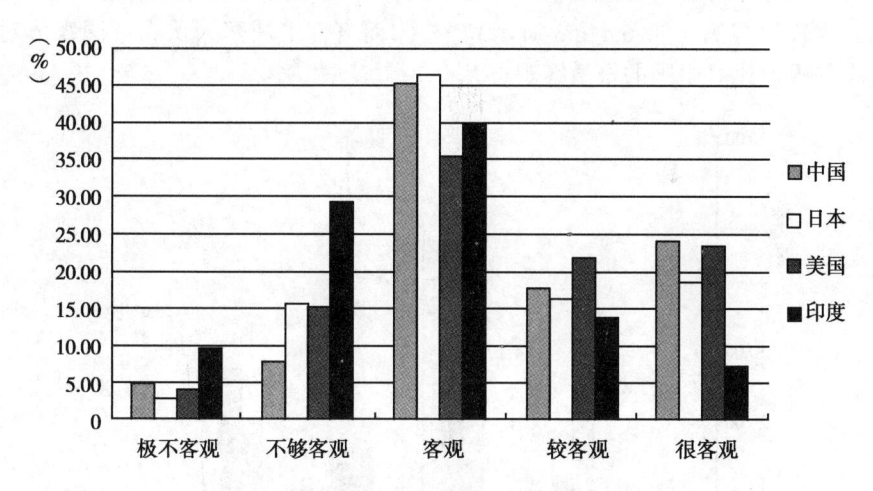

图 4-51　缅甸媒体对中日美印的报道客观程度

有 42.6% 的人表示当地媒体对中国的报道"客观"，约有 25.7% 的人认为对中国的报道"较客观"，还约有 18.8% 的人认为中国的报道"很客观"。老挝受访者中约有 37% 认为当地媒体对日本的报道客观，19% 的人认为较为客观，但有 26% 的人认为不够客观（如图 4-52 所示）。

约有 38.6% 的柬埔寨受访者认为当地媒体对中国的报道"客观"，但是约有 21.1% 的人认为对中国的报道"不够客观"。约有 43% 的柬埔寨受访者

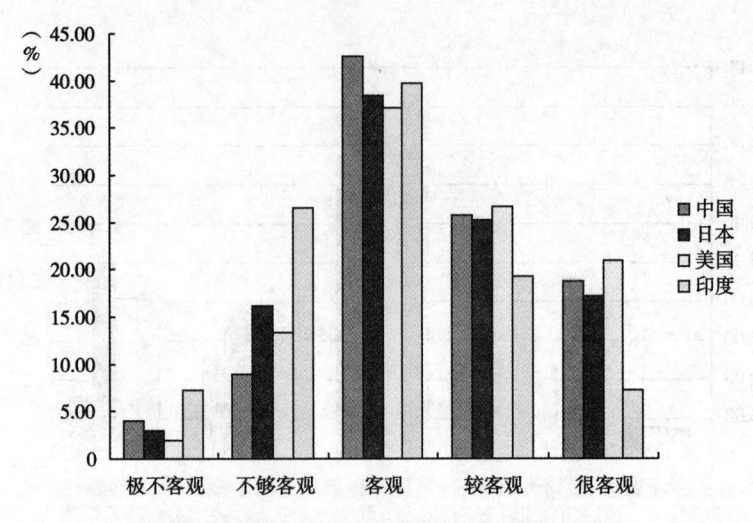

图 4-52 老挝媒体中美印日的报道客观程度

认为本国媒体对日本的报告报道较为客观,有 27% 的人认为很客观,13% 的人认为较为客观(如图 4-53 所示)。总体而言,柬埔寨人认为本国媒体对日本的报道比对中国的报道客观。

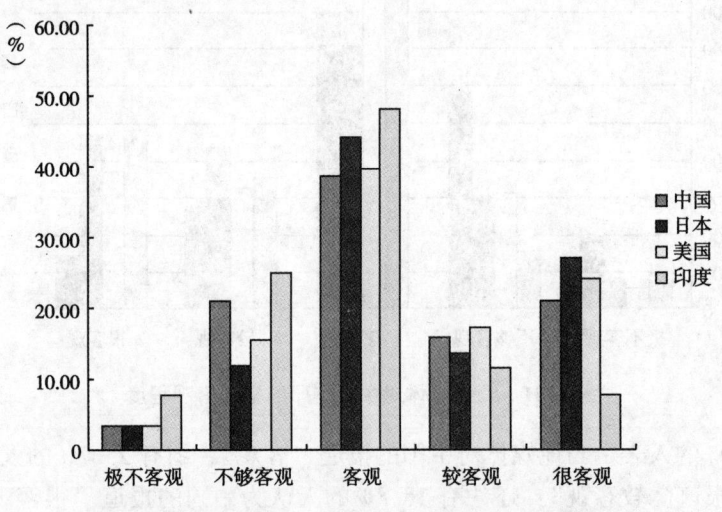

图 4-53 柬埔寨媒体中、美、印、日四国的报道客观程度

泰国受访者中约有 47.3% 的人认为对中国的报道"客观",约有 42% 的人认为对日本的报道"客观";有 16% 的人认为对中国报道较为客观、19% 的人认为对日本的报道较为客观;有 17% 的人认为对中国的报道很客观,

19%的人认为对日本的报道很客观（如图 4-54 所示）。

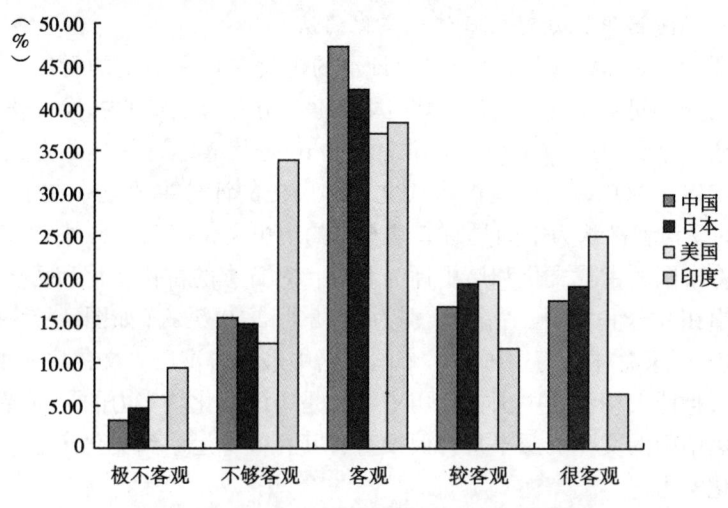

图 4-54　泰国媒体中日美印的报道客观程度

越南受访者中约有 54.4%的人认为当地媒体对中国的报道"客观"，约有 31%的人认为对日本的报道"客观"；有 8%的人认为对中国的报道较客观，有 21%的人认为对日本的报道较为客观；有 30%的人认为对中国的报道很客观，有 26%的人认为对日本的报道很客观（如图 4-55 所示）。

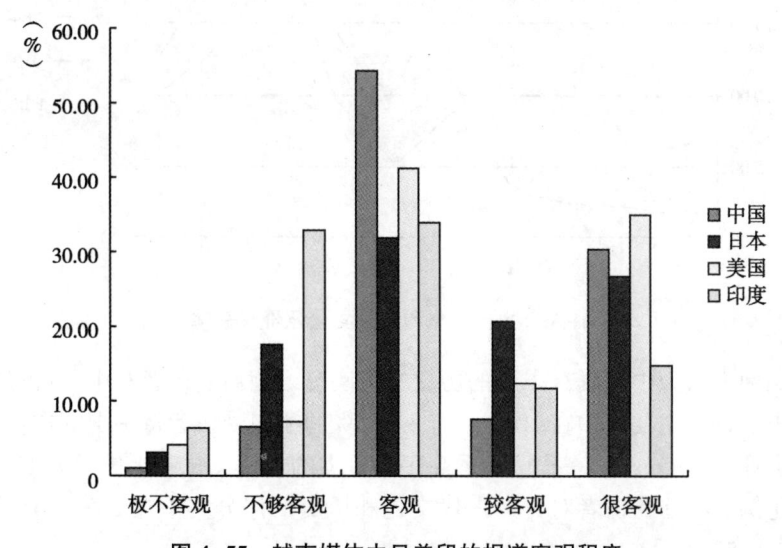

图 4-55　越南媒体中日美印的报道客观程度

根据以上数据分析可知，GMS 5 国民众均认为本国媒体对中国的报道都比较客观，对日本的报道客观率低于中国。

三 GMS国家民众对中日传统文化的认知

本调查针对GMS国家对中国和日本的古代文化和历史的看法，进行了如下的调查。问卷调查中，让GMS国家的受访者为中日的古代文化和历史打分，从1分到10分，1分代表非常差，10分代表非常好。调查数据显示如下，GMS 5国总体对中国的古代文化和历史的评分主要集中在10分，有25.2%的受访者都认为中国具有非常丰厚的历史文化底蕴。另外有22.5%的受访者将中国的古代文化和历史评为8分；对日本的古代文化和历史的评分主要集中在8分和9分，占比分别为19.8%和19.5%（如图4-56所示）。说明GMS国家总体认为中国是4个国家当中最具丰富历史文化底蕴的国家，源远流长且博大精深的中国古代历史文化是中国文化软实力的最重要组成部分，虽然中国的文化资源丰富，但没有将其有效地运用到文化产业，从而转化为文化实力。

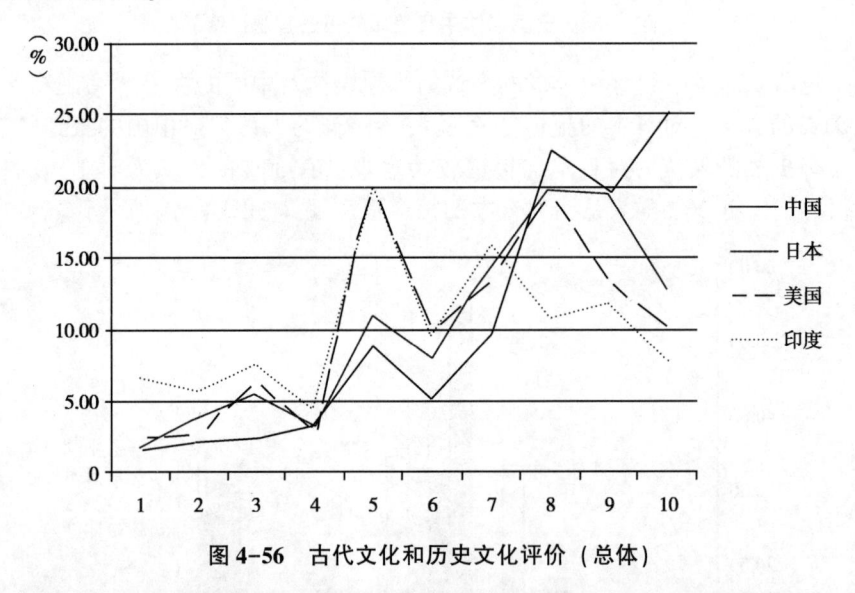

图4-56 古代文化和历史文化评价（总体）

缅甸人认为中国具有丰厚的历史文化底蕴。缅甸受访者对中国古代文化和历史的评分主要集中在10分，有34.15%的缅甸受访者将中国的古代文化和历史评为10分，这一比例远远高于将日本的古代文化和历史评为10分的人数比例。缅甸受访者对日本古代文化和历史的评分集中在8分（18.6%）（如图4-57所示）。

老挝人对中国古代文化历史评分主要集中在9分（约26.8%），对日本的评分也主要集中在9分（约23.2%），但这一比例低于对中国古代文化的

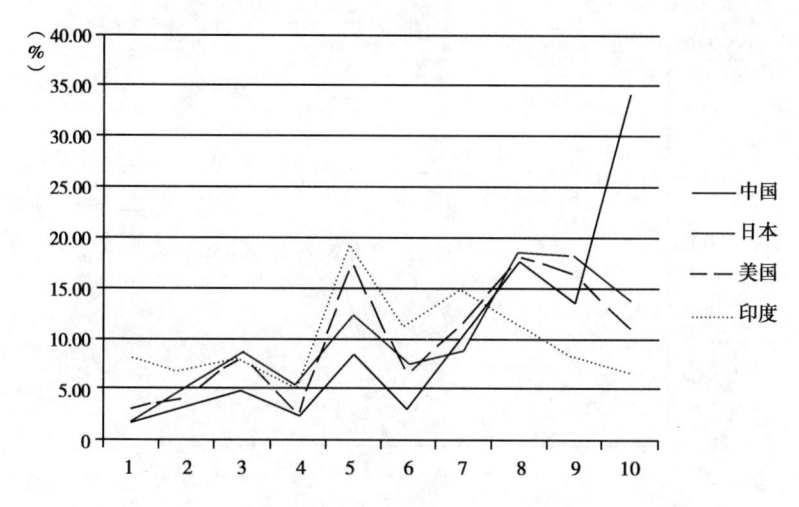

图 4-57 缅甸对中美印日的古代文化和历史文化评价

评价（如图 4-58 所示）。可以看出，老挝人对中国古代文化评价较高，其次是日本的古代历史文化。

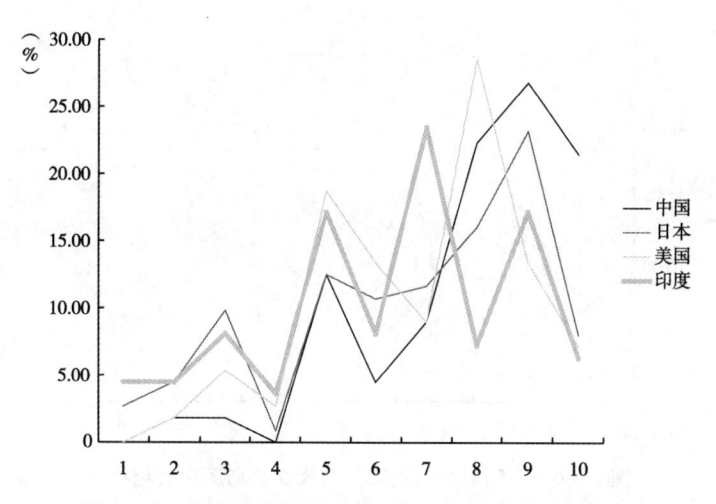

图 4-58 老挝对中美印日的古代文化和历史文化评价

柬埔寨受访者对中国历史文化的评分主要集中在 8 分和 10 分（分别约为 27.1%和 25.4%），对日本历史文化的评分主要集中在 9 分（约 27.1%）（如图 4-59 所示）。柬埔寨人对中国和日本的历史文化评价较高。

泰国受访者对中国历史文化的评分集中在 8 分和 10 分（分别约为 24.8%和 23.5%），对日本的评分集中在 8 分（约 24.4%）（如图 4-60 所

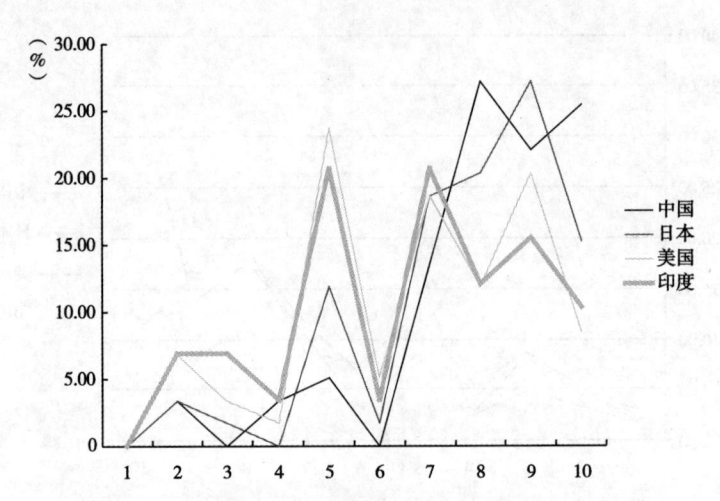

图 4-59 柬埔寨对中日美印的古代文化和历史文化评价

示)。泰国受访者对中国古代文化评价较高。

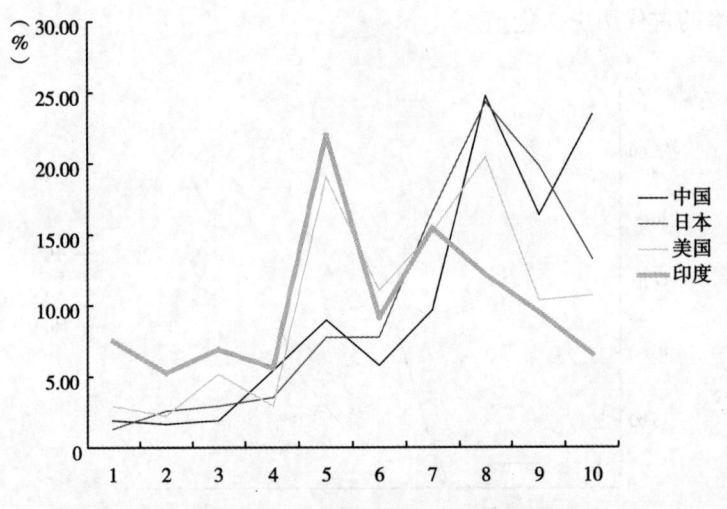

图 4-60 泰国对中日美印的古代文化和历史文化评价

越南受访者对中日两国的古代文化和历史文化评价情况如下,对中国评分集中在 9 分(约 27.9%),对日本的评分集中在 7 分(约 20.2%)(如图 4-61 所示)。总体来看,越南人对中国古代文化的评价较高。

根据以上数据分析可知,GMS 国家民众对中国的古代文化和历史文化的评价均高于日本。

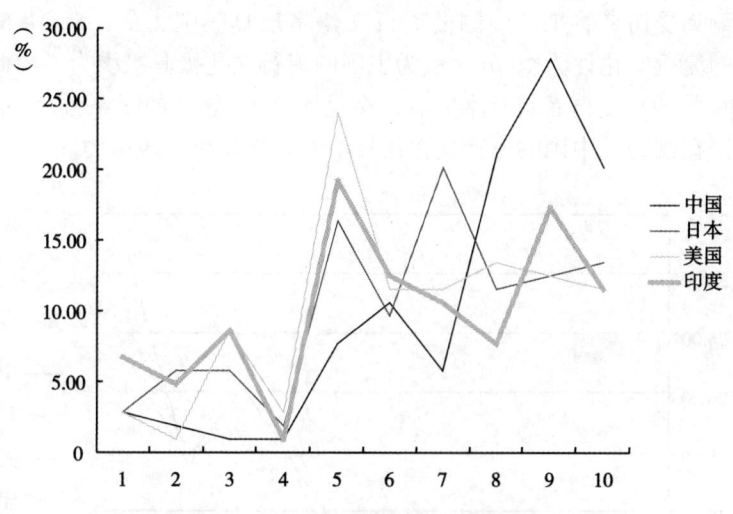

图 4-61 越南对中美印日的古代文化和历史文化评价

四 GMS国家民众对中日流行文化的认知

调查问卷针对这4个国家的流行文化对GMS国家的影响进行了调查。调查问卷让GMS国家的受访者为中日的流行文化打分，从1分到10分，1分代表毫无吸引力，10分代表极具吸引力。调查数据显示如下，GMS国家总体对中国和日本的流行文化评价都较高，评分主要集中在8分或10分。说明中国和日本的流行文化对GMS国家的人来说是具有一定吸引力的（如图4-62所示）。

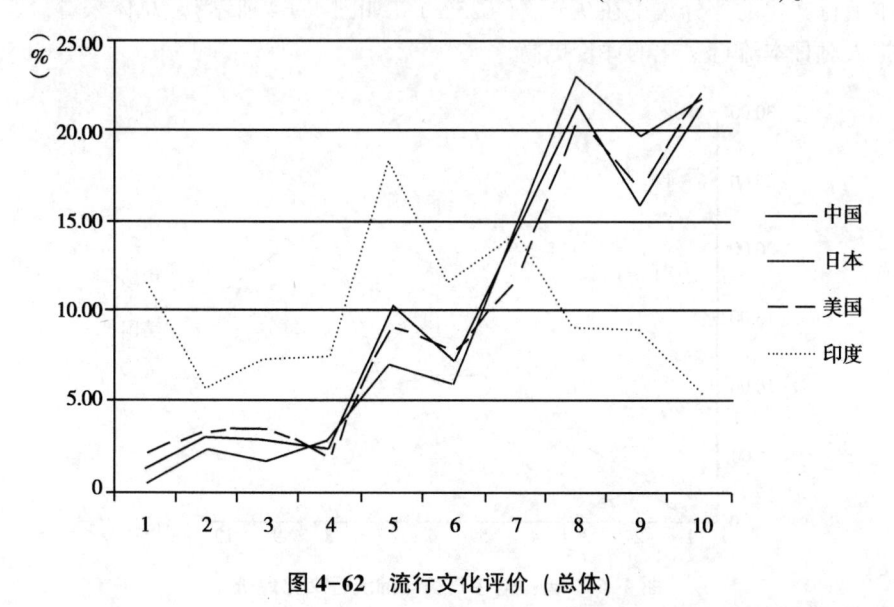

图 4-62 流行文化评价（总体）

在缅甸受访者看来，中国的流行文化是最具吸引力的，有31.5%的人将中国的流行文化评为10分，认为中国的流行文化极具吸引力。与此同时，有22.5%的缅甸受访者将日本的流行文化评为10分（如图4-63所示）。可以看出，在缅甸，中国的流行文化比日本流行文化更有吸引力。

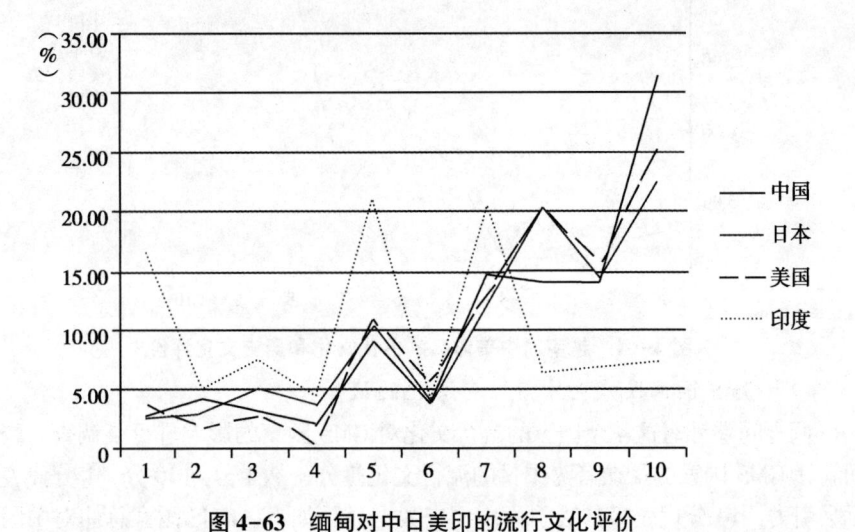

图4-63 缅甸对中日美印的流行文化评价

老挝受访者对中国流行文化的评分主要集中在8分（约21.4%），对日本流行文化的评分集中在9分（约25%）（如图4-64所示）。总体来看，老挝人对日本流行文化的评价更高。

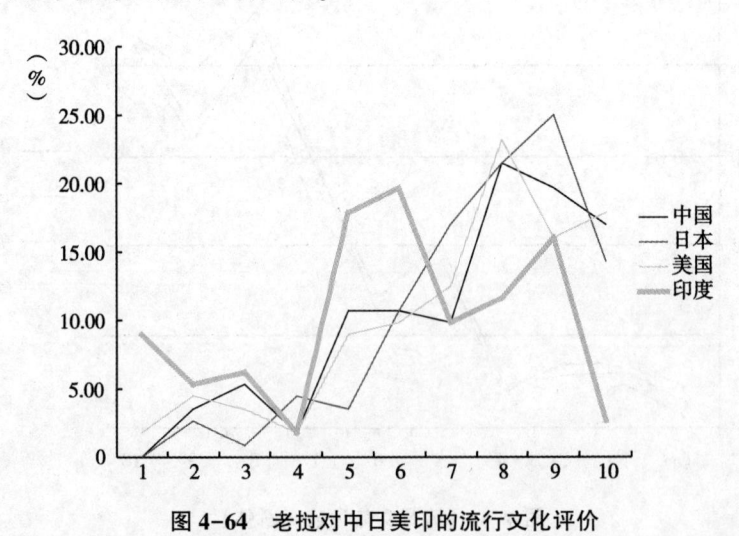

图4-64 老挝对中日美印的流行文化评价

柬埔寨对中国流行文化的评分主要集中于 8 分（约 22%），对日本流行文化的评分主要集中于 8 分和 9 分（均约为 25.4%）（约 18.6%）（如图 4-65 所示）。柬埔寨人对日本流行文化的评价高于中国。

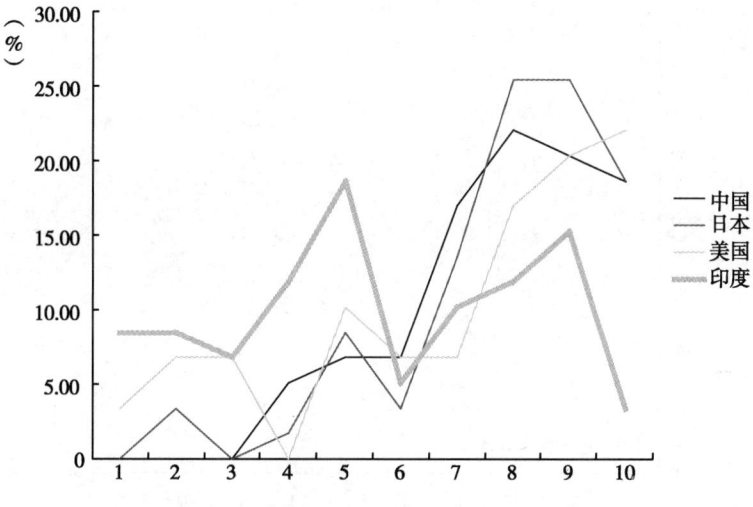

图 4-65 柬埔寨对中日美印的流行文化评价

泰国对中国流行文化的评分集中在 8 分（约 22.7%），但对日本流行文化的评分也集中在 8 分（约 26.9%），这一比例高于对中国评分为 8 分的比例。（如图 4-66 所示）。总体来看，泰国人对日本流行文化的评价高于中国。

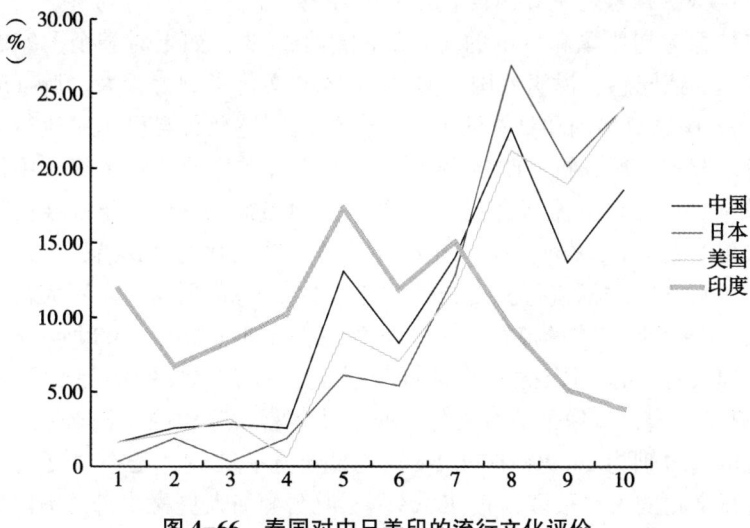

图 4-66 泰国对中日美印的流行文化评价

越南受访者对中国流行文化的评分集中在 8 分（约 28.9%），对日本流行文化的评分集中在 10 分（约 24%）（如图 4-67 所示）。越南人对日本流行文化的认可度明显高于中国。

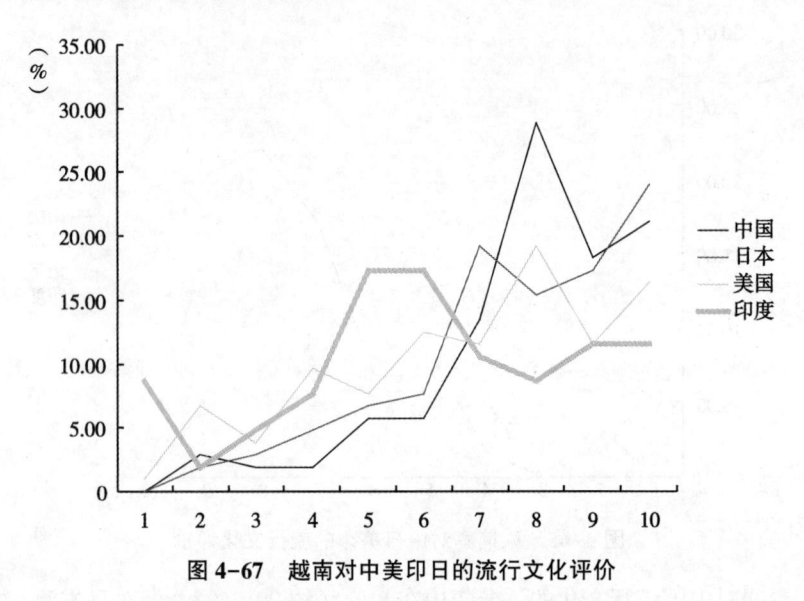

图 4-67　越南对中美印日的流行文化评价

综上所述，除了缅甸外，GMS 其他 4 国对日本流行文化的评价明显高于中国。

五　GMS 国家对中日两国的文化认同度

GMS 国家对中国和日本的文化认同感很重要，如果对某个国家的文化具有强烈的认同感，说明该国在 GMS 地区的文化影响力较大。调查问卷对比了 GMS 国家对中国和日本的流行文化的认同感及对自己国家流行文化的认同感。调查数据分析，GMS 国家对日本流行文化的认同感高于中国。其中"非常喜欢"日本流行文化的受访者占 24.5%，高于"非常喜欢"中国流行文化的人（16.9%）。而"喜欢"日本流行文化的受访者（38.5%）虽然少于"喜欢"中国流行文化的受访者（41.2%），但是差距不大，总体来说，在 GMS 地区日本的流行文化影响力大于中国（如图 4-68 所示）。

缅甸人对自己国家的文化认同感较高，有 31.1% 的缅甸受访者表示"非常喜欢"自己国家的流行文化，而"非常喜欢"中国和日本流行文化的人数比例（分别为 24.9% 和 24.1%）均低于这一比例，选择"喜欢"缅甸本国流行文化的人也很多（占 38.9%）。说明缅甸人更喜欢自己本国的流行文化。"非常喜欢"中国流行文化的缅甸受访者占 24.9%，表示"非常喜

图 4-68 文化认同感（总体）

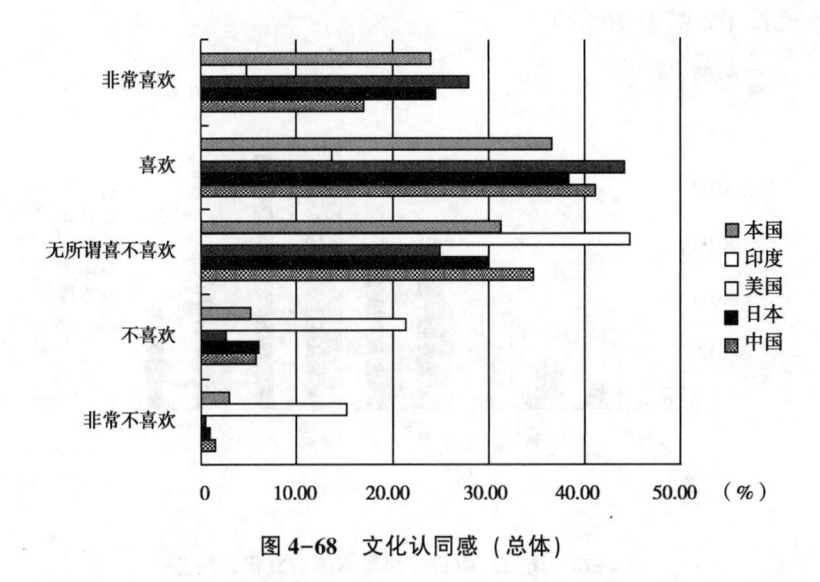

欢"日本流行文化的缅甸受访者占 24.1%；其次表示"喜欢"中国流行文化的缅甸受访者占 37.6%，"喜欢"日本流行文化的缅甸受访者占 31.3%。可以看出，缅甸人对日本流行文化的认同感稍低于中国（如图 4-69 所示）。

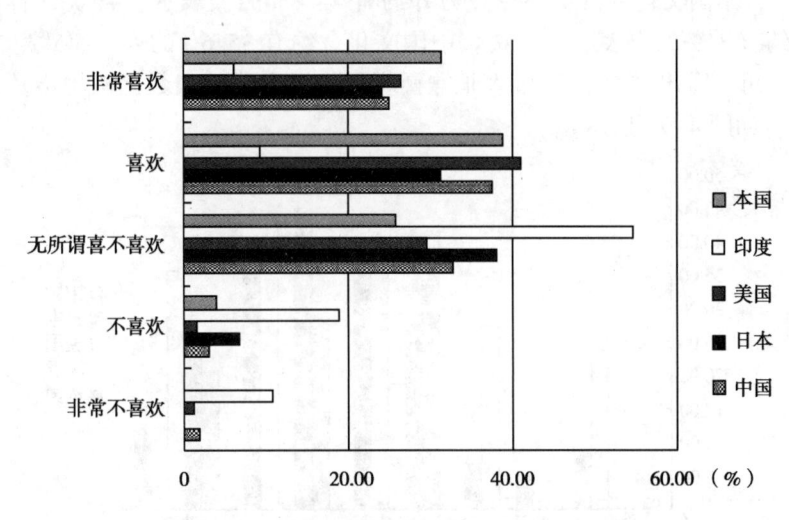

图 4-69 缅甸对中美印日与本国的文化认同感

老挝受访者表示"非常喜欢"的文化中，中国的文化约占 12.5%，日本的文化约占 24.1%，本国的文化约占 17.9%，这一比例中，老挝受访者对日本文化的认同感最强，其次是美国，再次是本国文化，对中国文化的认同感较弱（如图4-70所示）。

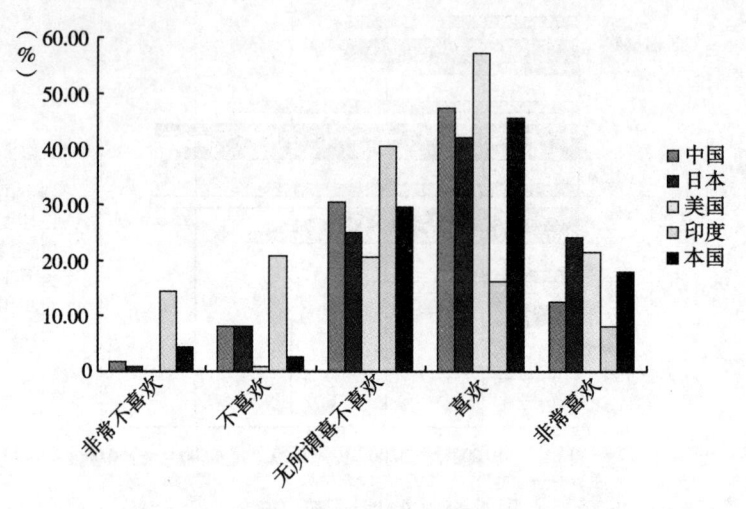

图4-70 老挝对中日美印与本国的文化认同感

柬埔寨受访者对本国文化的认同感低于对日本文化的认同感，数据显示，表示"非常喜欢"的文化中，中国文化约占20.7%，日本文化约占22.4%，本国文化约占11.9%。另外约有44.8%的人表示"喜欢"日本文化，约有31%的人表示"喜欢"中国文化，约有35.6%的人"喜欢"本国文化，可以看出"喜欢"和"非常喜欢"本国文化的人数比例均不及日本文化（如图4-71所示）。

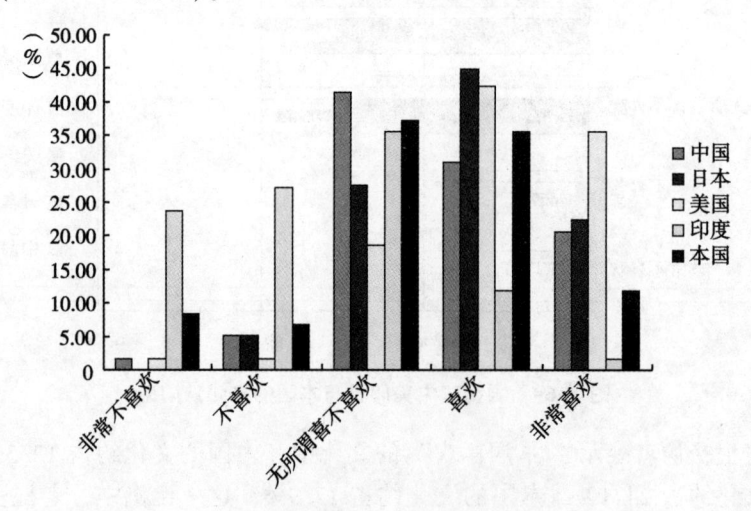

图4-71 柬埔寨对中日美印与本国的文化认同感

泰国受访者中表示"非常喜欢"的文化中，中国文化约占 14.5%，日本文化约占 28.1%，本国文化约占 24.8%；表示喜欢日本文化的有 37%，喜欢中国文化的有 39%，表示喜欢本国文化的有 32%；表示"无所谓喜欢与不喜欢"的，对日本文化为 27%，对中国为 36%，对本国为 34%（如图 4-72 所示）。由此可以看出泰国对日本文化的认同感较强，超过对本国文化认同，也高于对中国文化的认同。

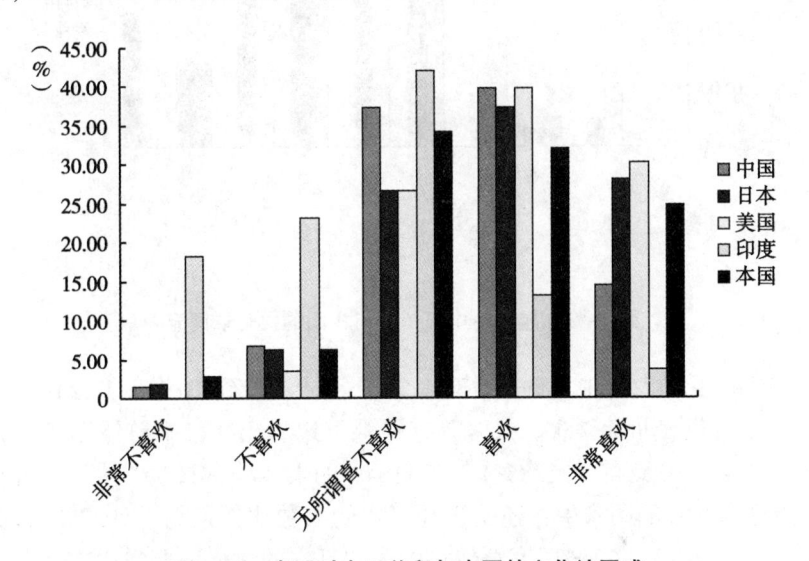

图 4-72 泰国对中日美印与本国的文化认同感

越南受访者也表现出对日本文化认同感较高，数据显示，约有 21%的人"非常喜欢"日本文化，"非常喜欢"中国文化的比例为 13%，"非常喜欢"自己本国文化的比例约为 23.1%；喜欢日本文化的比例为 48%，喜欢中国文化的比例为 51%，喜欢本国文化的比例仅为 38%；无所谓喜欢不喜欢选项中，选择日本文化的为 33%，选择中国的为 29%，选择本国的为 30%（如图 4-73 所示）。由此观之，越南对中日文化的认同度差异不大。

综上所述，缅甸人对中国文化的认同感高于对日本文化的认同感，老挝、柬埔寨和泰国对中国文化的认同度低于对日本文化的认同。越南对中日文化认同度差异不大。总体而言，GMS 国家对日本文化认同度高于中国。

六　GMS 国家民众对中日两国形象整体评价

最后，调查问卷针对 GMS 国家对中国和日本的整体印象的不同看法进行调查研究。GMS 国家对中日的整体印象可以综合反映出中日在 GMS 地区的政治影响力、经济影响力和文化影响力。调查问卷的最后一个问题是，让

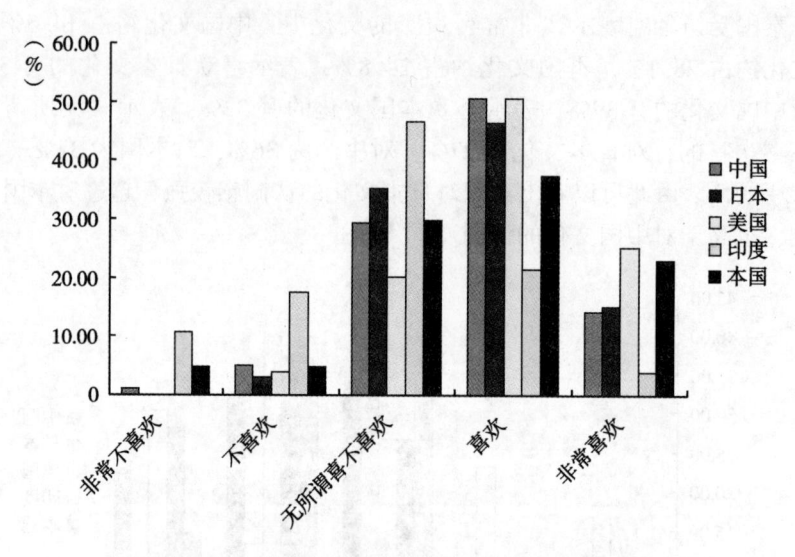

图 4-73 越南对中日美印与本国的文化认同感

GMS 国家的受访者为中日的整体印象打分，从 1 分到 10 分，1 分代表极其讨厌，10 分代表非常喜欢。根据调查资料可以看出，日本整体形象被评为 10 分的人数比例最高 (21.8%)，有 11.4%的人"非常喜欢"中国。在整体印象被评为 9 分的国家中，还是选择日本的人数比例最高 (20.3%)，其次是中国 (15.6%)。GMS 国家总体对中国和日本的评分主要集中在 8 分，其中有 26.5%的受访者将中国的整体形象评为 8 分，有 24.3%的受访者将日本的整体形象评为 8 分，有 14.3%的受访者将美国的整体形象评为 8 分。由此看来，中国、日本和美国在 GMS 国家的整体形象都较好，特别是日本。但是对于印度的整体印象，GMS 国家受访者的评分主要集中在 5 分 (23.3%)，还有 10.1%的人极其讨厌印度（如图 4-74 所示）。

缅甸对中日美印的评价如图 4-75 所示，可以看出，缅甸对中国、日本和美国的整体印象评价都较高，对中国和日本的评价主要集中在 8 分 (26.4%和 27.2%)，对美国的评价主要集中在 10 分 (22.2%)，所以缅甸对中国、日本和美国的整体印象较好。但是，对印度整体印象的打分主要集中在 5 分 (25.9%)，还有高达 11.1%的缅甸受访者表示"极其讨厌"印度（如图 4-75 所示）。表示"非常喜欢"中国的受访者中，缅甸人最多 (15.3%)。

老挝受访者对中国整体印象的评分主要集中在 8 分（约 19.6%），对日本整体印象的评价主要集中在 9 分（约 29.5%），对美国整体印象的评分主

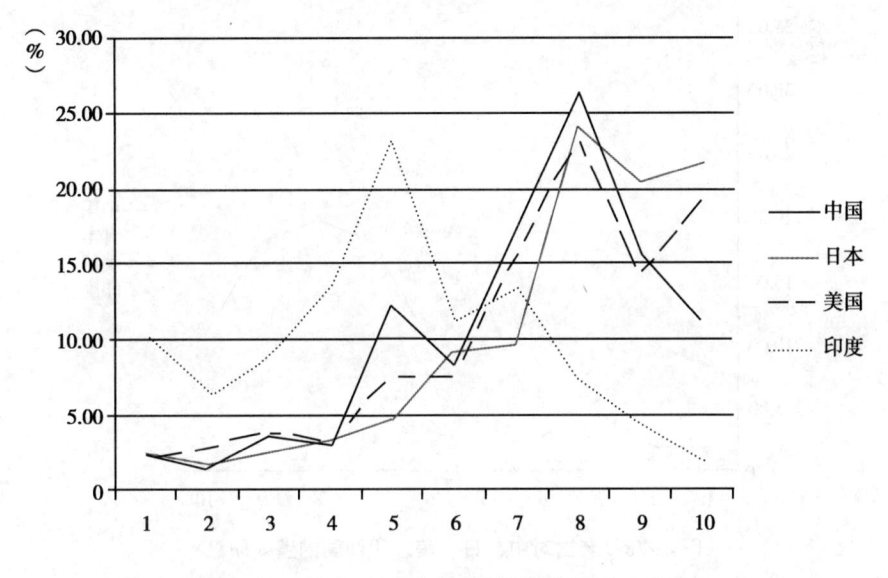

图 4-74 GMS 5 国对中日美印整体印象（总体）

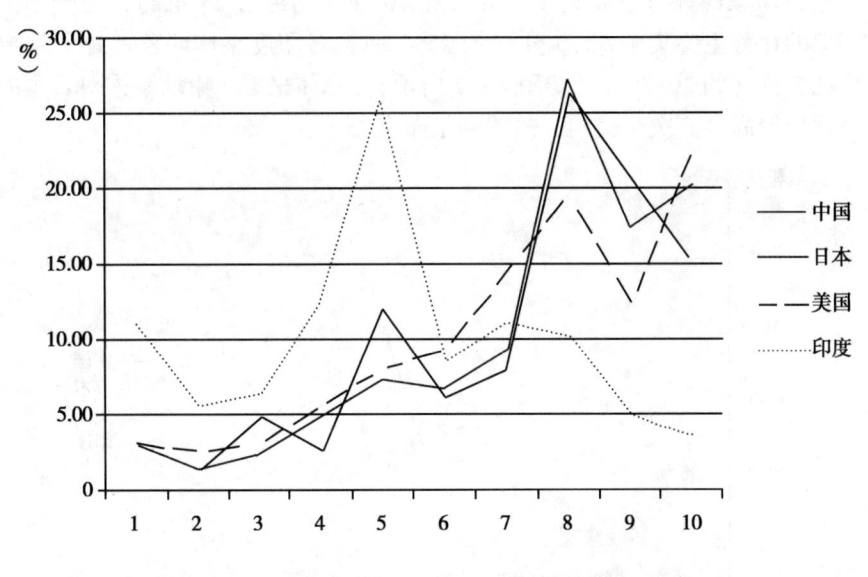

图 4-75 缅甸对中、日、美、印四国的整体印象

要集中在 8 分（约 28.6%），但这一比例高于将中国整体印象评为 8 分的比例，对印度的整体印象评分集中在 5 分（约 23.2%）（如图 4-76 所示）。总体来看，老挝人对日本整体印象最好，其次是美国，对印度整体评价最差。

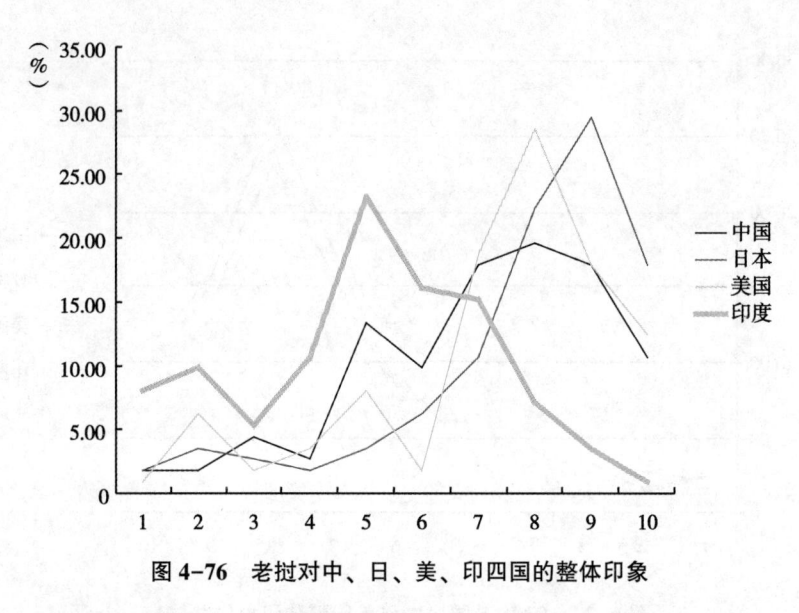

图 4-76　老挝对中、日、美、印四国的整体印象

柬埔寨受访者对中国整体印象的评分主要集中在 7 分（约 23.7%），对日本整体印象的评分主要集中在 8 分和 10 分（均约为 25.4%），对美国整体印象的评分主要集中在 10 分（约 25.4%），对印度整体印象的评分主要集中在 5 分（约 20.3%）（如图 4-77 所示）。总体来看，柬埔寨人对日本的整体评价较高，其次是美国，最差的是印度。

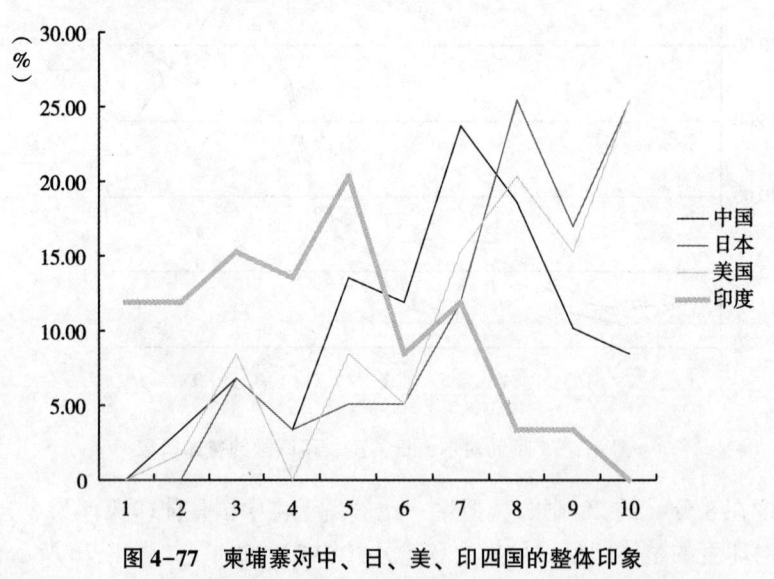

图 4-77　柬埔寨对中、日、美、印四国的整体印象

泰国受访者对中国整体印象的评分主要集中在 8 分（约 30%），评价中国整体印象为 10 分的人数较低，分别低于日本和美国约 15.7 个百分点和 10.3 个百分点，对日本整体印象的评分集中在 10 分（约 25.1%），对美国整体印象评分主要集中在 8 分（25.9%），对印度整体印象评分主要集中在 5 分（约 23.1%）（如图 4-78 所示）。总体来看，泰国对日本整体印象评价最高。

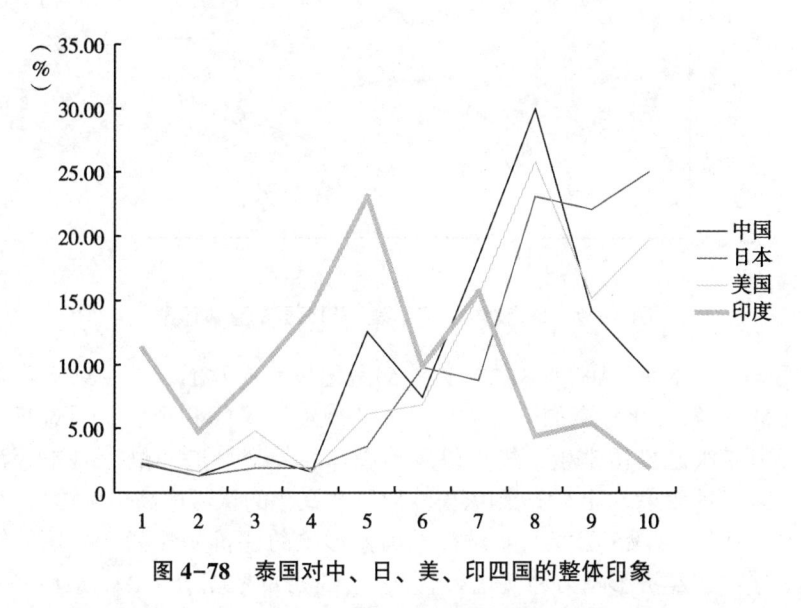

图 4-78 泰国对中、日、美、印四国的整体印象

越南受访者对中国整体印象的评分主要集中在 8 分（约 27.9%），对日本整体印象的评分主要集中在 8 分（约 25%），对美国整体印象的评分主要集中在 8 分（约 18.3%），对印度整体印象的评分主要集中在 5 分（约 21.2%）（如图 4-79 所示）。

小结

为了把握中日两国在 GMS 国家中的文化影响力，调查问卷设计了多个问题。问题从微观问题诸如 GMS 国家对中日的影视节目的接受度、对媒体报道的看法等，过渡到 GMS 国家民众对中日历史与传统认知、对流行文化的评价等方面，最后是 GMS 国家民众对中日国家形象的整体评价。

在文化影响力方面，综合上述数据分析可知，GMS 国家民众对日本的文化影响力认可度高于中国。中国仅在历史与传统方面得到的评价高于日本，此外，从影视节目的受众程度、媒体报道、对流行文化的认可度，以及文化认同度方面，GMS 国家民众对日本的文化影响力的认可要高于中国。

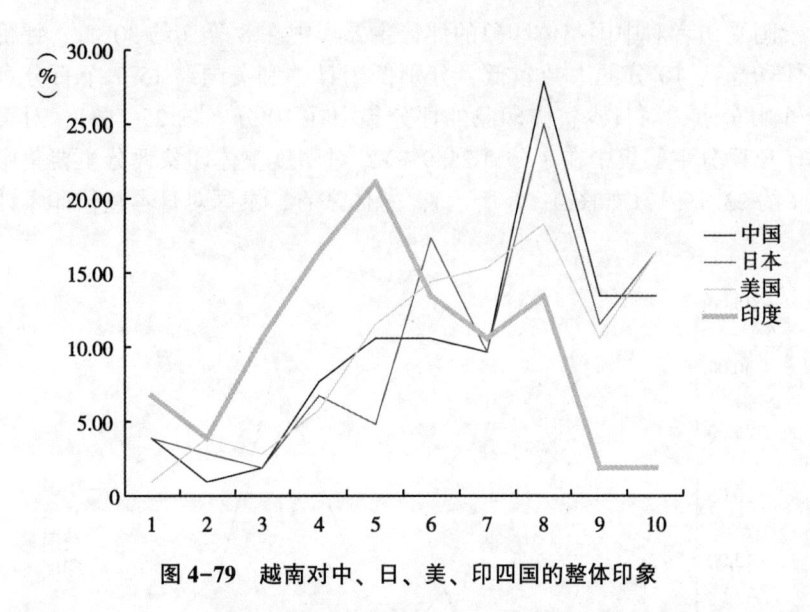

图 4-79　越南对中、日、美、印四国的整体印象

由此可知，日本对 GMS 地区的文化外交是比较有成效的。综合第五章对日本对 GMS 国家文化外交的分析可知，日本政府、民间和企业，通过日语推广、不断扩大赴日留学生规模，以及动漫作品外交打造"酷"日本等活动取得了较好的效果。让 GMS 国家民众对日本文化的认可度高于中国。

如前所述，GMS 国家民众对日本国家形象的评价明显高于中国。综合政治影响力、经济影响力和文化影响力三个部分的数据分析，与最后一个问题，即 GMS 国家民众对中日美印国家形象的整体评价是相符合的。如前所述，在政治影响力方面，GMS 国家认为中国在 GMS 次区域的影响力最大，同时也担心中国的政治影响力会威胁次区域的安全。在经济影响力方面，中日的差异较大，集中体现在产品质量问题方面，造成 GMS 国家的评价里日本高于中国。但是，在文化影响力方面，日本的流行文化，特别是动漫作品产品比中国的文化产品影响力更大。而 GMS 国家对于一国国家形象的整体认知受限因素较多。比如，中国被认为由于政治影响力较大，被 GMS 国家视为会成为未来的威胁，仅此一方面就容易对整体国家形象造成影响。但 GMS 国家民众并不认为日本在该地区有较大政治影响力，也不容易对 GMS 造成政治安全威胁，加之对其经济影响力和文化影响力都较为认可，因此，调查问卷最后一个问题上，GMS 国家民众对日本的整体国家形象的评价高于中国，就是情理之中的事。

回到本研究最初的假设，日本的硬实力 ODA 和区域公共产品，以及软实力产品文化外交，是否达到协调运用、相辅相成？仅从以上数据分析的结果而言，硬实力产品未能按照日本的计划发挥出应有的作用。因为，日本通过实施 ODA 和提供区域公共产品，计划对 GMS 地区达成的影响力不仅仅在经济方面，更重要的是塑造其政治大国形象，扩大政治影响力。但其扩大政治影响力的目标似乎未能实现。GMS 国家民众最直观感受到的还是经济影响力和文化影响力。如前所述，日本 ODA 的特点是，在实现本国国家利益的同时，满足受援国的需求。ODA 在 GMS 国家的投入明确指向的是日本在受援国的贸易、直接投资，同时，满足受援国政府的需求，因此达到"双赢"。这与笔者在 GMS 国家实地调研的情况相吻合，大部分受访者认为，日本 ODA 所关注的是其在该地区的经济利益，不会过多干预受援国的内政，因此 GMS 国家的人们更多感受到的是日本通过 ODA 的实施传递其经济影响力，而不是政治影响力。

在区域公共产品提供方面，日本希望通过区域公共产品的提供，履行大国责任，塑造政治大国形象，扩大政治影响力，但是这些目标似乎都未能实现。因为日本为 GMS 所提供的区域公共产品，最终展示的依然是日本的经济力量。首先，日本所推动并积极资助的多边合作机构——亚洲开发银行，尽管从表面上看是一个多边合作机构，但是 GMS 国家的精英们在受访时都表示，他们知道其中日本的出资率最高，日本在亚行中发挥着极大主导性。其次，GMS 东西经济走廊和南部经济走廊，是亚行和日本共同出资建设的。如前所述，无论是东西经济走廊还是南部经济走廊所经地区，最终目的在于将日本在该地区的日资企业投资地联系起来，并为在 GMS 地区的日本企业寻找到最近的出海口与最便捷的产品生产链和运输链。这其中依然是经济实力在发挥作用。再次，日本所推动并资助的"越老缅柬合作机制"，这个机制得以存续最终依然是以日本的双边援助资金为支撑。然而，日本期望通过区域公共产品所期望达到的政治影响力，以及在区域主义方面所期望达到的目标，都因日本自身不确定的对外战略，左右摇摆的对外政策而走偏方向。比如，越老缅柬合作机制发展到近几年时面临一个问题，即无法与日本对东盟的地区政策和发展战略相对接，有些地方甚至存在冲突。GMS 东西经济走廊和南部经济走廊，并未切实带动沿线国家的经济发展，从边境地区到交通走廊沿线，都缺乏基础设施的进一步完善和足够的投资及充足的劳动力供应。

也就是说从 ODA 和区域公共产品而言，这两种政策工具的使用并未实现日本政府外交战略中的系列目标，即成为地区政治大国，并获得与之相对应的影响力。但在文化外交方面取得的成果，已经为日本今后进一步扩大自己的整体影响力创造了良好的环境与基础。从整体而言可以得出结论，日本的硬实力和软实力并未能结合得很好,未能发挥 1+1 > 2 的功效。但是,无论是 ODA、区域公共产品还是文化外交,都不断扩大日本在 GMS 的影响力,并已经对中国造成影响。

  对中国所造成的影响,从整体而言如数据分析中所显示的,从战略层面而言并不会对中国造成直接威胁。虽然日本战术层面的获胜没有最终形成战略层面的胜利,然而其在战术层面,即具体的政策工具与手段的运用都比中国要娴熟,并且各个战术层面的成功与一旦得到了战略层面的协调后,所能发挥的作用超乎想象。这个是最需要关注及做好防范措施的。

结　　论

在前面几章中，我们对日本如何运用区域公共产品、ODA 和文化外交这些战术工具介入 GMS 地区及其对中国所造成的影响进行了大量定性讨论与实证研究。本部分将简要总结本研究的主要内容和研究发现，最后说明本研究的局限性，并提出深入研究方案。

一　本研究的主要内容

本研究探讨日本如何运用区域公共产品、ODA 和文化外交这三种政策工具介入 GMS 地区，实现日本在该地区的国家利益并扩大自身影响力，及其对中国在该地区的存在所造成的影响。

（一）本课题的研究意义、文献回顾和理论框架

从第一章到第三章，我们系统梳理了区域公共产品、ODA 和文化外交这三个政策工具的研究现状，以及日本运用这三个政策工具的特色，阐述了本研究的学术价值，以及选取 GMS 地区作为考察日本运用区域公共产品、ODA 和文化外交这三个政策工具维护国家利益、扩大影响力的必要性。无论是过去还是将来，在很长一个时期中日本都是中国全球战略实施过程中的"竞争对手与合作伙伴"。加之 GMS 地区一直被视为中日竞相争夺的"后花园"，因此选取这个研究主题是很有学术价值的。

随后提出了研究假设，认为日本已经通过区域公共产品、ODA 和文化外交在 GMS 地区取得了一些战术性的成绩。一旦日本具备相关条件，充分利用这些战术上的成功，日本极有可能在 GMS 地区获得战略上的胜利，建立起日本主导下的包括东南亚地区在内的亚洲共同体。也就是说，尽管日本缺乏长期的、统一的外交战略及综合协调使用区域公共产品、ODA 及文化外交这三种政策工具的明确意识。但是，当日本针对 GMS 国家的主要战术工具都取得相应成果时，其所能对日本的国家战略发挥的影响力不容小视。因为 ODA 与区域公共产品，不仅有利于日本密切与这些国家的经济关系，而且保证了日本在这些国家的经济、政治甚至是安全利益。依托 ODA 和区域公共产品这两种政策工具，以"从上至下"的方式，日本将这些国家与

本国经济发展和对外关系的开拓绑定到一起。同时，通过文化外交，这种类似于"自下而上"的方式，在 GMS 国家民间社会扩大日本影响力，让这些国家民众认可日本是个"和平且正常"的国家。这为日本建立其主导下的东亚与亚洲秩序奠定了坚实基础。从某种程度而言，甚至为日本政府修改相关安保条例提供了"外部保障"。当日本对 GMS 地区从介入力量变成一种当地民众都"习以为常"的"存在"时，会对中国在 GMS 地区的利益和存在造成巨大挑战。这些战术上的成绩都有利于构建日本主导的东亚一体化，以及日本二战以来的战略目标，即成为"正常国家"。同时，在这三个部分里，我们也简要勾勒了本课题的主要研究方法和分析技术。

(二) 日本运用区域公共产品、ODA 和文化外交对 GMS 地区的介入

日本介入 GMS 地区体现为，提供区域公共产品、开展 ODA 和推进文化外交。在第一章至第三章中，系统梳理了以上三个政策工具的研究现状。对所搜集到的中、英、日语三种语言的文献，按照区域公共产品、国际发展援助与文化外交这三类政策工具，进行了文献回顾与述评。此外，还厘清了相关理论概念。如区分了国际发展援助与官方发展援助的差异、明确了多边援助可以归类于区域公共产品、区分文化外交与公共外交和人文外交等相关概念的差异。并从区域公共产品、国际发展援助以及文化外交三个维度，考察了日本如何介入 GMS 国家。因此，第一章至第三章是本研究的重点与难点。

在第一章中，我们将日本向 GMS 提供的区域公共产品分为三种，即日本推动建立并在其中发挥积极影响力的区域合作机构"亚洲开发银行"、为满足次区域基础实施发展需求和日本企业在当地投资所需而建设的"GMS 东西经济走廊"和"GMS 南部经济走廊"，以及为提高 GMS 整体社会发展水平而提出的"越老缅柬合作机制"，并分别讨论日本所提供的这些区域公共产品所发挥的功能与存在的局限。

在第二章中，我们运用翔实的资料讨论了日本对 GMS 国家开展 ODA 的历史沿革与主要特点。由于日本对 GMS 国家开展的 ODA 能够满足这些国家的需求，借助 ODA，日本与 GMS 国家建立了某种相互需求的关系。因此，从某种意义而言，ODA 这个经济外交手段，推动日本和 GMS 国家关系的纵深发展。

第三章中，依托文化外交的相关理论，我们梳理了自 20 世纪初期以来，日本"文化外交"内涵的演变，明确了 21 世纪日本"文化外交"的内涵，概括了其开展文化外交的主要领域与实施机构，并按照国别讨论了日本如何开展对 GMS 地区的文化外交。

(三) 日本对 GMS 的介入对中国造成的影响

第四章是本研究的难点,利用了课题组在"湄公学院"发放的调查问卷所形成的调查数据,运用统计技术分析了 GMS 国家民众对中日国家形象的认知差异。调查数据问卷由三个部分组成,即政治影响力、经济影响力和文化影响力。数据分析也根据这三块展开。根据调查问卷数据分析结果,在政治影响力方面,GMS 国家民众对中国的评价高于日本。但在经济影响力和文化影响力方面,对日本的评价明显高于中国。无法否认 ODA 和文化外交在其中发挥了关键作用。在国家影响力的综合评价中,GMS 国家民众对日本的评价也明显高于中国。民众的好感与认同,为日本进一步维护和实现在该地区的国家利益构筑了良好的战略环境,在 GMS 的博弈中让日本赢在了起跑线上。

二 本研究的基本观点和创新之处

二战结束后,日本通过"赔偿外交"打开了对东南亚的外交大门。"赔偿外交"为日本恢复与东南亚国家间关系发挥了关键作用,并开启了战后日本以 ODA 为主导的经济外交大门。ODA 一直为日本扩大对外投资以及贸易规模发挥了重要作用。然而,起初这不仅未对改变日本在东南亚民众中的侵略国形象发挥积极的作用,相反让当地民众认为日本在以经济方式继续侵略他们。故 20 世纪 70 年代初期多个东南亚国家爆发了"反日浪潮"。日本开始反思自己的外交战略。冷战结束后,日本迅速成为全球第一援助大国。为了具备与第一援助大国相符的政治影响力,日本修改了 ODA 大纲,将政治民主化与经济自由化作为援助附加条件,欲借 ODA 之力在全球政治民主化与经济自由化变革中发挥作用,以此构建"负责任大国"的形象。与此同时,通过对外输出日本文化产品,期望能够改变日本的国际形象。此外,还通过推进亚行的建立并成为主要资金提供国、推进 GMS 东西经济走廊和南部经济走廊、提出并实施"越老缅柬合作倡议"等方式提供区域公共产品,进一步构建起"负责任的和平大国的形象"。

本研究的基本观点和独创之处主要体现在以下五个方面。

(一) 日本为 GMS 所提供的区域公共产品,为扩大日本在该地区的政治与经济影响力发挥了作用,但缺乏整合与协调

区域公共产品的基本属性是非排他性、非竞争性。这个属性决定了日本为 GMS 提供的区域公共产品所能发挥的作用。

日本为 GMS 合作所提供的区域公共产品主要有三:一是积极推进并成为主要资助方的亚行;二是日本政府倡导并推进的"越老缅柬合作机制";三是通过亚洲开发银行资助提议、援助以及通过日本实施的多边援助项目推

进的 GMS "东西经济走廊"和 GMS "南部经济走廊"。

亚行的设立与运行，为 GMS 地区的合作提供了经费支持与机制保障。GMS 今天的发展规划大部分由亚行颁布以及实施。同时，亚行的成立弥补了日本一直以来在多边外交上的欠缺。在次区域合作推进中，借助亚行日本具有了顶层设计能力与话语权。随着日本在亚行中介入度的加深，日本在包括 GMS 地区在内的整个东盟地区的存在感以及经济影响力都在扩大。

"越老缅柬合作机制"是日本以"印度支那"地区为对象建立的合作框架，是在 GMS 合作机制提出之后不久就提出并实施的，在一定程度上为"越老缅柬"地区的社会发展以及基础设施的建立健全发挥了作用。但是，"越老缅柬"4 国与泰国等老东盟国家之间的发展差距，甚至"越老缅柬"4 国间的发展差距，并没有因为这个合作机制的推进而缩小。一方面，"越老缅柬合作机制"虽然名为区域公共产品，但实际 4 个国家所能得到的援助数额有很大差异。因为这 4 国各自对日本的战略意义完全不同。这也加剧了四国在有限的援助中为获得更多援助份额而展开的竞争。另一方面，如前所述由于"越老缅柬"合作机制与"GMS 合作机制"以及日本希望推动建成的"东亚共同体"之间的关系不明确，有些地方甚至出现冲突与矛盾。此外，日本对 GMS 的双边援助，未能与日本对 GMS 的区域公共产品协调一致发挥作用。这反映出日本对外战略中缺乏相互协调与整合的问题。如前所述，日本政府并没有像对 GMS 国家的双边援助一样，在这项多边援助项目中大量投入资金、人力与物力。故"越老缅柬合作机制"作为区域公共产品所能发挥的影响力相当有限。

此外，GMS "东西经济走廊"和"南部经济走廊"的建设目标是，为日本制造业企业大规模进驻该地区建立健全投资环境。此外，还需要达成遏制 GMS 地区中国影响力的扩大。GMS "东西经济走廊"在道路联通和海关边检一站式通关方面完成度很高。明显超越中国主导的 GMS "南北经济走廊"在道路以及通关设施方面的完善程度。南部经济走廊的道路联通以及海关边检联通方面也取得了很大进展。"南部经济走廊"联通了曼谷、胡志明市与金边市。这 3 个城市已有的基础设施相对较好，加之，日本官方发展援助令胡志明市与金边市周边的高速公路得到了较快发展。因此，"南部经济走廊"在近 5 年内获得了迅速发展，远超"东西经济走廊"。

GMS "东西经济走廊"和"南部经济走廊"发展差异，反映出这两项本来应该得到同等重视与发展的公共产品，其实未能得到均衡发展。这主要由于"东西经济走廊"与"南部经济走廊"所具备的发展基础完全以及日本对两条经济走廊的预期不同，决定了这两条经济走廊无法得到相同的投入。日本通过亚行、JICA 和贸易振兴会对这两条经济走廊的投入都不同。另外，沿线国家在分享这两项公共产品所带来的便利时，存在排他性与竞争性。再加上，由于东西经济走廊的投资环境，距离满足日本制造企业海外投资的条件还有很大距离，也缺乏来自其他国家的投资，因此这条经济走廊依然停留在交通走廊的层面，没有成为真正意义上的经济走廊。这也严重削弱了此项区域公共产品所能发挥的效用。

无论是 GMS 东西经济走廊还是 GMS 南部经济走廊的建设，都有一个明确的目标，即遏制中国在该地区逐渐扩大的影响力。无论是东西经济走廊还是南部经济走廊，都在避免与中国主导的南北经济走廊的三条线连成一体。但避免为中国"南下"该地区提供便利的同时，也限制了 GMS 区域内的互联互通。也就是说，日本为实现限制中国在该地区的影响力，制约了 GMS 东西经济走廊和南部经济走廊作用的发挥。地区大国在提供区域公共产品时，如果是以遏制该地区另一个国家为目的，这个公共产品所能发挥的影响力就极为有限了，因为没有一个大国是通过遏制与限制对方实现自身影响力扩大的。

由此观之，日本为 GMS 次区域所提供的区域公共产品中，亚行与 GMS "南部经济走廊"的成效比较显著。对推动整个地区的发展发挥了积极作用。相对而言，"越老缅柬合作机制"及 GMS "东西经济走廊"的成效比较有限。出现以上问题的原因，一是计划以区域公共产品形式提供的 GMS "东西经济走廊"、"南部经济走廊"和"越老缅柬合作机制"，从公共产品的提供方到使用方，相互之间都存在排他性和竞争性。难以成为真正意义上的区域公共产品，无法实现预期目标。二是日本对外战略协调性不足且狭隘性有余。

（二）日本 ODA 由于能与受援国建立"双赢"关系，因此，ODA 得以成为日本外交战略实施中不可或缺的政策工具

在第二章关于国际援助的理论梳理中，得出了现有国际援助体系中存在四组矛盾的结论。即国际援助的初衷与实际援助动机之间的矛盾；国际格局的无序化与援助及发展概念需要协调一致之间的矛盾；援助体系内需要对等性但现实国际关系中的非对等性；国际援助体系依然以主权国家为核心与非国家行为在国际援助体系中日益壮大的影响力之间的矛盾。这四组悖论的存在限制了国际发展援助的有效性。国际援助体系之所以依然存在是因为，援助国与受援国之间建立起了某种相互需求的关系，达成了某种平衡。国际发展援助不仅能满足援助国的需求，而且也成为受援国发展对外关系的一种工具。日本 ODA 正是这方面的典范。

在二战结束后发展起来的日本 ODA，其诞生条件的特殊，让日本 ODA 具备了不同于其他援助国的特点。在二战后国际体系中，相对于西方发达国家而言，日本是一种弱势存在。战后日本战败国的身份，加之受到美国的监管，以及日美安全条约等协议的签署，都极大限制了日本通过军事手段或者政治手段在国际格局中占据一席之地。这些因素迫使日本通过迂回的形式实现自己的目的，ODA 就成为其首选。不仅如此，还特别注意在对外交往中"放低身段"。表现在援助中就是，比其他援助国更多关注受援国需求。因此，ODA 让日本和受援国逐步建立起了一种相互需求的关系。让日本不仅能在受援国获取资源助其经济复苏，而且得到受援国在国际事务中的支持。也就是说 ODA 拓展了日本的国际空间。这个特点也表现在日本对 GMS 地区的双边援助中。ODA 帮助日本逐步建立起了与 GMS 国家的友好关系的同时，让日本在国际援助领域获得的话语权，让日本自卫队参与国际维和事务找到了切入点，让日本越来越多介入缅甸和柬埔寨的和平进程中等。在这个过程中，也让日本成为得到 GMS 国家认可的地区的一股重要力量。ODA 无疑已成为日本实施对外战略的主要工具。

日本和泰国之间基于双边达成的合作框架以及泰国国家发展计划开展的 ODA，协助日本的汽车制造企业顺利进驻泰国，并让日本在与泰国之间的进出口贸易关系中保持着出超地位。实现日本在泰国的经济利益的同时，也对泰国的基础实施建设及东部沿海地区的工业发展有贡献，并且让泰国的汽车工业随之得到迅速发展。ODA 让日本与泰国之间建立起了牢固的双边关系。2010 年，泰国成为日本第六大贸易伙伴，日本成为泰国第二大投资来源国。日本与泰国宣称两国拥有 600 年的友好关系。2013 年安倍晋三就任首相后第一个出访的国家就是泰国。两国随后建立战略伙伴关系。在安全合作方面，从 2002 年开始两国就举办外交与安全合作高官会议。2015 年 3 月两国签署了第 12 次外交与安全部门间合作协议。泰国被日本视为进军 GMS 地区的重要合作伙伴。[①]

日本通过对越南援助，提出适合发展中国家的援助理念，提升日本在国际援助界的影响力。同时，帮助日本企业在越南营造了良好的投资环境与设施条件。越南从日本的 ODA 中获益。日本从 20 世纪 90 年代开始就成为越南最大的援助国。此外，在建立越南特色市场经济体制方面及人才培养方面，越南从 ODA 中受益。突出表现在，21 世纪初期双方达成了"日越共同

---

① 日本外务省：《日本与泰国关系简况》，http://www.mofa.go.jp/mofaj/area/thailand/data.html。

倡议"，越南政府接受日本介入越南政治和经济改革。越南被视为国际援助领域多边援助与双边援助协调成功的典范国家。同时，日本对越南的贫困削减援助在国际援助界获得了极高的认可。越南被多边援助机构列为发达国家对发展中国家援助的"样板"。因此，越南得到了更多的国际援助。随着越南基础设施等投资环境方面的逐步健全，越南成为投资中国的日本企业转移投资的首选。如2014年越南所接受的日本直接投资额为13.4830亿美元，① 2014年越南所接受外国直接投资额为197亿美元，占比6%。更为关键的是，ODA使日本与越南之间建立起了紧密的双边关系。日越两国在2008年签署了"日越经济合作协定"，日本成为首个与越南签署两国间经济合作协定的国家。根据2015年的统计数据，越南成为日本的第四大贸易伙伴国（2015年贸易额为285亿美元）。② 日本成为越南最大投资国，2014年累计投资额达330亿美元。③ 值得注意的是，在日本核能产业遭受国内和国际诟病时，越南成为其坚定的支持者。日本提出了得到越南认可的建设核能发电厂的计划。④ 此外，近年来两国在安全方面的合作令人瞩目。日本在南中国海问题上与越南方面合作密切。2016年3月，访问菲律宾的日本自卫队还在越南停靠。

ODA也让日本和缅甸之间建立了密切关系。日本凭借两国高层在历史上的友好关系，让缅甸成为开启战后日本对东南亚外交的"钥匙"。日本在1988年之前一直是缅甸最大的援助国，在很长一个时期缅甸政府严重依赖日元贷款。从1988年之后，一是缅甸军政府上台，二是日本修改了《ODA大纲》，日本仅能通过无偿援助和技术合作继续发挥对缅甸政治和经济的影响力。2010年缅甸开始民主变革之后，日本恢复对缅甸的日元贷款，开始为未来20年后日本企业大量进入缅甸而完善投资环境。同时，日本与缅甸的军事关系与政治关系也得到空前发展，不仅在2014年恢复了军方合作，而且在2015年成为缅甸民族和谈的观察员。同时，日本还利用ODA为缅甸培训军事人才。外界认为日本已开始在缅甸和谈中发挥影响力。

日本对柬埔寨援助形成了以下三个特点。其一，1991年前的官方发展援助为日本自卫队参与柬埔寨的联合国维和行动创造了机会。这有助于日本

---

① JICA：《日本ODA、FDI数据库（2015）》。
② 日本外务省：《日本与越南关系概况》，http://www.mofa.go.jp/mofaj/area/vietnam/kankei.html。
③ 《日本与越南成为相互的需要》，スプートニクのニュース，http://jp.sputniknews.com/japanese.ruvr.ru/2014_03_19/269861080/。
④ 同上。

构建"负责任的和平大国"形象。并为日后日本自卫队参与更多的联合国维和行动奠定了坚实基础。同时,此举也被视为日本为东南亚地区安全所做的积极贡献。[①] 其二,日本通过无偿援助保护全球历史文化遗产吴哥窟,为日本在全球非物质文化遗产保护发挥影响力奠定基础。借助日本对吴哥窟的保护援助,日本向联合国提出保护全球非物质文化遗产的理念得到采纳。这不仅让日本更加深入地参与到联合国的多边援助中,而且扩大了日本无偿援助在全球文化遗产保护方面的影响力。其三,通过援助柬埔寨,日本在国际扶贫援助领域获得良好口碑。援助有效促进日本企业对柬埔寨投资,推动柬埔寨制造业发展。2007年,为促进两国贸易自由化,缔结了"日本柬埔寨投资协定"。2008年,雅马哈摩托发动机、铃木、美蓓亚等制造企业开始进驻柬埔寨。瑞士银行与日本SBI财团合作的金边银行在柬埔寨成立。柬埔寨政府也在很多场合表示,柬埔寨与日本之间保持着"心灵相通"的关系。

与其他四国相比,老挝是接受ODA数额最少的国家。但是日本对老挝的ODA,占据老挝所接受援助数额的1/5,在很长一段时期内是老挝最大的援助国。日本对老挝ODA的特点体现在两个方面,其一,在基础设施建立健全方面,老挝从道路到电网的建设都离不开日本的援助。其二,日本非政府组织,利用无偿援助项目对老挝教育和医疗发展发挥了独特的作用,让老挝民众对日本形成了较好的印象。从1976年开始的文化无偿援助,对保护老挝文化遗产发挥关键作用。此外,无偿援助还推动日本和老挝在体育事业合作以及人才培养方面深入合作。如日本足球协会与老挝足球协会建立合作关系。从2012年起,日本足球教练木村浩吉执导老挝国家足球队,日本球员还在2014年亚洲杯预选赛时,代表老挝国家队出征。如前所述,日本通过援助,帮助老挝建设了万象铁路1号线、万象国际机场、万象周边的上水道网络。随着老挝基础设施的改善,从2010年开始已有日本企业进驻老挝。矢崎企业和丰田纺织企业从2013年开始在老挝建厂。此外,日本的光学仪器领域的制造企业也计划将工厂移至老挝,利用老挝便宜的劳动力发展制造业。

日本对GMS国家的双边援助,可以说最大化维护了日本在该地区的国家利益。日本与GMS国家的双边关系都得到了良性发展。这个战术上的成果,体现在GMS国家接受日本这个地区外国家对GMS各国以及地区事务的

---

① Takeshi Shiraishi and Takaaki Kojima, "An Overview of Japan—Asean Relations", in Takeshi Shiraishi and Takaaki Kojima edited, *Asean-Japan Relaitons*, Institute of Southeast Asian Studies Publications, 2014, pp. 2-4.

影响力。这是最终 GMS 国家民众在整体评价中日在该地区国家形象时，认为日本胜过中国的原因之一。良好的双边关系，也为日本修改宪法，成为"正常国家"奠定了外部基础。

存在的问题是，受援的 GMS 国家缺乏"消化"协调与整合所接受援助的能力。"消化"援助成为 GMS 国家所面临的棘手问题。GMS 国家中"消化"援助能力越强的国家，越能从援助中获益。"消化"整合援助能力较差的国家，援助所能发挥的推动力就相当有限。同时，双边援助未能从整体上缩小 GMS 国家间经济社会发展上存在的差距。这也是多边援助项目，如 GMS 东西经济走廊和 GMS 南部经济走廊未能发挥预期效果的原因。尽管"越老缅柬合作机制"的目标在于提高这 4 国的社会基础设施水平，从而推动这个地区的经济发展。但是，日本投入"越老缅柬合作机制"这个多边援助方面的金额，远远不能与日本对 GMS 国家的双边援助相比。并且多边援助的目标与双边援助的目标存在巨大差异，这两种援助项目未能实现协调互补，造成日本对 GMS 地区的双边援助与多边援助，未能充分扩大日本在此地区的政治影响力。

（三）文化外交不仅成功重塑日本的国家印象，而且还让 GMS 国家民众产生对日本的认同

1933 年日本退出国际联盟后，为了避免被国际社会边缘化，确保日本的对外关系能够顺利发展，日本政府开始关注"文化外交"。日本"文化外交"的内涵，从明治维新时期的利用西欧先进文化包装日本文化，以培养"和魂洋才"为中心的文化政策，演变为二战前夕的构建日本在亚洲地区优势地位的"日本的亚洲主义"。其典型代表就是建立"大东亚共荣圈"。

在第二次世界大战后，日本于 1951 年加入了联合国教科文组织。以 1955 年参与了亚非会议为契机，开始以亚洲为中心通过双边外交开展文化外交。亚非会议上，日本代表高崎达之助在亚非会议的演讲中，提出了"文化援助说"。"文化援助说"，即希望通过文化交流与相关援助活动，增进民间相互理解。这方面工作，以日本改善中日关系以及日本在柬埔寨的文化援助活动比较典型。以对吴哥窟修护的文化援助为契机，日本积极介入柬埔寨和平进程，并推动柬埔寨在 1991 年签署了和平协定。

冷战结束后，日本的经济外交并没有在国际社会得到所期待的回应。日本政府意识到仅凭单纯的经济手段很难获得期望中的国际影响力。于是把文化外交提上了战略日程。切入点就是促进联合国教科文组织的文化财产保护活动向多国推广。日本持续至今对吴哥窟的保护援助就在此背景下展开。不仅如此，日本还借此提出了非物质文化遗产的概念，并得到联合国教科文组

织的采纳。这让日本成为世界非物质文化遗产保护的重要力量。如果说"文化援助"侧重于全球各国传统文化遗产的保护,那么"酷日本"文化产业的发展,则主要倾向于通过以日本动漫作品和游戏为代表的流行文化的输出,增加国外年轻人对日本文化的认同感。日本动漫作品与游戏及其相关产品的出口额,在21世纪初就已超过钢铁等大宗工业产品。日本政府意识到其中蕴含的文化影响力价值。外务省甚至动用"政府开发援助"中的部分款项购买日本动画产品的播放权,免费提供给发展中国家电视台,借此培养更多的"亲日派"。

进入21世纪后,日本文化外交主要围绕以下几方面开展:日语与日本学的推广、日本传统文化的对外宣传、以动漫作品和游戏为代表的日本流行文化的推广、文化遗产保护援助、接纳赴日留学生、日本企业在投资地开展的交流活动、媒体的海外宣传、体育以及艺术交流。配合日本对 GMS 国家开展的援助经济外交,成效卓著。

泰国是 GMS 国家中最早与日本建立外交关系的国家。尽管在20世纪70年代爆发过反日浪潮,但如今的曼谷街头日本车遍地,日本餐馆数不胜数,有近5万日本人生活在泰国,超过6000家日本企业内雇用了超过60万的泰国人。① 2012年泰国赴日本旅游人数达到了26万人次。2013年7月1日,日本免除在日15天内泰国人签证。此举极大刺激了赴日泰国旅客数量。不仅如此,日本政府通过不断扩大赴日留学生规模,已经在泰国社会中上层培育出了一批了解日本、亲近日本的精英人士。同时,从泰国政府积极在泰国初高中和大学开设日语课程可知,泰国政府支持日语推广。加之,期望到泰国的日本企业就职以及受日本流行文化的影响力,学习日语的泰国人越来越多。此外,驻泰国日本企业不断增强的社会影响力,也在增加泰国民众对日本的好感度。正是在以上因素的综合影响下,泰国民众日渐接纳并开始认同日本。

日本对越南的文化外交的方式有,日语推广、日本学研究的推进、流行文化的推介以及通过无偿援助的形式保护越南古迹并协助开展旅游开发。日语在越南的推广力度与进度,可能是 GMS 国家中最快的。在这个过程中,日本政府还推动日本学研究机构在越南"落地生根"。从越南社会科学院到知名高校中都设有日本学研究中心。此外,越南是日本政府免费提供动画产品播映权的重点地区。随着日本流行文化对越南青少年影响力的扩大,越南

---

① 《日本泰国经济关系》,第34页,www.jbic.go.jp/wpcontent/uploads/page/2015/.../inv_Thailand05.pdf。

青少年普遍对日本流行文化接受度较高。此外,日本通过开展无偿援助项目帮助越南保护古迹,并进行旅游开发。越南学者认为,日本文化已经对越南的文学、流行文化甚至语言都产生很大影响,文化外交促进日越关系深入发展。①

日本通过无偿援助帮助缅甸重建包括蒲甘、曼德勒在内等古城的遗迹,让缅甸民众对日本产生好感。日本流行文化在缅甸的推广,也让很大部分缅甸青年对日本流行文化产生认同。日本动画片与漫画在缅甸的推广在2006年达到一个峰值。2008年后,随着进入缅甸日企的增加,缅甸出现了日语的学习热潮。在文化艺术方面,日本通过共同开展项目的形式,与缅甸艺术家共同完成作品、共同发布的方式,推进了文化合作项目的发展。在人才培养方面,通过JICA的志愿者在缅甸援建了网络学校开展的技术培训,接纳日本政府奖学金资助的缅甸学生、行政官员赴日研修等,极大推动了日本和缅甸之间的人员交流。日本还以文化馆为中心建设文化基础实施,并尝试从软硬件两方面来推动日本与缅甸文化外交活动的开展。日本期待将缅甸打造为日本对东南亚文化外交的典范国家。如今走在缅甸大街上,热情的缅甸人看到亚裔面孔总会先用日语问候。这或许已经从一个侧面说明了缅甸民众对日本的接纳度。

日本对柬埔寨文化外交活动集中在三个方面,一是日语推广,二是用无偿援助推动吴哥窟的修复工作,三是日本流行文化在柬埔寨的传播。此外,一定规模的留学生招募以及在柬埔寨设立的日本文化中心的活动,也在近年开始发挥作用。最引人瞩目的项目是,日本多个机构和大学开展的对柬埔寨吴哥窟古迹的修复和修缮项目。这个从20世纪60年代持续至今的无偿援助项目,不仅为日本打开了进入柬埔寨的大门,也成为日本对柬埔寨援助的标志性项目。加之日语推广、日本流行文化推介、日本文化周等活动的开展,让柬埔寨青少年和知识分子都形成了对日本文化的好感。此外,JICA所派遣的海外青年援助的志愿者及无偿援助活动,也在不断扩大柬埔寨民众对日本的好感度。

老挝是日本最早派遣海外青年援助队的国家。在老挝的日语推广,最早就由日本海外青年援助队的志愿者开展。这是日本对老挝所开展的文化外交活动之一。其他文化外交活动多为各种短期的日本文化的推介活动。这些活动多半是在日本大使馆、老挝日本文化交流中心的主导下开展的。此外,日

---

① Ho Hoang Hoa:《越南的日本文化》,第208页,publications. nichibun. ac. jp/region/d/NSH/series/symp/.../article. pd。

本 NGO 在老挝也比较活跃。这些机构对老挝开展的日语推广、日本传统文化、日本流行文化推介，让老挝国内知识阶层和青少年对日本的好感倍增。

以上文化外交的效果，从笔者所回收的调查问卷分析结果中得到了验证。日本在国家形象、经济影响力、文化认同等几个方面均明显优于中国，中国仅在政治影响力这一项上强于日本。而中国较强的政治影响力部分造成 GMS 国家民众对于日益强大的中国的恐惧。这种状况应该得到重视并积极应对，才能让中国的对外开放之路走得更为稳健顺畅。

（四）基于调查问卷数据分析日本的三项外交政策工具是本研究的创新点。日本对 GMS 地区的 ODA 和文化外交形成互补

基于调查问卷数据的分析结果，评价日本通过官方发展援助、区域公共产品和文化外交介入 GMS 效果是本研究的创新点之一。从第四章对调查问卷的数据分析可知，总体而言 GMS 国家民众对日本的国家形象评价高于中国。其中在对中日在 GMS 政治影响力评价中，认为中国政治影响力明显强于日本。在政治影响力方面，无论是从合作意愿、对国际发展援助的认可程度还是全球大国对 GMS 合作的参与程度及影响力的认可方面，GMS 国家民众对中国的认可度最高。之所以对中国援助的综合认可程度高于日本，在于中国作为新兴援助国，近年来对 GMS 国家援助力度较大，容易得到更多关注。

GMS 国家民众对日本在地区事务中的影响力评分，集中在 7 分（17.2%）和 8 分（15.3%）。对中国在该地区事务影响力的评分高于日本，集中在 8 分。同时，需要引起关注的是，GMS 国家民众受访人员的 74% 都认为如果中国成为世界级力量，会对 GMS 国家造成威胁。但是，如此评价日本的民众仅有 56%。这个评价与中国和 GMS 国家的地缘位置、历史关系以及冷战前中国输出意识形态所造成的影响力有关。同时，也反映出中国不够重视将援助、直接投资、贸易往来与文化外交相结合。

在经济影响力方面，在产品可靠程度上，大部分受访者认为日本产品可靠程度高于中国。在经济交往意愿方面，希望与日本有经济往来的民众高于中国。GMS 国家对援助对本国发展的促进程度方面，对日本援助的评价普遍高于中国。由此可知，日本对 GMS 的 ODA 以及区域公共产品基本达到了预期值。可证明前文提出的研究假设，日本对 GMS 国家的 ODA 帮助日本实现了在这几国的利益，同时满足了这几国对日本的期望。因此，日本与 GMS 国家双边关系特别是经济关系得到了良好发展。

在文化影响力方面，观看日本动漫作品的民众明显高于观看中国影视作品的人数。虽然 GMS 国家民众对中国传统文化的认可度高于日本传统文化，

但对日本流行文化的评价高于中国。对日本文化的整体认可度也高于中国文化。基于以上认知，GMS 国家民众对日本国家形象认可度高于中国。由此可以证明，日本对 GMS 5 国的文化外交是比较有效的。

如前所述，GMS 地区民众认为中国的政治影响力大于日本，很有可能是对日益强大后的中国抱有恐惧的体现。但在文化影响力和经济影响力方面，GMS 对日本的评价均高于中国。由此可知，日本 ODA、区域公共产品和文化外交所发挥的影响力较大，让 GMS 国家民众对其形成了较好的认知。随着日本影响力的扩大，GMS 国家民众并未对日本产生恐惧心理。从某种程度而言，本研究所讨论的日本的三个政策工具的实施效果均达到了预期值。

（五）调查问卷的数据分析结果显示，GMS 国家民众对日本的综合评价与认同度远高于中国

在对国家形象的整体评价中，GMS 国家民众对日本的评价明显高于中国。根据调查数据可以看出，日本整体形象被评为 10 分的人数比例最高（21.8%），有 11.4% 的人选择中国。在整体印象被评为 9 分的国家中，还是选择日本的人数比例最高，为 20.3%，其次是中国，15.6%。GMS 国家总体对中国和日本的评分主要集中在 8 分，其中有 26.5% 的受访者将中国的整体形象评为 8 分，有 24.3% 的受访者将日本的整体形象评为 8 分。

日本从二战结束后直至 20 世纪 70 年代，一直被 GMS 国家民众认为是一个侵略国家。但在短短几十年内，日本通过合理地使用 ODA 和文化外交，带来了事半功倍的效果。放眼中日在 GMS 的竞争，日本显然已经拥有了优于中国的战略环境。2015 年 7 月 15 日日本众议院和平安全法制特别委员会，不顾在野党和众多国内团体的强烈反对，强行通过了安倍晋三内阁制定的安保相关法案，为日本自卫队出兵海外、行使集体自卫权迈出了重要的一步。这个举动看似仅仅与日本国内相关，但实际与日本对外关系，特别是与东南亚地区的对外关系密切相关。从某种程度而言，二战结束后日本在整个东南亚地区的深耕细作，形成了一种外部的支撑或者说是某种保障力量，推动日本国内的相关利益团体能够允许安倍政府通过安保法案。而这其中也少不了中南半岛 5 国，或者称为大湄公河次区域 5 国的力量。这或许能从一个侧面佐证，几十年来日本对大湄公河次区域 5 国的介入是很有成效的。

三 本项研究的局限性和纵深研究的建议

本研究试图更加全面地把握并评价日本对 GMS 合作的介入。这是本研究的创新点与难点所在。迄今为止，在对日本与 GMS 次区域合作关系的研究中，缺乏从多角度综合考察的研究成果。因此，从 ODA、区域公共产品

和文化外交三个维度，并运用定量调查数据分析，考察日本对 GMS 的介入及其对中国所造成的影响，具有创新性。尽管通过大量翔实的资料和调查数据来检验理论的命题，但基于主观与客观条件限制，本研究的成果还有一些不足之处。

（一）调查问卷数量规模不够大

本研究的第四章所运用的调查数据，是基于所回收到的 700 份问卷形成的。由于经费和人力资源有限，仅能搜集到这个数量的问卷。所幸的是，课题研究中课题组成员，广泛接触了 GMS 国家的相关研究人员与政府官员，所搜集到的定性访谈资料已经运用于第一、二、三章中，或许能够弥补这方面的不足。

（二）综合运用多维度考察日本对外关系的分析框架，期待引起更多学术关注

本研究期望通过日本对 GMS 的介入，来分析日本是否具备综合使用 ODA、区域公共产品和文化外交这三个政策工具的能力，日本是否有效地实施了对 GMS 国家的外交。如前所述，以往的研究往往单一关注 ODA 与区域公共产品，或者文化外交的运用效果，缺乏综合分析。本研究尝试从这个方面做出突破。但是受限于笔者对 ODA、区域公共产品以及文化外交相关理论的把握能力，似乎未能更为准确地把握这三个政策工具的内涵，因此在理论分析中存在很多不足。期待这一综合研究方法能够在学术界引起更多关注，加深对综合运用以上三个理论工具分析相关问题的研究。

参考文献

一 中文

(一) 专著

1. [西班牙] 安东尼·埃斯特瓦多道尔等:《区域性公共产品—理论与实践》, 张建新等译, 上海人民出版社 2010 年版。
2. 保健云:《国际区域合作的经济学分析: 理论模型与经验证据》, 中国经济出版社 2008 年版。
3. 陈瑞莲:《区域公共管理理论与实践》, 中国社会科学出版社 2008 年版。
4. 邓仕超:《从敌对国到全面合作的伙伴: 战后东盟—日本关系发展的轨迹》, 世界知识出版社 2008 年版,
5. 樊勇明、薄思胜:《区域公共产品理论与实践——解读区域合作新视点》, 上海人民出版社 2011 年版。
6. 韩召颖:《输出美国: 美国新闻署与美国公共外交》, 天津人民出版社 2000 年版。
7. 李智:《文化外交: 一种传播学的解读》, 北京大学出版社 2005 年版。
8. 李小云、唐丽霞、武晋编《国际发展援助概论》, 社会科学文献出版社 2009 年版。
9. [意大利] 马基雅维利:《君主论》, 张亚勇译, 北京出版社 2007 年版。
10. 罗伯特·吉尔平:《国际关系政治经济学》, 杨宇光等译, 上海世纪出版集团 2006 年版。
11. [澳] 欧文·E. 修斯:《公共管理导论》, 张成福等译, 中国人民大学出版社 2007 年版。
12. [法] 让-雅克·加巴:《南北合作的困局》, 李洪峰译, 社会科学文献出版社 2010 年版。

13. ［英］亚当·斯密：《国富论》，王亚南译，商务印书馆 1974 年版。

14. 周弘主编《对外援助与国际关系》，中国社会科学出版社 2002 年版。

15. 赵姝岚：《当代赞比亚国家发展进程》，世界知识出版社 2012 年版。

（二）论文

1. 樊莹：《当前国际官方发展援助的若干新特点》，《外交学院学报》1998 年第 2 期。

2. 范勇鹏：《论文化外交》，《国际安全研究》2013 年第 3 期。

3. 贺平：《区域公共产品与东亚的功能性合作》，《世界经济与政治》2012 年第 1 期。

4. 韩爱勇、熊昊：《政府援助与政治收益——以日本对东南亚国家的援助为例》，《国际关系学院学报》2009 年第 1 期。

5. 胡方：《论石川滋的新发展援助政策模型》，《发展经济学论坛》2007 年第 1 期。

6. 胡文涛：《解读文化外交：一种学理分析》，《外交评论》2007 年第 6 期。

7. 廉德瑰：《日本对东南亚的政治切入》，《日本学刊》2010 年第 4 期。

8. 李新、席艳乐：《国际公共产品供给问题研究述评》，《经济学动态》2011 年第 3 期。

9. 刘舸：《日本 ODA 政策发展阶段及其外交目标分析》，《日本问题研究》2003 年第 3 期。

10. 刘华英：《从 ODA 看日本与亚洲经济的互补性》，《现代日本经济》2002 年第 4 期。

11. 廖宏斌：《公共外交：国际经验与启示》，《当代世界与社会主义》2009 年第 1 期。

12. 林晓光：《战后日本的经济外交与政府开发援助》，《亚非纵横》2005 年第 1 期。

13. ［英］马丁·拉德纳：《日本对东南亚的官方发展援助》，《现代亚洲研究》1989 年 2 月，转载于《南洋资料译丛》1990 年第 2 期。

14. 徐梅：《日本政府开发援助及其外交策略》，《当代世界》2008 年第 2 期。

15. 孙同全：《国际发展援助中"援助依赖"的成因》，《国际经济合作》2008 年第 6 期。

16. 晓光、蒋兢：《日本政府对越外交政策》，《日本学刊》1995 年

3月。

17. 姚奇志、胡文涛：《日本文化外交的观念变革与实践创新——以国际形象的建构为中心》，《日本学刊》2009年第5期。

18. 王少普：《战后日本区域主义方针的形成与发展》，《日本研究》2004年第2期。

19. 仲鑫：《对二战后发展理论及官方发展援助关系的思考》，《南京财经大学学报》2008年第2期。

20. 张锡镇等：《泰国对当前中日关系的看法：泰国实地问卷调查分析》，《南洋问题研究》2008年第3期。

21. 张士威：《区域公共产品：概念、特征及分类》，《中共南京市委党校学报》2011年第2期。

22. 郑先武：《区域间主义与国际公共产品供给》，《复旦国际关系评论》2009年第6期。

二 英文

（一）专著

1. Antoni Estevadeordai et al., *Regional Public Goods: From theory to Practice*, Inter-American Bank & Asian Development Bank, Washington D.C., 2004.

2. Akira Iriye, *Cultural Internationalism and World Order*, Johns Hopkins University Press, 1997.

3. Alan Rix, *Japan's Foreign Aid Challenge: Policy Reform and Aid Leadership*, London: Routledge, 1993.

4. Bert Edstrom, *Japan and the Myanmar Conumdrum*, Institute for Security and Development Policy, 2009.

5. Carol Lancaster, *Foreign Aid: Diplomacy, Development, Demestice Politics*, The University of Chicago Press, 2007.

6. David Arase, *Buying Power: The Political Economy of Japan's Foreign Aid*, Lynne Rienner Press, 1995.

7. David Arase, *Japan's Foreign Aid,: Old Continiuties and New Directions*, Routledge Taylor and Francis Group, 2005.

8. Donald, M., *Burma and Japan since 1940: From "Co-Prosperity'to Quiet Dialogue"*, NIAS Press, 2007.

9. Edward J.Lincoln, *Japan's New Global Role*, The Brookings Institution, 1993.

10. Gaimushō sengo gaikōshi kenkyūkai, ed., *Nihon gaikō 30 nen: Sengo no kiseki to tembō* [30 years of Japa-nese diplomacy: Postwar track record and pros-

pects], Tokyo: Sekai no ugokisha, 1982.

11. Hatano Sumio and Satō Susumu, *Gendai Nihon no Tōnan Ajia seisaku*, 1950—2005, Waseta University Press, 2008.

12. Inge Kaul, Isabelle Grunberg and Marc Stern, *Global Public Goods: International Cooperation in the 21st Century*, New York: Oxford University Press, 1999.

13. Ishii Naoko, *Cho-ki keizai hatten no jissho-bunseki Positive Analysis of Sustainable EconomicDevelopment*.Nihon keizai shimbunsha, 2003.

14. Margee M., Ensign, *Doing Good or Doing Well? Japan's Foreign Aid Program*, Columbia University Press, 1992.

15. Mancur Olson, *Logic of Collective Action: Public Goods and the Theory of Groups*, Cambridge: Harvard UniversityPress, 1971.

16. Marie Soderberg, *The Business of Japanese Foreign Aid: Five Case Studies from Aisa*, Routledge, 1996.

17. Marco Ferroni and Ashoka Mody eds., *International Public Goods: Incentives, Measurement, and Financing*, Kluwer Academic Publishers, Boston, 2002.

18. Ministry of Foreign Affairs, *Japan's ODA 1997*, Association for Promotion of International Co-operation), 1997.

19. Ministry of Foreign Affair, *Japan's ODA White Paper*, 2010.

20. Murai, Yoshinori, (ed.), *Kensho: Nippon no ODA* (Testimony: Japan's ODA), Tokyo: Gakuyo Shobo.1992.

21. Orr, Robert M., Jr, *Nihon no Seisaku Kettei Katei: Taigai Enjo to Gaiatsu* (Japan's Policymaking Process: Overseas Aid and Foreign Pressure), Tokyo Keiza Shinposha, 1993.

22. Roger C. Ridell, *Foreign Aid Reconsidered*, John Hopkings University Press, 1985.

23. Sumi, Kazuo, *ODA Enjo no Genjitsu (A Reality of ODA)*, Tokyo: Yuwanami Shoten, 1990.

24. Suppakarn Pongyelar, *The Implications of Japanese Engagement Policy towards Myanmar: 1988-Present*, Graduate School of International Development Nagoya University, 2007.

25. The Asian Development Bank, *Preparation of an Investment Programme for the Department of Highways, Final Report*, Vol.I, Main Text, Bangkok, April 1992.

26. P. Human Development Report 2005: International Cooperation at a crossroads Aid Trade and Security in an Unequal world, Hoechstetter Printing Co. 2005.

27. Takeshi Suzuki, *A Country Called Myanmer: Its History and Memoriy*, PHP Research Institute, 1977.

（二）论文

1. Arase, David, "Japanese Policy Towards Democracy and Human Rights in Asia", in *Asian Survey*, 1993, 33 (10), 935-952.

2. Chap Sotharitho, *Trade FDI and ODA Between Cambodia and China / Japan/Korea*, *Economic Relations of China*, *Japan and Korea with the Mekong River Basin Countries*, edtited by Mitsuhio Kagami, BRC Research Report No. 3, Bankok, Reasearch Center, in IDE-JETRO, Bankok, Thailand, 2010.

3. Chheang, Vannarith, "Cambodia: Between China and Japan", *CICP Working Paper*, Oct 2009.

4. Donald M. Seekins, "The North Wind and the Sun: Japan's Response to The Political Crisis in Burma", 1988—1998, in *Journal of Burma Studies*, Vol 4. 1999, pp. 1-33.

5. Dihn Thi Hien Luong, "Vietnam-Japan Relaitons in the Context of Building an East Aisan Community", in *Asia-Pacific Review*, May 2009.

6. Eric Heginbotham and Richard J. Samuels, "Mercantile Realism and Japanese Foreign Policy", in *International Securiy*, Vol 22. No, 4, 1998, pp. 171-203.

7. France Tinakorn and Patcharee Siroros, "Japan's ODA and Thai development: a successful story?", in Chulacheeb Chinwanno and Wilaiwan Wannitikul (eds) *Japan's Official Development Assistance and Asian Developing Economies*, Thammasat University, Bangkok, 1991.

8. Furuoka, Fumitaka, "Challenges for Japanese Diplomacy After the End of the Cold War", in *Contemporary Southeast Asia*, 2002, 24 (1), pp. 68-81.

9. Furuoka, Fumitaka, "Human Rights Conditionality and Aid Allocation: Case Study of Japanese Foreign Aid Policy", in *Perspectives on Global Development and Technology*, 2005, 4 (2), 125-146.

10. Fujita, Krugman and Mori, "On the evolution of hierarchical urban systems", in *European Economy Review* 43, 1999, pp. 209-251.

11. Izumi Ohno, "Country-Specific Growth Support in East Asia and Africa—

Japan's ODA to Vietnam and Ghana", *GRIPS Development ForumDiscussion Paper* No.16, January 2007, p.13.

12. James Reilly, "China and Japan in Myanmar: Aid, Natural Resources and Influence", in *Asian Studies Review*, 2013, pp.141-157.

13. Kappagoda, N., "The Asian Development Bank, in The Multilateral development Banks", Vol. 2. p. 14, London: Intermediate Technology Publications, 1995.

14. Keito Hirata, "New Challenges in Japan's Aid: An Analysis of Aid Policy-Making", in *Pacific Affairs*, Vol 71.No, 3, 1998, pp.311-334.

15. Kei Nemoto "Between Democracy and Economic Development: Japan's Policy to-wards Burma/ Myanmar Then and Now", in N.Ganesan and Kyaw Yin Hlaing, eds., *Myanmar: State, Society and Ethnicity*, Singapore: Institute of Southeast Asian Studies, 2007.

16. Khan, H.A., "Japanese aid to South and Southeast Asia: a comparative analysis", in Arase, D.ed., *Japan's foreign aid: old continuities and new directions*, Rutledge, 2005.

17. Kevin V. Mulcahy, "Cultural Diplomacy and the Exchange Programs: 1938—1978", in *The Journal of Arts Management, Laws, and Society*, Vol.29, No.1, pring, 1999.

18. Koppel, Bruce M.and Robert M.Orr, "A donor of consequence: Japan as a foreign aid power", in *Bruce M.Koppel and Robert M.Orr* (eds), Japan's foreign aid: Power and policy in a new era, 1993.

19. Kyoko Hatakeyama, "Japan's Aid to Vietnam: Become an Intellectual leader?", *Japanese Studies*, Vol 28, No 3, December 2008, p.345.

20. Kenneth King and Simon McGrath, "Japanese Aid Policy and Practice, in *Knowledge for Development: Conparing British, Japanese Swedish and World bank Aid*", in HSRC Press and Zed Books, 2004.

21. Jin Sato, Hiroaki Shiga, Takaaki Kobayashi and Hisahiro Kondoh, "How do 'Emerging' Donors Differ from 'Traditional' Donors? -An Institutional Analysis of Foreign Aid in Cambodia", in *JICA-RI Working Paper*, JICA Research Institute, March 2010.

22. Masahiro Kawai and Shinji Takagi, "Japan's Official Development Assistance", in *Journal of International Development*, Vol 16, March, 2004, pp.255-280.

23. Mikio Oishi and Fumitaka Furuoka, "Can Japanese Aid Be an Effective Tool of In-fluence: Case Studies of Cambodia and Burma", in *Asian Survey*, Vol.14, No.6, No-vember/December 2003.

24. Nemoto, K., "Between Democracy and Economic Development: Japan's Policy toward Burma/Myanmar Then and Now. In Myanmar: States Society and Ethnicity", N.Ganesan and Y.H, Kyaw (eds)., in *ISEAS Publishing*, 2007, pp.100-103.

25. Oishi, Mikio and Furuoka, Fumitaka, "Can Japanese Foreign Aid be an Effective Tool to Influence Recipient Countries? Case Studies of Burma and Cambodia", in *Asian Survey*, 43 (6), December 2003, pp.890-907.

26. Okuizumi, Kaoru, "Implementing the ODA Charter", in *Journal of International Law and Politics*, 27 (2), 1995, pp.367-406.

27. Prime Minister, "Hun sen'speech at the Asean-Japan Comemorative Summit", in *Overview of the Japan-ASEAN Relations*, on December 11, 2003.

28. Rober Gilpin, "Where Does Japan Fit In?", in *Journal of International Studies*, Vol.18.No, 3, pp.329-342, 1989.

29. Saito Teruko, "Japan's Inconsistent Approach to Burma", in *Japan Quarterly*, Vol1 39, January-March 1992.

30. Samuel P.Huntington, "Why International Primacy Matters", in *International Security*, Vol.17, No 4, 1993, pp.68-83.

31. Satake Yoko, "Mura to Kankyo no Hakai (Village and Environment Deterioration)", in Yoshinori Murai, ed., *Kensho: Nippon no ODA* (Testimony: Japan's ODA), Gakuyo Shobo.1992.

32. Seekins D., M., "Japan's Aid Relaitions with Military Regimes in Burma, 1962—1991", in *Asian Survey*, 1992, Vol.32, No 3.pp.246-262.

33. Severine Blaise, "Japanes Aid as A Prerequisite ofr FDI: The Case of Souheast Asian Countries", in *Australia-Japan Research Centre Crawford School of Economic and Government Anu College fo r Asia and The Pacific*, 2009.

34. Soderberg, M., "Road to development in Thailand", in Soderberg M., ed., *The Business of Japanese Foreign Aid: Five case studies from Asia*, European Institute of Japanese Studies East Asian Economics and Business, Rutledge, 1996.

35. Steinberg D.T., "Japanese Economic Assistances to Burma: Aid in the 'Tarenagashi' Manner ?", in *Crossroads*, Vol E, NO.2, 1990.

36. Steven W.Hook and Guang Zhang, "Japan's Aid Policy since the Cold

War", *Asian Survey*, Vol.38, No.11, 1998, pp.1051-1066.

37.Strefford, Patrick, "Japanese ODA to Myanmar: Resulting from the Mutual Dependence it Created", in *Journal of International Cooperation Studies*, Vol.13, No.2, November 2005.

38.Syviengxay Oraboune, "Lao PDR and its Development Partners in East Asia (China and Japan)", in Mitushiro Kagami edtied, *A China-Japan Comparison of Economic Relation in the Mekong River Basin Countries*?

39.Taillard C., "Laos at the Crossroad of the Corridors of the Great Mekong Subregion", In *The Laos Sweet and Bitter*, D.Gentil, P.Boumard (dir), 2005.

40.Takeishi Shiraishi and Takaaki Kojima, "An Overview of Japan—Asean Relations", in Takeshi Shiraishi and Takaaki Kojima edited, *Asean-Japan Relaitons*, Institute of Southeast Asian Studies Publications, 2014.

41.Toshihiro Kudo, Myanmar and Japan: How Close Friends Become Estranged?, in Faure, Guy, New Dynamics Between China and Japan in Asia: How to Build the Future from the Past ? World Scientific Publishing, 2009.

(三) 网络报告与论文

1.Kei Nemoto, "The Japanese perspective on Burma", *Burma Debate*, Vol. 2, No.43 (August-September 1995), available at: http://www.burmalibrary. org/reg.burma/arch ives/199511/msg00076.html.

2.Kudo and Mieno, Trade, "Foreign Investment and Myanmar's Economic Development during the Transition to an Open Economy", *IDE Discussion Paper Series*, No. 116, Institute of Developing Economic, JETRO, 2007, p. 5. http://www.ide.go.jp/English/index4.html.

3. Minoru Mkishima and Mitusnori Yokoyama, "Japan's ODA to Mekong River Basin Countries", http://www.ide.go.jp/library/English/Publish/Download/Brc/pdf/01_ japansoda. pdf # search =% 27Minoru + Mkishima + and + Mitusnori+Yokoyama%2C+Japan%E2%80%99s+ODA+to+Mekong+River+Basin+Countries%2C%27.

4.MOFA, "ODA White Paper 2002", http://www. mofa. go. jp/policy/oda/white/2002/part1_ 1.html#sub_ c (accessed July 2005).

5.MOFA, "Japan's Country Assistance Program for Vietnam, April 2004", http://www.mofa.go.jp/policy/oda/region/e_ asia/vietnam.pdf (accessed November 2005).

6.Statement, by the Minister for Foreign Affairs of Japan on the Legislature

By-Election in Myanmar (4 April 2012), Available at http://www.mofa.go.jp/announce/announce/2012/4/0404_01.html, accessed 11 June2012.

7. Strefford, Patrick, "Japanese ODA to Myanmmer: Resulting from the Mutual Dependence it Created" 63, Kobe University Kokusai Kyoryoku Ronbensyu, p.115, 2005.11.Http://www.lib.kobe-u.ac.ji/hanlde_ kernel/00422739.

8.Yomiuri Shimbun [Yomiuri News], March 23, 1998.For the Proposal, see Government of Japan, Ministry of Foreign Affairs, Diplomatic Bluebook 1999, <http://www.mofa.go.jp/policy/ other/bluebook/1999/I-c.html>, accessed October 21, 2003.

（四）报刊新闻

1.Bangkok Post, 3 June 1994.

2.Asahi Shimbun [Asahi News], July 17, 1997.

3.Asahi Shimbun, April 17, 1998.

4.New Straits Times (Kuala Lumpur), February 19, 1998.

5.Yomiuri Shimbun, October 20, 1997.

三　日文

（一）专著与报告

1.石川滋,『国際開発政策研究』,東洋経済新報社, 2006。

2.石川滋,原洋之助、『ヴィエトナムの市場経済化』,東洋経済新報社, 1999。

3.石川滋編,『開発協力政策の理論的研究』,アジア経済研究所, 1996。

4.石田正美編,『メコン地域開発 残された.東アジアのフロンティア』,アジア経済研究所, 2005。

5.石田正美編,『大メコン圏 経済協力 実現する3つの経済回廊』アジア経済研究所, 2006。

6.石田正美編,『メコン地域 国境経済をみる』,アジア経済研究所, 2010。

7.石田正美編,『新興経済回廊の開発整備』,アジア経済研究所, 2013。

8.インゲ・カール他編（FASID 国際開発研究センター訳）『地球公共財：グローバル時代の新しい課題』日本経済新聞社, 1999 年。

9.飯田幸裕・大野裕之・寺崎克志『国際公共経済学：国際公共財の理論と実際』,創成社, 2010 年。

10. 加藤徳夫、「発展途上国の教育政策形成過程における国際援助のインパクト-カンボディアにおける援助調整メカニズムの構築とその展開」名古屋大学大学院国際開発研究科提出博士論文、1999。

11. 小泉幸弘、『第五章 CLMV』、『東南アジア地域援助研究会報告書』、独立行政法人国際協力機構国際協力総合研究所』、2006 年 3 月。

12. 外務省、『タイ王国における調査』、日本参議院第 3 回参議院政府開発援助（ODA）調査派遣報告書、2008 年。

13. 外務省、『外交青書』2011、平成 23 年版（第 54 号）。

14. 金子将史、北野充、『パブリックディプロマシー世論の時代の外交戦略』、PHP 研究所、2007 年 9 月。

15. 北野充、吉澤隆、投資環境整備へODAを活用：日越共同イニシアティブ、『国際開発ジャーナル』2004 年 4 月号。

16. 北野充、『戦略的な援助をどう実現するか―ベトナムにおける日本取り組み』、開発フォーラム、2006 年 12 月。

17. 小原雅博、『東アジア共同体』、日本経済新聞社，2005 年。

18. 小山伸広、梅崎路子、杵渕正己、『援助の動向』、日本国際協力総合研修所編、『タイ国別援助研究報告書――援助から新しい協力関係へ』、日本国際協力総合研修所調査研究第一課発行、2003 年。

19. 佐藤仁、『タイ、シンガポール、マレーシアの援助政策――東南アジアの新興ドナー』、『国際金融研究所報』、2007 年。

20. 佐々木隆生、『国際公共財の政治経済学：危機・構造変化・国際協力』岩波書店，2010 年。

21. 佐藤幸治、『日本国憲法論』、成文堂、平成 23 年。

22. 田辺寿丈、『アウンサン将軍と三十人の志士―ビルマと独立義勇軍と日本』、中公新書、1990。

23. 永野真一郎、近藤正臣『日本の戦後賠償：アジア経済協力の出発』勁草書房、1999 年。

24. 中山伊知哉、小野打恵、『日本のポップパワー』、日本経済新聞社、2006 年。

25. 白石昌也、『インドシナにおける越境交渉と複合化回廊の展望』、早稲田大学大学院アジア太平洋研究科、2006 年。

26. 福田規保、竹本正史、『バンコクーホーチミン―商業化にはコスト低減などが話題』、『ジェトローセンサー』、日本貿易振興界、2006 年。

27. 日本国際協力集団、『ラオス国別援助検討会報告書』、1998 年。

28.国際協力事業団、『カンボディア中等理数科教員養成・訓練計画事前調査団報告書』国際協力事業団、1999。

29.日本国際協力集団、日本国際協力集団総合研究所、『カンポヂア国別援助研究会報告書援助研――復興から発展へ』、2001 年 10 月。

30.日本国際協力機構研究会、『タイ国別研究会報告書――援助から新しい協力関係へ』、2003 年。

31.日本国際開発センター、『ベトナム国別評価報告書』の『日本の援助実績とりまとめ』、日本外務省、2002 年 3 月。

32.日本国際協力局、『対ラオス国別援助計画』、2006 年 9 月。

33.日本国际协力事业団：『日本とタイの経済、開発協力』、2007 年。

34.日本国际协力事业団：『ベトナム援助国別報告』、2007 年。

35.日本経済研究所、『ベトナム「新宮沢構想」経済改革支援借款評価に掛る委嘱調査―最終報告』、財団法人日本経済研究所、2003。

36.吉沢清次郎,「日本外交史 28」, 鹿島平和研究所、1973。

37.国際協力機構（JICA）『ベトナムにおける我が国 ODA のインパクトに係る情報収集・確認調査　報告書』、2014 年。

38.国際協力機構（JICA），―『中小企業海外展開支援 ～日本の技術世界を変える~」、2014 年。

39.国際協力機構（JICA）カンボジア事務所,「成長するカンボジア― JICA による協力と成果」、2014 年 9 月。

40.国際協力機構（JICA），東南アジア・大洋州部東南アジア第 4 課,「カンボジア国におけるJICA 事業の概要」、2014 年 9 月。

41.有賀賢一、江島 真也、「東部臨海開発計画総合インパクト評価」――円借款事業事後評価、開発金融研究所報／国際協力銀行開発金融研究所、2000 年。

42.日本国際問題研究所、『新生カンボシアの展望――クメールージュの虐殺から大メコン圏共存協力の時代へ』、2016 年 3 月。

43.Do Manh Hong,『日本の対ベトナム経済制度の改革の政府開発援助の成果と今後の課題』、産研通信、No, 58, 2003.11.30。

44.日本国際問題研究所、『新生カンボジア展望――クメールルージュの虐殺から大メコン圏共存協力の時代へ』、2006 年 3 月 31 日。

（二）论文

1.『アンコール地域における国際協力年表の続き』、日本国際協力集団、日本国際協力集団総合研究所、『カンポヂア国別援助研究会報告書援助研——復興から発展へ』、2001 年 10 月。

　　2.石田正美、『ASEAN 域内の物流ネットワーク—GMS 経済回廊の現状と展望』、北陸環日本海経済交流促進協議会・アジア経済研究所編、『アジア経済の動向と北陸企業の適応戦略』、2014 年 3 月、北陸日本海経済交流促進会、独立行政法人日本貿易機構アジア経済研究所。

　　3.石田正美,「ASEAN 域内物流ネットワーク：GMS 経済回廊の現状と展望」北陸環日本　海経済交流促進協議会・アジア経済研究所編『ASEAN 経済の動向と北陸企業の適応戦　略」，アジア経済研究所，2014。

　　4.今川幸雄、《カンボジア和平の実現と文化の再興》、名古屋大学法政国際教育協力研究センター、2013 年 3 月。

　　5.菊池陽子、『ラオス日本関係の一考査——第二次世界大戦期を中心に』、『アジア太平洋研究』、No.20，Februrary 2013。

　　6.白石昌也、《日本の対インドシナ・メコン地域政策の変遷》、『アジア太平洋討究』No.17，October 2011，pp.1-39.

　　7.白石昌也「日本・ベトナム間の『戦略的パートナーシップ』：その経緯と展望」『アジア太平洋討究』22 号，2013 年。

　　8.白石昌也、カンボジア，ラオス，ベトナム国境「開発の三角地帯」に対する日本政府の支援事業：日本 ASEAN 統合基金（JAIF）を通じての支援（2008~2013）、『アジア太平洋討究』No.24，March 2015。

　　9.末広昭、『過去三十年間の概観』、日本国際協力総合研修所編、『タイ国別援助研究報告書——援助から新しい協力関係へ』、日本国際協力総合研修所調査研究第一課発行、2003 年。

　　10.潮木守一、『移行体制化における高等教育政策-カンボジアのケース-』武蔵野女子大学、現代社会学部紀要、2000。

　　11.若林満、『Roi-Et 再訪-タイ国教育開発計画の地方レベルでの展開追跡調査報告国際開発フォーラム』、1995。

　　12.梶山直己、「東アジアにおける成長のための為替制度は何か—地域公共財としての為替制度—」、『開発金融研究所報』、2005 年 3 月第 23 号。

　　13.毛里和子:「東アジア共同体」を設計する—現代アジア学へのチャレンジ」、山本武彦、天児慧編『東アジア共同体の構築（1）新たな地域形成』、岩波書店 2007 年版。

　　14.黒田將貴：『タイと日本の関係：政府開発援助 ODA を中心として』、國學院大學経済学部、『タイにおける経済・社会開発——人々の働き方とコミュニティの変容』、2006 年。

15.グエン・タイン・タム、グイェン・チ・ツオン・バン、マイ・ゲエン・ゴック,《ベトナムにおける日本語教育と日本研究の動き》,ハノイ大学、第2回国際シンポジウム、2013年10月。

16.村井吉敬, ODA 調査研究会編著.無責任援助 ODA 大国ニッポン：フィリピン，タイ，インドネシア現地緊急リポート，JICC 出版局, 1989。

17.吉田和男：「国際公共財試論-パックス=アメリカーナから国際協調時代へ-」, 大蔵省財政金融研究所,『フィナンシャル・レビュー』,1989年12月號。

18.ユネスコ、『ユネスコ文化統計年鑑 1998 年』, 原書房、1998。

19, Do Manh Hong,『日本の対ベトナム経済制度改革の政府開発援助の成果と今後の課題』、産研通信、No.58、2003年。

20.Sim Vireak「自衛隊の初海外派遣に関する日本の政策決定過程～2レベル・ゲームの観点から～」一橋大学卒業論文、2005年。

21.桂井太郎、小林誉明,『国際援助システムのグローバリゼーションと日本の役割——ベトナムにおける石川プロジェクトを事例として』、ブッサバーバンチョンマニー,『タイにおける日本語教育』、『海外での日本語教育』、2007年。

22.渡辺啓貴,《日本外交的未来是文化外交》,《外交》2006年第3期。

23.俵幸嗣,《微笑国家泰国的日本留学情况和日语教育》,《留学交流》2013年10月号。

24.NGUYEN Tien Luc,《越南近年来的日本研究现状与特点》,《立命馆语言文化研究》,第21卷第3號。

25.井田浩司、助川成也、福田規保、竹本正史,『特集メコン開発がインドシナの物流と変える』,『ジェトロセンサー』、2006年12月。

26.中村恭紀,『インドシナにおける物流インフラの現状と将来の展望について』、白石昌也,『インドシナにおける越境交渉と複合化回廊の展望』、早稲田大学大学院アジア太平洋研究科、2006年。

(三) 网络论文和资料

1.大田 美紀,《世界の日本語教育の現場から（国際交流基金日本語専門家レポート）ラオスおたくクラブも大好き！JF 講座》、2013年, https://www.jpf.go.jp/j/project/japanese/teach/dispatch/voice/voice/tounan_asia/laos/2013/report02.html。

2.関山健、中国の存在感高まるラオス－投資協定の発効は日ラオス関係を変化させられるか-、東京財団ユーラシア情報ネットワーク、2008年

8月26日。http://www.tkfd.or.jp/eurasia/asia/report.php? id=64。

3. 工藤年博、『ミャんマー支援の課題』、NHK解説委員室視点、2012年4月26日、http://www.jica.go.jp/topics/scene/20120209_ 01.html。

4. 政策大学研究报告，《日本和柬埔寨经济关系，www.jbic.go.jp/wp-content/uploads/page/2015/.../inv_ Cambodia05.pdf。

5. 田中雅彦、『変わるミャンマー、日本の役割』、2012年2月9日、http://www.jica.go.jp/topics/scene/20120209_ 01.html。

6. 向山勇、風間立信、『ミャンマー支援の経緯取り組み』、アジア地域における財務省の国際協力特集、5ページ、2013年12月、http://www.jica.go.jp/topics/scene/20120209_ 01.html。

7. 高野秀敏、"なぜミャンマーで日本企業はなかなか成功しないのか"、2013年12月4日、http://diamond.jp/articles/-/45439。

8. ミャンマー日本国大使館、『ミャンマに対する協力概況』、2007年、http://www.mm.emb-japan.go.jp/profile/japanese/oda.htm。

9. ミャンマーにおける少数民族との国民和解に向けた日本政府の支援、平成26年1月6日、http://www.mofa.go.jp/mofaj/s_ sa/sea1/mm/page4_ 000337.html。

10. 『政府開発援助（ODA）国別データブック2015（東アジア地域）、2015年、2-5ページ。http://www.mofa.go.jp/mofaj/gaiko/oda/files/000142125.pdf。

11. 日本外務省、『67年度から90年度までの有償資金協力及び無償資金協力実績』、http://www.mofa.go.jp/mofaj/b_ v/odawp/index.htm. [accessed 16-12-2010]。

12. 日本外務省、『1997年ODA白書』、http://www.mofa.go.jp/mofaj/b_ v/odawp/index.htm。

13. 日本外務省、『日本とタイの経済と開発協力』、www.th.emb-japan.go.jp/jp/oda/index.htm. [accessed 12-10-2010]。

14. 『日タイ経済関係』、31ページ。http://www.jbic.go.jp/wp-content/uploads/page/2015/08/40946/inv_ Thailand05.pdf。

15. 《日・ラオス首脳会談「戦略的パートナーシップ」に発展》、GLOBAL NEWSASIA、2015年3月7日。http://www.globalnewsasia.com/article.php? id=1638&&country=5&&p=2。

16. 《日・ラオス首脳会談-ラオスは日本の国連安保理常任理事国入りを支持》、ASEANPORTAL、2015年7月6日。http://portal-worlds.com/

news/laos/3686。

17.外務省、『日本外交書サンフランシスコ平和条約：対米交渉』、2006 年、http：//mofa. go. jp/mofaj/annai/honsho/shiryo/bunsho/h18. html [Accessed 13-11-2010]。

18.三菱 UFJ 研究和市场分析部，《柬埔寨的经济发展现状和今后的展望》，2013 年 3 月 37 日，http：//www. murc. jp/thinktank/economy/analysis/research/report_ 130327.pdf。

19.老挝日本人才开发中心，《第 8 次老挝文化介绍活动》，2010 年 6 月 30 日，http：//japancenter.jica.go.jp/article/8.html。

（四）报纸新闻

1.《朝日新闻》，1993 年 6 月 25 日。

后　　记

2008年6月刚到卢萨卡时，让我最为吃惊的是，在遥远的非洲居然随处能感受到日本的存在。走在街道上，赞比亚人首先用日语向我问好，见我没反应后才说出带浓重非洲口音的"你好"。非洲多个城市的主干道沿线，随处可见日本协力机构（Japan International Cooperation Agency：JICA）的标识。从西南非的温得和克到东非的内罗毕，很多城市街道都充斥着日本二手车。

虽然在赴非前，从论文和书籍中对日本对非洲援助有所了解。但说实话，在非洲国家中日本的存在感如此强烈，让我受到不小的震动。也是从那个时候起，探究日本官方援助的特点以及其对日本对外关系的影响，就成为我很想深入研究的课题。

囿于对日本官方发展援助、区域公共产品和文化外交的有限了解，本书无可避免地存在诸多问题和缺陷。比如，我在理论假设时认为日本的官方发展援助、区域公共产品和文化外交已经形成了一个有机体，相互协调发挥作用。但在研究中发现，实际这三个战略工具的使用极度缺乏统筹。使用问卷调查数据验证章节，存在问卷覆盖人群面不够广泛，性别结构不够合理等问题。书稿疏漏较多，希望得到各界专家学者的批评指正。

本书能够出版首先需要感谢我所在单位云南省社会科学院，没有社科院领导的关怀，本书难以在中国社会科学出版社出版。其次，要感谢云南社科院几位评审专家对本书出版前所提出的宝贵意见。最后，感谢责任编辑任明老师为本书出版付出的辛劳。

赵姝岚

2017年11月20日于昆明